VERS UNE SÉMANTIQUE MODERNE

BIBLIOTHÈQUE FRANÇAISE ET ROMANE
publiée par le
Centre de Philologie et de Littératures romanes
de l'Université des Sciences humaines de Strasbourg
sous la direction de Georges STRAKA

SÉRIE A : MANUELS ET ÉTUDES LINGUISTIQUES

—— 46 ——

Volumes publiés dans cette série :

1 P. IMBS, L'emploi des temps verbaux en français moderne (Essai de grammaire descriptive), 1960. (*En réimpression*).
2 B. POTTIER, Systématique des éléments de relation (Etude de morphosyntaxe structurale romane). (*En réimpression*).
3 G. AUB-BUSCHER, Le parler rural de Ranrupt (Bas-Rhin) : Essai de dialectologie vosgienne, 1962. (*Epuisé*).
4 J. ORR, Essai d'étymologie et de philologie françaises, 1963. (*Epuisé*).
5 O. NANDRIS, Phonétique historique du roumain, 1963. (*Epuisé*).
6 V. VÄÄNÄNEN, Introduction au latin vulgaire, 2e édition, complétée d'une Anthologie de textes, 1967. 3e édition, revue et corrigée, 1981.
7 Ch. MULLER, Essai de statistique lexicale : « *L'Illusion comique* » de Corneille, 1964. (*Epuisé*).
8 Th. ELWERT, Traité de versification française, édition révisée et augmentée par l'auteur et trad. de l'allemand (*Die französische Metrik*), 1965. (*Epuisé*).
9 G. MOIGNET, Le pronom personnel français, essai de psycho-systématique historique, 1965. (*Epuisé*).
10 S. MONSONEGO, Etude stylo-statistique du vocabulaire des vers et de la prose dans la chantefable *Aucassin et Nicolette*, 1966.
11 A. LORIAN, L'ordre des propositions dans la phrase française contemporaine, la cause, 1966. (*Epuisé*).
12 R. MARTIN, Le mot « rien » et ses concurrents en français, du XIVe siècle à l'époque contemporaine, 1966.
13 W. von WARTBURG, La fragmentation linguistique de la Romania, traduit de l'allemand (*Die Ausgliederung der romanischen Sprachräume*, Berne, 1950), par J. ALLIÈRES ET G. STRAKA. Edition révisée et augmentée par l'auteur, 1967.
14 P. SIMON, Les consonnes françaises, 1967. (*Epuisé*).
15 A. HENRY, C'était "il y a" des lunes, étude de syntaxe française, 1968.
16 J.C. CORBEIL, Les structures syntaxiques du français moderne, 1968.
17 M.-Th. MORLET, Le vocabulaire de la Champagne septentrionale au Moyen Age, essai d'inventaire méthodique, 1969.
18 C. BRICHLER-LABAEYE, Les voyelles françaises, 1970.
19 C. Th. GOSSEN, Grammaire de l'ancien picard, 1970. Nouveau tirage 1976.
20 R. MARTIN, Temps et Aspect. Essai sur l'emploi des temps narratifs en moyen français, 1971. (*Epuisé*).

KURT BALDINGER

VERS UNE SÉMANTIQUE MODERNE

Première édition française
revue et mise à jour par l'auteur

1984
ÉDITIONS KLINCKSIECK
PARIS

SÉRIE A : MANUELS ET ÉTUDES LINGUISTIQUES

(*suite de la page 4*)

21 A. HENRY, Métonymie et métaphore, 1971. (*Epuisé*).
22 Y. LE HIR, Styles, 1972.
23 Cl. ROCHETTE, Les groupes de consonnes en français, 1973. (*Epuisé*).
24 C. DONDAINE, Les parlers comtois d'oïl. Etude phonétique, 1972.
25 M. SANDMANN, Expériences et critiques, essais de linguistique générale et de philologie romane, 1973.
26 A. LORIAN, Tendances stylistiques dans la prose narrative française au XVIe siècle, 1973.
27 H. LEWICKA, Etudes sur l'ancienne farce française, 1974.
28 G. MOIGNET, Etudes de psycho-systématique française, 1974.
29 A. LOMBARD, La langue roumaine, une présentation, 1974.
30 A. MANIET, La phonétique historique du latin, 1975.
31 M. SALA, Contributions à la phonétique historique du roumain, 1976.
32 J. PICOCHE, Le vocabulaire psychologique dans les *Chroniques* de Froissart, 1976.
33 J.-C. BOUVIER, Les parlers provençaux de la Drôme. Etude de géographie phonétique, 1976.
34 M. WILMET, Etudes de morphosyntaxe verbale, 1976.
35 L. HANTRAIS, Le vocabulaire de G. Brassens, 1976.
36 J. CHETRIT, Syntaxe de la phrase complexe à subordonnée temporelle, 1976.
37 St. SCOONES, Les noms de quelques officiers féodaux des origines jusqu'à la fin du XIIe siècle. Etude sémantique, 1976.
38 P. RÉZEAU, Le parler rural de Vouvant (Vendée), 1976.
39 R. MARTIN, Inférence, antonymie et paraphrase. Eléments pour une théorie sémantique, 1976.
40 G.-R. ROY, Contribution à l'analyse du syntagme verbal : étude morphosyntaxique et statistique des coverbes, 1976.
41 G. KLEIBER, Le mot *ire* en ancien français (XIe-XIIIe siècle). Essai d'analyse sémantique, 1978.
42 G. STRAKA, Les sons et les mots. Choix d'études de phonétique et de linguistique, 1979.
43 G. MOIGNET, Systématique de la langue française, 1981.
44 L. GUINET, Les emprunts gallo-romans au germanique (du Ier à la fin du Ve siècle), 1982.
45 L. WOLF, Le français régional d'Alsace, 1983.

ISBN 2-252-02454-2

PRÉFACE DE LA 1re ÉDITION ESPAGNOLE DE 1970

Ecrire une introduction à l'étude de la sémantique moderne est une entreprise audacieuse, car aucune autre branche de la linguistique ne semble avoir connu, ces quinze dernières années, un développement aussi considérable. De plus, du point de vue méthodologique, les travaux réalisés ont des orientations si diverses qu'il est impossible de réunir toutes les tendances et perspectives, qui se sont manifestées et se manifestent, dans une synthèse unitaire et de rendre ainsi justice à chacune d'elles. Je n'ai même pas essayé de le faire, ce qui m'expose d'ailleurs au danger d'être taxé de partialité, bien que je parle, dans le titre de l'ouvrage, d'*une* sémantique. La sémantique dont je me réclame est une sémantique paradigmatique, mais elle est, à mon avis, vérifiable, au plan syntagmatique. Toutefois, même dans ce cadre que j'ai délibérément adopté, je mettrai l'accent sur ma propre pensée et son évolution. Le *vers*, qui figure dans le titre, est intentionnellement ambigu : on doit le comprendre à la fois dans une perspective historico-évolutive (d'ULLMANN à HEGER, c'est-à-dire du triangle au trapèze ; depuis mon exposé sur *La Sémasiologie*, paru en 1957 – je l'appellerais maintenant *La Sémantique* – jusqu'à ma conception actuelle) et dans une perspective méthodologique (au sens de raffinement progressif des méthodes vers des modèles plus complexes).

Le présent travail doit donc être considéré comme une initiation tant historico-évolutive que pédagogique. On aurait pu procéder, tout aussi valablement, d'une autre manière : il aurait été possible de donner par exemple une place primordiale à la construction théorique de GREIMAS (publiée en 1966 et traitée ici trop brièvement) ou à celle de COSERIU, ou encore de partir de la sémantique américaine, dont l'orientation est aujourd'hui essentiellement transformationnelle (je n'en parle guère, mais je ne mets naturellement pas en doute sa valeur). Bien que la présente introduction ne soit donc qu'*une* parmi plusieurs possibles, j'espère qu'elle sera à même de faire connaître, dans la perspective choisie, des notions susceptibles de conduire à une meilleure compréhension du phénomène si complexe de la langue. J'espère aussi qu'elle pourra servir – et en cela je vois son utilité immédiate – de modèle méthodologique à des travaux tant onomasiologiques que sémasiologiques.

Les chapitres qui suivent furent écrits presque tous sous forme de conférences, et je les ai prononcées au cours des années 60, dans différents congrès et colloques en Europe, ainsi qu'à l'occasion de deux voyages en Amérique Latine, depuis l'Argentine jusqu'au Mexique. La première partie paraît, dans le présent volume, pour la première fois ; le reste, partiellement déjà publié, est ici présenté pour la première fois en traduction espagnole. C'est pour répondre à l'invitation de mes amis Manuel ALVAR et Antonio QUILIS de donner un cycle de conférences sur *Les tendances actuelles de la sémantique européenne* au IIe Cours Supérieur de Philologie espagnole à Malaga (du 9 juillet au 26 août 1967) que j'ai essayé de résumer l'ensemble de mes conférences et articles antérieurs dans une grande synthèse, et celle-ci constitue aujourd'hui l'essentiel des pages qui vont suivre. Je remercie mes deux amis de leur invitation, de leur accueil si amical et de la publication de mon travail.

Je ressens également une profonde gratitude à l'égard de mon ami Klaus HEGER, qui a tant contribué à l'élaboration de la construction théorique dont il sera question, non seulement par ses travaux publiés, mais aussi par nos fréquentes discussions orales. Mes remerciements vont encore à mon assistant Manfred HÖFLER pour les précieux renseignements qu'il m'a fournis et pour l'aide continuelle qu'il m'a apportée tout au long de l'impression de l'ouvrage, et à mon assistant Helmut P. SCHWAKE pour la correction attentive et critique des épreuves, ainsi qu'à ceux de mes étudiants dont les recherches de séminaire ont contribué à donner une base solide à bien des problèmes spécifiques. Enfin, mes remerciements s'adressent à mes amis espagnols et latino-américains Emilio LLEDÓ, L. LÓPEZ MOLINA, José MONDÉJAR et José Luis RIVAROLA, qui se sont chargés de la traduction de la majeure partie du livre et de la révision des parties rédigées en espagnol par moi-même.

Kurt Baldinger [1970]

PRÉFACE DE LA 2e ÉDITION ESPAGNOLE DE 1977

La 1re édition de ce livre, parue en 1970, a été bien accueillie et se trouve épuisée [1]. Je remercie, à l'occasion de cette seconde édition, les nombreux collègues qui ont bien voulu publier des comptes rendus critiques, en général élogieux, surtout Ludwig SÖLL [†] (*ZrP* 87, 1971, 394-398) [« Das ganze Buch zeichnet sich durch Eindringlichkeit und Klarheit, umfangreiche Dokumentation, eine geglückte Verbindung von Theorie und Praxis, sowie durch zahlreiche gelungene Einzelbemerkungen und Einzelbeobachtungen aus »], Pierre GARDETTE [†] (*RLiR* 37, 1973, 216) [« le meilleur des manuels actuels pour s'initier aux problèmes et aux méthodes de la sémantique d'aujourd'hui »], Roger WRIGHT (*Archivum Linguisticum* III (n. s.), 1972, 105-108) [« This book is the best and most interesting on semantic theory to have appeared for some time. The theory is perceptive and of immediate practical value ; and for a professional linguist there are many intriguing parallels with modern American traditions »] [2], Ileana VINCENZ (*Cahiers de linguistique théorique et appliquée* [Acad. Rép. Soc. de Roumanie, Bucarest] VIII, 1971, 261-266) [« Le livre de K. Baldinger, remarquable par sa propre théorie sémantique et par la critique fine et précise... dépasse l'intérêt qu'il pourrait susciter chez les théoriciens et spécialistes de la sémantique et s'impose à l'attention de toute personne qui désire s'initier au domaine complexe de la linguistique générale »], Georges LÜDI (*Vox Romanica* 30, 1971, 318-326) [« So ist Baldingers *Teoría Semántica* mit seiner Fülle von klugen Bemerkungen und Anregungen ein gewichtiger Beitrag zur sich im Umbruch befindlichen

1. Entretemps a paru le livre de Klaus HEGER, *Teoría semántica II, Hacia una semántica moderna*, Madrid (Alcalá) 1974, XII, 223 p., qui réunit des articles de Heger publiés entre 1963 et 1970 ; le manuscrit fut envoyé à l'éditeur en 1970.

2. [V. maintenant la traduction anglaise de la 2e version de la *Teoría semántica* : Kurt BALDINGER, *Semantic Theory. Towards a Modern Semantics*, ed. by Roger WRIGHT, Oxford (Basil Blackwell) 1980, XXIV et 320 pp.]

semantischen Forschung, Orientierungstafel und Wegweiser zugleich »], ainsi que Francisco R. ADRADOS (*Revista española de lingüística* [Madrid] 1, 1971, 203-205) [« El libro... constituye en definitiva, una buena introducción a la Semántica (no completa, falta la nueva semántica americana y cosas europeas aludidas arriba) »]. Je tiens aussi à mentionner le seul compte rendu critique, très sévère quant à l'essence même du livre (Ana María BARRENECHEA, *Romance Philology* 26, 1972, 346-405) [« Para finalizar diremos que este libro, como todas las obras de Kurt Baldinger, nos muestra que es un filólogo de primera línea, con un conocimiento de lexicografía romance alcanzado por muy pocos, con gran sensibilidad para percibir diferencias de significado en distintos contextos y matices expresivos. Ponderaríamos, retomando sus palabras, su "esprit de finesse" y no su "esprit de géométrie", pues sus planteos teóricos no se igualan a las intuiciones del análisis concreto »]. La critique de Ana Maria BARRENECHEA s'explique, du moins en partie, par les nombreuses fautes d'impression de la 1re édition (plus de 150) qui, hélas, déforment souvent le sens de ce que je voulais dire et dont je ne suis pas responsable. En outre, j'espère avoir dissipé certaines de ses objections dans cette nouvelle édition entièrement revue et augmentée (cf. surtout le nouveau chapitre 7 de la 2e partie). Sa principale méfiance à l'égard du modèle du trapèze me semble provenir de sa crainte qu'à la structure spécifique d'une langue donnée ne se "substituent" des systèmes noémiques indépendants de toute langue particulière, ce qui serait – en effet – totalement absurde. Mentionnons, pour terminer, deux travaux qui s'occupent du modèle du trapèze, tout en critiquant certains détails : Helmut HENNE/Herbert E. WIEGAND, *Geometrische Modelle und das Problem der Bedeutung*, Zeitschrift für Dialektologie und Linguistik 36, 1979, 129-173 [3] (je pense que certaines objections ne sont plus motivées actuellement puisque HEGER lui-même a perfectionné son modèle, voir le chapitre 7 de la 2e partie) ; Estanislao Ramón TRIVES, *Hacia una descripción integrada de la lengua. Análisis de las tendencias de la Semántica actual en las doctrinas de* K. HEGER *y* B. POTTIER, dans Anales de la Universidad de Murcia XXIX, 1970-1971, 5-41 ; *La lengua en su constitución esencial interna*, ibid. XXX, 1971-1972, 49-75.

Quant à la crainte – partagée surtout par des linguistes d'orientation "traditionnelle" – que la sémantique du trapèze ne simplifie

3. Cf. aussi de HENNE/WIEGAND, *Pleremik : Sprachzeichenbildung*, dans Lexikon der Germanistischen Linguistik, hgg. von H.P. Althaus, H. Henne et H.E. Wiegand, Tübingen (Niemeyer) 1973, 132-144 ; H. HENNE, *Lexikographie*, ib. 590-601 ; H.E. WIEGAND, *Synchronische Onomasiologie und Semasiologie – Kombinierte Methoden zur Strukturierung der Lexik*, Marburg 1970 (Germanistische Linguistik 3/70).

outre mesure la variété infinie des phénomènes qui se produisent à l'intérieur d'une langue donnée, je me contente de signaler deux faits : 1° que le modèle du trapèze n'empêche nullement l'analyse sémasiologique avec toutes ses nuances et possibilités traditionnelles ; 2° que l'inclusion de systèmes noémiques – malgré leur caractère systématique et schématique, et je dirais même grâce à ce caractère – permet de révéler un nombre de possibilités théoriques beaucoup plus grand que le nombre de celles qu'on pourrait dégager par l'analyse d'une langue donnée (cf. p. ex. les 256 possibilités théoriques de combinaisons calculées par HEGER dans *Monem, Wort, Satz und Text*, 1976, p. 299, et cela pour un seul groupe présuppositionnel parmi beaucoup d'autres groupes possibles). Que notre conception théorique est valable – on la doit d'ailleurs, pour l'essentiel, à Klaus HEGER et non à moi – j'en suis persuadé plus que jamais, surtout maintenant après les modifications que HEGER lui-même lui a apportées.

Dans cette seconde édition espagnole, qui servira de base aux traductions anglaise, française et allemande, j'ai tenu compte de toutes les remarques critiques qui m'ont paru justifiées. Puisque ce livre a pour objet – et je l'ai signalé dans la préface de la 1re édition – *une* théorie sémantique et son évolution historique (du triangle d'ULLMANN au trapèze de HEGER), je me suis limité à corriger les nombreuses fautes typographiques de la 1re édition, à ajouter de nouvelles références bibliographiques et de nouveaux exemples (p. ex. au chapitre 6c de la 1re partie, ou au chapitre 5g de la 2e [à propos de la synonymie]). Au lieu de réécrire tel ou tel chapitre – ce qui aurait faussé l'évolution historique de la théorie – j'ai préféré écrire un chapitre complémentaire (7e chapitre de la 2e partie : *La forme actuelle du trapèze*) qui prolongera cette évolution jusqu'à l'état actuel. Ce dernier chapitre, dans lequel je reprends une série de problèmes traités ou mentionnés dans le corps de l'ouvrage, se base surtout sur les travaux plus récents de Klaus HEGER, notamment sur la 2e édition de *Monem, Wort und Satz* qui est toujours à l'état de manuscrit et qui paraîtra en 1976 avec le titre élargi *Monem, Wort, Satz und Text* chez Niemeyer à Tubingue [il a paru en 1976, XI + 355 p.].

Je remercie très cordialement mon ami Klaus HEGER d'avoir mis à ma disposition ce manuscrit. Dans ce nouveau chapitre, dans lequel se reflètent à la fois les modifications du modèle du trapèze depuis 1968 et les conséquences de ces modifications pour l'ensemble de la théorie sémantique, je reprends la plupart des problèmes en les situant dans l'état actuel de la discussion et en précisant la terminologie et la conception générale. Comme un des buts du livre est de montrer l'évolution d'une théorie, des contradictions par rapport aux chapitres précédents ne manquent pas d'apparaître et des distinctions nouvelles surgissent au cours de l'ouvrage (cf. p. ex. la distinction de *sème* et *noème*, les définitions de *polysémie, homonymie, synonymie* et *polymorphisme*, etc.). Elles reflètent notre propre évolution et permettent d'en évaluer et de mieux comprendre les étapes successives et nos efforts d'arriver à une théorie cohérente. Je crois qu'actuellement le modèle du trapèze a trouvé sa forme définitive, au moins en ce qui concerne ses aspects essentiels. Sa valeur "pratique" a été démontrée (cf. II 3 à propos de *se souvenir* ; une thèse concernant le champ onomasiologique de "se souvenir" en ancien et en moyen français sera bientôt présentée par mon assistant Karl BRADEMANN qui tâchera de situer le champ conceptuel de "se souvenir" en face des concepts voisins et dépassera, de ce point de vue, le cadre que j'ai choisi dans le chapitre II [4]. En ce qui concerne les rangs supérieurs, HEGER lui-même a publié récemment une analyse d'un texte donné [5]. Comme notre livre a été conçu, dès le début, en vue d'une démonstration de l'évolution d'une théorie partant du triangle d'Ullmann et aboutissant au trapèze de Heger, j'ai renoncé sciemment à tenir compte de l'ensemble des travaux sémantiques des dernières années [6] ; la bibliographie a atteint, dans ce domaine, une ampleur gigantesque et l'éclecticisme inévitable aurait nui au but et à l'unité de l'ouvrage.

4. [V. maintenant Karl BRADEMANN, *Die Bezeichnungen für den Begriff des Erinnerns im Alt-und Mittelfranzösischen* (Beihefte zur Zeitschrift für romanische Philologie, 176), Tübingen (Niemeyer) 1979, 369 pp.]

5. Klaus HEGER, *Signemränge und Textanalyse*, dans Elisabeth GÜLICH, Klaus HEGER, Wolfgang RAIBLE, *Linguistische Textanalyse, Überlegungen zur Gliederung von Texten* (Papiere zur Textlinguistik, 8), Hamburg (Helmut Buske) 1974, 1-71 ; cf. aussi Wolfgang RAIBLE, *Vergleich mit der von Klaus Heger durchgeführten Textanalyse*, ibid., 127-147.

6. Cf. surtout l'excellent ouvrage de J. LYONS, *Introduction to Theoretical Linguistics*, Cambridge 1968.

Quant à la sémantique d'orientation transformationnelle, cf. surtout « la présentation la plus complète et la plus cohérente » due à Jerrold J. KATZ, *Semantic Theory*, New York (Harper and Row) 1972, 464 p. [cf. le compte rendu de Christian ROHRER, ZrP 91, 1975, 416-423].

Pour ce qui est de la sémantique d'orientation structurale, cf. surtout les ouvrages de Eugenio COSERIU, *Probleme der strukturellen Semantik* (Vorlesung gehalten im Wintersemester 1965/66 an der Universität Tübingen, Autorisierte und bearbeitete Nachschrift von Dieter Kastovsky), Tübingen (Tübingen Beiträge zur Linguistik, hgg. von Gunter Narr [= TBL], 40), 1973 ; *Einführung in die strukturelle Linguistik* (Vorlesung Tübingen, 1967/8 ; autorisierte Nachschrift besorgt von Gunter Narr und Rudolf Windisch), Tübingen (Romanisches Seminar), 1969 ; *Sprache, Strukturen und Funktionen*, XII Aufsätze, Tübingen 1970 ; *Einführung in die strukturelle Betrachtung des Wortschatzes* (TBL, 14), Tübingen 1970 [= version allemande de *Structure lexicale et enseignement du vocabulaire*, avec discussion, dans Actes du 1er Coll. Int. de Ling. Appl., Nancy 1966, et de l'article *Les structures lexématiques*, dans Probleme der Semantik, Wiesbaden 1968] ; *Les universaux linguistiques (et les autres)*, dans Proceedings of the Eleventh Inter. Congress of Linguists (Bologne-Florence 1972), Bologna, I, 1974, 47-73 ; *Logique du langage et logique de la grammaire*, dans Modèles logiques et niveaux d'analyse linguistique (Actes Colloque Metz 1974),

En terminant je tiens à remercier José Luis RIVAROLA [7] qui m'a aidé de façon substantielle durant la révision de la 1re édition et qui a traduit en espagnol les additions, le nouveau chapitre II 7 et la présente préface.

Heidelberg, le 5 mars 1975

Kurt Baldinger

Paris (Klincksieck) 1977, 15-33 ; *Vers une typologie des champs lexicaux*, CahLex 25, 1975-II, 30-51, et *Strukturelle Bedeutungslehre*, édité par Horst GECKELER,Darmstadt (Wissensch. Buchgesellschaft) 1978 (une collection des articles les plus importants en matière de sémantique structurale).

A l'école de Coseriu se rattache Horst GECKELER, *Strukturelle Semantik des Französischen* (Romanistische Arbeitshefte, hgg. von G. Ineichen und Chr. Rohrer, 6), Tübingen (Niemeyer) 1973 ; *Zur Wortfelddiskussion, Untersuchungen zur Gliederung des Wortfeldes « alt-jung-neu » im heutigen Französisch* (Intern. Bibliothek für allg. Linguistik, hgg. von E. Coseriu, 7), München (Fink) 1971, 566 p. ; Paul OSSWALD, *Wortfeldtheorie und Sprachenvergleich : Fr.* campagne *und deutsch* Landschaft (TBL, 4), Tübingen ^{2}1977.

Une introduction qui, entre autres, tient compte du modèle du trapèze : Peter SCHIFKO, *Bedeutungstheorie, Einführung in die linguistische Semantik* (Problemata, 45), Stuttgart-Bad Cannstatt (Frommann-Holzboog) 1975, 176 p.

Comme introduction à la sémiotique générale, on peut recommander Georges MOUNIN, *Introduction à la sémiologie*, Paris (Ed. Minuit) 1970.

[V. aussi, maintenant, le livre de caractère pédagogique de Christian BAYLON et Paul FABRE, *La Sémantique*, avec des travaux pratiques d'application et leurs corrigés, Paris (Fernand Nathan) 1978, paru en 1979, 334 p. ; la présentation du modèle du trapèze (p. 132), qui se base sur un article de HEGER de 1965, est dépassée par l'évolution ultérieure.]

7. [José Luis RIVAROLA a soutenu sa thèse sous ma direction à Heidelberg (*Las conjunciones concesivas en español medieval y clásico*, Beihefte zur ZrP, 154, Tübingen 1976) ; il est actuellement professeur titulaire à l'Université Catholique de Lima.]

NOTE ADDITIONNELLE CONCERNANT LA PRÉSENTE ÉDITION FRANÇAISE

Une première ébauche de cette traduction française, basée sur la 1 édition espagnole de 1970, a été faite par Mme Anne-Marie Vidal e 1975. Elle a été revue et complétée d'après la seconde édition espagnol (Madrid 1977) par moi-même (aidé par mon assistant Karl Brademann, Mais c'est surtout grâce à mon ami Georges Straka – qui a l'habitude d se sacrifier pour ses collègues et ses élèves – que cette traduction es devenue publiable : il a revu et corrigé entièrement le texte. Qu'il veuill bien accepter mes plus sincères remerciements.

*La version française contient de nombreuses additions (bibliographi ques et autres), de sorte qu'il s'agit d'une édition entièrement mise à jour Elle est donc plus complète et plus actualisée que la version anglaise qu a paru à Oxford chez Basil Blackwell en 1980 (*Semantic Theory *, XXIV 320 pp.). Certains exemples espagnols ont été remplacés par des exemple français.*

Heidelberg, le 14 juin 1981

Kurt Baldinger

Introduction

« Ni dans les concepts ni dans la langue, rien n'est isolé. »
Wilhelm von Humboldt, *Über die Verschiedenheit des menschlichen Sprachbaus und ihren Einfluss auf die geistige Entwicklung des Menschengeschlechts*, Berlin 1836, 205.

Depuis quelques années, l'étude de la sémantique a fait des progrès qu'on peut qualifier de révolutionnaires. « L'étude du contenu est à l'ordre du jour », écrivait Nicolas Ruwet en 1964, dans un excellent exposé sur l'état actuel de la linguistique générale [1]. On sait que c'est au XIXe siècle que s'était constituée la grammaire historique, base de la linguistique moderne, et que Ferdinand de Saussure et d'autres linguistes du XXe siècle y ont ajouté les notions fondamentales de synchronie et de structure, ainsi que la géographie linguistique et la sociologie du langage. Toutefois, au lieu de retracer l'histoire de la linguistique, qui est bien connue de tout le monde, je préfère en dégager ce qui me paraît le résultat essentiel de cette évolution, une série de distinctions nouvelles et fructueuses que voici :

(1) distinction entre synchronie et diachronie,
(2) distinction entre langue et parole, ou entre système, norme et parole (Coseriu), ou encore entre langue, Σ-parole [summa- ou sigma-parole] et parole (Heger),
(3) distinction entre phonétique et phonologie,
(4) distinction entre le plan de l'expression et le plan du contenu,
(5) distinction entre forme et substance (les deux dernières distinctions selon la terminologie de Hjelmslev),
(6) distinction entre langue-objet et métalangues à différents niveaux (distinction récente et importante).

1. Nicolas Ruwet, *La linguistique générale aujourd'hui*, dans Archives européennes de Sociologie 5, 1964, 227-310. Cf. également Uriel Weinreich, *On the Semantic Structure of Language*, dans Universals of Language, Cambridge/Mass. (The M.I.T. Press), 1963, 114-171 (le "misguided positivism" de Bloomfield est dépassé, 153).

On pourrait en ajouter d'autres [2]. Faire des distinctions veut dire ordonner, mais c'est aussi, en même temps, faire des séparations là où, au fond, il y a unité. Séparer ce qui est uni en vue de pouvoir classer ce qui a été séparé, voilà l'éternel paradoxe de la science.

La sémantique en tant que discipline scientifique a l'âge respectable de quelque soixante-dix ans. Elle a eu des filles et des fils, filles sémasiologiques et fils onomasiologiques. Je ne garantis certes pas leur sexe, mais ils forment une famille qui se porte bien ; il suffit de consulter, pour s'en rendre compte, le manuel historico-bibliographique de Quadri [3]. Les nombreux travaux réalisés sont en grande partie le fruit de la lexicologie traditionnelle qui dérive, elle, de la géographie linguistique et de l'école saussurienne. Ainsi, le fondement théorique de la sémantique date des années 1900 à 1920, mais il fut enrichi par une série d'études de Jud, Jaberg, von Wartburg et autres [4].

Toutefois, les considérations théoriques restaient d'abord plutôt à l'arrière-plan (lié d'ailleurs surtout à la diachronie) bien qu'on insistât déjà sur l'importance des champs lexicaux proposés par Trier vers 1930 [5]. Vers 1950, Ullmann dressa un bilan de cette évolution dans une admirable synthèse et établit en même temps un corps de doctrines synchroniques autour du fameux triangle [6] *nom-concept-chose*, dont la forme extérieure remonte à Ogden et Richards [7]. J'ai moi-même suivi, dans un article intitulé *Sémasiologie et onomasiologie* (RLiR 28, 1964,

2. « We consider the distinction between *denotation and designation* to be essential to any workable program in semantic research », U. WEINREICH, *op. cit.*, 154, 3.

3. Bruno QUADRI, *Aufgaben und Methoden der onomasiologischen Forschung. Eine entwicklungsgeschichtliche Darstellung*, Bern (Francke), 1952, XVIII + 271 pages.

4. Pour les détails de cette évolution, cf. Kurt BALDINGER, *Die Semasiologie, Versuch eines Überblicks*, Berlin (Akademie-Verlag) 1957.

5. Cf. par ex. Suzanne ÖHMANN, *Theories of the "Linguistic Field"*, dans Word 9, 1953, 123-134, et maintenant surtout Horst GECKELER, *Zur Wortfelddiskussion*, München (Fink) 1971, et E. COSERIU, *Vers une typologie des champs lexicaux*, CahLex 27, 1975, 30-51.

6. S. ULLMANN, *The principles of Semantics*, [1]1951 ; [2]1957 ; *Semantics. An Introduction to the Science of Meaning*, Oxford (Blackwell), 1962, 278 p. ; application au français : S. ULLMANN, *Précis de sémantique française*, Bern (Francke), [1]1952 ; [2]1959 ; S. ULLMANN, *Language and Style, Collected Papers*, Oxford (Blackwell), 1964, IX, 270 p. (cf. notre compte rendu dans ZrP 82, 1966, 597-600) ; S. ULLMANN, *Meaning and Style, Collected Papers*, Oxford (Blackwell), 1973, X, 175 p. [cf. notre compte rendu dans ZrP 89, 1973, 609] ; de plus, ses articles *Stylistics and Semantics*, dans Literary Style : a Symposium (ed. S. Chatman), Oxford (University Press), 1971, 133-135 ; *Le vocabulaire, moule et norme de la pensée*, dans Problèmes de la personne, éd. I. Meyerson (Colloque du Centre de Recherches de Psychologie Comparative, Ecole Pratique des Hautes Etudes, 6e Section : Sciences économiques et sociales, Congrès et Colloques XIII), Paris-La Haye (Mouton), 1973, 251-269 [= Version originale de *Language and Style*, chap. 10] ; *How the Vocabulary grows*, Modern Languages 54, 1973, 1-8.

7. Le triangle de OGDEN et RICHARDS, *The Meaning of Meaning* ([1]1923, [10]1949, 5e tirage 1960, 11) :

249-272 ; repris ici en appendice), la voie que Ullmann avait tracée. Aujourd'hui, il s'agit de coordonner cette sémantique traditionnelle et semi-structurale – pour parler comme Weinrich – avec les impulsions révolutionnaires qui, depuis quelques années, nous arrivent de tous les côtés : du côté des structuralistes [8], du côté de la traduction

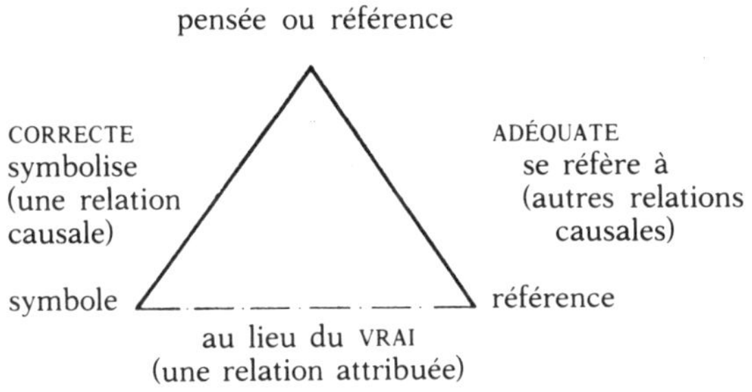

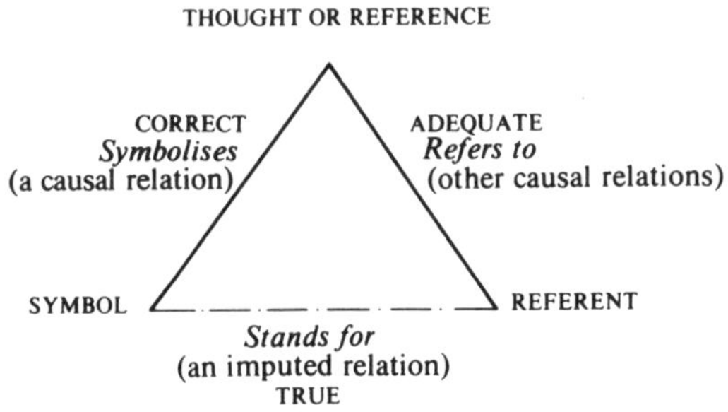

Le triangle d'ULLMANN (cf. *Semantics*, ²1957, 69 ss.) :

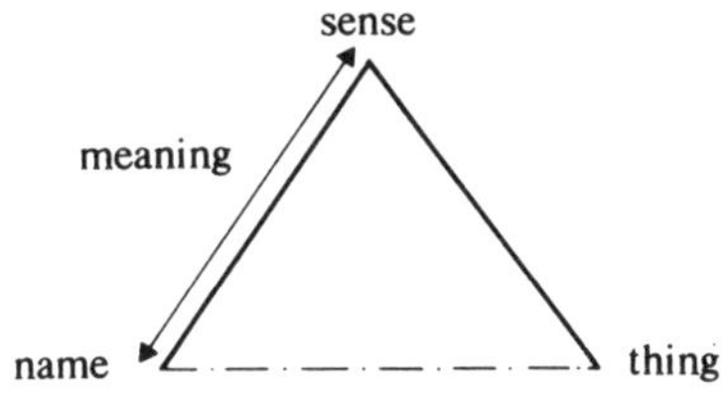

et dans l'*Introduction à la sémantique française*, ²1959, 22 :

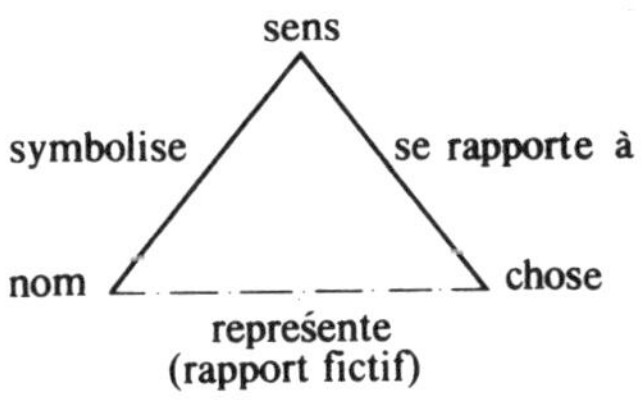

8. Les structuralistes ont commencé à s'occuper de la sémantique surtout à partir du VIIIᵉ Congrès International des Linguistes, Oslo, 1957.

automatique, du côté de la linguistique générale, du côté de la logique [9], du côté de la théorie de l'information [10]. Toutes ces tendances s'entrecroisent ; toutes (à l'exception de Coseriu) se limitent au plan synchronique et essaient d'aborder le domaine du contenu à l'aide de méthodes plus précises, soit au niveau syntagmatique, soit au niveau paradigmatique. Je me limiterai au niveau paradigmatique des rangs inférieurs qui est, pour ainsi dire, le domaine de la lexicologie "pure" [11].

Dans la série d'exposés qui forment le présent ouvrage, j'essaierai de

---

9. « La nouvelle manière de traiter la logique, appelée dans la plupart des cas "symbolique", "mathématique" ou "logistique", fut fondée essentiellement par Gottlob FREGE. FREGE prit, comme point de départ, des phrases au lieu de concepts, plus exactement un schéma de phrases avec un vide dans lequel on rencontre une variable substituable par des objets isolés ou par des classes. » Franz SCHMIDT, *Zeichen und Wirklichkeit*, Stuttgart (Kohlhammer) 1966, 87.

10. « D'après la théorie de l'information, élaborée par Claude E. SHANNON en 1948 et qui repose sur le calcul des probabilités et la statistique – théorie qui a pris, depuis, de l'importance aussi pour la linguistique –, une information consiste, en premier lieu, en des symboles, comme les lettres, les mots, les phrases, les chiffres. Quantitativement, une information est fournie quand, d'une quantité de symboles donnés, à l'intérieur d'un ensemble de signes, on peut faire une sélection de symboles préférentiels de telle sorte qu'en partant de cette sélection, on peut mesurer la quantité individuelle de la contribution de l'information correspondant à chaque symbole. Cette quantité, ou grandeur, appelée H, se mesure par le nombre le plus petit de décisions de oui ou non, qui donnent au récepteur la possibilité de reconstruire le message ; en partant de *n* symboles sélectionnés et *s* symboles possibles, nous obtenons l'équation (d'après HARTLEY, 1928) :

$$H = n \cdot \log_2 s,$$

qui est l'unité de mesure pour la quantité de l'information par symbole, ou bien l'unité numérique pour des décisions binaires, égale à

$$1 \text{ bit} = 1 \log_2{}^2$$

Ensuite, SHANNON calcula généralement la grandeur H comme valeur intégrale d'un symbole *i* répété avec une probabilité déterminée. Dans de tels cas, il s'agit toujours d'un nombre logarithmique de décisions binaires, pour lesquelles une information est définie mathématiquement, c'est-à-dire de faits quantitatifs auxquels sont soumis les messages, étant donné leur liaison obligatoire à des signes actuels et potentiels. Le contenu concret de l'information, qui intéresse uniquement l'émetteur et le récepteur, n'affecte en rien l'ingénieur de l'information (c'est-à-dire la cybernétique). La détermination qualitative du message ne s'obtient pas au moyen du contenu, mais uniquement par la détermination mathématique qu'elle soit obtenue par un nombre déterminé d'opérations logarithmiques. Ce qui se cache concrètement derrière les dimensions données, seuls l'émetteur et le récepteur du message le savent, car ils sont les seuls à comprendre les symboles et à pouvoir les interpréter comme signes. Le logarithme de base 2 a été choisi parce que les machines qui transmettent les signes (ou, encore, signaux dans le sens de la cybernétique), par exemple, les compteurs électroniques de chiffres, ont des éléments importants de construction qui réalisent seulement deux états possibles : position de travail ou de repos d'un relais, interruption ou passage d'un courant électrique, magnétisation positive ou négative, creux ou non à quelque endroit déterminé d'une fiche ou carte perforée, etc. ; à ce sujet, les machines sont conformes aux décisions de oui ou de non. » Franz SCHMIDT, *Zeichen und Wirklichkeit, Linguistisch-semantische Untersuchungen*, Stuttgart (Kohlhammer) 1966, 95.

11. H. WEINRICH, dans le compte rendu d'un travail de B. POTTIER, voit l'avenir de la sémantique du côté syntagmatique : « Il y aura une sémantique qui ne sera plus une sémantique

suivre un chemin personnel vers une sémantique *structurale*, chemin qui n'est pas clos et qui me paraît plein de promesses. Il s'agit de celui qui conduit du *triangle* d'Ullmann au *trapèze* de Heger [12]. Cette évolution particulière, qui s'est produite au sein de l'évolution scientifique européenne, est surtout marquée par les noms de Pottier [13], de Greimas [14] et de Coseriu [15]. Je tiens à m'excuser de parler surtout de

---

du mot, mais une sémantique de la phrase, où la détermination par le contexte aura sa pleine valeur. » (Rom. Phil. 18, 1965, 458).

Dans le même sens, Knud TOGEBY, *Grammaire, lexicologie et sémantique*, dans CahLex 6, 1965, 3-7 : « Il faut donc se représenter le lexique comme une énorme combinatoire » (p. 4) ; « Nous en arrivons enfin à la *sémantique*. A mon avis, elle n'est accessible que par la voie du comportement des morphèmes. Il se peut que les morphèmes aient un sens et que ce sens soit la cause de leur comportement. Il y a là un problème philosophique par rapport auquel je n'oserais pas prendre position. Tout ce que je sais, et tout ce qu'on peut savoir en tant que linguiste, c'est que nous avons devant nous des textes où les morphèmes sont distribués d'après certaines règles. *Ce comportement syntaxique est la seule clé linguistique qui puisse ouvrir la porte de la sémantique* » (p. 5) ; « En poussant ces études de combinatoire aussi loin que possible, on trouvera peut-être la confirmation fonctionnelle de l'analyse sémantique de GREIMAS. Mais on ne peut pas faire cette analyse sémantique de façon suffisamment sûre si l'on ne la bâtit pas sur les fondements de la combinatoire » (p. 7).

Cf. aussi, dans ce même sens, Inger ROSENGREN, *Semantische Strukturen, Eine quantitative Distributionsanalyse einiger mittelhochdeutscher Adjektive* (Lunder Germanist. Forschungen 38), Lund-Kopenhagen 1966, 153 pages. Nous croyons que les deux perspectives, syntagmatique et paradigmatique, sont justifiées et qu'en réalité, elles sont loin de se contredire [cf. ci-dessous, 2e partie, chap. 7].

12. Klaus HEGER, *Die methodologischen Voraussetzungen von Onomasiologie und begrifflicher Gliederung* dans ZrP 80, 1964, 486-516 [= "Les bases méthodologiques de l'onomasiologie et du classement par concepts", dans TraLiLi (Strasbourg), III[1], 1965, 7-32].

13. B. POTTIER, *Vers une sémantique moderne*, dans TraLiLi II[1], 1964, 107-37 ; *Recherches sur l'analyse sémantique en linguistique et en traduction mécanique*, Publications linguistiques de la Faculté des Lettres et Sciences humaines de l'Université de Nancy (série A : Linguistique appliquée et Traduction automatique, II), 1963, 38 pages (c. r. par H. WEINRICH, Rom. Phil. 18, 1965, 456-58 ; Jean BOURGUIGNON, RLiR 27, 1963, 494-95). Cf. également d'autres travaux de B. POTTIER, en particulier *Du très général au trop particulier en analyse linguistique* (TraLiLi I, 1963, 9-16) ; *Introduction à l'étude des structures grammaticales fondamentales*, Nancy 1962, 48 pages ; en dernier lieu, *Linguistique générale, théorie et description*, Paris (Klincksieck), 1974, 338 pages.

14. A.J. GREIMAS, *Sémantique structurale, Recherche de méthode*, Paris (Larousse) 1966, 262 pages. Cf. à ce sujet E.U. GROSSE, *Zur Neuorientierung der Semantik bei Greimas ; Grundgedanken, Probleme und Vorschläge*, ZrP 87, 1971, 359-393. – Cf. aussi GREIMAS, *Modelli semiologici*, a cura di P. Fabbri et G. Paiono, Urbino [1967] ; *Du sens, Essais sémiotiques*, Paris (Ed. du Seuil), 1970 ; A.J. GREIMAS *et al.*, *Essais de sémiotique poétique*, Paris (Larousse), 1972.

15. E. COSERIU, *Teoría del lenguaje y lingüística general*, Madrid (Gredos) 1962, 327 pages ; *Pour une sémantique diachronique structurale*, dans TraLiLi (Strasbourg), II[1], 1964, 139-186 ; *Structure lexicale et enseignement du vocabulaire*, dans Actes du Premier Colloque International de Linguistique appliquée (Nancy, 26-31 octobre 1964), Nancy 1966, 175-217 ; *Das Phänomen der Sprache und das Daseinsverständnis des heutigen Menschen* [= "Le phénomène du langage et la compréhension de l'homme actuel"], extrait de Die pädagogische Provinz 21, 1967, 11-28 ; *Lexikalische Solidaritäten*, dans Poetica I, 1967, 293-303 ; *Zur Vorgeschichte der strukturellen*

ma propre évolution : c'est que je la connais mieux que les autres... Le tableau que je présente ici reflète, en conséquence, une ligne de l'évolution européenne, avec des vues sommaires sur d'autres orientations qui mériteraient, sans doute, une présentation plus approfondie [16].

Semantik : Heyses Analyse des Wortfeldes "Schall", dans To Honor Roman Jacobson (Essays on the occasion of his seventieth birthday), The Hague-Paris (Mouton), 1967, 489-98 [réimprimé en 1970], etc.

16. Je ne parle pas, par exemple, des théories de László ANTAL, *Questions of Meaning*, The Hague (Mouton), 1963, 95 pages (cf. le compte rendu de G. MOUNIN, La linguistique II, 1, 1966, 151-152), et *Content, Meaning and Understanding*, The Hague (Mouton), 1964, 63 pages (cf. le commentaire critique de G. MOUNIN dans La linguistique III, 2, 1967, 151-54), ni non plus de la sémantique en Amérique du Nord, cf. J.J. KATZ et J.A. FODOR, *The Structure of a Semantic Theory*, dans Language 39, 1963, 170-210 ; traduit en français : *Structure d'une théorie sémantique avec applications au français* (exemples anglais remplacés par des exemples français), dans CahLex 9, 1966, 39-72 ; Samuel ABRAHAM et Ferenc KIEFER, *A Theory of Structural Semantics*, The Hague-Paris (Mouton), 1966, 98 pages (« Our theory is based on transformational grammar ») [cf. aussi les indications bibliographiques dans la préface de la 2e édition, ci-dessus, p. X s.].

Première partie

LE TRIANGLE D'ULLMANN (OGDEN ET RICHARDS) : RÉALITÉ – CONCEPT – MOT

1

Présentation du triangle

Le triangle d'Ullmann est, ainsi que je l'ai déjà dit, notre point de départ :

Fig. 1

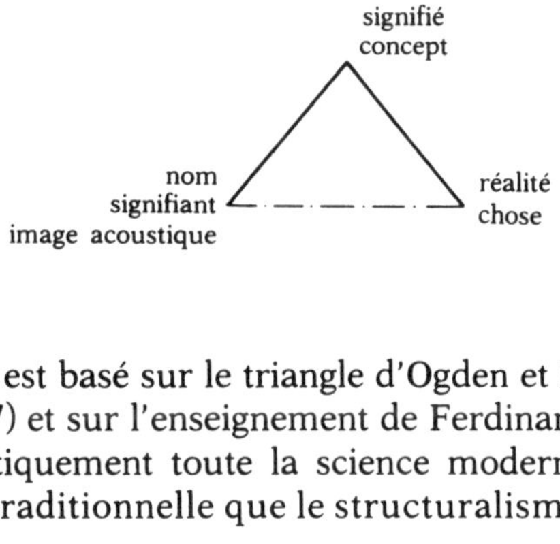

Ce triangle est basé sur le triangle d'Ogden et Richards (cf. ci-dessus p. XIV, note 7) et sur l'enseignement de Ferdinand de Saussure auquel se réfère pratiquement toute la science moderne du langage, tant la linguistique traditionnelle que le structuralisme [1]. Saussure opposa,

---

1. Il est certain que beaucoup d'idées de SAUSSURE se rencontrent déjà antérieurement, cf. les articles suivants : K.H. RENSCH, *Ferdinand de Saussure und Georg von der Gabelentz, Übereinstimmungen und Gemeinsamkeiten dargestellt an der langue-parole Dichotomie sowie der diachronischen und synchronischen Sprachbetrachtung*, dans Phonetica (Basel/New York), 15, 1966, 32-41 ; K.H. RENSCH, *Organismus-System-Struktur in der Sprachwissenschaft*, dans Phonetica 16, 1967, 71-84 ; E. COSERIU, *L'arbitraire du signe* (cf. plus bas, p. 7, note 2) ; E. COSERIU, *François Thurot [1768-1832]*, dans ZFSL 77, 1967, 30-34 [le triangle du signifiant, du signifié et de la chose se trouve déjà chez les stoïciens et chez Augustin (*verbum, dicibile, res*), etc.] ; José G. Herculano de CARVALHO, *Segno e significazione in João de São Tomás* [né en 1589 à Lisbone] dans Portugiesische Forschungen der Görresgesellschaft, Erste Reihe : Aufsätze zur portugiesischen Kulturgeschichte, 2. Band, Münster 1961, 152-76 [« vox → conceptus → res », p. 165] ; à propos de l'évolution générale de la linguistique au XIXe siècle, v. Siegfried HEINIMANN, *Zur Auffassung des Geschichtlichen in der Historischen Grammatik des 19. Jahrhunderts*, dans Festgabe [Hommage] Hans von Greyerz zum sechzigsten Geburtstag, Bern (Herbert Lang) 1967, 783-807.

dans un célèbre système d'axes, au champ de la diachronie dominant, au XIXe siècle, la description linguistique d'un moment déterminé, c'est-à-dire la synchronie. Cette découverte de la synchronie allait de pair avec la reconnaissance du fait que la langue est organisée en structure. Les divers éléments de la langue ne sont pas joints l'un à l'autre sans qu'il y ait entre eux des relations mutuelles ; ils forment un réseau de connexions, de sorte que le changement d'un élément entraîne celui d'un autre, et cela à tous les niveaux de l'expression linguistique, depuis le son (le système des relations fonctionnelles entre les sons fait l'objet de la phonologie), en passant par la morphologie et la syntaxe, jusqu'au lexique. D'autre part, dans le domaine du lexique, on était arrivé, indépendamment de F. de Saussure, à établir les principes de la géographie linguistique (Gilliéron) [2] et à reconnaître aussi, en même temps, l'existence des rapports structuraux. Dans les soixante dernières années, les rapports structuraux sont devenus de plus en plus le centre d'intérêt de la recherche lexicologique. Ainsi Ullmann a raison de dire que la linguistique du XXe siècle diffère de celle du XIXe surtout par son orientation structurale.

Le triangle dont il vient d'être question nous introduit dans ces rapports de structure. J'ai déjà dit qu'en dernière analyse il reposait sur l'enseignement de de Saussure. Ce dernier distinguait dans un mot deux parties : une expression et un contenu, le *signifiant* et le *signifié* :

Fig. 2

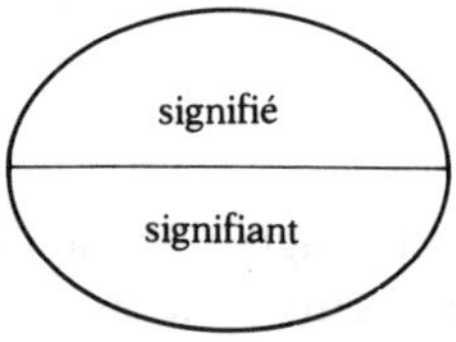

Le *signifiant* est synonyme d'*image acoustique* [3], ainsi la série de sons *t* + *a* + *b* + *l* + *ə*. Cependant, cette série de sons n'arrive à constituer un

2. Cf. Sever POP et Rodica DOINA POP, *Jules Gilliéron, vie, enseignement, élèves, œuvres, souvenirs* (Travaux publiés par le Centre international de Dialectologie générale près l'Université catholique de Louvain, fasc. IV), Louvain 1959, VIII + 196 pages ; Eugenio COSERIU, *Die Sprachgeographie* (TBL, 57), Tübingen (Gunter Narr) 1975, 60 p. [traduction de la version espagnole *La geografía lingüística*, Montevideo 1956].

3. HEGER (TraLiLi, III[1], 1965, 11) a raison de préciser davantage : « Tandis que le *signifié* devra être compris comme unité exclusivement psychique, le signifiant n'offre pas de possibilité de décider s'il s'agit

d'une unité exclusivement physique
(signifiant = *source de stimulus*),
d'une unité psycho-physique
(signifiant = *forme phonique*) ou

mot qu'à condition qu'on lui associe une représentation déterminée, un signifié. Ainsi donc le mot ou signe linguistique est une image acoustique + une représentation (signification) [4]. *Table* évoque en français la représentation plus ou moins schématique d'un meuble, c'est-à-dire une image schématique de cet objet (je dirais aujourd'hui un *objet mental*). Grâce à cela, *table* est pour un Français un mot, mais non pour un Allemand. En conséquence, un mot a toujours deux parties : une forme (= un signifiant) et un contenu (plus tard nous dirons : forme de l'expression + forme du contenu). Nous verrons quelles importantes répercussions a pour la langue et pour la science du langage cette double nature du signe linguistique, du mot. Cette double nature est irréductible. La bipolarité est un phénomène fondamental du langage : *sans bipolarité, il n'y a pas de langue.*

Mais à ces deux éléments, à l'image acoustique et à la représentation schématique que cette dernière évoque, s'ajoute encore, en troisième lieu, un phénomène extra-linguistique, la réalité elle-même. L'image acoustique, *table*, évoque seulement une représentation schématique de la chose. Si je dis : « Demain, je vais acheter une *table* », je ne sais pas encore comment sera exactement la table que j'achèterai. *Table* évoque la catégorie. Et si je dis : « Hier, j'ai acheté une table », je sais bien, moi-même, comment est cette table en réalité, mais mon interlocuteur ne le sait pas et, dans son esprit, n'est évoquée que la catégorie.

Fig. 3

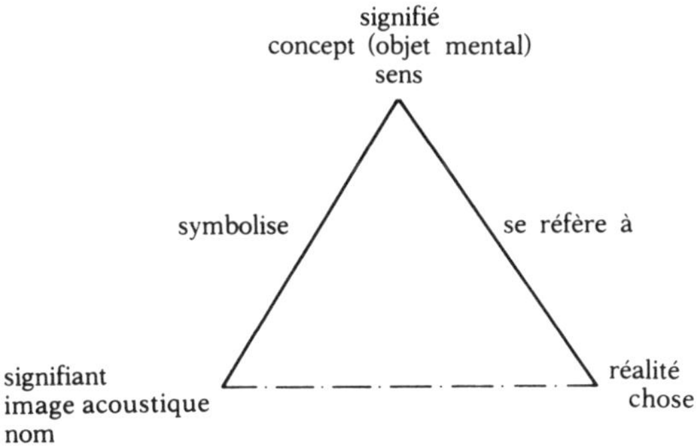

d'une unité exclusivement psychique
(signifiant = *image acoustique*). »
En ce qui concerne ce sujet chez DE SAUSSURE, cf. l'article de K. ENGLER, *Rôle et place d'une sémantique dans une linguistique saussurienne*, Cahiers Ferdinand de Saussure 28, 1973,35-52.

4. Je fais abstraction, pour le moment, du difficile problème de l'unité du mot (l'expression *pomme de terre* est-elle un mot ?). Cf. à ce sujet K. TOGEBY, *Qu'est-ce qu'un mot ?*, dans TCLC 5, 1949,97-111 ; F. HIORTH, *On defining "Word"*, dans SL 12, 1968, 1-26 ; Charles MULLER, *Le mot : unité de texte et unité de lexique en statistique lexicographique*, dans TraLiLi 1, 1963, 155-73 [« les deux questions qui ont fait l'objet de cet exposé sont : « Le mot est-il une unité, une fraction

Cela peut paraître élémentaire et tout à fait évident, mais pour la langue et la science du langage, c'est d'une importance capitale. Déjà, de Saussure apercevait clairement cet état de choses en disant que le signe linguistique n'unit pas une chose et un nom, mais un concept objet mental et une image acoustique, et dès le Moyen Age, les scolastiques l'avaient exprimé à l'aide de la formule bien connue : *Vox significat mediantibus conceptibus* [5].

Dans leur actuelle disposition triangulaire, ces relations ont été pour la première fois représentées par Odgen et Richards, *The Meaning of Meaning*, 1923 ([4]1936) [6]. J'adopte la disposition quelque peu simplifiée de S. Ullmann [7].

---

d'unité ou de deux unités ? » et « Les deux unités sont-elles le même mot, ou des mots distincts ? ». Elles se ramènent à une question plus générale, celle de l'unité du signe linguistique, réalité psychologique qu'il est difficile de mesurer par des procédés absolument objectifs », p. 173 ; « On admettra qu'il n'y a pas de norme parfaite, parce que le caractère complexe et mouvant du langage n'obéit jamais parfaitement à la quantification », p. 172]. Cf. aussi Otto DUCHÁČEK, *Le mot et le concept*, dans Sborník prací filosofické fakulty brnenské university XI, 1962, rada A 10, 149-53 ; A. ROSETTI, *Autour du mot*, dans Mélanges Gardette, TraLiLi 4[1], 1966, 427-28 ; José G. Herculano de CARVALHO, *Lições de linguística*, 3e éd., Coimbra 1962-1963, 434 ss., distingue trois types de mots : *cavalo, altifalante, guarda-sol*) ; A. MARTINET, *Le mot*, dans Diogène 51, 1965, 39-53 ; Christian METZ, *Remarque sur le mot et sur le chiffre, A propos des conceptions sémiologiques de Luis J. Prieto*, dans La Linguistique (Presses Universitaires), 2, 1967, 41-56 ; Christian ROHRER, *Die Wortzusammensetzung im modernen Französisch* (TBL, 78), Tübingen 1977, 256 p. [1ère éd. thèse Tübingen 1967], spéc. 11 ss. Cf. maintenant surtout Klaus HEGER, *Monem, Wort, Satz und Text*, 1976 [→ II 7, spéc. p. 212, note 11].

5. Ces problèmes fondamentaux sont résumés très clairement par S. ULLMANN, *Précis de sémantique française*, [2]1959, 19 ss. ; *The Principles of Semantics*, [2]1957, 69 ss. ; *Semantics. An Introduction to the Science of Meaning*, Oxford (Blackwell) 1962, 278 pp.

6. Cf. plus haut p. XIV, note 7.

7. Le triangle de S. ULLMANN est le mieux expliqué dans l'article *The Concept of Meaning in Linguistics*, dans Archivum Linguisticum 8, 1956 (sep.), 12-20.

2

Le signifiant et la réalité

(a) L'IMMOTIVATION

Mais observons plus attentivement chacune des relations en particulier. Il est facile de comprendre qu'il n'existe pas de relation directe entre le signifiant et la réalité. Comment serait-il d'ailleurs possible du moment qu'une même chose est désignée, dans des langues différentes, par des images acoustiques distinctes : *table, Tisch, mesa* ? En d'autres termes, le signifiant n'est pas motivé par la réalité [1] ; le signe linguistique est arbitraire [2]. Par ailleurs, s'il en était autrement, la forme elle-même ne pourrait pas changer et il n'y aurait pas d'histoire de la langue. Pour celui qui a appris une seconde langue, tout cela est évident. Mais celui qui ne connaît que sa langue maternelle tend à identifier le mot avec la chose, comme ce paysan tyrolien qui, revenant d'Italie, parlait à ses concitoyens de ce merveilleux pays, mais ajouta aussitôt que les Italiens devaient être très sots étant donné qu'ils appelaient *cavallo* ce que tout le monde connaissait sous le nom de *Pferd* [3]. Et un collègue chilien (le professeur Echeverría) me raconta que son grand-père lui avait dit un jour : « Je ne peux pas concevoir que quelqu'un au monde puisse ne pas me comprendre si je parle

1. Sur ce problème et d'autres qui s'y rattachent, v. S. ULLMANN, *Descriptive Semantics and Linguistic Typology*, dans Word 9, 1953, 225-240, surtout pp. 229 ss.

2. Cette théorie, sur laquelle est basée la linguistique moderne, a une longue tradition depuis Aristote jusqu'à de Saussure, cf. E. COSERIU, *L'arbitraire du signe. Zur Spätgeschichte eines aristotelischen Begriffes*, dans ASNSL 204, 1967, 81-112 ; Rudolf ENGLER, *Théorie et critique d'un principe saussurien : l'arbitraire du signe*, dans CFS 19, 1962, 5-66 ; id., *Compléments à l'arbitraire du signe*, dans CFS 21, 1964, 25-32.

3. Anecdote racontée par MARTINET, *Eléments de linguistique générale*, Paris 1960, Avant-propos. Pour d'autres exemples, v. W. v. WARTBURG, *Problèmes et méthodes de la linguistique*, 2e éd., 1963, p. 187.

lentement ! ». A la base de ces anecdotes se trouve la fausse idée qu'il y a identité entre le mot et la réalité ; toutefois, l'effet comique vient du fait qu'à l'exception de ce paysan tyrolien et du grand-père chilien, tout le monde sait qu'un même objet se nomme de façons différentes dans les langues différentes, autrement dit qu'entre le mot et la réalité il n'existe aucune relation directe.

Le grand-père chilien est dépassé encore par l'attitude naïve des enfants : pour de jeunes enfants une *aiguille* s'appelle ainsi parce qu'elle est aiguë ; *serpent* est un mot long parce que les serpents sont longs ; *rose* est une partie de fleur dans la mesure où elle sent bon (il est significatif que j'ai pu traduire mot à mot ce passage cité en anglais par George A. MILLER/Philip N. JOHNSON-LAIRD, *Language and Perception*, Cambridge Univ. Press, 1976, p. 116 [« Young children may say a needle is called *needle* because it is charp : *snake* is a long word because snakes are long ; *rose* is as much a part of the flower as its scent »].

(b) LA MOTIVATION ONOMATOPÉIQUE

Cependant, on pourra objecter qu'il existe des mots imitatifs ou, mieux, des mots onomatopéiques, où la "chose" est incorporée directement dans le langage, par exemple en français *tic tac* pour désigner le bruit régulier du mouvement d'une pendule ou en suisse-allemand *töff töff* pour la moto. De fait, c'est la seule catégorie lexicale où il existe une certaine relation directe entre le mot et la chose. Mais en observant plus attentivement, on constate que, même dans ce cas, il se produit un processus d'abstraction. Ce n'est pas la chose elle-même qui s'incorpore au langage, mais seulement un signal qui traduit un son ou un mouvement [4]. Voilà pourquoi les mots onomatopéiques peuvent paraître distincts selon les langues et selon les caractéristiques qu'on retient, dans ces langues, comme typiques [5]. Ainsi, en suisse

4. Cf. surtout Ruth LEHMANN, *Le sémantisme des mots expressifs en Suisse romande* (= Romanica Helvetica, 34), Berne (Francke) 1949, et le compte rendu de S. HEINIMANN, dans Vox-Rom 13, 144-148 ; cf. également les travaux de Mario WANDRUSZKA, *Poésie et sonorités und das Problem der phonetischen Motivation*, dans Romanistisches Jahrbuch 16, 1965, 34-48, et d'E. COSERIU, *L'arbitraire du signe*, dans ASNSL 204, 1967, 81-112, en particulier 105, 107, 109. José G. Herculano de CARVALHO, *Licões de linguística*, 3e ed., Coimbra 1962-1963, 181 ss., distingue entre *onomatopées pures et conventionnelles* (ces dernières peuvent être *lexicalisées ou non-lexicalisées*).

5. « On fait parfois état de mots dits expressifs qui imiteraient les bruits de la nature, les onomatopées. Mais même dans ce cas, on constate que les langues n'ont pas recours à des termes identiques, et que, par conséquent, la nature n'en dicte pas. On rend les cris des animaux, ceux du chien et du chat par exemple, par des onomatopées différentes en français et en anglais. C'est que le système phonologique d'une langue joue un rôle dans ces cas extrêmes. La confusion entre langue et réalité s'appelle magie verbale... » Knud TOGEBY, *Langue, science, littérature et réalité*, Revue Romane 8, 1973, 298-303, spécialement 298.

allemand la moto s'appelle occasionnellement *töff töff*, et non *prun prun* comme en espagnol, ou le chien se dit *wauwau* en allemand, *guau-guau* en espagnol, *vauuau* en portugais, mais *bowwow* en anglais, *wanwan* en japonais, *gnaf-gnaf* en français, *haf-haf* en tchèque, *hoghog* en kaingang (ce dernier exemple m'a été communiqué par Aryon Rodrigues) ; on imite l'éternuement en français par *atchoum* !, en allemand par *hatschi* !, en espagnol par *achí* ! ou *achís* !, en maya par *he'esíim* [hęęsĩm] ! ou *he'etsím* [hęętsĩm] ! (information de R. Vermont Salas, Mérida). Le chant du coq s'appelle *kikiriki* en espagnol et en tchèque, *kikeriki* en allemand, *coquericot* en français, *t'ent'elése* [t'ęntęlęsę] en maya, etc. [6]. Une fois constitués dans une langue, les mots onomatopéiques évoluent très fréquemment comme les autres mots, ce qui a pour conséquence que, par suite de changements phonétiques, ils peuvent perdre leur caractère onomatopéique ; dans ce cas, ils rejoignent la grande masse de mots immotivés (cf. par exemple l'article PAPILIO, FEW 7, 581a) [7].

(c) LA MOTIVATION INDIRECTE ET L'ÉTYMOLOGIE POPULAIRE

La majorité des mots ne sont pas *primaires*, c'est-à-dire ne sont pas motivés par la réalité. Cependant, il faut aussitôt ajouter que les motivations *secondaires* sont extrêmement fréquentes [8]. Ainsi, le mot *papillon* n'est pas motivé, mais le verbe *papillonner* "s'agiter comme des ailes de papillon" (Petit Robert 1977) l'est (à comparer en allemand *Baum* "arbre" et *sich bäumen* "se dresser comme un arbre"). Toutefois, la motivation n'est pas directement provoquée par la réalité

6. La différence entre les réalisations onomatopéiques peut servir de base à des contes populaires : le diable, par exemple, ne se laisse pas tromper par la femme qui crie *kikeriki* parce que les vrais coqs chantent *kokoriko* (*Südfranzösische Sagen*, éd. et trad. par F. KARLINGER et Inge ÜBLEIS, Berlin 1974 [v. ZRP 91, 1975, 682] : n° 77 *Kikeriki ist nicht Kokoriko*, 86-87).

7. Vient de paraître le travail le plus approfondi concernant la motivation : Wolfgang RETTIG, *Sprachliche Motivation*, Zeichenrelationen von Lautform und Bedeutung am Beispiel französischer Lexikoneinheiten (Studia romanica et linguistica, 12), Frankfurt-Bern (Peter D. Lang) 1981, 226 p. [Thèse d'Etat, Université de Düsseldorf 1977].

8. A propos du choix des traits caractéristiques dans les désignations de motivation secondaire : « L'*éléphant*, par exemple, s'appelle dans une certaine langue "celui qui boit deux fois" (parce que, d'abord, il le fait avec la trompe et, ensuite, avec le mufle) ; dans une autre langue, il s'appelle "celui qui a deux défenses". Aucune de ces désignations n'est fausse, mais aucune n'est absolument correcte, toutes les deux étant acceptées, parce qu'elles reposent sur des traits distinctifs et significatifs de l'éléphant ». Karl LÖWITH, *Die Sprache als Vermittler von Mensch und Welt*, dans Beiträge zur Philosophie und Wissenschaft, Wilhelm Szilasi zum 70. Geburtstag, München (Francke), 1960, 141-160 (spécialement 151).

elle-même, mais indirectement par *papillon* [9]. Toutes les métaphores reposent sur de telles motivations indirectes ; *papillonner* est une métaphore lexicalisée. Nous pouvons même aller bien plus loin en affirmant que toute la sémantique est fondée sur des motivations secondaires, car toute nouvelle nuance de sens est motivée par les nuances précédentes. Il existe une différence frappante entre l'immotivation des mots primaires et le besoin de motivation permanent chez l'homme. La preuve de ce besoin de motivation spécifiquement humain est fournie par les étymologies populaires. Une des constellations les plus connues est désignée par les noms de *Grande Ourse* ou *Grand Chariot*. La désignation de Grand Chariot est compréhensible : la constellation en question paraît avoir un long timon, et ressemble effectivement à un grand chariot. Mais, quelle en est la ressemblance avec l'ourse ? L'imagination la plus fertile ne saurait la découvrir. Beaucoup de ces problèmes avaient été entrevus dans des travaux spécialisés, mais c'est O. Szemerényi qui a fait remarquer pour la première fois que la désignation *chariot* est primitive, tandis que la dénomination *ourse* reposait sur un malentendu. Dans l'ancienne Mésopotamie, on se servait déjà de l'image de chariot ; mais en Acadie, un même mot *eriq(q)u* signifiait "char" et "ourse", et les Grecs l'ayant mal compris l'ont traduit par "ourse". C'est donc de cette façon que le nom d'Ourse s'est répandu par la suite et s'est conservé jusqu'à présent :

« chariot »
|
acadien *eriq(q)u* « chariot » + « ourse »
|
gr. « ourse » [10]

9. Cf. W. v. Wartburg, *Problèmes et méthodes de la linguistique*, Paris (Presses Universitaires), ^{2}1963, 136-47, et aussi E. Coseriu, *L'arbitraire du signe*, dans ASNSL 204, 1967, 99 (à propos de Christian Wolf) et 110 (à propos de de Saussure).

10. Oswald Szemerényi, *Principles of Etymological Research in the Indo-European Languages*, dans Innsbrucker Beiträge zur Kulturwissenschaft 15, 1962, 190. L'étymologie populaire basée sur une fausse interprétation de *septentrion* n'est pas moins intéressante : dès l'Antiquité, on y voyait "sept bœufs moissonneurs" (latin *trio* "bœuf"), or cette vision des sept étoiles de la Grande Ourse, comme s'il s'agissait de sept bœufs, dépasse aussi l'imagination. Szemerényi démontre que *septentrio* remonte à *septemsterion* "sept étoiles" (ib., 188 ss.). Là encore, l'étymologie populaire nous conduit à une vision motivée seulement en apparence, et qui ne repose sur aucune réalité. V. aussi notre article *A propos de l'influence de la langue sur la pensée*, RLiR 37, 1973, 241-273, spécialement pp. 256 et 257, note 1.

L'exemple que nous venons de citer nous enseigne que nous ne nous rendons pas compte que l'image ne correspond pas nécessairement à la réalité. En effet, la dénomination de *Grande Ourse* ne surprend aujourd'hui personne, à moins qu'on ne soit un observateur particulièrement attentif. L'étymologie populaire se contente donc en général d'une explication hypothétique, pourvu qu'il y ait une motivation [11]. Dans des dialectes allemands on désigne, entre autres, par *Mönch* (moine) la croisée de la fenêtre ("Fensterkreuz"). Peut-être s'imagine-t-on un moine avec les bras étendus en croix si, par hasard, on essaie de trouver une explication de ce terme. En réalité, le moine n'est nullement responsable de cette extension du signifié. *Mönch* "croisée de fenêtre" est la traduction du français médiéval *moinel* qui avait ce sens et qu'on ressentait comme un dérivé de *moine*< MONACHUS. En réalité, *moinel* remonte à MEDIANUS "situé dans le centre" [12], d'où "croisée d'une fenêtre". Il serait intéressant d'examiner les nombreuses étymologies populaires quant à leur force évocatrice réelle. Voir par exemple l'idéal des *yeux verts* qui ne repose sur rien de réel ; la base de cet idéal est l'homonymie, en ancien français, de VARIUS et de VIRIDIS (*vair*> *vert*) [13].

11. Ce penchant pour la motivation secondaire – même si elle n'est ni juste ni logique – peut produire une modification au niveau de la forme de l'expression. En portugais, on a changé *canapé* en *camapé* par l'identification avec *cama* (= lit) et *pé* "pied" (de *cama*), bien que les pieds ne soient un trait distinctif ni de *cama* ni de *canapé* ; la pseudo-motivation est suffisante (l'exemple - étudié d'un autre point de vue – figure chez José G. Herculano de CARVALHO, *Inovação et criação na linguagem*, extr. de la Revista da Universidade de Coimbra (Coimbra) 20, 1962, 18 pp., en particulier 9 ss.).

12. Plus ancien est *fenestre à moyen*. Cf. FEW 6, 580b et 587b.

13. Cf. Th. HEINERMANN, *Die grünen Augen*, dans RF 58, 1944, 18-40 ; Harri MEIER, *Os olhos verdes na literatura*, dans Ensaios de filologia românica, Lisboa 1948, 191-206 ; E. GLÄSSER, *Die grünen Augen im portugiesischen Mittelalter und das galizianische Schönheitsideal*, dans GRM 40 (= N. F. 9), 1959, 351-359 ; K. BALDINGER, *A propos de l'influence de la langue sur la pensée, Etymologie populaire et changement sémantique parallèle*, RLiR 37, 1973, 241-273 [spécialement 260] ; on y trouve une série d'autres exemples.

3

Le signifiant

(a) LA POLYSÉMIE : LE CHAMP SÉMASIOLOGIQUE

De l'immotivation des mots résulte un autre phénomène fondamental : le fait qu'un mot peut avoir plusieurs acceptions, autrement dit la *polysémie*. Une même image acoustique peut être le symbole de différentes réalités, c'est-à-dire elle peut avoir plusieurs contenus ou significations. Que signifie en effet *couronne* ? *Couronne* peut désigner la couronne d'un roi, mais aussi une couronne de fleurs. Bien que ces deux choses soient très différentes, qu'elles se présentent différemment ou qu'elles aient une fonction différente, elles sont parfois réunies, dans des dictionnaires, sous une même acception, ainsi dans le dictionnaire de l'Académie espagnole (s. v. *corona*) : "cercle de branches ou de fleurs naturelles ou imitées, ou de métal précieux, avec lequel on ceint la tête ; et c'est soit un simple ornement, soit un insigne honorifique, soit un symbole de dignité" [1]. Ainsi, cette acception correspond à un vaste champ de réalités, d'où s'ensuivent, dans ce dictionnaire, vingt-quatre acceptions ultérieures ; ainsi, c'est aussi la désignation d'une "ancienne monnaie", voire de plusieurs monnaies ; de même, le mot peut signifier "tonsure" ou "auréole", ou "sommet d'une colline", ou encore une "espèce de fortification", etc. En nous référant à notre triangle, cela veut dire que, dans un signifiant (= image acoustique), toute une série d'acceptions conduit à toute une série de représentations ou objets mentaux :

1. On trouvera une analyse plus détaillée du champ sémasiologique du mot français *couronne* dans mon article *Semasiologie und Onomasiologie im zweisprachigen Wörterbuch*, dans *Interlinguistica* [Mélanges dédiés à Mario Wandruszka], Tübingen (Niemeyer) 1971, 384-396.

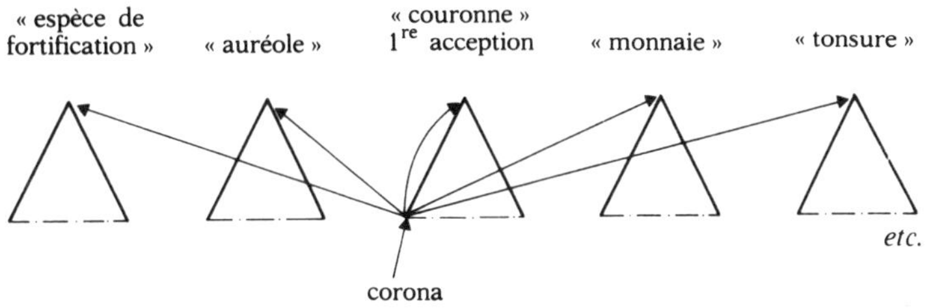

Fig. 4

Cet éventail d'acceptions constitue le *champ de significations* ou *champ sémasiologique* [2]. Cette première structure linguistique, structure sémasiologique, n'est pas la seule, mais c'est la plus évidente.

(b) LE CONTEXTE

Si un mot peut avoir plusieurs acceptions, il faut naturellement se poser immédiatement la question de savoir comment l'interlocuteur peut se rendre compte de la signification à laquelle pense le locuteur dans chaque cas. Il s'en rend compte en se fondant sur une structure linguistique plus large, qu'on peut appeler *structure syntagmatique*. Nous ne parlons pas en mots isolés, mais en phrases. Le mot isolé s'insère dans une structure plus ample et c'est à travers celle-ci qu'on détermine la pensée figurant à l'arrière-plan de ce mot, autrement dit c'est le *contexte* qui précise le choix de l'acception dans une situation linguistique donnée [3]. Cette fonction déterminative du contexte est si efficace que l'interlocuteur comprendra en général de façon exacte la pensée du locuteur même si celui-ci s'est trompé de mot en parlant :

2. Sur ces problèmes, cf. les travaux de Rulon WELLS, *Is a Structural Treatment of Meaning Possible ?*, dans Reports for the Eighth International Congress of Linguists (Oslo, 5-9 août 1957), Oslo University Press [2 volumes, 347 pages + suppl. I-II], 197-209 [cf. RFE 44, 1961, 207] ; Louis HJELMSLEV, *Dans quelle mesure les significations des mots peuvent-elles être considérées comme formant une strucutre ?* ib., 268-286 [cf. RFE 44, 1961, 209]. Récemment, Ramón TRUJILLO a prétendu : « La polysémie... n'existe pas » (Elementos de semántica lingüística, Madrid 1976, p. 240) ; « la polysémie n'est pas un fait réel : elle existe si l'on considère les problèmes uniquement du point de vue du signifiant, ou mieux encore, du signifiant isolé » (ib.). Mais Trujillo confond le niveau de la *langue* (où la polysémie existe) et le niveau de la *parole* (où la polysémie – normalement – n'existe pas). De plus, Trujillo se contredit en affirmant, à la page 242, qu'il faut considérer « le problème de la polysémie comme un problème structural qui existe dans toutes les langues », et, à la page 250, il constate même que « la majorité des problèmes proviennent de la polysémie » !

3. Au sens de *contexte verbal* et non de *contexte idiomatique* ou de *contexte extra-verbal*. Sur cette triple distinction, juste et nécessaire, v. E. COSERIU, *Determinación y entorno*, dans Teoría del lenguaje y lingüística general, Madrid (Gredos) 1962, 282-323, en particulier 313 ss.

il mettra le mot qui convient à la place d'un mot inexact. Toutefois, il peut aussi arriver que la détermination du mot à travers le contexte reste incomplète et que l'interlocuteur ne comprenne pas ce qu'on veut dire. Il se produit alors ce qu'on appelle un malentendu. Cela se produit souvent, dans les journaux, pour les titres d'articles présentant un contexte trop succint. Ainsi, en lisant il y a quelques années, dans un journal allemand, le titre *Ball in Paris*, j'ai naturellement pensé à une représentation de danse (à *Ball*), mais l'article – c'est-à-dire le contexte – me démontra que *Ball* était le nom du vice-ministre des Affaires étrangères américain [4].

En conséquence, si le mot est déterminé en premier lieu par le contexte, il faut se demander comment il peut exister des dictionnaires. Dans un dictionnaire, le mot est isolé et présenté sans contexte, et malgré tout, avec toutes ses acceptions. Cela est possible parce que le dictionnaire remplace les contextes par des définitions. Dans la réalité langagière, les vingt-cinq acceptions de l'espagnol *corona* se déterminent à l'aide de vingt-cinq contextes différents, tandis que, dans le dictionnaire, cela se fait à l'aide de vingt-cinq définitions différentes. Le dictionnaire, qui part de la forme des mots et est ordonné alphabétiquement, présente le champ sémasiologique de chaque mot (de chaque image acoustique) c'est-à-dire la structure de ses acceptions. A l'aide de ces considérations nous avons déjà donné implicitement une première définition, encore provisoire, de la *signification* (et, par consé-

4. Voici une "plaisanterie" fondée sur la polysémie et qu'on raconte dans les pays latino-américains où *vivo* a deux sens, celui de "qui est vivant" et celui d'"intelligent, malin" :

« Combien d'enfants avez-vous ? »

« Sept. »

« Tous *vivos* ? »

« Non, un travaille. »

(Le locuteur emploie *vivo* au sens de "vivant", tandis que l'auditeur le prend au sens de "rusé".)

Les jeux de polysémie sont fréquents dans le *Canard enchaîné*, v. par exemple le jeu complexe de deux polysémies à propos du premier vol réussi du space-shuttle américain : *USA : une drôle de navette* [navette "engin spatial" et "navette de tisserand"] – *Giscard : une drôle de bobine* [bobine "petit cylindre" et faire une drôle de bobine "figure, tête"] (n° 3155 du 15 avril 1981) ; l'anglais *shuttle* présente, d'ailleurs, la même polysémie que navette (on parlera plus loin des jeux de mots – encore plus fréquents – se basant sur l'homonymie ; au sujet des jeux de mots dans le Canard enchaîné, Franz Josef HAUSMANN, *Studien zu einer Linguistik des Wortspiels* (Beihefte ZrP,143), Tübingen (Niemeyer) 1974).

Sur les pare-chocs d'une très vieille automobile à Bogotá, j'ai lu : « Baja como el peso y sube como el dólar », « elle descend comme le peso et monte comme le dollar » (jeu de mots dû aux deux sens de *bajar* et de *subir*). Cf. aussi Mauro de ALMEDA, *Filosofia dos para-choques* (Instituto Joaquim Nabuco de Pesquisas Sociais, Ministério de Educação e Cultura), Recife 1963 [par exemple : *Entre sem bater...* « pedido de um motorista que certamente tem horror aos que penetram no seu veículo e fazem vibrar tôda a carrosseria quando fecham a porta », p. 103 (jeu de mots venant des deux sens de *bater* : "frapper" et "claquer") ; etc.].

quent, la réponse à une question très discutée dans la science du langage) : la signification associe une image acoustique déterminée à un schème déterminé de représentation, ou objet mental déterminé (concept dans le triangle d'Ullmann).

(c) UNITÉS ET NIVEAUX

Le signifiant – nous l'avons vu dans le chapitre précédent – est porteur d'un champ sémasiologique. Le signe linguistique réunit un signifiant et un signifié. Mais, qu'est-ce qu'un signe linguistique ? Nous avons déjà fait allusion à la difficulté de définir le *mot* (p. 5 s., note 4). Actuellement, POTTIER distingue entre *mot* et *lexie* [5]. Le mot ou la lexie est souvent constitué par la combinaison de deux unités significatives :

porteur	=	*port*	+	*eur*
mot ou lexie		unité significative	+	unité significative
		lexème	+	*morphème*

Dans ce cas, le mot (ou la lexie) se compose d'un *lexème* et d'un *morphème*. Les deux sont des unités significatives. La seule différence qui existe entre elles est le fait qu'on peut dresser une liste fermée des morphèmes, tandis que les lexèmes constituent une classe ouverte (le nombre des lexèmes est bien supérieur à celui des morphèmes) [6]. Nous appelons *monème* l'unité minimale ayant une signification :

5. POTTIER définit la **lexie** comme "unité de comportement". Il distingue la **lexie simple** ("coïncide avec le mot : *chien*"), la **lexie composée** (*brise-glace*, etc.), la **lexie complexe** (*pomme de terre, au fur et à mesure*, etc.), cf. *Présentation de la linguistique, Fondements d'une théorie*, TraLiLi V[1], 1967, 16 [Actuellement, *Linguistique générale, Théorie et description*, Paris (Klincksieck) 1974, p. 266]. D'autre part, il distingue le mot et la lexie : « Le *mot* est l'unité minimale construite. Tout mot est composé de morphèmes [= monème dans notre terminologie]. Il existe en français deux types de mots : les mots à lexème et grammème(s) [= morphème dans notre terminologie], les mots à grammème(s)... trois classes de mots : les mots lexicaux, les mots grammaticaux, les substituts » (ib. p. 15). Comme ces distinctions importent peu dans le cadre de notre travail, nous nous servirons indistinctement de *mot* et de *lexie*.

6. Les *morphèmes* sont souvent des formes liées (*bound forms*) et les *lexèmes* des formes libres (*free forms*), mais ce n'est pas toujours le cas : il existe des *morphèmes libres* (le français *moi* s'oppose à *je*, forme liée) et des *lexèmes liés* (par exemple *Him-* dans l'allemand *Himbeere*, ou *-di* dans le français *lundi, mardi*, etc.) ; cf. Klaus HEGER, *La conjugaison objective en français et en espagnol*, Langages (Didier-Larousse) 3, 1966, 19-39 (surtout 22) ; cf. aussi l'édition espagnole, *La conjugación objectiva en castellano y en francés*, Instituto Caro y Cuervo, Bogotá 1967,23 pages, en particulier p. 4 : *tele* dans *teléfono, telégrafo, televisión*, etc. (Extrait de Thesaurus 22, 1967), article inclus dans K. HEGER, *Teoría semántica*, II, 1974, 87-105.

MONÈME

MORPHÈME (inventaire limité) — LEXÈME (inventaire illimité)

Le monème [7], qu'il s'agisse d'un morphème ou d'un lexème [8], est, pour ainsi dire, la plus petite unité à deux faces : il est à la fois *forme de l'expression* (signifiant) et *forme du contenu* (signifié) et reflète ainsi la bipolarité fondamentale de la langue (sans cette bipolarité, il n'y aurait pas de langue, ainsi que nous l'avons dit plus haut).

En analysant le monème en tant que signifiant, nous pouvons dégager d'autres unités, cette fois-ci non significatives mais **distinctives** :

phonème	unité minimale distinctive
syllabe *mot phonétique*	unités non minimales distinctives
etc.	

Le phonème n'est effectivement pas porteur de signification, mais joue un rôle distinctif important : ainsi, *balle – cale – dalle – galle – halle – malle – pale – sale – talle – val* diffèrent par un seul "son" qu'on appelle *phonème* quand il sert à distinguer au moins deux mots. Autrement dit, le phonème est un son à valeur distinctive au niveau de la *langue*, les variantes de prononciation combinatoires ou individuelles n'étant que des variantes phonétiques au niveau de la *parole*. La phonologie étudie les sons en tenant compte de leur fonction distinctive. En général, le monème et le mot sont constitués par deux

7. B. POTTIER se sert maintenant d'une autre terminologie :

morphème

morphème grammatical ou *grammème* (inventaire limité) — *morphème lexical* ou *lexème* (inventaire illimité).

Cf. son article *Présentation de la linguistique, Fondements d'une théorie*, TraLiLi V, 1, 1967, 7-60 (surtout 14-15 et 59-60, et *Linguistique générale*, 1974, 68).

8. La distinction entre *morphème* et *lexème* n'est cependant pas une distinction absolue, cf. par exemple POTTIER, *Sémantique du fini et sémantique du non-fini*, Actes du Xe Congrès International des Linguistes (Bucarest, 1967), II, Bucarest 1970, 385-389 ; Harald WEINRICH, *Semantik der Metapher*, Folia Linguistica (Acta Societatis Europaeae) 1, 1967, 3-17, fait remarquer qu'un morphème a un signifié très vaste et qu'il se prête ainsi moins aux métaphores que les lexèmes qui ont des signifiés précis et plus réduits (p. 7).

phonèmes ou plus (il existe pourtant des cas extrêmes d'un seul phonème, par exemple en français *eau /o/* ; dans ce cas, le phonème est en même temps monème et mot). Comme on le constate, le phonème joue un rôle semblable à celui du contexte : grâce aux phonèmes, on distingue les mots entre eux comme porteurs de champs sémasiologiques ; grâce au contexte, on distingue les significations de chaque mot. Ainsi, les phonèmes (la structure phonologique) servent à distinguer les unités significatives – ce qui constitue une première classification. Le contexte (la structure syntagmatique) assure la précision sémantique de ces unités significatives (qui sont, au plan paradigmatique, complexes) [9].

Les unités distinctives autant que les unités significatives peuvent être étudiées à des niveaux de plus en plus élevés.

Unités distinctives :

phonème	unité minimale distinctive
syllabe mot phonétique }	unités distinctives non minimales
contexte	niveau de la phonologie du contexte ou phonologie syntagmatique

Unités significatives :

monème (morphème ou lexème)	unité significative minimale
groupe de monèmes (mots, mots composés [10], locutions, etc.) phrase genre littéraire etc. }	unités significatives non minimales

Aux divers niveaux [11], nous pouvons étudier les unités quant à leur

9. Sur les analogies et les différences entre les divers niveaux, cf. E. COSERIU, *Pour une sémantique diachronique structurale*, dans TraLiLi, II[1], 1964, 139-186, passim ; G. MOUNIN, *Les problèmes théoriques de la traduction*, 1963, passim ; Albrecht NEUBERT, *Analogien zwischen Phonologie und Semantik, Zeichen und System der Sprache*, volume III, Berlin (Akademie Verlag) 1966, 106-116 ; José Pedro RONA, *Les parties du discours, un niveau d'organisation du langage*, Actes du Xe Congrès Intern. des Linguistes (Bucarest, 1967), I, Bucarest 1969, 337-341.

10. A propos des mots composés, v. l'ouvrage de Christian ROHRER, *Die Wortzusammensetzung im modernen Französisch* (Thèse de doctorat), Tübingen 1977 (Tübinger Beiträge zur Linguistik, éd. par Gunter Narr, 78).

11. Depuis que j'ai écrit ce chapitre, Klaus HEGER a examiné la hiérarchie des différents niveaux de façon beaucoup plus précise et cohérente : *Monem, Wort und Satz* (Konzepte, 8), Tübingen (Niemeyer) 1971 ; *Monem, Wort, Satz und Text*, 2. erweiterte Auflage, Tübingen 1976.

appartenance à des systèmes paradigmatiques ou quant à leurs relations à l'intérieur de multiples contextes, c'est-à-dire nous pouvons les étudier dans leur cadre *paradigmatique* ou *syntagmatique* [12]. La famille de mots constitue un cadre paradigmatique.

Le mot (ou la lexie), objet de la lexicologie, est, comme on l'a fait remarquer, une unité complexe (unité significative non minimale), analysable en unités significatives et distinctes plus petites (à condition qu'il ne s'agisse pas de cas limites) ; d'autre part, il s'insère dans des structures syntagmatiques plus grandes. La langue se constitue par un jeu complexe et compliqué d'unités ayant des fonctions distinctes et se combinant à des niveaux différents :

4 2 3 2 4

... d - é - s – a - l - t - é - r – ant ...

... d - ẹ - z – a - l - t - ẹ - r – ã ...

1 1 1 1 1 1 1 1 1

1 = phonèmes (unités distinctives minimales)
2 = morphèmes (unités significatives minimales de classe fermée)
3 = lexème (unité significative minimale de classe ouverte)
4 = contexte (cadre syntagmatique).

Il est intéressant de constater qu'il y a des différences quantitatives considérables de 1 à 4, qui correspondent au schéma de la grammaire traditionnelle : 1, phonologie ; 2, morphologie ; 3, lexicologie ; 4, syntaxe. Le nombre de *phonèmes* dans chaque langue est limité et peut être évalué le plus souvent entre 20 et 50. Le nombre de *morphèmes*, qui constituent également une classe fermée, est plus grand, mais aussi délimitable ; nous estimons que, généralement, il doit atteindre quelques centaines. Le nombre de *lexèmes* est considérablement plus grand, mais, tout en comptant les terminologies techniques et scientifiques, le nombre de lexies dépasse à peine 100 000 dans les dictionnaires.

Cette caractérisation rapide des unités et des niveaux linguistiques était nécessaire pour mieux comprendre la nature du mot en tant que

12. Voir maintenant à ce sujet Klaus HEGER, *Monem, Wort, Satz und Text*, Tübingen 1976, § 1.4.1 *Semantik oder Syntax ?* (ce qui, sur le rang Rn, constitue une relation syntagmatique sur le plan de la langue [et un contexte sur le plan de la parole], revient matériellement comme unité paradigmatisable sur le rang immédiatement supérieur Rn + 1).

signe linguistique complexe et celle du signifiant en tant que porteur d'un champ sémasiologique. Avant de discuter les problèmes non moins complexes se rapportant aux concepts et à leurs liens avec la réalité, nous allons examiner le problème de l'homonymie et ses rapports avec la polysémie.

(d) HOMONYMIE ET POLYSÉMIE

Si les mots se confondent phonétiquement par suite de leur évolution historique, c'est-à-dire s'il se produit une collision de leurs structures phonologiques, nous parlons, sur le plan diachronique, d'*homonymie* :

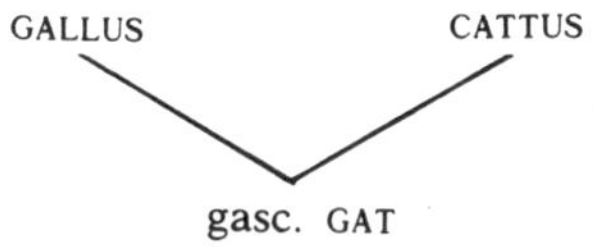

Du point de vue synchronique, *gat* a deux significations : "coq" et "chat", et *l'homonymie* est une *polysémie*, un seul mot à deux significations [13]. Au contraire, un mot à deux significations très éloignées l'une de l'autre peut être ressenti dans la conscience linguistique comme deux mots, et cela arrive quand on ne peut établir aucune relation entre les deux significations. *Gat*, "coq" et "chat", parviendrait probablement à être ressenti comme un seul mot parce que les

---

13. Cf. Otto DUCHÁČEK, *L'homonymie et la polysémie*, VoxRom 21, 1962, 49-56 ; Charles MULLER, *Homonymie et polysémie dans l'élaboration du lexique contemporain*, Etudes de linguistique appliquée I, 1962, 49-54 ; G. GOUGENHEIM, *Homonymie et polysémie*, dans Conseil de l'Europe/Council of Europe (Strasbourg, 16 janvier 1963), Comité de l'enseignement supérieur de la recherche, Projet 10/21 Méthodes d'enseignement des Langues Vivantes (Compte rendu du Colloque sur les Moyens d'Enquête sur la Connaissance et la Diffusion du Vocabulaire, Strasbourg 19-21 nov. 1962), 10-20, 54-55 ; Klaus HEGER, *Homographie, Homonymie und Polysemie*, ZrP 79, 1963, 471-491, *Temporale Deixis und Vorgangsquantität ("Aspekt" und "Aktionsart")*, ZrP 83, 1967, 512-582 (spécialement §§ 1.2.) ; en dernier lieu dans *Monem, Wort, Satz und Text*, Tübingen 1976, § 2.4.1. *Polysemie und Homonymie* (Heger a changé d'opinion en 1969) ; Johannes KLARE, *Zum Problem der Differenzierung von Homonymie und Polysemie*, dans Omagiu lui Alexandru Rosetti la 70 de ani, Bucarest 1965, 445-450 ; Rebecca POSNER, *Homonymy, Polysemy, and Semantic Change*, dans Language Sciences (Indiana University, Research Center for the Language Sciences), 27 oct. 1973, 1-8 [d'orientation diachronique] ; Ekkehard ZÖFGEN, *Polysemie oder Homonymie ? Zur Relevanz und Problematik ihrer Unterscheidung in Lexikographie und Textlinguistik*, dans Lebendige Romania (Mélanges pour H.-W. Klein), Göppingen 1976, 425-464.

Au niveau synchronique, nous pouvons définir l'*homonymie* comme deux sémèmes (cf. ci-après) qui n'ont aucun sème en commun, mais qui sont liés à un même monème. Cf. par exemple José G. Herculano de CARVALHO, *Lições de Linguística*, Coimbra ^{3}1962-1963, 145.

deux significations se réfèrent à des animaux domestiques, c'est-à-dire qu'ils sont, sur le plan du contenu, en étroite relation, et pourtant, il s'agit de deux mots du point de vue historique. Inversement, un mot peut évoluer sémantiquement dans des directions si différentes que la relation entre les significations se perd et dans le sentiment linguistique peuvent naître deux mots homonymes, par exemple : le français *voler* "se déplacer dans l'air au moyen d'ailes" et le français *voler* "dérober", qui viennent tous les deux du latin VOLARE [14].

Ainsi, sur le plan synchronique, deux mots peuvent être ressentis comme un seul ayant deux significations, et un mot à deux significations peut être ressenti comme deux mots différents. L'homonymie peut devenir polysémie, et la polysémie, homonymie. On voit donc que la distinction entre synchronie et diachronie, introduite par de Saussure, correspond en fait à deux attitudes différentes, puisqu'on examine et interprète un même objet, mais de deux points de vue différents.

L'homonymie, tout comme la polysémie (v. ci-dessus la note 4), peut faire l'objet de jeux de mots : « Khomeine, écrit le Canard enchaîné en novembre 1979, se fait de plus en plus *père-sang* » (jeu de mot avec *persan* ; on voit que le jeu homonymique peut dépasser le monème et jouer à travers différents rangs de la hiérarchie des unités). Ce jeu peut être très recherché : *S.O.S.* en jeu homonymique avec *Eh ! seau est-ce ?* (Canard enchaîné n° 3157 du 29 avril 1981).

---

14. Cf. S. ULLMANN, *Sémantique et Etymologie*, dans Cahiers de l'Association Internationale des Etudes Françaises, II, 1959, 322-335, en particulier 326.

4

Réalité et objet mental

(a) LA DÉTERMINATION DE L'OBJET MENTAL DANS LA LANGUE COMMUNE

On pourrait penser que la *réalité* n'intéresse pas la linguistique puisque son existence se situe hors du langage. Mais le langage est une transposition de la réalité et on ne peut comprendre cette transposition qu'en l'envisageant en relation avec la réalité elle-même. En d'autres termes, la linguistique ne peut éviter *l'objet mental, le concept* (notions que nous essaierons de différencier dans la seconde partie de l'ouvrage) qui, à leur tour, sont en rapport avec la réalité extralinguistique. Le langage est uni à la réalité par l'intermédiaire de la représentation conceptuelle ; *vox significat mediantibus conceptibus* [1]. Ou, comme Humboldt l'a affirmé : « Quand, dans l'âme, surgit l'idée que le langage n'est pas un simple moyen de communication pour assurer la compréhension mutuelle, mais un véritable *monde* que l'esprit est obligé de placer par son propre effort entre lui et les objets, alors l'âme est sur le bon chemin pour faire de plus en plus de découvertes dans le langage » [2]. En conséquence, nous ne pouvons pas éluder la question fort débattue des rapports entre la réalité et le concept. Georges Mounin a déjà fait remarquer à juste titre que :

> « La sémantique est la partie de la langue où l'on passe le plus visiblement des

1. Cf. ci-dessus, p. 3, note 1 et p. 6, note 5.

2. W. von HUMBOLDT, *Über die Verschiedenheit des menschlichen Sprachbaues und ihren Einfluss auf die geistige Entwicklung des Menschengeschlechts*, Berlin 1836, 205. Voir aussi WARTBURG, *Einfuhrung*, [3]1970, 170. Cf. également O. DUCHÁČEK, *Le mot et le concept*, dans Sborník prací filosofické fakulty brněnské university XI, 1962, řada A 10, 151 (« Le concept peut faire surgir l'idée de l'objet en question de même que le mot qui le nomme, tandis que le mot peut évoquer seulement le concept et c'est moyennant ce dernier que peut se présenter à notre esprit l'idée d'un objet concret, par exemple celle de la table dans notre salle à manger »).

structures linguistiques fermées aux structures toujours ouvertes de l'expérience ; où l'on passe de la linguistique au monde non linguistique, à la logique d'une expérience du monde. La sémantique est la partie de la linguistique où la formule de Saussure [3] est fausse, la partie où la langue ne peut pas être envisagée en elle-même, parce que c'est la partie par *où l'on passe incessamment de la langue au monde et du monde à la langue* » [4].

En linguistique, on n'est pas encore parvenu à un accord général sur l'existence des *concepts* ; le concept de concept est par ailleurs un terme bien établi en philosophie. Nous préférons donc ne pas parler pour le moment de concept, mais d'*objet mental*, c'est-à-dire de *schème de représentation*. Un schème de représentation est-il une sorte de condensé, qu'on a dégagé, par l'abstraction, d'un champ déterminé de réalités ? Les réalités sont d'une variété infinie et il n'existe pratiquement pas entre elles de limites fixes, mais seulement des transitions imperceptibles. Prenons un exemple simple :

Fig. 5

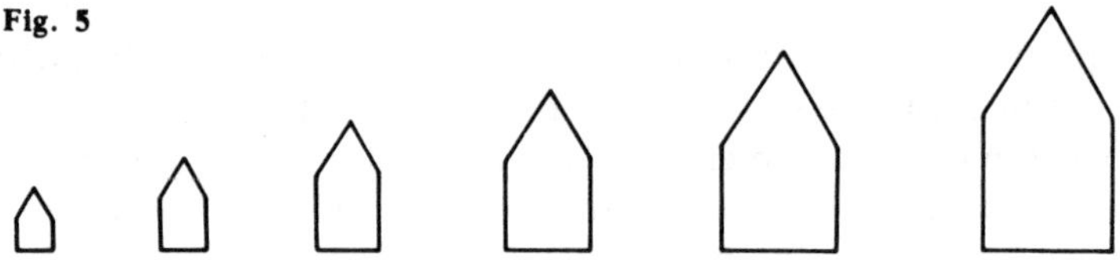

La réalité ainsi schématisée – la "maison" – nous introduit en plein dans les problèmes dont il est question [5]. Où sont les limites de "cabane" d'une part et, d'autre part, de "palais" ? "Cabane", "maison", "palais" sont des schèmes de représentation dont chacun semble résumer, sur des échelons hiérarchisés, un morceau de la réalité. Quelque part dans la réalité, il doit bien exister une limite entre "cabane" et "maison", entre "maison" et "palais". Mais ce "quelque part" ne peut être déterminé avec la précision d'une ligne, mais plutôt comme une zone limite ou une zone de transition. Une limite qui n'en n'est pas une a quelque chose de désagréable pour un scientifique, qui

3. C'est la formule qui termine le *Cours de linguistique générale* : « La linguistique a pour unique et véritable objet la langue envisagée en elle-même et pour elle-même » (édition de 1916, 324 ; cp. éd. crit. par Rudolf ENGLER, fasc. 3, 1968, p. 514 v° 3281).

4. Georges MOUNIN, *Les problèmes théoriques de la traduction*, Paris (Gallimard) 1963, 138 ; voir aussi Knud TOGEBY, *Langue, science, littérature et réalité*, Revue Romane 8, 1973, 298-303.

5. Cf. par exemple l'étude de G. MOUNIN, *Essai sur la structuration du lexique de l'habitation* [en français moderne], dans CahLex 6, 1965, 9-24 (au total, 146 mots ou acceptions » !, p. 11) ; pour le roumain Angela BIDU-VRĂNCEANU, *Contribution à l'analyse structurale du lexique, Le lexique de l'habitation en roumain*, Revue Roumaine de Linguistique 19, 1974, 321-343 [avec une matrice (« by plotting ») 336 ss.] ; dans le même vol. *Modalités d'analyse structurale du lexique, Le système des dénominations des animaux domestiques*, 525-546 [voir à ce sujet aussi Lothar WOLF, *Sprachgeographische Untersuchungen zu den Bezeichnungen für Haustiere im Massif Central*, Tübingen 1968].

se voit d'office obligé de marquer des limites. Ne serait-il pas au moins possible de fixer des limites statistiquement ? On conduira cent personnes devant une maison normale, et elles seront toutes d'accord qu'il s'agit d'une "maison". La statistique fonctionne. Mais dès que ces mêmes personnes se seront trouvées devant une des zones limites de la réalité, la discussion surgira. Certaines affirmeront que c'est une "maison", d'autres qu'il s'agit d'une "masure" ou d'une "baraque", etc. Les plus astucieux diront qu'il s'agit d'un "bâtiment" ou d'un "édifice", ou encore d'une "habitation" ; en essayant de contourner ainsi le problème, ils auront choisi un objet mental supérieur, c'est-à-dire un schème de représentation qui inclut plusieurs objets mentaux à la fois, "cabane", "maison" et "palais" (champ de réalités plus grand) :

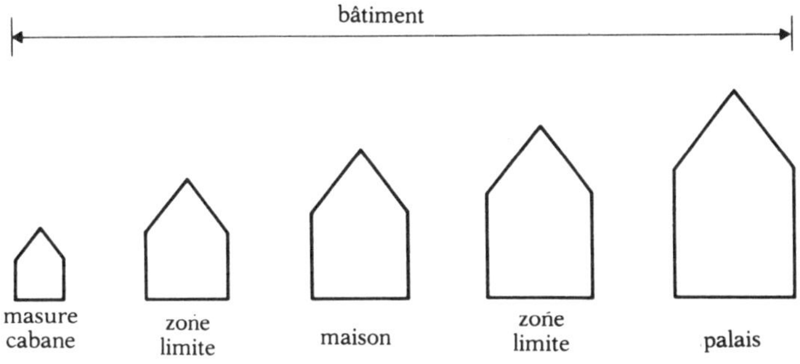

Fig. 6

Mais les problèmes de délimitation réapparaissent au niveau supérieur de l'objet mental "bâtiment" ou "édifice". Ainsi, peut-on appeler *édifice* une construction qui n'est que commencée ? Les juristes nous donnent deux réponses. Dans le Code pénal allemand, article 305, la construction commencée est un édifice (Gebäude) ; dans l'article 243, paragraphe 2, elle ne l'est pas ! Le premier des deux articles se réfère au dommage matériel qualifié et protège les objets de valeur : ici la construction commencée est déjà un édifice. Le second article se réfère au vol par effraction ; dans ce cas, la construction commencée n'est pas encore un édifice. Cette différence vient de ce que les juristes incluent une même réalité dans un objet mental ou l'en excluent selon la finalité de chaque cas.

L'échelle des couleurs fournit un autre exemple, particulièrement frappant. Où sont les limites objectives entre *rouge* et *brun* ? En allemand, on dit, dans ce cas, *rotbraun* ; en espagnol, *color chocolate* (*color canela, color castaño*) [canelle, châtain]. La couleur entre le rouge et le noir est habituellement appelée *atezado* (*rojinegro*) [rouge-noire] ;

le français possède une quantité d'expressions pour désigner les variétés de rouge (voir par exemple PRob. s. v. *rouge*). Il est donc évident, d'après cet exemple, que la réalité extralinguistique ne connaît que des gradations imperceptibles ; c'est le langage qui crée des oppositions au sein d'une réalité sans limites précises. L'œil peut distinguer, dans l'échelle des couleurs pures, environ 300 variantes ; cependant, le langage courant ne se sert que d'un nombre limité de dénominations fondamentales. La distribution du spectre des couleurs (spectre solaire) est différente dans chacune des familles de langues du monde. Le coréen, par exemple, ne connaît pas le vert, si je ne m'abuse [6].

Pour les saisons, un même phénomène se produit. Ni la division en quatre saisons ni leur délimitation dans le temps ne nous sont données par la nature. En latin, *ver* signifiait à la fois "printemps" et "été" ; *aestas*, "été", s'est formé en latin plus tard. Cela entraîna au IVe siècle la forme *primum ver* ou *prima ver*, plus exactement "la première partie du laps de temps qui englobe le printemps et l'été", d'où, en italien et en espagnol, *primavera*, tandis qu'en roumain *vară* continue l'ancien latin *ver* au sens d'*été* ; de même, on a ainsi créé *primum tempus*, d'où le français *printemps*. Le langage reflète la problématique et la relativité de la transformation des réalités en classes conceptuelles.

Où sont les limites entre *hauteur*, *colline*, *montagne* et *mont* ? Dans un pays de plaines, on considère comme un mont ou une montagne ce qui, dans un pays de montagnes, n'est qu'une colline ou un tertre [7].

---

6. « A single name for colors in the cool part of the spectrum – indigo, blue and blue-green – is common. Chinese has such a word which may also refer to gray or black and also carries an idea of the color being a characteristic of something. This word, *ch'ing*, would not be applied to colors like dyes. For paper and paint there are separate words. But *ch'ing* sky is blue, *ch'ing* grass is green, *ch'ing* mountains are purple, *ch'ing* cattle are black and *ch'ing* horses are gray. » J. ORNSTEIN et William W. GAGE, *The ABC's of Languages and Linguistics*, Philadelphia and New York (Chilton Books) 1964, 110 [l'exemple est de Whorf] ; en ce qui concerne le spectre des couleurs, voir l'article de Lothar WOLF, *Zur Diskussion über Terminologie und Semantik*, dans Übersetzer und Dolmetscher, éd. par Volker Kapp, Heidelberg (Quelle & Meyer) 1974, p. 51 (basé sur Mounin) ; voir aussi CATFORD, *A Linguistic Theory of Translation*, London 1965, 51 ; A. BIDU-VRĂNCEANU, *Systématique des noms de couleurs, Recherche de méthode en sémantique structurale*, Bucarest 1976 (v. le c. r. de Harald Thun dans ZrP 96, 1980, 258-265) ; Andres M. KRISTOL, *Color, Les langues romanes devant le phénomène de la couleur* (Romanica Helvetica, 88), Bern (Francke) 1978.

7. Cf. Toivi VALTAVUO, *Der Wandel der Worträume in der Synonymik für Hügel* (Mémoires de la Soc. Néophilologique de Helsinski, XX, 1), Helsinski 1957 (en particulier p. 8) ; K. BALDINGER, *Deux nouveaux dictionnaires onomasiologiques de l'ancien occitan : le AOW et WGask* (avec deux articles-échantillons : *montagne* et *colline*), dans Mélanges de philologie romane dédiés à la mémoire de Jean Boutière, éd. par I. Cluzel et F. Pirot, Liège [1971], 31-50 [les premiers fasc. du *Dictionnaire de l'ancien occitan* (DAO) et du *Dictionnaire de l'ancien gascon* (DAG) viennent de paraître, Tübingen (Niemeyer) 1975 ss.]

Où se trouve, dans la réalité, la limite entre "clair" et "obscur" ? Sur les échelles de cette espèce, la réalite ne connaît pas de limites. De même, où est la limite entre "jeune" et "vieux" [8], entre "sain" et "malade" [9], entre "rapide" et "lent" [10], entre "froid" et "chaud" [11], entre "sot" et "intelligent" [12], entre "bon" et "méchant" [13], entre "beau" et "laid" [14], entre "grand" et "petit" ? Et pourtant, nous savons bien distinguer "froid" et "chaud", etc. Mais la "clarté" n'est pas dans les limites, elle est dans les oppositions. Cela apparaît clairement dans les antonymes [15] comme "en haut" et "en bas", "devant" et "derrière", etc.

---

8. Cf. Horst GECKELER, *Zur Wortfelddiskussion, Untersuchungen zur Gliederung des Wortfeldes "alt-jung-neu" im heutigen Französisch* (Intern. Library of General Linguistics, éd. par E. COSERIU, 7), München (Wilhelm Fink) 1971, 566 pp. (c. r. de M. SANDMANN, Archiv für das Studium der neueren Sprachen 211, 1974, 181-184 ; Alberto ZULUAGA, dans Thesaurus 28, 1973 ; un résumé du livre se trouve dans Horst GECKELER, *Strukturelle Semantik des Französischen*, Tübingen (Niemeyer) 1973, § 3.2.5.) ; Horst GECKELER, *Lexikalische Strukturen im Vergleich, Kontrastive Skizze zur Strukturierung des Wortfeldes "alt-jung-neu" im heutigen Italienisch, Spanisch und Französisch*, dans Interlinguistica, Festschrift Mario Wandruszka, Tübingen (Niemeyer) 1971, 123-137.

9. A comparer en allemand *indisponiert / unpässlich / unwohl / kränklich / krank /schwerkrank / todkrank* (et l'ironique *todsterbenskrank*) ; ou les séries *leicht verletzt / verletzt /schwerverletzt* ; *leicht verwundet / verwundet / schwer verwundet*.

10. A propos des limites imprécises en allemand entre *plötzlich* et *sofort, schnell* et *sofort*, v. J. BLASS, *Der Ausdruck der zeitlichen Unmittelbarkeit* (= Romanica Helvetica, 68), Bern 1960.

11. En allemand *kalt / lauwarm / warm / sehr warm / heiss / sehr heiss / glühend heiss* ; O. DUCHÁČEK (CahLex 6, 1965, 62) donne pour le français la série *glacé (gelé) / glacial / froid / frais / tiède / chaud / caniculaire (torride) / ardent (bouillant) / brûlant (incandescent)*.

12. Cf. par exemple Vlasta VRBKOVÁ, *La méthode structurale appliquée à l'étude du champ conceptuel de la bêtise dans le français du XX*^e^ *siècle*, Etudes Romanes de Brno 9, 1977, 87-113 (v. nos remarques critiques dans ZrP 93, 1977, 632-633).

13. Dans la *Cartelera de cines* [Rubrique des cinémas], publiée dans le journal ABC, on fait la distinction entre *muy buenas* [très bonnes] – *buenas* [bonnes] – *discretas* [moyennes] – *mediocres* [médiocres] – *malas* [mauvaises].

14. Cf. O. DUCHÁČEK, *Le champ conceptuel de la beauté en français moderne*, Prague 1960 ; *Le champ conceptuel de la beauté en français moderne*, Vox Romanica 18, 1960, 297-323 ; *Joli - beau*, Le Français Moderne 29, 1961, 263-284 ; O. DUCHÁČEK - R. OSTRÁ, *Etude comparative d'un champ conceptuel*, Etudes Romanes de Brno 1, 1965, 107-109 [à propos du champ conceptuel de la beauté en latin et dans les langues romanes] ; J. OCHTINSKÝ, *Les rapports antonymiques des champs conceptuels de la beauté et de la laideur en français moderne*, ib. 8, 1975, 63-80 ; O. DUCHÁČEK, *L'évolution de l'articulation linguistique du domaine esthétique du latin au français contemporain*, Brno 1978.

15. A propos des différents types d'antonymes, cf. O. DUCHÁČEK, *Sur quelques problèmes de l'antonymie*, dans CahLex 6, 1965, 55-66 ; L. GUILBERT, *Les antonymes. Y a-t-il un système morpho-lexical des antonymes ?*, dans CahLex 4, 1964, 29-36 ; J. POHL, *Les antonymes : économie et conscience linguistique*, dans Linguistic Research in Belgium, éd. par Yvan LEBRUN, Universa Wetteren (Belgique) 1966, 99-111 [résultats statistiques ; réponses de 100 étudiants à la question : Quel est l'antonyme de... ? A côté d'antonymes bien établis avec 100 % de réponses correctes, comme *fort/faible, convexe/concave, petit/grand, lourd/léger*, il y a eu d'autres cas où les réponses étaient très divergentes] ; Wolfgang MÜLLER, *Über den Gegensatz in der deutschen Sprache*, dans

En arrivant à ce point de notre exposé, nous devons nous demander ce qui est en fait imprécis, l'objet mental ou la réalité ? Nous savons bien faire un différence entre l'objet mental de "maison" et celui de "palais". Nous savons aussi très bien distinguer les objets mentaux "jour" et "nuit", "jeune" et "vieux", etc. Les difficultés commencent lorsque nous devons appliquer nos objets mentaux à des réalités qui ne correspondent pas exactement à nos schèmes mentaux. Nous ne sommes pas en mesure de dire s'il s'agit d'une "cabane" ou d'une "maison" au cas où l'objet réel a des traits à la fois d'une cabane et d'une maison ; la réalité ne correspond alors ni à l'un ni à l'autre de nos objets mentaux. Notre incertitude vient précisément du fait que nous avons une idée (trop) précise de ce que doivent être une cabane et une maison.

Les limites des réalités correspondant aux objets mentaux ne sont pas, d'autre part, d'une même précision, ni imprécision, dans tous les champs du vocabulaire. Certaines limites claires, comme celles qui existent, par exemple, pour les jours de la semaine, ne proviennent pas de la réalité, mais ont été imposées par convention et constituent par conséquent une exception (il s'agit d'une nomenclature à l'intérieur du langage commun ; il n'est pas fortuit qu'on parle des *noms* des jours de la semaine). D'ailleurs, les nomenclatures elles-mêmes finissent par être entraînées par le langage vers l'élasticité de l'imprécis. Le fameux humoriste James Thurber, interrogé un jour par son petit-fils qui voulait savoir combien de temps durait une minute, répondit : « Cela dépend des circonstances. Normalement, la minute compte soixante secondes. Mais quand on dit "une minute, s'il vous plaît", cela veut dire un quart d'heure au moins » [15a]. En réalité, il s'agit là d'une polysémie, c'est-à-dire de deux objets mentaux distincts, l'un avec des limites précises, mais artificielles, l'autre appartenant au langage

---

Zeitschrift für deutsche Wortforschung 19, 39-53 ; Robert MARTIN, *Inférence, antonymie et paraphrase*, Paris (Klincksieck) 1976 ; Maria ILIESCU, *Oppositions sémantiques : antonymie linguistique et antonymie logique*, Folia Linguistica 10, 1977, 151-168 [excellent article] ; Horst GECKELER, *Antonymie und Wortart*, dans Integrale Linguistik, Festschrift für Helmut Gipper, Amsterdam (John Benjamins) 1979, 455-482 (avec des renvois bibliographiques supplémentaires) ; cf. aussi A.J. GREIMAS, *Les Topologiques : essai de définition d'une classe de lexèmes*, dans CahLex 4, 1964, 17-28, et, pour l'ensemble des problèmes théoriques, surtout E. COSERIU, *Vers une typologie des champs lexicaux*, CahLex 27, 1975-II, 30-51.

15a. On peut se servir de cette situation pour faire des plaisanteries. Voici un dialogue que j'ai trouvé dans un hebdomadaire humoristique du Mexique :

« Pour moi, dit un philosophe, mille années, c'est comme une minute !
– Et mille *pesos* ?
– Comme cinq *centavos*.
– Prêtez-moi donc cinq *centavos* !
– Attendez-moi juste une minute ! »

commun et ayant, dans le réel, des limites imprécises [16]. L'application d'un mot, correspondant à un certain objet mental, à une réalité-limite constitue une des raisons les plus importantes de l'évolution sémantique.

Résumons-nous : la langue *peut* suivre les limites données par la nature (si elles existent), mais elle ne les suit pas forcément [17]. En général, une réalité ne connaît pas de limites, mais des gradations sans limites. Dans tous ces cas – et c'est normal – les limites n'existent pas dans la réalité, mais dans le langage. Coseriu [18] dit très justement :

> « La signification est une création de l'expérience humaine. Mais cette création ne s'ajuste pas aux délimitations ou aux lignes séparatrices données *antérieurement* au langage. En principe, cette création pourrait être complètement distincte et, de fait, diverses langues représentent diverses créations de significations. Ainsi, les langues particulières ne sont pas des nomenclatures distinctes d'un point de vue purement matériel, pour interpréter des choses déjà données, mais plutôt des réseaux de significations qu'organise de différentes manières le monde expérimenté. Ou encore, dit d'une autre manière : le langage n'est pas *constatation*, mais *délimitation* de frontières à l'intérieur de l'expérimenté. Naturellement, cela ne veut pas dire que la création linguistique ne peut s'ajuster à une délimitation physico-objective ou naturelle ; en réalité, la création linguistique *peut* correspondre, mais sans nulle obligation, à des délimitations objectives. Ainsi, il n'y a aucune raison objective pour que se différencient *essen* [manger en parlant de personnes] et *fressen* [manger en parlant d'animaux] ou *essen* [manger] et *trinken* [boire] et, en fait, il y a des langues qui ne font pas cette distinction ; une "Leiter" [échelle] et une "Treppe" [escalier] peuvent être objectivement distinctes et, cependant, l'italien et l'espagnol n'établissent pas cette différence ; la signification "Pferd" [cheval] peut coïnci-

16. Dans le cas des notions temporelles, il y a sans doute une raison d'ordre psychologique plus profonde : le conflit entre le temps réel et le temps vécu, subjectif, conflit qui, souvent combiné avec des raisons socio-économiques, peut avoir des conséquences sur la langue générale. Pour les Ifê-Yorouba d'Afrique, par exemple, « l'*osse* ou la semaine compte ordinairement sept jours. Mais, en réalité, la notion de semaine est très liée aux cycles des marchés régionaux. La notion de semaine peut ainsi varier d'une région à l'autre, selon l'importance et le déroulement périodique des marchés... L'*odon* désigne l'année : les années sont comptées en fonction des fêtes traditionnelles marquant la récolte d'*ignames* (tubercules) – principales cultures vivrières des Ifê-Yorouba. L'*odon* compte environ treize mois lunaires. Elle est fêtée de façon solennelle par tous les Ifê-Yorouba et marque le début d'une ère nouvelle » (Yao P. ASSOGBA, *La mesure du temps chez les Ifê-Yorouba*, dans Au fil des événements [Université Laval, Québec], 23-2-1972).

17. Je suis parfaitement d'accord avec la formule de Vlasta VRBKOVÁ : « Il faut se rendre compte que la substance, représentée par la totalité du monde extralinguistique est un continuum non structuré, où l'on peut distinguer tout au plus quelques délimitations plus ou moins précises qui ne peuvent pas servir de base à une structuration dite "objective" » (*Le sens et les possibilités de son appréhension*, Etudes Romanes de Brno 8, 1975, p. 59).

18. Eugenio COSERIU, *Das Phänomen der Sprache und das Daseinsverständnis des heutigen Menschen* [Le phénomène du langage et la compréhension de l'existence de l'homme actuel], extrait de Die Pädagogische Provinz 21, 1967, 11-28 (traduction par Anne-Marie VIDAL) ; réimprimé dans E. COSERIU, *Sprache, Strukturen und Funktionen*, XII Aufsätze (TBL, 2), Tübingen 1970, 11-135 (spéc. 115 ss.). On lira de même avec profit son article *Der Mensch und seine Sprache* (1968), dans Sprache, Strukturen und Funktionen, 1970, 137-158.

der avec une espèce naturelle, mais ce n'est pas le cas des significations comme "Ross" [cheval coursier] ou "Mähre" [rosse]. »

Coseriu a raison, et on pourrait même mettre en doute l'existence des limites à l'intérieur de la réalité (problème très débattu) [19]. La conséquence de cette situation est le postulat suivant : la détermination des objets mentaux de la langue normale ne peut partir de la réalité, mais de la langue même. Les définitions des objets mentaux doivent analyser les oppositions sémantiques, les traits distinctifs ; elles doivent être – en général – *compréhensionnelles*, et non *extensionnelles* [20]. Les objets mentaux sont définissables par compréhension, les limites dans la réalité ne le sont pas, du moins pas à l'intérieur du langage courant [21].

(b) LA DÉTERMINATION DE L'OBJET MENTAL DANS LE LANGAGE SCIENTIFIQUE

Le seul langage qui essaie de respecter (ou de créer ?) les limites objectives est le langage scientifique. Ecoutons Eugène Coseriu [22] :

« Mais les trois traits caractéristiques de la signification que nous venons de constater rendent possible en même temps le dépassement du langage, c'est-à-dire permettent d'atteindre le monde même de la réalité, un monde créé et ordonné au moyen du langage, il est vrai. La délimitation des choses au moyen du langage n'est pas un obstacle pour accéder au monde réel ; au contraire, le langage est un passage vers ce monde réel. Le langage en tant que signification permet le fait de parler en tant qu'énonciation ("Aussage") concernant les choses référées elles-mêmes, et ainsi débute la science des choses. Il y a science seulement en ce qui concerne ce qui est déjà délimité et conçu dans le langage, bien que la science n'ait pas affaire au phénomène du langage lui-même, mais à

19. Parmi les linguistes, E. COSERIU croit qu'il y en a ; K. HEGER ne le croit pas ou, du moins, reste sceptique. En ce qui concerne la formation des concepts, J.E. HEYDE, *Priorität des Allgemeinen*, dans Festschrift für Wilhelm Eilers, Wiesbaden (Otto Harrassowitz) 1967, 546-557, pense – à l'opposé de la doctrine traditionnelle qui suppose une abstraction progressive allant du particulier au général – à une priorité du concept général. Il n'y a donc même pas unanimité sur ce point.

20. Sur les définitions compréhensionnelles, v. le chapitre I, 5 ; sur les définitions extensionnelles, le paragraphe II, 5 k. – *Compréhensionnel* correspond à l'allemand *intensional, extensionnel* à *extensional*. V. aussi p. 70, note 33.

21. « Il est vain, par conséquent, de vouloir interpréter les structurations linguistiques du point de vue des prétendues structures de la réalité » : il faut commencer par constater que ce ne sont pas des structures *de la réalité*, mais des structurations *imposées à la réalité* par l'interprétation humaine », E. COSERIU, *Structure lexicale et enseignement du vocabulaire*, dans Actes du Premier Colloque International de Linguistique appliquée, Nancy 1966, 187.

22. Eugenio COSERIU, *Das Phänomen der Sprache und das Daseinsverständnis des heutigen Menschen*, extrait de Die Pädagogische Provinz 21, 1967, 11-28 [réimprimé dans E. COSERIU, *Sprache, Strukturen und Funktionen*, XII Aufsätze, Tübingen 1970, 111-135].

ce qui est en dehors de lui, tout en étant accessible à travers lui (puisque la science concerne ce qui est désigné et non pas ce qui est signifié). Dans ce contexte, on a parlé purement et simplement d'un "monde intermédiaire linguistique" ("sprachliche Zwischenwelt"), d'un second monde entre nous et le monde. C'est une formulation plastique et suggestive, mais aussi dangereuse, puisque, en réalité, il n'y a qu'*un seul* monde et que l'organisation du monde au moyen du langage ne comporte pas de restriction, mais la possibilité même de la connaissance de ce monde comme tel : chaque langue est base et instrument pour la connaissance scientifique du monde. Le soi-disant monde intermédiaire linguistique est un monde de significations qui n'affecte pas ce qui est désigné, mais qui le fait uniquement apparaître comme organisé. L'organisation au moyen du langage ne se fait pas *dans* le monde réel, mais sur le plan de la compréhension humaine, c'est-à-dire tout au plus *concernant* le monde réel. Le langage prépare pour ainsi dire la réalité pour la science, en présentant une première délimitation nécessaire des choses. Mais cette première délimitation peut être surmontée au moyen de la science et cela en vertu du langage et selon le modèle de celui-ci.

En effet, la **science** passe de l'organisation linguistique "arbitraire" du monde à une organisation objectivement motivée qui, elle aussi, est une possibilité du langage. Comme l'organisation linguistique, en principe, peut être n'importe laquelle, elle peut être de même une organisation objectivement motivée. Parmi les nombreuses possibilités du langage, en effet, il existe aussi celle d'un langage objectivement fondé, c'est-à-dire d'un langage qui n'établit et ne fait valoir que les délimitations qui correspondent à des lignes séparatrices objectives et objectivement valorisées. Sous cet aspect, le **langage de la science**, le langage technique, est simplement une des possibilités du langage en général qui, soit dit en passant, est réalisé aussi, du moins en partie, dans les langues historiques, dans la partie qui dans ces langues est **nomenclature** et terminologie technique. Alors, un tel langage scientifique ne peut que désigner des choses existantes. Mais la différenciation entre l'existant et le non-existant devient seulement possible, également, au moyen du langage. La question qui concerne l'existence des choses est seulement possible, en effet, grâce à l'existence d'une signification à propos de laquelle nous nous demandons si de telles choses existantes, qui correspondent à l'existence prétendue en elle, peuvent être ou non constatées dans l'expérience du monde acquise par nos sens. L'identification entre la signification et l'objet existant est encore une erreur manifeste qui renferme un renversement de l'unique procédé légitime. Le langage comme tel ne connaît pas la différence entre existence et non-existence. Mais il rend possible la mise en doute de l'existence et par conséquent un langage spécial conventionnel, qui ne contient que des noms pour des choses réellement existantes.

En troisième lieu, puisque la signification est une possibilité de la désignation, le langage peut être constitué en un système de désignation, c'est-à-dire système dans lequel la désignation et la signification coïncident et dans lequel les noms sont déterminés d'avance, soit les noms de désignations individuelles ou de classe [23]. Il est vrai que le langage naturel peut désigner ce qui est individuel, mais à l'exception des noms propres

23. On voit ici que COSERIU se sert des termes *signification* (= *designatio*, se réfère à des concepts définis par compréhension) et *désignation* (= *denotatio*, se réfère à des concepts définis par extension) autrement que nous (cf. ci-après, p. 72 et p. 90, note 1) ; pour la terminologie de COSERIU, v. Actes du Premier Colloque International de Linguistique appliquée, Nancy 1966, 209 (avec un schème graphique très clair). En principe, chaque concept peut être défini compréhensionnellement par des traits distinctifs et extensionnellement par une énumération exhaustive des réalités. Cf. Holger Steen SØRENSEN, *The relationship between meaning and reference*, Xe Congrès International des Linguistes, Résumés des Communications, Bucarest 1967, 345 (« Identification of meaning with denotata is widespread. It is a false identification »).

seulement au moyen de la détermination réciproque d'universaux et à l'aide de contextes et de situations (par exemple "cette rose", "le maire de notre ville", etc.). D'autre part, le langage naturel peut désigner aussi des classes, mais les classes linguistiques sont en général "inclusives", c'est-à-dire des mots déterminés peuvent désigner à la fois une classe plus générale et une autre plus spécifique. Ainsi, par exemple, *figli* désigne en italien les "fils" en opposition aux "filles", mais peut également désigner la classe de "fils et filles". L'allemand *Tag* (jour) désigne le contraire de *Nacht* (nuit), mais aussi *Tag und Nacht* (jour et nuit) (par exemple *drei Tage*, trois jours, si l'on veut dire *drei Tage und drei Nächte*, trois jours et trois nuits) ; *steigen* (monter) désigne le contraire de *fallen* (tomber) ou de *hinuntergehen* (descendre), mais peut également désigner la direction opposée du mouvement. Dans ce sens, on dit que les oppositions linguistiques, contrairement à celles de la logique, ne sont pas *exclusives*, mais *inclusives* : chez elles un terme qui équivaut à Non-A peut être aussi employé pour dire A. Or, le langage technique, en s'appuyant sur la langue même, peut, d'une part, faire passer certains mots exclusivement comme des désignations individuelles (noms propres) et, d'autre part, déterminer d'autres mots comme des désignations de classes exclusives. Le langage technique peut, par exemple, transformer l'opposition purement linguistique :

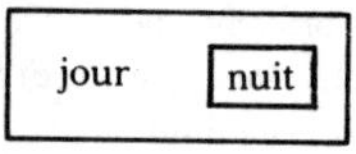

en une opposition du langage technique :

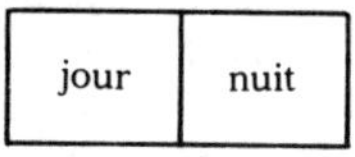

ce qui, en effet, se produit généralement dans le langage scientifique. Dans ce sens, le langage de la science est un usage spécial du langage, sans plus. Mais cela ne signifie pas que la langue comme telle puisse être considérée comme une première étape imparfaite de la science. Il est vrai que la science emploie le langage, mais elle s'occupe des choses désignées, en analysant les choses et en affirmant quelque chose à leur sujet. Le langage, au contraire, ne donne pas, en tant que tel, une information quelconque sur les choses désignées, il peut seulement *les représenter*. L'organisation linguistique est déjà une connaissance, il est vrai, mais seulement le premier degré de connaissance, une connaissance seulement différenciatrice, dans laquelle la chose est conçue simplement comme égale en soi et distincte de l'autre » (COSERIU, *Sprache, Strukturen und Funktionen*, Tübingen 1970, 116-119).

Ce que décrit Coseriu dans ces pages [24], c'est l'*idéal* du langage scientifique, idéal rarement atteint. En réalité, le langage scientifique se sert du langage commun sans pouvoir toujours esquiver ses implications de polysémie, d'homonymie, etc. Beaucoup de débats concernant la terminologie en sont la conséquence. La différence entre le *lexique*

24. Cf. plus explicitement E. COSERIU, *Structure lexicale et enseignement du vocabulaire*, dans Actes du Premier Colloque International de Linguistique appliquée (Nancy, 26-31 octobre 1964), Nancy 1966, 175-217 (en particulier 181-190 ; « En partie, les terminologies ne sont aucunement "structurées" (elles sont de simples "nomenclatures" énumératives, correspondant à des délimitations dans les objets) et, dans la mesure où elles le sont, leur structuration ne correspond pas aux normes du langage, mais aux points de vue et aux exigences des sciences et techniques respectives, concernant la réalité même des choses »,182-183).

structuré linguistique et le *lexique de "nomenclature" et de terminologie* (= scientifique) [25] n'est pas aussi nette que Coseriu semble le croire [26]. Toutefois, il est certain que la distinction de Coseriu contient un fond de vérité, une vérité pour le moins théorique. La classification scientifique ne coïncide pas forcément avec la classification du langage courant. L'exemple de l'allemand *Walfisch*, "baleine", est bien connu : la baleine, en allemand, s'appelle "poisson" (Fisch) dans la langue courante, bien qu'il s'agisse d'un mammifère. Une *Nachtschwalbe*, "engoulevent" (littéralement *hirondelle de nuit*), n'est pas une hirondelle, et une *Schwanzmeise* (*mésange à longue queue*, RlFn 2, 309) n'est pas une mésange (*Meise*). Les *Fledermäuse*, "chauve-souris", ne sont

25. « Mais l'important est qu'on reconnaisse que, dans ce qu'on appelle le "lexique" d'une langue, il y a de larges sections purement "désignatives", et où la seule "structuration" possible est l'énumération [base de la définition extensionnelle], et d'autres qui sont structurées, mais non pas au point de vue du langage : qu'il y a un *lexique structuré*, linguistique, et un lexique "nomenclateur" et terminologique » (ib. 184).

26. Cf. les réserves de Mme HIRSCHBERG dans la discussion, ibid., 234 : « Nous sommes loin des nomenclatures énumératives de M. COSERIU ! » ;

de M. LAROCHETTE, ibid., 236-237 : « D'abord, la langue courante utilise des termes scientifiques ou techniques, qui de ce fait sont structurés au même titre que les termes usuels, et elle peut probablement les utiliser tous. S'ils ne sont pas tous structurés, ils sont au moins tous structurables. Ils ne peuvent être considérés comme des représentants des choses, comme le sont les noms propres, car des termes comme *œsophage, carburer, triangle, adjudant* peuvent être employés métaphoriquement. Un terme nouveau est à peine créé en vue de désigner un objet particulier qu'il devient susceptible de désigner d'autres objets, exactement comme les néologismes de la langue usuelle. De leur côté, la science et la technique utilisent comme "termes" des mots de la langue usuelle (par exemple en linguistique *langue, discours, parole*, etc.). Si l'on objecte que les vrais "termes" ne se trouvent que dans une langue fortement spécialisée, il suffit de faire remarquer qu'il n'y a pas de science qui n'utilise pas de mots de la langue courante : même la langue scientifique est un diasystème. D'autre part, un terme technique ou scientifique ne désigne pas une réalité extérieure qu'il suffit de reconnaître, mais une réalité pensée ou un aspect de cette réalité, de sorte que l'homme de science doit *définir* la réalité qu'il désigne par un terme et, en la définissant, il crée un "objet" qui n'est pas une donnée immédiate. Chaque nouvelle définition du "phonème", par exemple, crée un "objet" nouveau que le mot "phonème" est susceptible de désigner » ;

de M. ULLMANN, ibid., 224 ss : « La distinction que propose M. COSERIU entre "lexique structuré, linguistique" et "lexique nomenclateur et terminologique" (p. 184) est sans doute valable ; aussi sera-t-il expédient, sinon d'exclure les terminologies du domaine de la lexicologie structurale, du moins de les laisser de côté pour le moment, en nous réservant, comme dit M. COSERIU, "d'y revenir dans une seconde étape" (ibid.). Mais il y a lieu de se demander si les nomenclatures populaires, botaniques, zoologiques et autres, doivent être mises sur le même pied que les terminologies techniques et scientifiques. On sait combien de folklore linguistique, de metaphores fantaisistes, d'étymologies populaires et de structurations particulières sont déposées dans ces nomenclatures ; au point de vue structural, on n'a qu'à penser à des exemples tels que les distinctions *Kraut – Unkraut* et *Blume – Blüte* en allemand, qui sont inconnues en français ; le contraste entre la série morpho-sémantique anglaise *strawberry, raspberry, blackberry, whortleberry*, etc., et leurs équivalents français disparates *fraise, framboise, mûre, airelle...* »

pas des souris (*Maüse*), ni les *Flughunde* (littéralement "chiens volants") des chiens. Et le *raton laveur*, qu'on appelle *Waschbär* [= *ours laveur*] en allemand, est-ce un *rat*, un *ours* ou aucun des deux ? (le nom algonquin de cet animal a été adapté en anglais sous la forme de *racoon* [1608 var.], mot tranformé par la suite en *rattoon* [1656] par étymologie populaire ; le français l'a emprunté à l'anglais sous sa forme déformée). Et « la parenté réelle entre "fruit" et "légume" est telle que le non spécialiste [= non scientifique] ne sait pas préciser les limites entre les deux produits agricoles. Ainsi, on classe normalement les tomates parmi les légumes, bien que, du point de vue botanique, ce soit un fruit » [27].

La terminologie scientifique *essaie* au moins de suivre les limites naturelles (à condition qu'elles existent) et d'éviter la polysémie ; s'il n'y a pas de limites naturelles, elle essaie de *créer* ces limites à l'intérieur de la réalité (ce qui rend possible une définition exacte par énumération, définition extensionnelle en partant de la réalité). Il y a plus : l'objet mental du langage ordinaire reste non analysé dans le subconscient des locuteurs ; en revanche, le scientifique analyse les objets mentaux et définit les termes (ce qui présuppose une analyse). En découvrant un *nouvel* objet mental, il peut, après une analyse préalable, inventer un nouveau terme et le définir de manière précise (soit par compréhension, soit par extension) [28].

Il est intéressant d'examiner comment la physique moderne procède en regard de ce problème fondamental du langage. Le physicien Werner Heisenberg nous explique, dans un article intitulé *Langage et réalité de la physique moderne* [29], comment les nouvelles connaissances

---

27. Basler-Nationalzeitung du 13 septembre 1960 (n° 427).

28. De plus, le langage scientifique, dès qu'il a trait à des faits linguistiques, est un métalangage, distinction importante (cf. ci-dessous, 2ᵉ partie, chap. 2, et E. COSERIU, *Structure lexicale et enseignement du vocabulaire*, dans Actes du Premier Colloque International de Linguistique appliquée, Nancy 1966, 190 ss.).

J. DUBOIS et L. IRIGARAY, étudiant *Les structures linguistiques de la parenté* (CahLex 8, 1966, 47-69), ont rencontré la même difficulté pour distinguer les structures linguistiques des structures socio-culturelles extralinguistiques : « Le problème fondamental, que posent ces analyses structurelles, est de distinguer ce qui est le fait de la structure linguistique et celui de la structure socio-culturelle que forment les relations parentales entre les membres d'une communauté définie. Le risque est grand en effet de décrire, à travers la langue, la structure sociale, celle des objets signifiés (*denotata*), et non de déterminer le système des lexèmes eux-mêmes. Aussi est-il nécessaire de conduire l'analyse linguistique en discriminant les deux plans et en prenant pour base les règles morphologiques qui président à la composition de la structure lexicale des termes de parenté » (p. 47).

29. Werner HEISENBERG, *Sprache und Wirklichkeit in der modernen Physik*, dans Wort und Wirklichkeit, édité par la Bayerische Akademie der Schönen Künste [Académie des Beaux Arts], Oldenburg 1960, 163 pp. (cité d'après le compte rendu de Peter HARTMANN dans Germanistik 2, 1961, 322).

nous mènent à des réalités et comportements devant lesquels le vieux langage naturel (*en haut, en bas, simultané, espace, temps, lieu, rapidité,* etc.) fait défaut et ne peut fonctionner qu'au moyen d'un enrichissement conscient, par exemple par des termes mathématiques en physique moderne (*énergie, impulsion*), ou au moyen d'un renoncement conscient et, pour ainsi dire, anti-scientifique aux dénominations exactes comme c'était le cas dans la théorie de la relativité. Malgré cela, "le langage de la physique classique" continue à être nécessaire et utile pour nous entretenir des expériences et de leurs résultats dans le domaine normal. Ou bien la physique se contente d'une application imprécise de mots correspondant à des objets mentaux enracinés, ou bien elle s'évade soit vers une nouvelle terminologie/nomenclature bien définie et sans polysémie (Coseriu), soit vers la mathématique, soit encore vers une sphère extralinguistique [30].

(c) LE LANGAGE JURIDIQUE

Le meilleur exemple d'un langage scientifique qui se situe entre le langage ordinaire et une nomenclature est, à mon avis, le langage juridique. Ce langage utilise en grande partie la langue commune. Celle-ci fonctionne très bien avec des objets mentaux auxquels correspondent des tronçons de réalité sans limites fixes. Mais aussitôt que nous essayons de tracer des limites précises dans la réalité au moyen du langage, nous nous heurtons à d'énormes difficultés [31]. Par consé-

---

30. « Au XIVe Congrès des Prix Nobel, qui s'est tenu à Lindau, Max Born affirma que certaines idées comme *certitude absolue, exactitude absolue* et *vérité absolue* sont de pures chimères qui ne devraient être acceptées par aucune science. Chaque affirmation de probabilité est certaine ou fausse selon la théorie qui sert de fondement à cette affirmation. Cette manière de voir plus souple se présente pour lui "comme le plus grand progrès apporté par la science d'aujourd'hui" » (Rhein-Neckar-Zeitung, 26-6-1964).

31. Klaus HEGER, *Ungenauigkeiten in der angeblichen Ungenauigkeit sprachlicher Zeichen* [Imprécisions dans la soi-disante imprécision des signes linguistiques], dans Festschrift Kurt Baldinger zum 60. Geburtstag, éd. par M. Höfler, H. Vernay et L. Wolf, Tübingen (Niemeyer) 1979, 22-37, insiste sur le fait que ce n'est pas la langue qui soit imprécise et que celle-ci soit adaptable au degré de précision nécessaire ou voulue (« Festzuhalten ist... nicht eine angebliche "Ungenauigkeit" sprachlicher Zeichen, sondern deren Festlegbarkeit auf beliebige Genauigkeitsgrade und die damit gewährleistete Freiheit ihrer Benutzer, sie mit genau demjenigen Genauigkeitsgrad zu verwenden, der den jeweiligen kommunikativen Absichten angemessen ist » (29). Il qualifie, au contraire, d'imprécision grave de parler d'imprécisions dans les langues naturelles (« Gravierende Ungenauigkeit, von Ungenauigkeiten in natürlichen Sprachen zu sprechen » (37).) Aussi longtemps qu'on reste à l'intérieur du système de la langue – et sans se limiter à un des rangs de la hiérarchie des signes (v. le dernier chap. II 7) – c'est-à-dire dans le domaine des oppositions compréhensionnelles, Heger a sans doute raison. C'est l'application d'une formule déjà donnée (= d'un rang hiérarchique donné, v. II 7) à la "réalité" extérieure (domaine de l'extensionnel) qui peut ne pas correspondre aux traits distinctifs (compréhensionnels) qui crée des difficultés. Ceci

quent, les juristes sont à plaindre, puisque tout en se servant du langage ordinaire, ils doivent tracer des limites précises. Du point de vue de la théorie du langage, ce n'est pas possible, et pourtant, de cette limite tracée dans la réalité dépend juridiquement la sanction, voire l'alternative *coupable-innocent*. Cela vaut la peine de suivre les comptes rendus des procès. Naguère, un tribunal s'est vu dans l'obligation de tracer les limites qui séparent *clair* et *obscur*, car un automobiliste qui, en fin d'après-midi, roulait sans lumières, avait provoqué un accident. Quel degré d'obscurité est-il nécessaire afin qu'un automobiliste soit obligé d'allumer ses phares ? [32]

La limite entre *jour* et *nuit* est aussi imprécise que celle qu'on pourrait faire entre *clair* et *obscur* :

....	___________	....	___________
aube aurore matin	jour	crépuscule brune déclin du jour tombée de la nuit	nuit

Le langage nous aide de façon subtile par les objets mentaux qui correspondent à ces transitions, mais les limites entre aube et jour, entre jour et crépuscule, entre crépuscule et nuit, elles aussi sont imprécises. Les oppositions sont nettes, les limites manquent dans la réalité de précision.

On pourrait penser que nous savons au moins avec certitude ce qu'est un homme. Le langage ordinaire détermine l'*homme* en opposition à Dieu et en opposition à l'animal. Mais dès que nous nous demandons, afin de connaître les limites réelles de cet objet mental : « A quel moment l'homme commence-t-il à être homme ? », nous sommes devant le même problème. L'homme commence-t-il à être

---

n'est guère le souci du linguiste (ou de certains linguistes ?) qui peut (ou peuvent) se retirer dans son (leur) domaine puisque « l'objet de la linguistique, c'est la langue et rien que la langue », mais le juriste, par exemple, n'est pas en mesure de faire abstraction de la "réalité", c'est-à-dire des entités extensionnelles de son domaine à lui (et même le linguiste peut s'intéresser aux relations entre les oppositions compréhensionnelles et les entités extensionnelles, v. un article de H. KUBCZAK, ZrP 100, 1984, 1-25). Heger parle, à un certain moment, de « la confusion entre la précision extensionnelle et la netteté (ou clarté) intensionnelle » (« Verwechslung extensionaler Genauigkeit mit einer intensionalen Eindeutigkeit »). Il faut donc se garder de confondre les deux plans.

32. En Finlande et en Suède, on a trouvé la seule solution possible : en hiver, entre des dates fixées d'avance, il est défendu de circuler sans phares (même en plein jour, même s'il fait du soleil). De cette façon, on impose artificiellement une limite extensionnelle qui remplace l'opposition compréhensionnelle. – A propos du découpage arbitraire du jour en unités plus petites, v. Otto DUCHÁČEK, *Les dénominations des parties du jour et leurs contenus sémantiques*, dans Festschrift Baldinger zum 60. Geburtstag, Tübingen (Niemeyer) 1979, 2, 473-477 (« la délimitation linguistique diffère d'une langue à l'autre », p. 477).

homme quand il est conçu ou au moment de naître ? Les juristes nous donnent curieusement deux réponses contradictoires. Dans le Code du Droit civil allemand, on lit à l'article 10 : « La personnalité juridique de l'homme commence *au moment de sa naissance* ». Mais dans le Code pénal, à l'article 217, où il s'agit de préciser les limites entre l'avortement et l'infanticide, l'homme est considéré comme homme *plus tôt*, dès le *début des douleurs de l'accouchement*, et l'infanticide est donc puni par la loi s'il a lieu non seulement après l'accouchement, mais aussi au cours de celui-ci. Dans le Code du Droit civil, l'homme devient homme plus tard que dans le Code du Droit pénal [33].

Il est évident que les définitions ont un rôle décisif dans la jurisprudence. Pour les juristes, les limites d'une notion, c'est-à-dire l'application des notions à des cas limites dans la réalité, sont plus importantes que son noyau, tandis que, dans la langue courante, le noyau l'emporte sur les limites. Les juristes auraient besoin de définitions partant des limites existant dans la réalité (là où elles existent) ou imposées à la réalité – ce qui est généralement impossible dans la langue commune (cf. le chapitre suivant consacré à la définition des objets mentaux).

Celui qui s'en tire toujours le mieux est l'humoriste. Au roi de la presse, Lord Northcliffe (appelé le "Napoléon des journaux"), on demanda un jour ce qu'était une *nouvelle*, et il répondit : « Si un chien mord quelqu'un, ce n'est en rien une nouvelle, mais si une personne

33. Cf. Karl ENGISCH, *Einführung in das juristische Denken*, Stuttgart ^{3}1964, 108-109. Autres exemples : limite entre la *vie* et la *mort*, fait très problématique pour la médecine moderne (cf. l'article de Kurt RUDZINSKI, *Verwischte Grenzen zwischen Leben und Tod – Der Einbruch der modernen Forschung in die Rechtssphäre* [Limites vagues entre la vie et la mort – L'irruption de la recherche moderne dans la sphère du Droit], dans Frankfurter Allgemeine Zeitung, 150, 2-7-1966), ou entre la *matière vivante* et la *matière morte* : « Les virus ont été identifiés comme des agents de nombreuses maladies infectueuses, par exemple la variole, la poliomyélite, la rougeole, les oreillons, le rhume, la grippe, ainsi que les verrues et la rage. Etres bi-sexuels, ils se placent à la limite entre la matière vivante et la matière inanimée. Quand ils réussissent à pénétrer dans le corps de quelque être humain ou de quelque animal, ils se procurent des cellules hospitalières et les contraignent à produire des millions de virus nouveaux de la même nature. Mais on les trouve aussi en état de survie sous forme de cristal inanimés hors d'une cellule vivante, dans l'incapacité de pouvoir se multiplier », dans Spiegel 7 (10-2-1965), 80. Quand à la limite "nette" entre *mineur* et *majeur*, je cite un article du journal Le Devoir (Québec) du 24 août 1972 : "*Mineur* ou *majeur* ? le juge en décidera" : « En commettant un vol qualifié le jour de sa fête, Richard Patry, sans le savoir, a peut-être subi un procès aux sessions de la paix sans que le juge ait juridiction. C'est que cet accusé a eu 18 ans le 14 août dernier, mais, comme l'a fait valoir son procureur, Me Robert Lacoste, il a eu 18 ans à 23 h 59 minutes et 59 secondes et par conséquent après le délit. Au moment du délit, d'arguer Me Lacoste, au moment où son client allait être sentencié, il n'avait que 17 ans. Il était donc mineur au sens du code pénal et aurait dû subir son procès en cour du bien-être social sans risque d'avoir un casier judiciaire. Me Lacoste a donc présenté au tribunal une requête pour faire décliner la compétence de la cour devant laquelle se trouve présentement le jeune Patry. Le juge en chef André Fabien, ne cachant en rien sa surprise devant de tels allégués, a pris le tout en délibéré et rendra sa décision vendredi ».

mord un chien, voilà qui est une nouvelle », et le vieux chancelier Adenauer dit une fois qu'il ne croyait pas que *le fait d'être jeune* ait quelque chose à voir avec l'âge [34]. Mais en réalité, ce ne sont pas les définitions qui peuvent satisfaire le juriste. Son dilemme consiste à convertir les mots de la langue ordinaire en "termes" techniques, ce qui le conduit souvent à des essais de définitions voulant être exhaustives, qui sont d'une complication extrême. En voici quelques exemples. Tout Allemand a des "revenus" (*Einkommen*) et croit savoir ce que cela signifie, puisqu'ils lui permettent de vivre. Mais que sont les "revenus" selon la définition juridique ? Examinons celle donnée par le *Manuel de Droit fiscal allemand* :

> « Les "revenus" (*Einkommen*) peuvent se définir comme l'excédent qui reste à l'individu de la totalité d'apports nets et des bénéfices (si ce n'est pas de l'argent liquide, il faudra en calculer la valeur chiffrée), qui, dans une période à déterminer, provient de ressources permanentes, permettant d'obtenir les moyens nécessaires pour satisfaire à ses besoins après déduction de la somme totale qui devra être chiffrée si ce n'est pas de l'argent, des préjudices survenus dans cette même période avec les mêmes sources de revenus, les bénéfices nets devant apparaître après les frais généraux et, en troisième lieu, des gains qui, déterminés juridiquement, sont périodiquement concédés et, par conséquent, se répètent périodiquement pour supporter des dépenses en espèce et, par là-même peuvent être employées sans diminuer la valeur monétaire de la fortune disponible au début de la période mais qui, si elle n'est pas dépensée, augmente alors la fortune initiale ».

Si le lecteur n'a rien compris, qu'il ne s'en étonne pas ! Je n'ai rien compris non plus au texte original.

Face à cette définition, celle de l'allemand *Erstausstattung* (premier équipement de base) est ingénue :

> « L'équipement de base est la dotation d'un nouveau dispositif, d'une nouvelle usine mécanique, d'une nouvelle installation, d'un nouveau hangar ou d'un établissement récemment conçu avec les moyens et ustensiles exigibles pour la mise en exploitation de

34. Il n'est pas moins difficile de définir des mots à la mode comme *ídolo* en portugais (du Brésil) : « Le jeune d'aujourd'hui rêve d'être "idole". Sous ce vague substantif, placé entre guillemets pour être différencié de l'autre sens du mot, qui est aussi figuré, se cache une infinité de définitions. L'"idole" est celui qui attire l'admiration des adolescents, non vraiment par ses qualités souvent discutables, mais par la position qu'il occupe. Etre "idole" signifie être entouré de jeunes filles, avoir des photographies dans des journaux et revues, ou collées sur les murs de la ville, et surtout posséder une voiture "dernier cri", même si on ne peut pas la conduire soi-même parce qu'on est trop jeune. L'"idole" est n'importe quel jeune (il faut être jeune) qui se différencie des autres. Cela peut être un chanteur en vogue, un joueur réputé, ou même un bandit dont on parle. La définition, comme on le voit, dépend de l'endroit et du moment » (article d'un journal de São Paulo du 1-9-1963 ; l'article montre, en réalité, l'impossibilité d'une définition extensionnelle).

ce qui précède. Le premier équipement est financé et activé sans considération à la durée et à la valeur des moyens d'investissements [35] ».

Quelle différence y a-t-il entre *ouvrier* et *employé*, puisque tous deux tombent sous le concept plus général de *travailleur* ou, mieux peut-être, de *salarié* ?

Un tribunal de Francfort avait à trancher cette question et, après de longues discussions, il parvint à la conclusion que la caractéristique de l'employé était *d'être assis* : l'employé est celui qui fait un travail de bureau assis. Le tribunal avait à trancher cette question dans un procès concernant l'obligation de payer une assurance pour employés (assurance sociale), car on ne trouvait aucune *description légale claire du concept d'"employé"*, même dans la loi traitant de l'assurance des employés. Dans cette loi, le concept "employé" *est supposé préalablement connu de tout le monde*. Une détermination logique du concept n'est pas possible parce que, dans le concept "employé", se cache une évaluation sociale typique et réelle, commente à ce sujet le tribunal du travail de Francfort. La loi d'assurance de l'employé énumère seulement marginalement une série d'activités qui impliquent l'obligation d'être assuré : « employés de bureau, à condition qu'ils ne soient pas occupés exclusivement comme garçons de course ou pour le nettoyage et des travaux similaires ; de même, les apprentis de bureau et les employés aux écritures » (IIe Tribunal du Travail 313/56, *Kurier* [journal de Berlin] du 2-1-1957).

En prenant un exemple dans le domaine de l'économie, on peut se demander ce qu'est *une mise en bouteille originale* (allemand *Originalabfüllung*). Cette question fut débattue par la Première Chambre Criminelle du Tribunal Fédéral (1. Strafsenat des Bundesgerichtshofs) dans un procès concernant le vin. Un négociant en vins avait mélangé deux récoltes (*Gewächse*) différentes de sa propre vigne, qui, bien que pures et faites par lui-même, laissaient voir entre elles une différence

35. De la « Anordnung über die Abgrenzung der Umlaufmittel- und Grundmittelsphäre » du 7 janvier 1957, Gesetzblatt Teil II du 25 janvier de la même année.

Autre exemple, cette définition du *chemin de fer* : « entreprise consacrée au transport réitéré de personnes ou d'objets sur des trajets non sans importance et sur un support métallique qui – par sa consistance, sa disposition et son polissage – est destiné à rendre possible le transport de poids considérables tout en permettant une vitesse relativement grande du mouvement de transport, ce qui, moyennant cette qualité et en utilisant en outre les forces de la nature pour la production du mouvement de transport (vapeur, électricité, activité musculaire animale ou humaine, ainsi que, sur plan incliné du chemin, le propre poids des moyens de transport et de leur charge, etc.), est en mesure de produire, dans le fonctionnement de l'entreprise, un résultat relativement important (selon les circonstances utile seulement dans le but visé, mais aussi anihilant pour les vies humaines et nuisible à la santé des hommes) », dans *Entscheidungen des Reichsgerichts in Civilsachen*, volume I, 1888, 252.

notable de qualité, or il les avait vendues sous une même étiquette "mise en bouteille originale" ; la quantité en était approximativement de 700 litres. Le Tribunal Fédéral voyait en cela une infraction au paragraphe 7, article 2, de la loi sur les vins. C'est que l'interdiction faite par cet article de donner le nom de "récolte" (*Wachstum*) à des vins mélangés frappe aussi d'autres dénominations ayant le même sens, comme par exemple "l'embouteillage original" (à comparer à "appellation contrôlée"). Parmi les conditions autorisant l'emploi de la dénomination "récolte", il faut ajouter, quand il s'agit d'"appellations contrôlées", que la vinification et la mise en bouteille doivent se faire dans la cave même du vigneron. Le jugement se rapporte seulement au mélange de vins de qualité différente. Au contraire, le tribunal n'a pas décidé si un mélange de vins d'une même qualité et venant d'un même vigneron tombait sous le paragraphe et l'article de la loi des vins mentionnée ci-dessus ou si l'on peut vendre un tel vin avec étiquette "mise en bouteille originale". Le Tribunal Fédéral allemand n'est même pas arrivé à donner une fois pour toutes une définition valable de ce qu'on entend par ce terme.

La question de la "mise en bouteille originale" et de la qualité du vin a une grande importance, comme c'est naturel, pour le tourisme. Mais qu'est-ce que le *tourisme* au sens juridique ? D'après ce qui a été établi en 1954 et en 1961, il n'existe pas de définition acceptable du tourisme [36]. Il y a une revue du tourisme sans qu'il en existe une définition préalable. Cette situation linguistique est typique : nous savons ce qu'est le tourisme, mais une définition – définition acceptable pour les juristes – n'en existe pas [37].

Les définitions peuvent avoir aussi une grande importance politique. A propos du fameux scandale du Spiegel (Spiegelaffäre de 1962) en Allemagne, qui eut pour conséquence l'arrestation de plusieurs rédacteurs de l'hebdomadaire de Hambourg, il s'est posé de façon aiguë la question à savoir ce qu'est en fait *la haute trahison*. Dans les articles 99 et 100 du Code de Droit pénal allemand, on déclare qu'elle consiste à révéler des secrets d'Etat. Or, sont considérés comme secrets d'Etat

36. « La question de ce qu'est le tourisme n'a pas trouvé jusqu'à aujourd'hui une réponse satisfaisante », Victor MÜNSTER, dans Der österreichische Betriebswirt 11, 1961, 237, référence à K. KRAPF, *La notion du tourisme*, dans Zeitschrift für Fremdenverkehr 9, 1954, fasc. 2, 50 ss.

37. Le même problème est discuté en France, v. par exemple Jean-Paul GILLI, *La cause juridique de la demande en justice*, Essai de définition (Biblioth. de droit public, 44), Paris 1962, et encore Gilli, dans cette thèse d'Etat volumineuse, ne discute-t-il qu'un côté du problème de la polysémie de *cause*. Autre exemple : Gilbert GRANCHET, *La notion de cessation des paiements dans la faillite et le règlement judiciaire* (Biblioth. de droit privé, 35), Paris 1962, 234 p. (Granchet tâche de trouver les traits caractéristiques les plus importants du concept de "cessation des paiements").

« les faits, objets et connaissances, en particulier les écrits, dessins, modèles et formules, ou les renseignements les concernant, dont le secret doit être gardé face à une puissance étrangère pour le bien de la République Fédérale Allemande ou d'un de ses Etats ». D'après cette définition, commet une trahison quiconque fait parvenir intentionnellement un secret d'Etat à une personne non autorisée à le connaître, ou le rend public, mettant ainsi en danger le bien de la République Fédérale Allemande ou d'un de ses Etats. D'après la loi allemande, un secret devient secret d'Etat quand il a une importance pour le bien de l'Etat (Rhein-Neckar-Zeitung du 31 octobre 1962). Il est clair que par ces textes, le problème n'est pas résolu, mais qu'il a été seulement déplacé. On peut se demander en effet ce qu'est *le bien de l'Etat* (Staatswohl), et qui en décide. Nous nous trouvons donc devant un cercle vicieux : la solution d'une question en fait surgir une autre.

Depuis quelques années, le concept de *forces dirigeantes de l'Europe* ("europäische Führungskräfte") joue, dans la diplomatie européenne, un grand rôle. La réunion des Chambres d'Industrie et de Commerce à Bonn, le 15 janvier 1959, s'est trouvée confrontée avec la tâche difficile de définir ce concept, et voici ce qui en résulte :

« Les forces dirigeantes de l'Europe sont ces personnes des deux sexes spécialement qualifiées du point de vue économique, scientifique, politique, technique ou administratif, qui, étant donné leur personnalité, leurs connaissances linguistiques et autres, ainsi que leur expérience de l'étranger, sont préparées à agir

a) comme fonctionnaires ou employés de nationalité allemande dans des institutions nationales ou européennes,

b) comme membres ou experts de délégations allemandes dans des négociations européennes ou internationales,

c) comme représentants allemands dans toute commission européenne, ou

d) comme experts ou conseillers-rédacteurs de questions européennes dans des organisations, associations, institutions ou firmes allemandes.

Bien entendu, ces définitions n'ont qu'une valeur provisoire » [38].

On pourrait supposer qu'au moins le concept d'un service public comme celui des *postes et télécommunications* fût délimité avec plus de précision. Récemment, à propos d'un second programme de télévision en Allemagne, a surgi un problème de compétence entre le Gouvernement Fédéral et les gouvernements régionaux :

« Ce qui se discute est de savoir si la radio et la télévision peuvent se diviser en trois parties, technique, culturelle et administrative, et si, au cas où cette division interviendrait, la partie technique tomberait sous la législation fédérale, tandis que les deux autres parties

38. Réunion des Chambres d'Industrie et de Commerce allemandes (Deutscher Industrie- und Handelstag) à Bonn. *Rundschreiben an die Industrie- und Handelskammern betr. Europäische und internationale Fragen* Nr. 4/59.

dépendraient de la souveraineté culturelle des régions (Länder), ou si, au contraire, étant donné l'état de la législation actuelle et des traditions législatives en Allemagne, la radio doit dépendre totalement de la juridiction fédérale. Les dossiers concernant cette affaire et qui ont été soumis au Tribunal Constitutionnel contiennent beaucoup de problèmes juridico-administratifs parce que le concept de service des postes et télécommunications doit d'abord être éclairci, ce service étant, d'après l'article 73, n° 7 de la Loi fondamentale, de la compétence fédérale » (Rhein-Neckar-Zeitung, 25-11-1960).

Passons à un domaine qui est de prime abord inoffensif, la géographie, et où l'on pourrait espérer que les délimitations des concepts sont nettes. Or, en Suisse, depuis des années, il se poursuit un débat à propos du concept de *Suisse orientale.* Dans la langue courante, ce terme ne pose pas de problème : on peut le définir très facilement par "partie orientale de la Suisse". Mais cette définition est insuffisante quand le terme est employé comme terme scientifique (juridique et politico-économique avec conséquences juridiques). On a donc essayé d'en donner une définition extensionnelle (décrivant la réalité de tout ce qui fait partie de la Suisse orientale), mais l'assemblée réunie à cet effet s'est révélée être une entreprise trop audacieuse. Voici comment un journal suisse a rendu compte de cette séance et du rapport du docteur Hans Munz :

« La Suisse orientale comme concept géographique n'a aucun intérêt. Pour avoir quelque efficacité politique, ce concept devrait recouvrir une région qui, par certains côtés du moins, représente une communauté de destin, ou qui soit ressentie tout au moins comme telle. Si, en Thurgovie, on posait une même question à ce sujet à un groupe de personnes de différentes parties du canton, nous nous trouverions sûrement devant des réponses très différentes. Pour les habitants de la partie nord dudit canton, il peut se révéler acceptable que la région de la Suisse orientale reste délimitée, au-delà des limites du canton lui-même, par St-Gall et Appenzell. Pour les habitants de la basse vallée, il est au contraire naturel que Zurich en fasse partie également. Pour la région du Rhin et de la partie inférieure du Lac de Constance, la Suisse orientale ne peut se concevoir sans Schaffhouse. Une définition précise n'a pas encore été trouvée ; mais si cela devait se faire, ce serait sous réserve que cette définition ne soit pas définitive pour la Thurgovie. Parler d'un sentiment de communauté qui soit valable dans tout le canton de Thurgovie à l'égard des autres régions de la Suisse orientale n'a guère de sens. La conséquence en est donc que, vu cet état de choses, il est très difficile d'obtenir une conception unique des territoires entrant sous la dénomination de "Suisse orientale". D'après M. Munz, les habitants de la Thurgovie n'ont jamais réclamé une plus grande importance pour la Suisse orientale. En Thurgovie, on pense que les efforts en vue de donner une structure politique à la Suisse orientale sont partis presque exclusivement de St-Gall. L'idée est très répandue qu'une fusion intime de la Suisse orientale, avec l'intention de favoriser ainsi des vœux bien déterminés, aurait conduit presque automatiquement, dans d'autres parties de la Suisse alémanique, à une organisation de structures semblables à caractère concurrentiel. Selon la manière de voir du docteur Munz, il est donc impossible de forger un concept de Suisse orientale ayant une valeur politique générale. Seule une limitation de la fusion à des conditions bien spécifiées pourrait faire réussir cette entreprise. Quelqu'un devrait en prendre l'initiative, et il faut dire que St-Gall semble le plus qualifié pour le faire, vu son extension, sa population et son importance. Or là, nous nous trouvons sans nul doute devant un premier obstacle psychologique. De même que l'individu ne cerne généralement pas bien le sens d'une certaine tutelle, les communautés politiques indépendantes ne sont pas portées non plus à se soumettre à une autre communauté sans nécessité évidente. En tout cas, il faudrait beaucoup de tact » (National-Zeitung du 23-10-1960) [39].

La définition de concepts culturels est d'autant plus difficile ; on ne sait même pas ce que c'est que la *culture* ! Dans un article intitulé *L'Unesco, ou la culture contre la culture*, Eugène Ionesco écrivit en 1972 : « Comme *personne ne s'est avisé de tenter une définition de la culture*, les débats n'en n'ont été que plus passionnés, contradictoires et chaotiques... Simone Weil pensait que la culture "est un instrument manié par des professeurs pour fabriquer des professeurs qui à leur tour fabriqueront des professeurs". La culture a l'air, de nos jours, d'être un instrument manié par des fonctionnaires pour fabriquer des fonctionnaires qui fabriqueront des fonctionnaires » (Le Devoir [Montréal] du 18-07-1972).

Ces exemples illustrent tous la différence entre le langage courant et le langage scientifique. Le langage courant fonctionne avec des objets mentaux non analysés, mais analysables par oppositions (définitions compréhensionnelles). Le langage scientifique nécessiterait des termes dont l'application à la réalité ne pose pas de problèmes, c'est-à-dire une nomenclature ayant des limites fixes dans la réalité. C'est pourquoi le langage juridique (y compris le langage politico-juridique et économico-juridique) se trouve dans une situation particulièrement difficile. En se servant de mots de la langue courante, le juriste doit les analyser comme si c'étaient des termes aux limites fixes dans la réalité [40].

Un des cas les plus connus parmi les juristes est celui du concept d'*agression*. « Une définition universellement valable manque toujours, et jusqu'à présent tous les essais de l'O.N.U. d'en établir une définition légale ont échoué » [41].

39. En voici un cas assez semblable : dans le journal Le Devoir [Québec] du 24-7-1972, Claude MORISSET se plaint de l'identification de l'"Amérique" avec les "Etats-Unis" (angl. *America/USA*) : « Si les habitants des Etats-Unis se nomment eux-mêmes "Américains" et parlent de leur pays comme de l'"Amérique", les Canadiens, Québecois, Mexicains, Chiliens et autres Américains doivent-ils accepter cet impérialisme étatsunien ?... Les latino-américains parlent de plus en plus d'*estadounidense* pour désigner ce qui vient des Etats-Unis ; ayons le même souci de précision et de fierté qu'eux en employant en tout temps le terme *étatsunien* ».

40. V. à ce sujet E. von SAVIGNY, *Inwiefern ist die Umgangssprache grundlegend für die Fachsprache ?* dans Petöfi, Podlech, v. Savigny, *Fachsprache – Umgangssprache*, 1975, et Josef ESSER, *Juristisches Argumentieren im Wandel des Rechtsfindungskonzepts unseres Jahrhunderts*, Heidelberg (Carl Winter) 1979, spéc. p. 25.

41. Friedrich KLEIN, *Der Begriff des "Angriffs" in der UN-Satzung* [Le concept d'"agression" dans les statuts de l'O.N.U.], dans Festschrift für Hermann Jahrreiss, 1964, 171.

« Depuis que la définition de la guerre comme continuation de la politique par d'autres moyens a perdu sa validité et que le renoncement à la violence et l'interdiction de l'annexion consécutive à celle-ci ont été reconnus comme principes fondamentaux, la doctrine du Droit international et la pratique des Etats ont cherché plus d'une fois à définir le concept d'"agression" comme concept central et fondamental du Droit international pour la cohabitation pacifique des peuples [42]. De cette époque vient aussi la discussion de la possibilité même de définir le concept d'"agression". Tandis que certains ne croient pas possible, ni même souhaitable, une définition exacte de l'agression et donnent leur préférence à une définition conceptuelle élastique, d'autres pensent qu'une définition juridiquement exacte permettrait plus aisément d'éviter la guerre [43].

L'utilité d'une définition conceptuelle élastique d'"agression" provient de l'idée que l'"agresseur" ne peut être désigné que "sur la base de l'appréciation libre de toutes les circonstances de chaque cas particulier". Cette opinion s'appuie sur la critique d'une détermination conceptuelle "rigide", qui exige des circonstances décrites avec exactitude. Ces circonstances ne contiennent pas les éléments mêmes qui constituent l'"agression", mais sont plutôt formées à partir de l'énumération des actions qui, menées par un Etat, représentent une agression [définition extensionnelle]. A ce propos, on explique que le concept d'"agression" est un concept "per se", un concept "originaire", qui n'est accessible à aucune détermination plus précise. Les adversaires de cette conception allèguent que les actes d'agression ne pourraient être énumérés d'une façon exhaustive ; car une énumération donnerait des prétextes à ceux qui avaient pris la décision de commettre une "agression".

Devant ces difficultés, malgré les divers débats à la conférence de San Francisco, le statut des Nations Unies n'a essayé d'établir aucune définition du concept d'"agression". L'article 39 des statuts de l'O.N.U. emploie le concept d'"agression", mais il laisse au Conseil de Sécurité la tâche de déterminer ce qu'il faut considérer par là. De cette façon, les statuts s'en tiennent aux arguments des représentants d'une définition conceptuelle élastique » [44].

---

42. Depuis la création de la Société des Nations de Genève, la discussion autour de "l'agression" et des concepts de "proscription de la guerre" n'a jamais cessé, cf. par exemple Clyde EAGLETON, *The Attempt to Define War*, dans International Conciliation, 291 ; Heinrich KIPP, article *Annexion* dans Wörterbuch des Völkerrechts (WVR), fondé par Karl STRUPP, publ. par Hans-Jürgen SCHLOCHAUER, Berlin (de Gruyter), [2]1960, 1, 63-68, 66-67 ; Royal Institute of International Affairs, *International Sanctions*, New York 1938, 177-87 ; Louis B. SOHN, *Cases and Materials on World Law*, Brooklyn (Foundation Press) 1950 ; Louis B. SOHN, *Cases on United Nations Law*, Brooklyn (Foundation Press) 1956, 845-858 (cité *Cases*) ; Quincy WRIGHT, *The Concept of Aggression in International Law*, dans American Journal of International Law (AJIL) 29, 1935, 368
ss.

43. Les arguments qui, au sein de l'O.N.U., ont été exposés pour ou contre une détermination conceptuelle et pour ou contre la nature de la définition – générale, énumérative ou combinée – sont réunis dans le rapport du 2-12-1954 sur la discussion au 6e Comité de l'Assemblée Générale du 14 octobre au 10 novembre 1954. *General Assembly Official Records* (GAOR), IX. Annexes, Agenda Item 51, 8-12, reproduit chez SOHN, *Cases*, 852-858.

44. Friedrich KLEIN, *Der Begriff des "Angriffs" in der UN-Satzung* [Le concept d'"agression" dans les statuts de l'O.N.U.], Festschrift [Hommage] für Hermann Jahrreiss, Köln-Berlin-Bonn-München (Carl Heymanns Verlag) 1964, 163-188 (je remercie mon collègue Hans SCHNEIDER, de la Faculté de Droit de l'Université de Heidelberg, de m'avoir indiqué ce travail). Cf. aussi Stephan VEROSTA, *Zum Begriff des Angriffskrieges 1790-1815*, dans Anzeiger (Österr. Akad. der Wiss., Phil. - Hist.Kl.) 110, 1973, 77-79.

Il faut se rappeler les paroles habiles de Sir Austen Chamberlain, prononcées à la Chambre des Communes à propos des efforts de la Société des Nations en vue de définir le concept d'"agression" employé dans le pacte de Briand-Kellogg :

> « I therefore remain opposed to this attempt to define the aggressor, because I believe that it will be a trap for the innocent and a signpost for the guilty » (24-11-1927) [45].

On voit donc que non seulement les linguistes, mais aussi les juristes ont perdu confiance en la possibilité d'une délimitation des concepts dans la réalité [46]. Suivons, à ce propos, l'éminent philosophe allemand du Droit Karl Engisch [47] :

> « Il y a eu une époque où on croyait sans difficulté à la possibilité d'obtenir clarté et assurance juridiques absolues grâce à des normes conçues avec précision et surtout à la possibilité de garantir le caractère non-équivoque de toute décision et de tout acte émis par les juges et les autorités administratives. Cette époque fut celle des Lumières...
>
> Cette conception du rapport entre le juge et la loi perd du terrain au cours du XIXe siècle. Non seulement on a considéré que l'exigence d'un lien strict entre le juge et la loi était irréalisable, parce qu'il n'est pas possible de concevoir les lois exactes et de réaliser leur interprétation dans les commentaires officiels d'une manière aussi précise et exhaustive que leur application soit hors de doute, mais on a pensé aussi que cette exigence de soumission à la loi cessait à la longue d'être idéale » (p. 106 s.).

La situation d'aujourd'hui est très différente et plus compliquée :

> « Le principe de la légalité de la justice et de l'administration reste intact en soi. On connaît l'article 20, paragraphe 3, de notre Loi fondamentale [= Grundgesetz], qui détermine la soumission à la loi du pouvoir exécutif et la juridiction. Mais, aujourd'hui, les lois elles-mêmes sont structurées de telle façon, dans toutes les branches du Droit, que le juge et les fonctionnaires de l'administration d'une part peuvent découvrir et fonder leurs décisions au moyen de concepts juridiques fixes dont l'interprétation ne pose guère de problèmes, il est vrai, mais que d'autre part ils sont appelés à formuler des évaluations d'une manière indépendante et, de cette façon, à décider ou à agir comme s'ils étaient législateurs. Et cette situation ne changera pas : il s'agira toujours d'un lien plus ou moins étroit avec la loi. Regardons donc de plus près les conséquences de ce relâchement des liens avec la loi pour la pensée juridique, les conséquences du fait que nous avons affaire

---

45. Voir Carl SCHMITT, *Der Nomos der Erde*, Köln 1950, 248-255 (je remercie mon collègue Hans SCHNEIDER qui m'a fourni aussi cette référence).

46. Voir aussi l'article de Wilhem GALLAS, *Gründe und Grenzen der Strafbarkeit - Gedanken zum Begriff des Verbrechens*, dans Heidelberger Jahrbücher 9, 1965, 1 ss. Gallas souligne l'impossibilité de définir la notion de *crime* d'une manière précise ou absolue (la notion est en rapport avec les besoins d'une société). Dans un autre article (*Der Schutz der Persönlichkeit im Entwurf eines Strafgesetzbuches – E 1962*, dans Zeitschrift für die gesamte Strafrechtswissenschaft 75, 16-42), Gallas discute des notions non moins problématiques, telles que "sphère privée de l'individu", "insulte" et autres.

47. Karl ENGISCH, *Einführung in das juristische Denken*, Stuttgart (Kohlhammer) ^{3}1964, 106 ss.

à ce qu'on appelle le "droit équitable" (*ius aequum*) en opposition au "droit strict" (*ius strictum*).

Le point de départ de nos nouvelles considérations est forcément la méthodologie de la législation elle-même, en tenant compte du relâchement du lien entre les tribunaux et les autorités administratives d'une part et la loi d'autre part. Nous constatons aujourd'hui, en effet, l'existence de différentes formes d'expression légale, qui permettent à celui qui applique la loi une plus grande indépendance à son égard. Voici ce que nous distinguons comme formes de ce type : les concepts juridiques indéterminés, les concepts normatifs, les concepts de libre appréciation [*Ermessensbegriffe*] et les clauses générales » [48] (p. 107 s.).

Engisch fait les distinctions suivantes :

1. **Concepts nettement déterminés** (absolut bestimmte Begriffe) et **concepts indéterminés** (unbestimmte Begriffe) :

« Par *concept indéterminé*, nous entendons un concept dont le contenu et l'étendue [49] sont incertains dans une grande mesure. Les *concepts nettement déterminés* sont peu fréquents en Droit. Toujours est-il qu'il faut compter parmi eux les concepts de nombres utilisés aussi en Droit (spécialement ceux qui se rattachent aux concepts de mesure, de temps et de monnaie : 50 kilomètres, délai de vingt-quatre heures, 100 marks). La majorité des concepts juridiques sont partiellement indéterminés. C'est vrai, tout d'abord, pour les concepts courants adoptés par le Droit, tels que "obscurité", "repos nocturne", "bruit", "danger", "chose". Cela vaut ensuite et à plus forte raison pour des concepts juridiques proprement dits, tels qu'"assassinat", "illégalité", "crime", "acte administratif", "affaire juridique", etc. D'après Phillipp Heck [50], on peut distinguer, quant aux concepts indéterminés, un "noyau conceptuel" [*Begriffskern*] et une "périphérie conceptuelle" [*Begriffshof*]. Nous avons affaire au "noyau conceptuel" dans la mesure que le contenu et l'étendue du concept en question nous semblent clairs et sans problème. Là où se présentent des doutes, commence la "périphérie conceptuelle" ».

[Il s'agit en fait de l'application du concept à des réalités-limites.]

« Il est évident que, dans une nuit sans lune, à minuit, en pleine campagne non éclairée, c'est "obscurité" ; mais, par exemple, les heures du crépuscule provoquent des doutes. Il n'y a pas de confusion possible quant au fait que les immeubles, les meubles et les aliments sont des "choses". Cependant, il n'en est pas de même quand il s'agit de l'"électricité", ou d'un "sillage de fumée dans le ciel"... (p. 108). »

2. **Concepts normatifs et concepts descriptifs** :

« Beaucoup de concepts indéterminés sont aussi, dans un sens que nous éluciderons tout à l'heure, des *concepts normatifs*. Ces concepts s'opposent aux *concepts descriptifs*, c'est-à-dire à ceux qui font une référence "descriptive" à des objets réels ou ayant

48. Il semble que ENGISCH emploie *concept* (Begriff) au sens de *signe linguistique* (unité de signifié + signifiant), ce qui est habituel dans beaucoup de sciences non-linguistiques.

49. *Extension* serait sans doute la meilleure traduction de l'allemand *Umfang* au sens philosophique (*Umfang eines Begriffes* "extension d'un concept"). Il semble que *contenu* et *extension* correspondent à ce que nous appelons définitions *compréhensionnelles* et *extensionnelles*.

50. Ph. HECK, *Gesetzauslegung und Interessenjurisprudenz*, 1914, 173 ; *Begriffsbildung und Interessenjurisprudenz*, 1932, 52 et 60.

l'apparence d'objets réels, à des objets réellement perceptibles ou étant, de quelque manière, objets de l'expérience : "homme", "mort", "cohabitation", "obscurité", "rouge", "vitesse", "intention".

Ainsi qu'on le remarque, parmi les concepts descriptifs se trouvent aussi bien des concepts indéterminés. On voit donc que les concepts indéterminés ne sont pas forcément en même temps "normatifs". Mais il est vrai que les concepts normatifs sont souvent indéterminés au plus haut degré et offrent, par conséquent, beaucoup d'exemples significatifs d'indétermination et, par conséquent, de l'insécurité et de la relative liberté qui existent dans l'application de la loi. Que devons-nous donc comprendre par concept "normatif" ? Malheureusement, le concept de "concept normatif" lui-même n'est pas sans équivoque. Si l'on tient compte du fait que chaque concept juridique est un élément constitutif d'une norme juridique et qu'il reçoit, grâce à celle-ci, son sens et sa fonction, il faudrait, en effet, considérer comme "normatif" tout concept juridique (et, en fait, à l'intérieur du "constat légal", tout élément du constat), conclusion à laquelle sont effectivement arrivés certains juristes (Erik Wolf). Mais dans ce cas, les concepts "descriptifs" auxquels nous nous sommes référés tout à l'heure seraient aussi en réalité des concepts "normatifs", car les concepts de "personne", "mort", "obscurité" ont, en tant que concepts juridiques, une signification particulière, qui peut se distinguer parfaitement de celle qu'ils possèdent en biologie, théologie ou physique. Mais quand on parle de concepts juridiques normatifs, à la différence des concepts descriptifs, il faudra se référer à quelque chose de spécifique, à quelque chose de différent de la simple appartenance au système des normes juridiques, ou bien aux caractéristiques des supposés de fait. (Cette appartenance est propre à chaque concept juridique. Elle produit ce que nous pourrions appeler une "relation de valeur" (*Wertbezogenheit*), c'est-à-dire la relation du contenu et de l'expression de chaque concept juridique avec les idées de valeur spécifiques, de caractère juridique.) Cependant, les opinions sont divisées quand il s'agit de savoir où il faut chercher les concepts juridiques "normatifs" au sens strict (à la différence des concepts juridiques descriptifs), puisqu'ici il s'agit d'une certaine façon de questions de préférence terminologique. Nous voulons relever pourtant deux différents concepts du "normatif" au sens strict pour donner finalement la préférence à l'un d'eux.

D'une part, on peut entendre par concepts juridiques "normatifs" ceux qui, en opposition aux concepts descriptifs, indiquent des données qui ne sont pas simplement perceptibles ou expérimentables, mais peuvent seulement être imaginés et compris en connexion avec le monde des normes. Je peux imaginer les concepts descriptifs de "personne", "mort" et "obscurité" comme de simples concepts de l'expérience, même quand ils contiennent une *référence* de valeur. C'est-à-dire, même quand leur contenu et leur portée sont déterminés par les normes juridiques. Au contraire, qu'une chose soit à "autrui" et, par conséquent, un objet exposé au vol ou à l'appropriation ou à un dommage objectif signifie qu'elle "appartient" à une personne distincte du coupable. Par là on présuppose logiquement les règles de la propriété telles qu'elles sont exposées dans le Code Civil, comme un complexe normatif. Je ne peux pas imaginer qu'une chose est "à autrui" sans penser en même temps aux normes de la propriété. Ont aussi un sens de *contenu* normatif (et pas seulement de *relation* de valeur), des concepts juridiques tels que "mariage", "parenté entre deux beaux-frères", "fonctionnaire", "mineur", "impudique", "sans casier judiciaire", "indécent", "vil" et autres mots similaires qui tous n'ont de sens qu'à l'intérieur d'un système de normes, soit dans le domaine du Droit ou de la morale ou d'un autre domaine culturel. Nous ne voulons pas dire par là que les concepts juridiques normatifs ainsi définis doivent être absolument "indéterminés". Les concepts de "mariage" et "mineur" sont "relativement déterminés", car les présupposés de leur application sont décrits d'une forme assez exacte. Il existe aussi la possibilité de *définir* ces présupposés à l'aide de caractéristiques descriptives, par exemple déclarer "mineur" celui qui n'a pas vingt-et-un ans. Par cette possibilité de réduction à des caractéristiques descriptives, le sens du normatif peut paraître à certains insuffisamment spécifique.

La véritable signification du "normatif", qui en même temps est la seconde et préférable signification du normatif au sens strict, pourrait seulement se rencontrer là où on a obligatoirement besoin d'une *appréciation* (Wertung) pour appliquer un concept normatif à un cas concret. Il est possible, par exemple, de "constater", à l'aide de critères descriptifs, si quelqu'un est marié ou mineur ; il n'est pas possible, au contraire, de décider si une conviction est "indécente" ou un motif "vil", ou un écrit "immoral" ou une représentation "blasphématoire" (pensez au sujet du célèbre tableau de George Grosz qui présente le Christ en croix avec le masque à gaz et des bottes de soldat) (cf. *Tribunal du Reich en matière pénale*, n° 64, p. 121 ss.) sans avoir recours à une appréciation. On appelle les concepts normatifs de ce genre des "concepts qui nécessitent un contenu appréciatif". Par ces terribles mots [*terrible* se réfère au mot allemand *wertausfüllungsbedürftig* !], on veut dire que le volume normatif de ces concepts doit être rempli chaque fois par une appréciation et pour chaque cas concret. Reste, pour l'instant, ouverte la question de savoir s'il s'agit d'une appréciation subjective et personnelle de la part de celui qui applique le Droit ou s'il faut partir de l'appréciation de la "société en général" ou d'une "classe déterminante" données d'avance. Pour le moment, le terme "appréciation" devra nous indiquer autant la propre estimation individuelle que l'estimation secondaire [Nachvollzug] qui suit l'estimation d'autrui. De toute façon, l'appréciation sera caractérisée, en général, par une indétermination qui fait apparaître les concepts normatifs comme une classe spéciale des concepts indéterminés » (p. 109-111).

3. **Concepts de (libre) appréciation** [freie Ermessensbegriffe] :

« L'indépendance [Eigenständigkeit] de l'appréciation subjective ou personnelle dont nous venons de parler semble à première vue la note caractéristique d'une classe spécifique de concepts qui servent également au "relâchement" du lien légal, c'est-à-dire des *concepts d'appréciation* [Ermessensbegriffe] si discutés dans l'actualité. L'"appréciation du juge" et l'"appréciation de l'administrateur" signifient-elles autre chose que l'appréciation subjective du juge ou du fonctionnaire administratif ? En effet, le concept d'appréciation [Ermessen] se compte parmi les plus équivoques et les plus difficiles de la théorie du Droit. Les difficultés sont d'autant plus actuelles et plus importantes que la théorie de l'appréciation est devenue une pierre angulaire de la procédure juridique. Il s'agit de l'importante question de savoir si les décisions se basant sur l'appréciation des autorités administratives peuvent être examinées et corrigées par les tribunaux de justice, et si les décisions d'appréciation des tribunaux peuvent être modifiées par des tribunaux supérieurs... » (p. 111 s.).

« En effet, l'indétermination et la normativité, à elles seules, ne font pas encore d'un concept un concept d'appréciation. Il faut un élément supplémentaire pour pouvoir parler raisonnablement de concepts d'appréciation spécifiques. C'est le cas lorsqu'on interprète ce qu'on appelle la "libre appréciation" de façon que l'opinion, l'appréciation personnelle de celui qui doit appliquer l'application, est reconnue comme étant décisive et juridiquement valable : c'est le concept de la "libre appréciation" tel qu'il a été conçu par exemple par Rudolf Laun, Walter Jellinek et Ernst Forsthoff pour le Droit administratif [Verwaltungsrecht]. Là où on accorde aux organes du pouvoir exécutif la "libre appréciation", ils sont « autorisés de décider eux-mêmes – d'après leur propre opinion et leur propre volonté en conformité avec leurs devoirs – ce qui doit être le but immédiat de leur procédé » (Laun). En rapport avec le concept d'appréciation de l'"intérêt public", cela veut dire : « ce que l'administration publique déclare être dans l'intérêt public, c'est en effet l'intérêt public du point de vue juridique » (p. 114).

« Il est évident que le concept de libre appréciation que nous venons d'exposer a un caractère spécifique. Il ne s'agit pas simplement d'*indétermination* et d'*appréciation*, mais d'**appréciation personnelle**. L'opinion que se fait le fonctionnaire chargé de la décision – peut-être à la suite de conflits intérieurs – est décisive et – dans certaines limites – un critère de ce qui est juridiquement juste. Les véritables concepts de libre appréciation constituent donc une catégorie spécifique *à côté* des concepts indéterminés et des concepts normatifs... Tandis que certains distinguent entre les concepts indéterminés et les concepts d'appréciation libre, d'autres classent ces derniers concepts à l'intérieur des premiers. La même chose se produit dans la relation entre les concepts normatifs et ceux de libre appréciation... Le champ de la libre appréciation est petit et limité principalement à l'administration. La dite (libre) appréciation du juge [richterliches Ermessen] n'est pas, dans une grande mesure, libre : la plupart du temps, il s'agit plutôt de concepts normatifs qui exigent une appréciation, il est vrai, mais non une appréciation personnelle, sinon une **appréciation objectivement valable** et univoque. Ces concepts, par contre, qui visent à une appréciation authentiquement libre, sont inévitablement et en même temps (à l'intérieur de certaines limites) des concepts indéterminés et normatifs... »

« Ce sera toujours un problème de savoir où et quand peut être acceptée l'appréciation libre au sens que nous venons de lui donner » (p. 115-117).

4. **Clause générale et méthode casuistique** [cf. définition compréhensionnelle et définition extensionnelle]

« "Casuistique" est une configuration du constat légal (compris comme ensemble de présupposés qui conditionne l'ordonnance juridique de la connaissance juridique) qui circonscrit des groupes de cas spéciaux dans leur particularité spécifique. Un supposé de casuistique est, par exemple, celui de l'article 224 du Code pénal allemand : si une lésion corporelle préméditée « entraîne comme conséquence que le lésé perde un membre important, la vision d'un ou des deux yeux, l'ouïe, la parole ou la capacité d'engendrer, ou reste considérablement diminué pour le reste de sa vie, ou attrape une maladie mortelle [Siechtum], ou devienne invalide ou malade mental », le fautif sera puni de prison d'un minimum d'un an à cinq ans [= méthode énumérative ou extensionnelle]. Face à cette disposition, il faudrait considérer comme "clause générale" la première partie de l'article correspondant 260 du projet de 1930 : « Si le lésé est gravement blessé dans son corps ou sa santé... ». Par clause générale, nous devons donc entendre une rédaction des supposés de fait qui embrasse avec une grande généralité un champ de cas et leur signale le traitement juridique correspondant... » (p. 118 s.).

« Dès lors, la différence entre la méthode casuistique et celle de la clause générale n'est que relative. Dans l'article 224 du Code pénal déjà cité, la première partie du supposé de fait ("un membre important du corps") se détache face aux autres éléments du supposé de fait comme si c'était une clause générale, bien que le supposé de fait total de l'article 224, en comparaison avec l'article 260 du projet de 1930, soit casuistique. D'autre part, même la clause générale de l'article 260 du projet de 1930 est relativement casuistique si on la compare à une disposition que la Junte gouvernementale de Munich dicta au printemps 1919 : « Sera puni tout attentat contre les principes révolutionnaires. Le genre de la peine reste confié à la libre appréciation du juge ». De semblables clauses pénales à caractère général ne sont pas bien vues dans un Etat de Droit. Elles sont incompatibles avec le principe *nullum crimen sine lege*, qui rend indispensable une certaine casuistique... » (p. 120).

« Un compromis particulièrement recommandable entre la méthode casuistique et la clause générale est la méthode dite "exemplificatrice"... » (p. 121).

« C'est le moment de nous demander quels sont les rapports entre les "clauses générales" d'une part et les concepts indéterminés, les concepts normatifs et les concepts de (libre) appréciation d'autre part. Les clauses générales ont-elles une signification, un statut spécifique ? Nous devons convenir que cela ne peut être affirmé sans restriction... » (p. 121).

« En fait, presque toutes les clauses générales sont à la fois indéterminées et normatives, tandis qu'on ne peut pas dire que les clauses générales soient, en général, en même temps des clauses de (libre) appréciation... » (p. 121).

« Les clauses générales seraient-elles donc absorbées par les concepts indéterminés normatifs et, quelquefois, par les concepts de (libre) appréciation ? Effectivement, les clauses générales ne possèdent, d'un point de vue méthodologique, aucune structure particulière » (p. 122).

« ... l'application du Droit est une partie de la vie de celui-ci. Il n'est pas possible de rationaliser complètement ce qui est vivant » (p. 132).

Et cette conclusion coïncide avec ce que dit Bachof :

« D'après celui-ci « l'alternative de distinguer entre deux catégories de concepts indéterminés » (1° ceux qui permettent des décisions juridiques non révisables – sauf pour des raisons de procédure ; 2° ceux qui sont entièrement révisables) est dépassée. Il faut distinguer plutôt :

1° des concepts juridiques plus ou moins déterminés dont l'application aux circonstances est juridiquement révisable ;

2° des concepts juridiques indéterminés, dont l'application exige une appréciation qui opère à l'intérieur d'une zone de (libre) appréciation et qui ne permet pas de révision si elle ne dépasse pas la zone de (libre) appréciation concédée [Beurteilungsspielraum] ;

3° des pouvoirs d'appréciation qui autorisent l'autorité à disposer d'une marge pour sa liberté de décision dans laquelle elle peut décider et agir selon ses propres critères et non en dernier lieu du point de vue de ce qui convient pour chaque cas » [ce dernier paragraphe se trouve à la note 133 de l'édition allemande, p. 220].

Les juristes ont donc reconnu clairement que seule une partie minime des concepts qui entrent en jeu dans les sciences juridiques correspondent à des frontières délimitées ou délimitables dans la réalité. Ces limites elles-mêmes sont la plupart du temps établies artificiellement et ne sont pas données d'avance (division en vingt-quatre heures, 40 km, 100 marks) ; dans ces cas, nous nous trouvons en face d'une terminologie ou nomenclature (Coseriu) comme dans les sciences. Si de telles limites n'existent pas (concepts "honorable", "méchant", "danger", "bruit", etc.), il faut alors recourir à des concepts comme "norme" et "appréciation", concepts dont l'application dans la réalité à chaque cas juridique devient élastique. L'application inévitable des concepts à des cas limites dans la réalité continue à être le dilemme de la pratique juridique. Nous pourrons mieux expliquer cette difficulté d'appliquer à la réalité les concepts définis par compréhension lorsque nous aurons examiné soigneusement l'essence même de ce genre de définition.

5

La définition des objets mentaux

(a) L'ANALYSE DE POTTIER

Nous avons constaté, dans le chapitre 4, que le langage ne suivait souvent pas les limites données par la nature ou imposées à elle. Le langage ne traduit pas, mais établit les limites dans l'expérience humaine (Coseriu). Cette situation nous conduira à des conclusions méthodologiques importantes. Une définition à partir de limites à l'intérieur de la réalité est en général impossible [1]. *Définition* signifie étymologiquement *délimitation*, or la délimitation ne se trouve pas dans la réalité ; tout au contraire, elle *se fait* par la définition. L'objet mental est une abstraction d'une multitude de réalités apparentées entre elles, mais la somme de ces réalités n'est généralement pas close, ce qui empêche toute énumération exhaustive (et par conséquent, toute définition extensionnelle). Et pourtant, on est en mesure d'identifier (= de mettre en rapport avec l'objet mental) une table donnée comme "table", même si on la voit pour la première fois. Comment peut-on le faire ? Quels sont les facteurs constitutifs de l'objet mental ? Et comment trouver les *traits distinctifs* d'un objet mental par rapport à ceux des autres objets mentaux ? La voie en vue d'une solution de ces problèmes fut ouverte par Bernard POTTIER dans son étude *Recherches sur l'analyse sémantique en linguistique et en traduction mécanique* [2], et comme cette étude me paraît d'une importance capitale, je vais en reprendre, avec tous les détails, les principaux chapitres qui traitent de l'objet mental "siège".

---

1. Cf. ci-dessous, à propos des définitions extensionnelles (p. 90).

2. *Publications Linguistiques de la Faculté des Lettres et Sciences Humaines de l'Université de Nancy*, Série A : Linguistique appliquée et Traduction automatique, II, 1963, 38 pp. (v. surtout pp. 11-19). – Pour d'autres travaux concernant le champ sémasiologique des *sièges* (surtout à propos de l'allemand) v. ci-dessous la note 6.

1. Le choix lexical

A la limite de la précision, on peut dire qu'il n'existe pas deux "chaises" identiques. On remarque cependant que devant 1 000 objets différents un sujet peut avoir la même réaction et choisir 1 000 fois de suite le terme *chaise*. Si l'on place 1 000 personnes devant ces 1 000 chaises, on peut obtenir 1 000 000 de fois le terme *chaise*.

En linguistique, cette coïncidence de subjectivité est ce qu'on appelle l'*objectivité*. Le scepticisme outrancier serait la négation même de l'expérience scientifique.

Si, devant une suite d'objets /x^1, x^2 ... x^n/ la réponse est régulièrement /X/, on dira que /X/ est la *lexie* [3] désignant ces objets.

Les tests visuels sont évidemment les plus simples ; on peut aussi imaginer des tests contextuels, à très forte contrainte.

De même qu'il n'existe pas deux objets absolument identiques, on ne peut trouver deux sujets ayant exactement la même expérience, c'est-à-dire le même inventaire lexical avec le même contenu. Là encore, il faut généraliser, normaliser, et appliquer les expériences à un groupe de sujets relativement homogène. C'est le propre de la démarche scientifique.

2. La détermination du sémème

Prenons une suite d'objets désignés par la lexie *chaise*, et décrivons chacune de ces chaises de la façon la plus complète. Faisons la liste des caractéristiques trouvées (q) et marquons en face de chaque objet particulier s'il possède ou non cette caractéristique (+ ou −).

Le tableau aura la forme suivante :

Tableau 1

	ch. 1	ch. 2	ch. 3	... ...	ch. n
q^1 = dossier	+	+	+		+
q^2 = velours	+	−	−		+
q^3 = 4 pieds	+	−	+		+
q^4 = en bois	−	+	−		−
q^5 = pour s'asseoir	+	+	+		+
... ...					
q^n = ...					

3. « *Lexie* (*lexie* = unité lexicale de langue) : *pierre, bateau-mouche, chemin de fer*, etc... » ; cf. B. POTTIER, *Introduction à l'étude des structures grammaticales fondamentales*, Nancy 1962, (^{2}1964) ; *Linguistique générale*, 1974. Cf. ci-dessus, p. 5, note 4.

Des questions complexes devront être décomposées. Ainsi la question "4 pieds", ayant reçu quelques réponses "non", on peut poser "3 pieds", "2 pieds", "1 pied", avec quelques chances d'avoir "oui". En fait, le nombre de pieds est une variable, la constante étant la notion de "pied".

On s'apercevra bientôt que certaines caractéristiques ont toujours une réponse "oui" et que certaines autres ont des "oui" et des "non".

On dira que, dans une suite de n objets, le trait q est pertinent s'il apparaît n q fois.

Reprenons le tableau précédent en le complétant :

Tableau 2

	ch. 1	ch. 2	ch. 3	... ...	ch. n	Σ
q^1 = dossier	+	+	+	(+)	+	$n\,q^1$
q^2 = velours	+	–	–	(+/–)	+	$(n-m)q^2$
q^3 = sur pied	+	+	+	(+)	+	$n\,q^3$
q^4 = en bois	–	+	–	(+/–)	–	$(n-m)q^4$
q^5 = pour s'asseoir	+	+	+	(+)	+	$n\,q^5$
q^6 = pour 1 personne	+	+	+	(+)	+	$n\,q^6$
q^7 = rouge	+	–	–	(+/–)	–	$(n-m)q^7$
... ...						

La colonne Σ fait apparaître un certain nombre de caractéristiques q présentes n fois : q^1, q^3, q^5, q^6. Leur ensemble constitue le *sémème* de /chaise/.

La *lexie* /chaise/ (formalisation) a un *sémème* (substance sémantique) dont les éléments ou *sèmes* sont :

s^1 = avec dossier
s^2 = sur pied
s^3 = pour 1 personne
s^4 = pour s'asseoir

ou encore $S_a{}^1$ (chaise) = (s^1, s^2, s^3, s^4)

Il s'agit là d'un *sémème absolu,* n'intéressant que la lexie *chaise* en elle-même.

Si nous faisons l'expérience avec la lexie *fauteuil,* le résultat sera (sémème absolu) :

$S_a{}^2$ (fauteuil) = $(s^1, s^2, s^3, s^4, s^5)$

où s^5 est le sème "avec bras".

Et ainsi de suite.

3. Détermination des ensembles d'objets

La comparaison de deux objets

Un sémème étant un ensemble de sèmes, la comparaison de deux sémèmes revient à la comparaison de deux ensembles.

Si l'on rapproche *chaise* et *fauteuil*, on voit qu'ils ont en commun quatre sèmes, et que *fauteuil* a en propre le sème s^5 "avec bras" :

S^1 (chaise) = (s^1, s^2, s^3, s^4)
S^2 (fauteuil) = $(s^1, s^2, s^3, s^4, s^5)$

Si l'on est fondé à réunir *chaise* et *fauteuil* dans un même ensemble d'objets (cf. ci-après, b), on peut caractériser "S^1 (chaise)" comme étant dépourvu du sème s^5, c'est-à-dire comme ayant une réponse négative $s^{\bar{5}}$ (= ne possédant pas le sème s^5).

Le sémème de *chaise* devient alors un *sémème relatif* (à un ensemble donné), de forme :

S_r^1 (chaise) = $(s^1, s^2, s^3, s^4, s^{\bar{5}})$

Voici un test qui permet de montrer que le sème s^5 est bien le trait sémantique pertinent qui permet de différencier *chaise* de *fauteuil*.

Si l'on demande à des témoins de compléter le début de phrase « Je voudrais m'asseoir *sur*... », on a des réponses renfermant *chaise* et d'autres renfermant *fauteuil* ; c'est le sème s^4 qui est surtout en jeu dans ce cas. Si le début de phrase est « Je voudrais m'asseoir *dans*... », *fauteuil* est très fréquent, *chaise* est pratiquement absent ("tests" réalisés à Nancy et à Poitiers).

On a donc le résultat suivant :

sur combiné avec *fauteuil/chaise*
dans combiné avec *fauteuil.*

La motivation de l'opposition "sur/dans" est du type "non-intériorité/intériorité". L'intériorité suggérée par *dans* refuse donc (inconsciemment chez le témoin) la combinaison avec *chaise*, dépourvue du sème s^5 "avec bras". C'est là une preuve indirecte utile.

On peut également faire compléter des phrases telles que « si je mettais des bras à cette chaise, ce serait... », ou « si j'ôtais les bras de ce fauteuil, ce serait... ». La coïncidence des réponses montre le bien-fondé de la sélection des sèmes pertinents.

Le groupe des objets à comparer

S'il existait une méthode capable de grouper des objets selon des critères bien définis et objectifs, le problème des "champs" (sémantiques, associatifs...) serait résolu du même coup. Il n'en est malheureusement rien. Les "tests", comme celui de « Je voudrais m'asseoir sur... », donnent des suggestions ; mais les résultats renferment aussi bien *chaise, fauteuil, tabouret* que *genoux* ou *herbe.*

Théoriquement, il faut rechercher, à travers un grand nombre de sémèmes, les intersections portant sur un nombre important de sèmes. On verrait alors une répartition de ce type :

Tableau 3

	s^1	s^2	s^3	s^4	s^5	s^m	s^n
chaise	+	+	+	+	–		
fauteuil	+	+	+	+	+		
tabouret	–	+	+	+	–		
genoux						+	
herbe							+

L'intersection portant sur les réponses exprimées permet de réunir : *chaise, fauteuil, tabouret.*

Pour la suite de l'exposé, nous allons travailler sur le groupe d'objets suivants : *chaise, fauteuil, tabouret, canapé, pouf.*

4. L'archisémème et sa formalisation possible

Un groupe étant défini, on peut se demander quel est l'archisémème le dominant, défini par l'intersection des sémèmes en cause. Voici les sèmes pertinents des cinq objets retenus :

Tableau 4

	s^1	s^2	s^3	s^4	s^5	s^6	
chaise	+	+	+	+	–	+	$= S^1$
fauteuil	+	+	+	+	+	+	$= S^2$
tabouret	–	+	+	+	–	+	$= S^3$
canapé	+	+	–	+	+	+	$= S^4$
pouf	–	+	+	+	–	–	$= S^5$

s^1 = avec dossier
s^2 = sur pied [eleve au dessus du niveau du sol]
s^3 = pour 1 personne
s^4 = pour s'asseoir
s^5 = avec bras
s^6 = avec matériau rigide

Faisons l'intersection de ces ensembles relatifs :

$$s^1 \cap s^2 \cap s^3 \cap s^4 \cap s^5 \cap s^6 = (s^2, s^4)$$

La question à se poser est la suivante : existe-t-il une formalisation (une lexie) dont le sémème soit justement l'ensemble (s^2, s^4) ? En français actuel, la réponse est oui : *siège*. Le *siège* est un objet sur lequel on s'asseoit (fonction primaire) et qui est au-dessus du sol (s^2) [un tapis n'est pas un siège, etc...].

Il arrive fréquemment qu'un archisémème dégagé par l'analyse n'ait pas d'expression lexicale. Ainsi, pour "objet sur lequel on monte" (issu du groupement *échelle, escabeau, marche-pied, étrier*...), le français n'a pas d'archilexème (ou cover-word).

Intuitivement, on serait tenté de poursuivre la généralisation et de dire que les sièges eux-mêmes peuvent être intégrés sous un archilexème encore plus large, comme *meuble*. Or, en français actuel, on ne peut vraiment dire qu'un *pouf* soit un meuble (manque de s^6). Si un membre du groupement retenu ne peut être intégré à un groupement supérieur, ce groupement primaire reste hors du groupement supérieur.

On assiste tous les jours à la création d'archilexèmes (les *enseignants*, les *ascendants*, les *agrumes*, les *deux-roues*... répondent à ce besoin).

5. Résumé de la démarche généralisante

(1) *Illustration graphique*

Classons les cinq éléments du groupe *siège* d'après la proximité des coïncidences (un seul sème pertinent différenciant deux lexies) :

pouf - *tabouret* : s^6
tabouret - *chaise* : s^1
chaise - *fauteuil* : s^5
fauteuil - *canapé* : s^3

} (s^2, s^4) étant la base commune = $\mathbf{A}^1$ [archisémème]

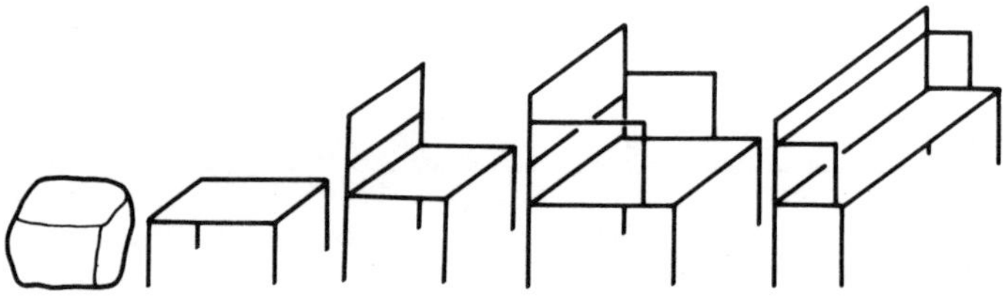

$\left.\begin{matrix}s^2\\ s^4\end{matrix}\right\} + s^{\overline{6}}$ $\quad + s^6 \quad + s^1 \quad + s^5 \quad + s^{\overline{3}}$

Fig. 7 Représentation schématique *possible* de ces objets

(2) *La relation* sème - sémème - archisémème

Le *sème* est un élément de l'ensemble *sémème*. L'*archisémème* est un sous-ensemble d'un ensemble de *sémèmes*.

sème ∈ sémème

Exemple :

$$\left.\begin{array}{l} s^1 \in S^1 \\ s^2 \in S^1 \\ s^3 \in S^1 \\ s^4 \in S^1 \\ s^5 \notin S^1 \end{array}\right\} Sa^1 = (s^1, s^2, s^3, s^4)$$

archisémème ⊂ sémème

Exemple :

$$\left.\begin{array}{l} A^1 \subset S^1 \\ A^1 \subset S^2 \\ A^1 \subset S^3 \\ A^1 \subset S^4 \\ A^1 \subset S^5 \end{array}\right\} A^1 = S^1 \cap S^2 \cap S^3 \cap S^4 \cap S^5$$

Par l'étude qu'on vient de reprendre littéralement, Pottier a introduit l'identité *sème = trait distinctif*. Le sémème se définit donc comme une **somme de sèmes en même temps que de traits distinctifs** [4]

4. Dans le même sens, A.J. GREIMAS : « Chaque *lexème* peut donc être décrit comme un certain arrangement de sèmes » (CahLex 4, 1964, 21). – Cf. aussi G. MOUNIN : « L'analyse de la définition de l'unité lexicale (donnée par un dictionnaire) permet de décomposer et de recomposer le signifié d'un signifiant à partir d'unités de signification plus petites que ce signifiant. *Paillotte* contient six de ces unités : /construction/, /pour l'habitation/, /grossière/, /petite/, /en paille/, /dans les pays chauds/. Ces unités ont été jusqu'ici nommées de manières différentes selon les auteurs : *sème* (BUYSSENS, etc.), *sémème* (HATTORI, etc.), *sémième* (GUIRAUD, etc.), *traits* [sémantiquement] *distinctifs* (BLOOMFIELD), *figures* de contenu (HJELMSLEV), *traits pertinents* du signifié (PRIETO). Si l'on choisit de les appeler traits pertinents, on semble poser par définition un isomorphisme entre analyse phonologique et analyse sémantique ; si l'on opte pour les autres termes, on laisse en suspens la question de cet isomorphisme. » ... « Cette analyse une fois faite pour tous les signifiants d'un lexique permet d'ailleurs de corriger la délimitation empirique du départ, en construisant les *structurations non pas à partir du signifiant, mais à partir de la présence d'un ou plusieurs sèmes ou traits donnés dans sa définition* » (CahLex 6, 1965, 20) ; « on aperçoit qu'on peut réduire toutes les unités lexicales d'un lexique à des faisceaux de traits sémantiquement pertinents ou sèmes » (ib., 21). G. MOUNIN présente et discute l'évolution de l'idée des unités sémantiques minima dans trois chapitres de son excellent livre *Les problèmes théoriques de la traduction*, Paris (Gallimard) 1963 : chap. VII, « La recherche des unités sémantiques minima : Luis J. Prieto » [en rapport avec Hjelmslev et Martinet], 95-112 ; chap. VIII, « La recherche des unités sémantiques minima : Jean-Claude Gardin » [y compris Sørensen], 113-124 ; chap. IX, « La recherche des unités sémantiques minima : définitions, terminologies, terminologies normalisées », 125-143. V. aussi une publication plus récente de PRIETO, *Principes de noologie*, The Hague/London/Paris (Mouton) 1964, 130 p. [Prieto appelle *noèmes* les unités dont se composent les signifiés, 90 ss.].

(Heger et d'autres parleront plus tard des *differentiae specificae*) [5]. Pottier prétend partir de la réalité pour arriver aux sémèmes et aux sèmes distinctifs : « Des millions d'objets existant dans la réalité on est passé aux quelques milliers de lexies, réduites dans une certaine mesure aux archilexies » (Nancy 1963, p. 19) [en réalité, il fait comparer certains objets (de fonction apparentée) [6] par ses sujets et relève de façon statistique l'application des termes *chaise, tabouret, fauteuil*, etc., à ces échantillons d'objets ce qui lui permet de constater que, pour ses sujets, l'existence ou l'absence de bras constitue un trait distinctif qui permet de distinguer en français deux classes d'objets : "les chaises" et "les fauteuils" : il en déduit que ce trait distinctif est le sème qui distingue le sémème du français *chaise* de celui du français *fauteuil*] :

Fig. 8

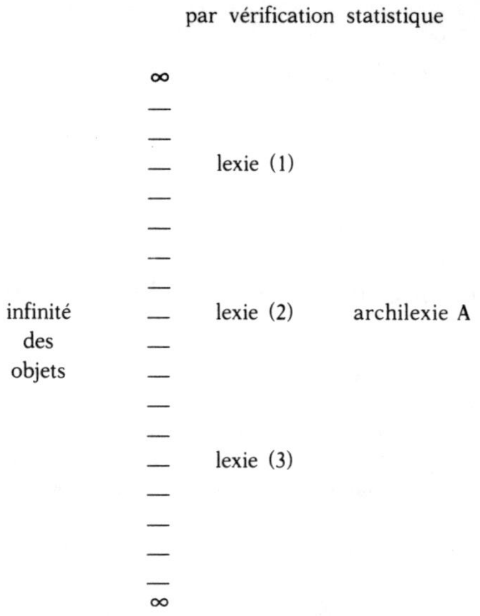

5. « Le sémème, ou ensemble des sèmes distinctifs, correspond en partie aux "différences spécifiques" de M. P. Imbs » (POTTIER, TraLiLi, III/1, 1965, 33).

6. « On a critiqué le travail de Pottier [GECKELER, *Strukturelle Semantik und Wortfeldtheorie*, 1971, 216-217 ; *Strukturelle Semantik des Französischen*, Tübingen 1973, 32] en prétendant qu'il n'aurait pas distingué suffisamment la description des objets de la détermination de la signification de sorte qu'il serait douteux, dans quelle mesure ses résultats sont des données de la langue française. D'après la conception assez généralement admise aujourd'hui, la relation entre les objets désignés et les contenus linguistiques n'est pas directe : elle passe au contraire à travers différentes catégories épistémologiques et dépend de relations et de conventions à l'intérieur de la langue (d'après SCHIFKO, *Bedeutungstheorie*, Stuttgart-Bad Cannstatt 1975, 69). C'est pourquoi il est préférable de commencer une enquête immédiatement à partir des contenus linguistiques » (Manfred FAUST, *Wortfeldstruktur und Wortverwendung*, dans Wirkendes Wort 6, 78, 365-401, spéc. p. 371). Faust donne un aperçu détaillé des travaux concernant le champ onomasiologique des sièges (H. GIPPER, *Sessel oder Stuhl ?* dans les Mélanges Weisgerber 1959, 271-292, réimprimé

Les sèmes sont les traits communs à tous les objets appelés *chaise*. Ces sèmes constituent et définissent l'objet mental "chaise" et en sont en même temps les traits distinctifs par rapport à d'autres objets mentaux [7].

Le rapport entre un *archilexème* ou une *archilexie* (= lexicalisation d'un archisémème) [8] et un *lexème* ou une *lexie* (= lexicalisation d'un sémème) [9] peut se présenter comme un rapport d'implication :

Fig. 9

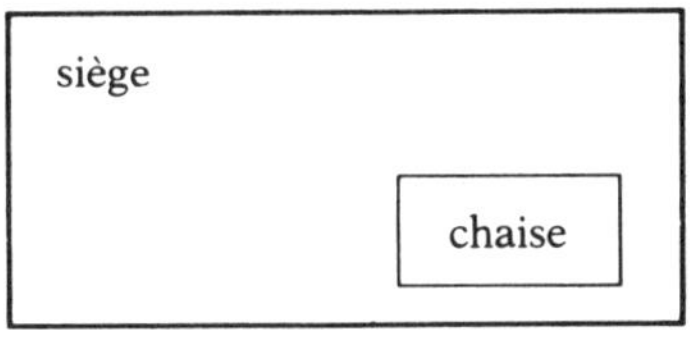

En cela, Pottier [10] suit E. Coseriu [11]. L'objet mental "chaise" est plus spécifique que "siège" et contient de ce fait plus de sèmes ou traits distinctifs (la conséquence en est en général une définition plus large et plus complexe).

Il faut distinguer entre le niveau conceptuel et le niveau de la réalisation dans une langue. L'archisémème de l'archilexie française *mesurer*, par exemple, peut être spécifié de différentes façons selon les langues : fr. *mesurer à la toise* = Liège *twèzer* ; *mesurer à la règle* = *rûler* ; *mesurer* (le bois *à la corde*) = *cwèd'ler* ; *mesurer au fil à plomb* = *ploumer* (cf. Jean Haust, *Le dialecte wallon de Liège*, 3 : *Dictionnaire français-liégeois*, 1948, s. v. mesurer).

dans H. Gipper, *Denken ohne Sprache ?* Düsseldorf 1971, 81-107 et dans L. Schmidt, *Wortfeldforschung*, Darmstadt 1973, 371-398 ; Pottier, 1963, v. ci-dessus ; H. J. Heringer, *"Tag" und "Nacht", Gedanken zu einer strukturellen Lexikologie*, dans Wirkendes Wort 18, 1968, 217-231 ; A. Sladek, *Wortfelder in Verbänden*, Teil 1 : *Algebraische Grundlagen der strukturellen Wortfeldtheorie*, Tübinger Beiträge zur Linguistik [TBL] 38, 1975 ; W. von Held, *Zur Beschreibung und Darstellung begrifflicher Komponenten von Ausdrucksbedeutungen*, dans Akten des 10. Linguistischen Kolloquiums, éd. par K. Braunmüller et W. Kürschner, t. 2, Tübingen 1976, 167-176). L'enquête personnelle de M. Faust pour l'allemand p. 382-394.

7. Le *sème* est un trait distinctif à l'intérieur d'un même système conceptuel (siège ↔ chaise) ; l'*archisème* est commun à tous les sémèmes d'un système conceptuel, mais c'est un trait distinctif en regard des autres systèmes conceptuels.

8. *Siège* (archilexème) contient l'archisémème [s1 ("pour s'asseoir") + s2 ("sur pieds")].

9. *Chaise* (lexème) contient le sémème [s1 ("pour s'asseoir") + s2 ("sur pieds") + s3 ("avec dossier") + s4 ("pour une personne")].

10. B. Pottier, *Vers une sémantique moderne*, dans TraLiLi II/1, 1964, 107-137 (en particulier 123).

11. E. Coseriu, *Pour une sémantique diachronique structurale*, dans TraLiLi II/1, 1964, 139-186 (en particulier 151, 161, 176, 178).

En français, la formalisation (réalisation) se fait par la juxtaposition archilexie + lexie différenciatrice, tandis que dans le dialecte de Liège, on assiste à des lexicalisations spéciales (cf. fr. *aller à pied, aller à cheval*... – all. *gehen, reiten*, etc.) [12] :

niveau conceptuel :	archisémème + sème(s) différenciateur(s)
niveau lexical :	fr. archilexie + lexie(s) différenciatrice(s)
	Liège lexies

En partant au contraire de la forme (forme de l'expression) dans une langue donnée, l'analyse conceptuelle et, par conséquent, la *définition* dépendent de ce point de départ : en moyen français, *desmesurer* est défini dans le glossaire de l'édition de Chastellain (XVe siècle) par "dépasser les limites ordinaires d'une chose", mais le contexte (*rendirent pleurs et cris lamentables... desmesurèrent leurs voix*) permet de définir *desmesurer sa voix* par "parler et pleurer plus fort que d'habitude".

Le lexicographe se voit donc dans l'obligation de décider chaque fois ce qu'il veut définir, la lexie ou le syntagme, le sémème général ou le sémème particulier. L'emploi d'un lexème de caractère général dans une situation de caractère particulier (ce qui est un cas courant) est la raison de beaucoup de changements de sens (cf. ci-dessous notre appendice diachronique, p. 221 ss.)

Pottier est parti, dans son analyse, du particulier pour aboutir à des unités plus générales. Dans la seconde partie du travail de 1963, il a complété cette procédure par l'analyse contraire en partant du plus général vers des unités classificatrices plus petites (« Le processus inverse, qui, partant de l'univers-unité – par exemple la catégorie du substantif – se dirige vers des classes particularisantes », p. 19). Comme cette partie n'est pas moins importante que la première, nous allons aussi la reprendre en détail, littéralement.

12. Ajoutons qu'à ce qui est, dans une langue, archilexie, peuvent correspondre plusieurs lexies dans une autre langue (dans ce cas, la communauté linguistique parlant cette dernière langue a une plus grande nécessité [et obligation !] de différenciation) :

« What do you mean, "snow" [neige] ? », asks the Eskimo. « Falling snow on the ground, snow in blocks for building igloos, or what ? You can't use one word for all those different things » (Jakob Ornstein et William W. Gage, *The ABC's of Languages and Linguistics*, Philadelphia and New York (Chilton Books) 1964, 108). Cf. aussi notre exemple ci-dessous, p. 75, note 3.

LES CLASSÈMES

« Nous appelons *classèmes* les classes de distribution (à motivation évidemment sémantique) révélées par des critères combinatoires nombreux et dont les résultats sont homogènes.

1) Si nous posons la question : « Avez-vous vu le... ? », la liste des substantifs suivant *le* est non-significative. En revanche, on note une différence de distribution très nette entre les réponses aux deux questions suivantes :

« Voulez-vous l'*amener* votre... » :

objets : n réponses
animaux : n réponses
personnes : n réponses

« Voulez-vous l'*apporter* votre... » :

objets : n réponses
animaux : 0 réponses
personnes : 0 réponses

On voit que *apporter* sélectionne un objet grammatical refusant normalement l'appartenance à la série objective des animaux ou des personnes.

Ceci permet de poser que (cf. § 13.2. chez Pottier ib.) :

apporter + série A de substantifs [objets]
– série B de substantifs [personnes et animaux]

amener + série A ou B de substantifs

Autre "test". Posons la phrase à compléter : « Qu'est-ce qu'elle rumine, ma... » Tous les substantifs font partie de la série B (32 "personnes", 3 "animaux") [13]. C'est le cas aussi de « Il est enrhumé, votre... », où toutes les réponses sont de la série B. Mais dans « Il est grippé, votre... », on a à la fois la série A et la série B (fils, moteur...). Seuls des substantifs de la série B "se baignent dans l'eau" ; ceux de la série A "baignent dans l'eau".

13. « Nous avons eu une réponse métaphorique : *ma conscience* (série A), très valable linguistiquement, négligeable en traduction mécanique » (note de POTTIER, p. 21).

Si un élément de la série A "marche", la signification est non-ambiguë : « Cette pendule marche ». Si c'est un élément de la série B, il y a ambiguité virtuelle : « Charles marche bien à présent ».

1 aller à pied

2 travailler bien (à l'école)

Une première distinction résulte donc des distributions telles que les suivantes, enregistrées en langage "normal" (non-métaphorique) :

Tableau 5

Test	Tous les substantifs	
	Série A	Série B
amener X	+	+
apporter X	+	–
X rumine	–	+
X est enrhumé	–	+
X est grippé	+	+
X se baigne	–	+
X baigne	+	–
X marche bien	1 sens	2 sens

La série A comprend ce qu'on peut appeler les "inanimés", la série B les "animés" [14]. Si une personne meurt, son cadavre fonctionne comme inanimé : il baigne dans l'eau et on peut l'apporter (cf. note 15, Pottier, p. 31).

2) A l'intérieur de la série des "animés", on peut distinguer deux sous-séries, révélées par des comportements combinatoires.

Si on "met à la porte" une personne, on a un sens I (renvoyer) ; si l'on "met à la porte" une chose, on a un sens II (par exemple un écriteau). Dans le cas d'un animal, il y a ambiguité, l'animal pouvant *fonctionner* comme une personne ou comme une chose ("renvoyer" ou "déposer devant la porte").

Autre exemple plus net. Soit "X a fait une niche". X appartient à la série des animés. Mais s'il s'agit d'une personne, il y a ambiguité (Pierre a fait une niche au chien = (a) il lui a joué un tour ; (b) il lui a fabriqué une niche) ; s'il s'agit d'un animal, il n'y a pas ambiguité.

D'où les distinctions suivantes :

14. Robert MARTIN, *La catégorie de l'animé et de l'inanimé en grammaire française*, TraLiLi IX/1, 1969, 254-265, a étudié en détail l'importance de cette opposition de classèmes en français.

Tableau 6

test	animés		inanimés
	personnes	animaux	
mettre à la porte X	sens I	sens I/II	sens II
X fait une niche	2 sens	1 sens	ø

3) A l'intérieur de la série des inanimés, on peut distinguer deux sous-séries, révélées par des comportements combinatoires.

Cas de "ouvrir X". Si X se réfère à un objet matériel, on a le sens banal I : ouvrir un sac, une boîte, un abcès. Si X se réfère à un objet non-matériel, on a un sens II (dit traditionnellement "figuré"), celui de "ouvrir la séance, la marche". Voici un cas typique d'ambiguité : si *magasin* est vu comme objet matériel, on a "ouvrir un magasin" (à l'aide d'une clé) ; si *magasin* est vu comme objet non-matériel, on a "ouvrir un magasin" (commencer un commerce).

Cas de "prendre X dans un certain sens". Comme ci-avant, avec un objet matériel, on a "sens = direction" (prendre un jouet, un tissu dans un certain sens), et avec un objet non-matériel, on a "sens = signification" (prendre une phrase, une intervention dans un certain sens). Si la lexie peut appartenir aux deux sous-séries, une ambiguité apparaît : "prendre une *règle* dans un certain sens".

Cas de "rendre X". Avec les objets matériels, on a le sens de "restituer". Avec les objets non-matériels, on a affaire généralement à des lexies (rendre la justice, rendre raison). Avec un terme comme *honneurs*, on a ambiguité : "rendre les honneurs" = (a) lexie, terme militaire ; (b) restituer certaines cartes à jouer (objet matériel).

D'où les distinctions suivantes :

Tableau 7

test	animés	inanimés	
		objets matériels	objets non-matériels
ouvrir X	sens 1	sens 1	sens 2
prendre X dans 1 sens	sens 1	sens 1	sens 2
rendre X	sens 1	sens 1	sens 2

4) Si on réunit les trois tableaux ci-dessus, on aboutit aux classes suivantes :

Tableau 8

apporter X X fait une niche ouvrir X	animé //		inanimé	
	personne //	chose //	objet matériel //	objet non-matériel
	classe 1	classe 2	classe 3	classe 4

Une première série de classes de particularisation peut donc être présentée ainsi :

1	animé	personne	= *classème 1*
		animal	= *classème 2*
	inanimé	objet matériel	= *classème 3*
		objet non-matériel	= *classème 4*

On pourra appeler *classème 5* l'animé globalement (1 + 2), ct *classème 6* l'inanimé globalement (3 + 4).

Les idéalistes – et certains mathématiciens – seraient tentés de continuer ces dichotomies pour rejoindre les archilexies fournies par la première partie de l'analyse. En fait, nous ne pensons pas que ces deux démarches puissent être raccordées : elles sont complémentaires, et toute lexie peut être caractérisée par deux indices d'appartenance : *sémème* et *classème* :

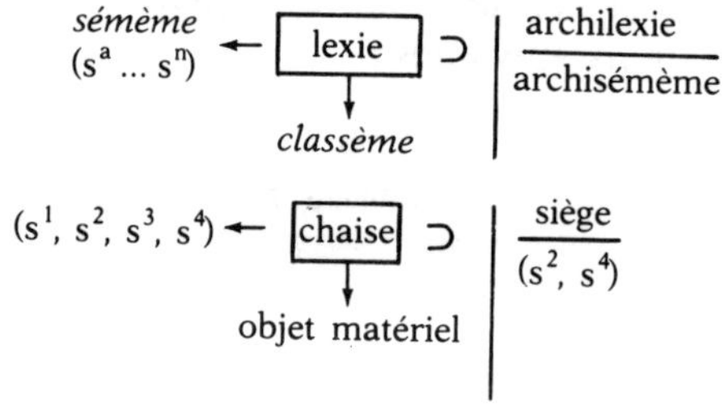

5) On peut citer cependant un cas limite, celui où une archilexie tient la place d'un classème. C'est le rôle de termes comme *un truc, un machin, une chose*, qui correspondent au classème 3 (et souvent 4), et de *Truc, Machin, Chose*, qui correspondent au classème 1 (et parfois 2).

En outre, dans « Je ne vois rien », *rien* tient la place d'archilexie des classèmes 1/2/3/4, alors que *personne* ne se réfère qu'au classème 1.

On voit ainsi comment la langue a réussi à généraliser au maximum l'expression archilexicale [15].

6) Plusieurs études lexicales modernes, celles relatives à la traduction mécanique notamment, offrent des catégories sémantiques qu'on pourrait interpréter comme des sous-classèmes : objet convexe, objet mangeable, animal pacifique, etc. (cf. § 16). Il serait naturellement idéal de pouvoir caractériser chaque lexie par une série finie de traits de cette nature. On pourra prévoir qu'un "liquide" ne peut être ni mangé ni coupé ; or, on "coupe du vin" et un moteur "mange de l'essence" (la solution peut être trouvée ici au niveau de la phraséologie).

La difficulté de ces définitions est qu'on se trouve alors dans le domaine du *virtuel*. Une chaise, d'une part, est dotée d'un dossier, est sur pied, est prévue pour une personne, est destinée à ce que quelqu'un s'y asseoie et, d'autre part, est un objet matériel (sémèmes s^1, s^2, s^3, s^4, classème 3) ; mais elle a un nombre non-fini de virtualités : elle peut être cassée (l'eau ne le peut), elle peut être achetée (comme le silence, mais non comme la réfraction), etc...

Nous apercevons alors trois zones fondamentales de signification de toute lexie :

infiniment petit	sèmes archisémème	???????	classème	infiniment grand
	Zone I définition par traits pertinents	Zone II virtualité	Zone III appartenance	

Les zones I et III sont stables et figurent normalement dans les caractérisations sémantiques extrêmement probables.

La zone II est instable et ne représente qu'un possible, dépendant grandement du contexte, de la situation, de l'intention...

Il convient, à notre avis, de bien délimiter ces zones, pour toute étude sémantique, préoccupée ou non de traduction mécanique. » (Nous avons suivi jusqu'ici le texte de Pottier.)

La zone I est, d'après Pottier, la zone des sèmes, de l'analyse des significations, des définitions ; nous examinerons plus en détail cette zone en commentant le trapèze de Heger. La zone III est celle des grandes unités, des classes (*animé/inanimé*, etc.) ; elle a un rôle très

15. « C'est toute l'étude des "substituts" : *faire, Un tel, qui...* » (note de POTTIER).

important dans l'analyse grammaticale. La zone II, zone des virtualités, est celle des grandes interrogations ; elle ne se soustrait pas, à mon avis, à une analyse plus précise, et Coseriu a publié à ce sujet un article fondamental [16].

Dans un article paru en 1965, Pottier a traité spécialement de la définition [17] :

LA DÉFINITION SÉMANTIQUE DANS LES DICTIONNAIRES

Dans un article intitulé *Au seuil de la lexicographie*, Paul Imbs a bien caractérisé le contenu de la plupart des définitions données par les dictionnaires : « Une catégorie représente nécessairement un *genre prochain*, de compréhension plus abstraite et plus générale que le mot à définir, et elle ne devient l'équivalent de ce mot que moyennant l'indication de la *différence spécifique*. Une définition comprend donc nécessairement, et au minimum, deux termes » [18].

Pottier a analysé, pour sa part, le contenu sémantique d'un "mot", en distinguant quatre types de définissants : sémème, classème, archisémème, virtuème [19].

Le *sémème*, ou ensemble des sèmes distinctifs, correspond en partie aux "différences spécifiques" de P. Imbs. Le *classème*, ou ensemble des classes conceptuelles générales, apparaît souvent (trop) peu dans les définitions. L'*archisémème*, ou sous-ensemble commun à un ensemble de sémèmes, est le "genre-prochain" de P. Imbs [20].

---

16. E. COSERIU, *Lexikalische Solidaritäten* [Solidarités lexicales], dans Poetica (Wilhem Fink Verlag, München) 1, 1967, 193-303. Ce travail est d'ailleurs très important pour les rapports entre classèmes et (archi-) lexèmes. Entre *chien* et *aboyer*, par exemple, il y a une "solidarité" ; Coseriu distingue trois types de solidarité :

1) *solidarité par affinité* : le classème de *miles* ("être humain"), par exemple, est un trait distinctif de *senex* ("vieux en parlant d'êtres humains") ;
2) *solidarité par sélection* : par exemple, l'allemand *Schiff - fahren* : l'archilexème du lexème déterminant (l'archilexème de *Schiff*) fonctionne comme trait distinctif dans le lexème déterminé (*fahren*) ;
3) *solidarité par implication* : le lexème déterminant détermine le contenu du lexème déterminé (le fr. *aquilin*, par exemple, s'emploie seulement pour le nez).

Les solidarités contiennent d'importantes implications stylistiques ; en outre, elles sont importantes pour l'étude des métaphores.

17. B. POTTIER, *La définition sémantique dans les dictionnaires*, dans TraLiLi III/1, 1965, 33-39 (v. surtout p. 33).

18. Paul IMBS, *Au seuil de la lexicographie*, dans CahLex 2, 1960, 3-17 ; cf. p. 12.

19. TraLiLi II/1, 1964, 107-137. Cf. p. 125.

20. « Nous [c'est Pottier qui parle] avons introduit également le *virtuème*, ou ensemble des sèmes non-distinctifs, liés à la connaissance particulière d'un individu, d'un groupe, d'une série d'expériences. Leur détermination est très délicate. Le virtuème apparaît de temps à autre dans les définitions. Exemple *coffre* "grande boîte de bois, de métal, de forme rectangulaire, le plus

Tout *lexème* (signifiant minimal de désignation) aura ainsi comme *signifié* :

définition indépendante ou *sémantème*	sémème + classème
	↕
définition relative	*archisémème*

Soit le lexème *chaise* :

chaise	sémème S^m	pour s'asseoir sur pied(s) pour 1 personne avec dossier sans bras	+	discontinu inanimé intransitif matériel	classème C^m
		↕			
siège	sémème S^n	pour s'asseoir sur pied(s)	+	discontinu inanimé intransitif matériel	classème C^n

Dans ce tableau, Pottier inclut les classèmes dans la définition (sémantème). Cette modification est très significative et importante. En réalité, les classèmes sont aussi des sèmes, mais des sèmes plus généraux [21]. Un sème peut être très spécial ou très général, sans qu'il y ait de différence de principe (cf. ci-dessous la théorie de Heger). Aussi, le classème peut-il être inclus dans la définition. Mais, souvent, il est superflu, quand un sème plus spécifique le contient implicitement. Par exemple, *chaise*, défini comme "siège..." présuppose déjà les classèmes "objet", "matière", "inanimé", etc. Il est donc inutile de les inclure dans la définition. En revanche, Pottier a raison d'affirmer que la définition part à l'ordinaire d'unités plus générales (archisémèmes) auxquelles s'ajoutent des sèmes de plus en plus spécifiques :

souvent bombée, fermée par une serrure" (*Dict. Gén.*). La matière, le caractère bombé, etc., appartiennent au virtuème : cela est *souvent* vrai, mais n'est pas distinctif ; il existe des objets de ce type avec couvercle non-bombé, et on peut encore les désigner par le signifiant *coffre* ».

21. Nous ne nions cependant pas l'utilité de distinguer les *sèmes* (sémèmes, archisémèmes) et les *classèmes*. E. COSERIU, *Lexikalische Solidaritäten*, dans Poetica 1, 1967, 294 ss., justifie plus explicitement que Pottier la nécessité de cette distinction (il parle de la distinction entre *(archi)lexème* et *classème*, mais il s'agit d'unités du contenu).

siège		pour une personne	à dossier	sans bras
sème 1	sème 2	sème 3	sème 4	sème 5
« pour s'asseoir »	« sur pied(s) »			

La méthode inverse n'est pas satisfaisante :

chaise = tabouret				à dossier
sème 1	sème 2	sème 3	sème 4	sème 5
« pour s'asseoir »	« sur pied(s) »	« pour 1 pers. »	« sans bras »	

En effet, dans la définition de *tabouret* est incluse tacitement la négation du sème 5 : un *tabouret* ne peut se concevoir avec un dossier. Une définition ascendante opérerait donc avec des contradictions. Mais le contraire : *tabouret* = *chaise sans dossier* n'est pas non plus acceptable parce qu'une chaise sans dossier n'existe pas ("avec dossier" est un sème de *chaise*) [22]. Il n'y a donc pas d'autre solution que celle de recourir à l'archilexie *siège* [23].

22. Josette Rey-Debove, CahLex 8, 1966, 77.

23. Josette Rey-Debove, TraLiLi V/1, 1967, 147, le présente ainsi (cavalier "homme à cheval") :

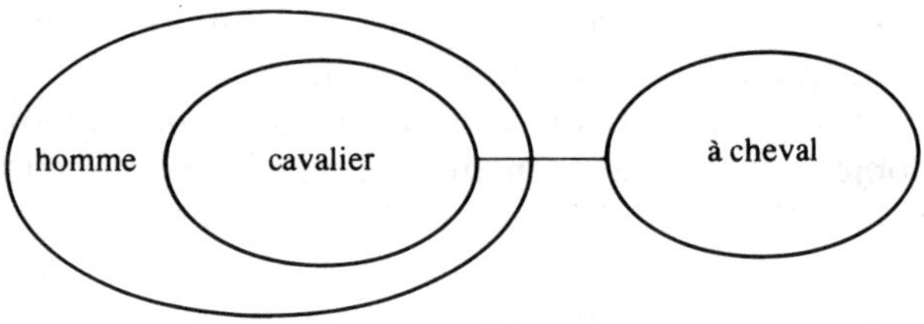

CAVALIER
(definition)

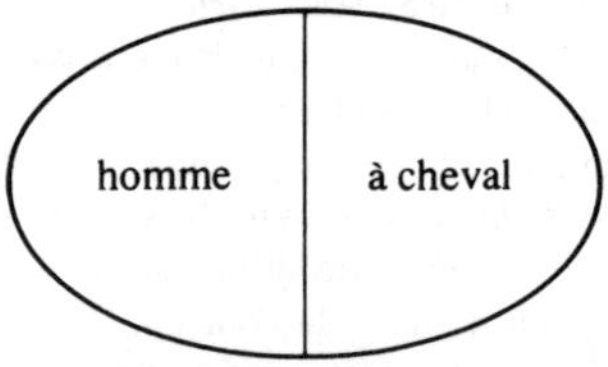

(b) ALAIN ET JOSETTE REY

« La définition est la reconnaissance de l'essentiel » : cette phrase qui remonte à Aristote a servi de devise au philosophe du Droit Karl Engisch [24]. L'importance de la *définition* pour l'analyse sémantique n'a été reconnue pourtant que depuis peu de temps. En 1963, Georges Mounin écrivait encore dans son excellent livre sur les problèmes théoriques de la traduction :

> « Nulle part, même en sémantique, même en lexicologie, n'est apparue cette idée que les *définitions* des *signifiés* peuvent ou doivent constituer le matériau d'une analyse linguistique scientifique. Or la démarche spontanée de Hjelmslev et de Prieto, la démarche technologique empirique de Gardin, la démarche logique de Sørensen tendent toutes à proposer que l'*analyse de la définition des signifiés* soit officiellement considérée comme une opération proprement linguistique » [25].

Et Mounin d'ajouter :

Homme est un archilexème, *à cheval* la différence spécifique. Ou, pour *saharienne*, "veste de toile à manches courtes" :

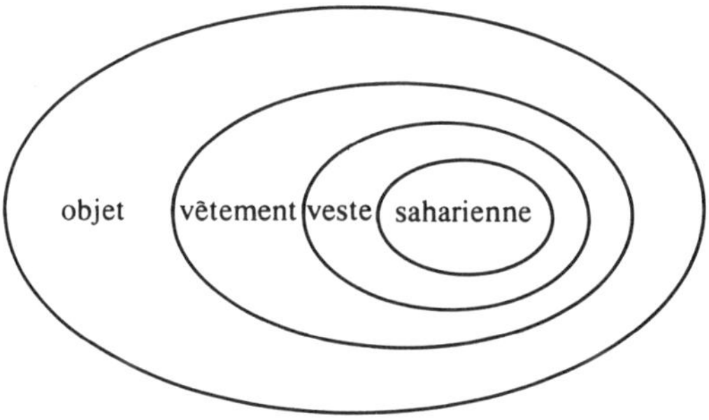

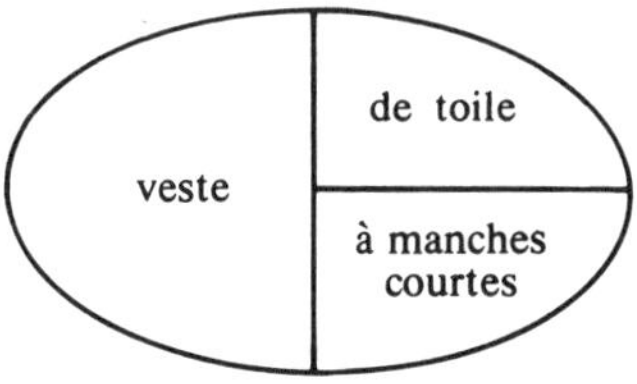

Il y a avantage à se servir de l'archilexème immédiatement supérieur (*veste*), et non de l'*objet* à valeur sémantique plus générale (ib. p. 148).

24. Karl ENGISCH, *Der rechtsfreie Raum*, dans Zeitschrift für die gesamte Staatswissenschaft 108, 1952, 385 ("Definition ist Wesenserkenntnis").

25. Georges MOUNIN, *Les problèmes théoriques de la traduction*, Paris (Gallimard) 1963, 126 s. Voir aussi ci-dessus, p. 55, note 4, et J. NOËL, *Le rôle de la définition dans une étude sémantique préparatoire à l'indexation mécanisée*, dans Linguistic Research in Belgium, publié par Ivan LEBRUN, Universa Wetteren (Belgique) 1966, 87-97.

« La définition constitue la seule forme complète d'analyse sémantique. Or, c'est une opération logique, et non linguistique. C'est donc la définition qui constitue la vraie voie du passage entre sémantique et logique » (ib. 134).

Ce postulat (déjà ancien) est d'une extrême importance et plein de promesses.

Effectivement, la théorie de la définition a fait, depuis l'article d'Imbs [26] mentionné par Pottier (cf. p. 64), des progrès considérables grâce surtout à Pottier lui-même, mais aussi à Alain Rey et Josette Rey-Debove [27]. En tant que rédacteurs aux dictionnaires Robert, Alain et Josette Rey réunissent la réflexion théorique et une longue expérience pratique. La seconde des deux décrit, dans un excellent article [28]

26. Paul IMBS, *Au seuil de la lexicographie*, dans CahLex 2, 1960, 3-17. Nous ne parlerons pas ici des travaux qui traitent du niveau syntagmatique. V. à ce sujet les publications de Jean DUBOIS, entre autres son article *Représentation de systèmes paradigmatiques formalisés dans un dictionnaire structural*, dans CahLex 5, 1964, 4-15, qui est proche de nos réflexions (sur les séries *matin/matinée, soir/soirée, jour/journée, an/année* ; traite ensuite des structures supérieures ; v. aussi POTTIER, TraLiLi V/1, 1967, 45).

27. Alain REY, *A propos de la définition lexicographique*, dans CahLex 6, 1965, 67-80; v. aussi un autre article, très riche, du même auteur, *Les dictionnaires : forme et contenu*, dans CahLex 7, 1965, 65-102.

D'autres travaux plus récents d'Alain REY : *Structure et diachronie en sémantique lexicographique* (Actas del XI Congreso Int. de Ling. Rom. 1965), Madrid 1968, t. II, 669-688 ; *La lexicologie* (Initiation à la linguistique, série A, Lectures, 2), Paris (Klincksieck) 1970, 323 p. ; *Théories du signe et du sens* (Initiation à la linguistique, série A, Lectures, 5), Paris (Klincksieck) 1973, 299 p. ; *La sémantique* (éd.), dans Langue française 4, Paris (Larousse) 1969 [contient de A. REY lui-même, *Remarques sémantiques*, 5-29] ; *Hall et la linguistique américaine*, ZrP 86, 1970, 205-218 ; *Typologie génétique des dictionnaires*, dans Langages (Didier/Larousse) 19, 1970, 48-68 ; *Le Dictionnaire étymologique de W. von Wartburg : Structures d'une description diachronique du lexique*, dans Langue française 10, Paris (Larousse) 1971, 83-106 ; *Analyzing a Semantic Analysis* [= B. Berlin, *Tzeltal Numeral Classifiers : A Study in Ethnographic Semantics*, 1968], dans Semiotica (Mouton) III, 1971, 140-154 ; *La conscience du poète : Les langages de Paul Valéry*, dans Littérature [revue trimestrielle] (Larousse) 4, 1971, 116-128 ; etc.

28. Josette REY-DEBOVE, *La définition lexicographique : recherches sur l'équation sémique*, dans CahLex 8, 1966, 71-94. – Travaux plus récents de Josette REY : *Etude linguistique et sémiotique des dictionnaires français contemporains* (Approaches to Semiotics ed. Th. A. Sebeok, assisted by Jos. Rey-Debove, 13), The Hague/Paris (Mouton) 1971, 329 p. [le chap. 6 de la 3e partie reprend le problème de la *définition*, 180-257 ; cf. à propos de ce livre S. ULLMANN, *Lexicography : Its Principles and Methods*, dans Semiotica VIII, 1973, 276-286] ; Josette REY-DEBOVE, *Le domaine du dictionnaire*, Langage (Didier/Larousse) 19, 1970, 3-34 ; *La sémantique européenne au Colloque de Mayence* [1967], ZrP 86, 1970, 190-204 [elle discute, 201-204, notre chapitre II 5, v. ci-dessous] ; *Nature et fonction de l'exemple dans les dictionnaires de langue* (Actele celui de -al XII-lea Congres Internaţional de Lingvistică şi Filologie Romanică), Bucarest 1970, I, 1049-1056 ; *Notes sur une interprétation autonymique de la littérature ; Le mode du "comme je dis"*, dans Littérature (revue trimestrielle) 4, 1971, 90-95 ; *Limites des applications de la linguistique à la lexicographie* (Dictionnaires de langue monolingues), dans Applications of Linguistics, Selected Papers of the Second Int. Congress of Applied Linguistics (Cambridge, 1969), Cambridge (Univ. Press) 1971, 369-375 ; *L'orgie langagière, Le sonnet à la princesse Uranie*, dans Poétique (revue de théorie et d'analyse

– le meilleur peut-être qui ait été écrit sur le sujet – le processus de la définition de la manière suivante :

> « Il faut rappeler que le défini est extrait arbitrairement du discours [29] et présenté comme une inconnue. Ensuite, que le mot est soumis à une analyse subjective, ce qui a son importance dans des cas limites. Ceci posé, on part d'une unité lexicale à définir : le défini. Ce défini-signifiant renvoie à un concept. Ce concept est analysé en concepts moins complexes, puis ces concepts sont nommés au moyen de plusieurs signifiants (définissants). Pour un défini D, on a : Signifiant D → Concept de D → Concepts analysant le concept de D → Regroupement de ces concepts, nommés en définissants A + B + C... La première partie du processus est sémasiologique, la seconde onomasiologique. Cette analyse est présentée comme une équivalence,
>
> Concept Cd ↑   Concept Cx + Concept Cy + ... ↓
>
> Signifiant D = Signifiant A + Signifiant B + ...
>
> et la définition est *bonne*, c'est-à-dire fonctionne dans l'expérience du monde, si cette égalité est vérifiée, est juste. Ainsi il s'agit, étant donné un défini D à sémème Sd [30], de lui faire correspondre deux mots au minimum ou plusieurs mots dont les sémèmes assemblés redonnent Sd » (CahLex 8, 1966, 71-72).

Josette Rey évoque la vieille formule "tout le défini et rien que le défini" et examine ensuite les différents aspects de l'analyse conduisant à une définition. Elle distingue trois possibilités :

1° Analyse positive (procédant par "genres prochains" et différences spécifiques, cf. l'analyse de Pottier par sèmes).

2° Analyse par négation (définition par antonymes : *laisser* = *ne pas prendre* ; dans ce cas, il n'y a pas d'archilexèmes).

3° Renvoi à un "synonyme" (dans ce cas, il ne s'agit pas d'analyse) [31].

---

littéraires) 12, 1972, 572-583 ; *La métalangue comme système de référence au signe*, Le Français moderne 40, 1972, 232-241, etc.

29. « Cependant, le définisseur ne pourra définir que par le souvenir des occurences du mot dans son expérience personnelle, donc en retournant au discours. Les occurences les plus fréquentes dans sa mémoire seront utilisées pour élaborer un signifié qui servira de base à son travail. Mais ce signifié moyen ne correspond à aucun signifié réalisé dans un énoncé ; c'est en cela que le principe même de la définition n'est pas linguistique » [= note de J. REY, ib. p. 72, note 4].

30. Sémème : ensemble des éléments de sens d'un mot ou d'une lexie [ib. p. 72, note 6].

31. Nous verrons plus tard que le synonyme peut être d'une équivalence exacte comme sémème symbolique (avec omission d'autres sémèmes [= contenant d'autres facteurs symboliques] et de tous les facteurs symptomatiques). Cf. de même le chapitre *Définitions synonymiques* dans Bernard QUEMADA, *Les Dictionnaires du français moderne* (1539-1863), Paris (Didier) 1967, 445-449.

Josette Rey approfondit les analyses des types 1° et 2° dans un article plus récent [32], où elle ajoute encore un autre type d'analyse, analyse par transformation (définition relationnelle : *timide* "qui manque d'audace" ; *idéel* "de l'idée").

La définition est la tâche la plus importante du lexicographe. Josette Rey dit à juste titre :

> « Le lexicographe tente réellement une analyse sémantique ; et lorsque les résultats sont décevants, il faut être sévère pour le lexicographe et non pour la lexicographie » (TraLiLi, V/1, 1967, 142).

Ce que fait ou devrait faire le lexicographe n'est rien moins qu'une analyse des sémèmes du lexique entier (ou au moins de la majeure partie du lexique) d'une langue. Cette analyse part d'un signe linguistique donné (non de la réalité) et a pour conséquence une direction sémasiologique. Les définitions (= analyses des sémèmes ou significations) sont compréhensionnelles (non extensionnelles) [33].

A présent, enfin, nous pouvons revenir au problème de l'application, sur la réalité, des concepts définis en compréhension (cf. ci-dessus, p. 28 et note 20).

Prenons, comme exemple, les concepts "maison" et "cabane" qui étaient notre point de départ (p. 22). Dans une définition, ces concepts seront présentés chacun comme un sémème (= somme de sèmes ou traits distinctifs) :

$$S_1 \text{ (maison)} = (s_1^1 + s_1^2 + s_1^3 + s_1^4)$$
$$S_2 \text{ (cabane)} = (s_2^1 + s_2^5 + s_2^6 + s_2^7)$$

Si nous confrontons avec ces concepts une *maison* ou une *cabane* ordinaire et normale, nous pouvons facilement coordonner le sémème avec la réalité, mais si l'objet se trouve dans la zone de transition entre "maison" et "cabane", la coordination devient difficile : ainsi, pour un sémème $s_1^1 + s_1^2 + s_1^3 + s_2^6$ qui ne correspond ni au concept S_1 "maison" ni au concept S_2 "cabane", nous hésiterons entre les deux significations (= sémèmes) et, par conséquent, entre les désignations de maison et de cabane. Nous hésiterons parce que les concepts (sémèmes) sont trop précis (cf. plus haut, p. 26), ce qui empêche ou

32. Josette REY-DEBOVE, *La définition lexicographique ; bases d'une typologie formelle*, dans TraLiLi V/1, 1967, 141-159.

33. Il y a, dans des cas spéciaux, des définitions extensionnelles, cf. ci-dessous. Les définitions extensionnelles sont énumératives et partent par conséquent de la réalité. – Cf. maintenant, à propos de la relation entre *compréhension* et *extension*, l'excellente thèse de Hartmut KUBCZAK, *Das Verhältnis von Intension und Extension als sprachwissenschaftliches Problem* (Forschungsberichte des Instituts für deutsche Sprache, 23), Tübingen (Gunter Narr) 1975, 170 p.

rend difficile l'identification, la coordination de la réalité avec le concept. Le locuteur doit forcément choisir, dans ce cas, entre deux désignations qui sont inexactes parce qu'elles contiennent toutes les deux des sèmes impropres. Or, si tous les sèmes sont d'une même pertinence distinctive, il préférera, dans le cas de $s_1^1 + s_1^2 + s_1^3 + s_2^7$, la désignation *maison* (S_1), et dans le cas $s_1^1 [= s_2^1] + s_1^2 + s_2^6 + s_2^7$, la désignation *cabane* (S_2) ; mais la pertinence des sèmes peut dépendre d'appréciations subjectives, de sorte que les locuteurs ne se décideront pas tous pour une même solution (c'est une des raisons pour lesquelles, dans le domaine juridique, on a prévu des cours d'appel).

La langue commune se facilite souvent la tâche en lexicalisant les concepts correspondant à des réalités intermédiaires, comme *crépuscule* (S_3), entre *jour* (S_1) et *nuit* (S_2), mais "crépuscule" présente à son tour des difficultés d'application à des réalités-limite ; il est évident que la conceptualisation et la lexicalisation pourraient continuer ainsi théoriquement jusqu'à l'infini. Les concepts définis en compréhension sont en même temps déterminés (mais pas définis) en extension (= toutes les réalités auxquelles correspond la somme des sèmes déterminés par la définition). Les difficultés commencent quand la réalité ne correspond pas à un ou plusieurs sèmes parmi ceux qui se trouvent réunis dans le sémème [34].

(c) LA SIGNIFICATION (SÉMÈME)

La définition, si controversée, de ce qu'est une signification, apparaît maintenant plus clairement. La signification est ce qui est décrit par la définition, autrement dit c'est le sémème lié à une forme (forme au plan de l'expression, cf. ci-dessous) [35], ou encore, l'objet mental lié à un signifiant.

Dans le triangle d'Ullmann, l'extrémité supérieure a deux fonctions :

a) concept (objet mental) b) concept (objet mental)

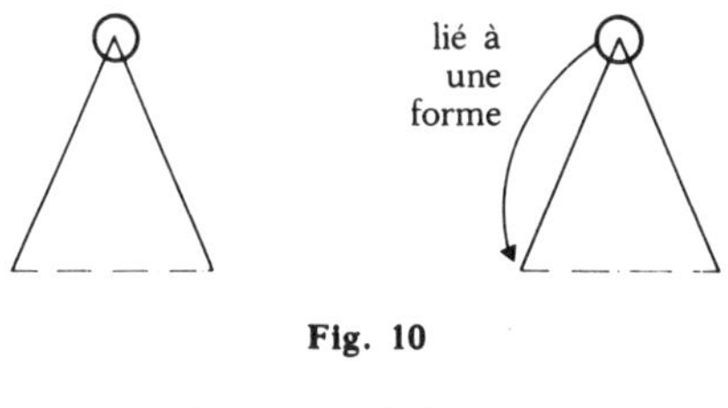

Fig. 10

34. Une autre raison du manque de précision du langage courant réside dans la polysémie (ou homonymie, selon la terminologie qu'on préfère), c'est-à-dire dans la complexité de beaucoup de signifiés.

35. Nous parlons ici seulement des facteurs symboliques. Nous reviendrons plus tard sur ce sujet.

Je peux considérer l'objet mental comme tel, sans penser à sa formalisation dans une langue donnée ou, au contraire, comme le contenu d'une forme dans une langue donnée, c'est-à-dire comme une signification. La signification est, par conséquent, la relation entre un concept et une forme (Ullmann) ; nous préférons la définir comme un sémème (objet mental) lié à un signifiant.

Nous sommes pleinement d'accord avec Eugenio Coseriu, qui dit dans un travail déjà cité [36] (rappelons seulement que Coseriu définit *signification* et *désignation* autrement que nous, cf. ci-dessus, p. 29, note 23) :

> « La signification ne crée pas réellement et primairement des "choses" extérieures, mais seulement "intérieures" : les objets de l'expérience en tant que des contenus de la conscience (Aristote dit que les mots sont « σύμβολα τῶν ἐν τῇ ψυχῇ παθημάτων »). Le motif de l'expérience peut être extérieur, il est vrai ; par exemple, la perception d'un arbre par les sens ; mais le mot *arbre* ne signifie pas cette perception sensorielle, mais signifie arbre comme quelque chose de capté par l'homme ; comme un contenu de la conscience. Le langage comme tel ne connaît pas non plus de différence entre "choses" extérieures et intérieures. Les objets de l'imagination sont conçus par le langage exactement de la même façon que les objets de la perception sensorielle. D'où l'existence du nom n'est pas non plus une preuve quelconque de l'existence extérieure de la "chose" nommée. D'autre part, la signification est, au moment de la création du nom, en un certain sens "subjective" : c'est l'objectivation d'un contenu de conscience subjective ; l'objectivité totale de la signification ne s'atteint qu'au moyen de l'intersubjectivité, c'est-à-dire au moyen de l'historicité du langage.
>
> La signification comme telle ne concerne pas les choses en tant que choses existantes, mais l'*existence même des choses*, c'est-à-dire l'universalité de l'expérience individuelle ou, autrement dit, l'expérience comme sa propre possibilité infinie. Le mot "arbre", par exemple, signifie l'arbre en tant qu'existence ("das Baum-Sein") ou bien l'infinie possibilité de l'existence des arbres. Ainsi, le mot arbre peut désigner autant les arbres qui existent que ceux qui n'existent plus ou n'existent pas encore, ou n'existent tout simplement pas parce qu'ils sont purement imaginaires. C'est pourquoi la désignation par le langage est quelque chose de secondaire et de conditionné, une possibilité qui ne se manifeste qu'au moyen de la signification. Cette dernière peut donc être définie comme possibilité ou virtualité de la désignation. En effet, le mot peut également désigner quelque chose d'individuel, mais seulement au moyen d'une signification universelle et par une individualisation, une opération de détermination préalable. Même les pronoms démonstratifs et personnels sont universaux quant à leur signification individuelle et ils ne sont accommodés à une désignation individuelle qu'au moyen de la situation de discours : en soi "ce" et "je" ne signifient pas quelque objet individuel, mais seulement les ensembles "ce" et "je" ("Diesheit" et "Ichheit"). Et les noms propres sont dans le langage un phénomène secondaire dans ce sens qu'ils renferment une opération individualisatrice historique, bien que non occasionnelle. Signification et désignation sont donc des fonctions

36. Eugenio Coseriu, *Das Phänomen der Sprache und das Daseinsverständnis des heutigen Menschen* [Le phénomène du langage et la compréhension de l'existence de l'homme actuel], extrait de Die Pädagogische Provinz 21, 1967, 11-28 ; réimprimé dans E. Coseriu, *Sprache, Strukturen und Funktionen*, XII Aufsätze (TBL 2), Tübingen 1970, 11-135 [les passages traduits se trouvent aux pages 115 s. et 119 s.].

linguistiques complètement distinctes : la signification est conceptuelle ; la désignation est au contraire objective. L'identification de la désignation avec l'objet désigné est une erreur dont même la logique positiviste, qui était représentative de cette opinion, est en train de se libérer » (Coseriu 1970, 115 s.).

Et à un autre endroit, Coseriu continue :

« La signification est λόγος au sens étymologique, c'est-à-dire "choix" ("Auslese") et par conséquent "remplacement" ("Vertretung") de ce qui existe, mais elle n'est pas "interprétation" de ce qui existe ("Aussage über das Sein"). Ainsi, le langage en soi, comme l'avait déjà observé Aristote, n'est ni vrai ni faux, puisqu'il ne procède ni à une décomposition ni à une recomposition (ni διαίρεσις ni σύνθεσις) de l'existence des choses [37] : le langage se met tout simplement *à la place* de l'existence des choses (telle qu'elle a été conçue par l'homme). Les mots sont des délimitations [Abgrenzungen] intuitives, il est vrai, mais ils ne sont pas des définitions motivées à partir des choses. Même dans le cas des mots dérivés et composés qui, comme Wolff l'a déjà fait remarquer, correspondent à une "définition", c'est-à-dire à une phrase énonciative, le langage ne peut pas être interprété, sans plus, comme une présentation de la vérité des choses. Ainsi, un *Eichhörnchen* (écureuil) n'est pas *das kleine Horn einer Eiche* (la petite corne d'un chêne) et les *Walfische* (baleines) ne sont pas des *Fische* (poissons) [38] au sens scientifique » (Coseriu 1970, 119 s.).

37. Cf. également Harald Weinrich, *Linguistik der Lüge* [Linguistique du mensonge], Heidelberg (Verlag Lambert Schneider), 1966, 80 p.

38. Voir d'autres exemples ci-dessus, p. 31.

6

La langue découpe le monde

(a) HUMBOLDT – WEISGERBER – WHORF

La langue divise le monde et fait de l'infinie multiplicité de la réalité un canevas que l'on peut cerner et décomposer. La langue ordonne et articule l'infinité du concret, mais aussi la réalité spirituelle [1]. Quant à nous, nous voyons le monde à travers ce canevas formé par le langage. Ce n'est pas autre chose que "l'entre-monde" conceptuel, l'image idiomatique du monde dont Wilhelm von Humboldt a déjà parlé [2]. Que

1. Cf., à propos des *contextes* et de l'*univers du discours*, Eugenio COSERIU, *Determinación y entorno*, dans Teoría del lenguaje y lingüística general, Madrid (Gredos) 1962, 282-323 [réimpression de Rom.Jahrb. 7, 1955-1956].

2. « D'une certaine manière, la langue est la manifestation extérieure de l'esprit des peuples ; la langue de ceux-ci est leur esprit et leur esprit, leur langue ; on ne peut assez insister sur le haut degré de l'identité qu'il y a entre les deux. Comment, en vérité, la langue et l'esprit arrivent à se réunir en une même source originaire, inaccessible à notre entendement, c'est quelque chose qui reste inexplicablement caché » (W. von HUMBOLDT, *Über die Verschiedenheit des menschlichen Sprachbaues...*, Berlin 1836, 37). « L'homme vit fondamentalement – quasi exclusivement, puisque sa façon de penser et d'agir dépend de ses idées – avec les choses telles que la langue les lui livre » (ib., 58). « La différence des langues n'est pas une différence entre les sons et les signes, mais une différence qui implique une conception différente du monde » (*Über das vergleichende Sprachstudium in Beziehung auf die verschiedenen Epochen der Sprachentwicklung* (1820), dans Gesammelte Schriften, éd. par A. LEITZMANN (Preuss. Akad. d. Wiss), vol. IV,Berlin 1905, 27). La linguistique moderne part des idées de Humboldt : « La langue est l'expression de la forme sous laquelle l'individu voit le monde » W. von WARTBURG, *Problèmes et méthodes de la linguistique*, Paris (Presses Univ.) 1963, 175 (quant à la dépendance de Humboldt, cf. également p. 10 ; dans la seconde édition allemande de 1962, pp. 162 et 10 ; dans l'édition espagnole, *Problemas y métodos de la lingüística*, traducción de Dámaso Alonso y Emilio Lorenzo, Madrid 1951, pp. 272 et 16 ; « Possession du nom et possession du concept sont intimement liées l'une à l'autre. Ce sont elles qui conditionnent la faculté d'abstraction... Les mots sont pour l'homme des points de repère qui lui permettent de prendre position en présence de la foule des phénomènes. Dans leur totalité, leur structure et leurs rapports réciproques, ils sont, pour reprendre un mot de Humboldt, "un monde véritable que l'esprit est obligé de placer entre lui et les objets, par le

la langue découpe le monde et que nous recevons avec notre langue maternelle cette image du monde est un fait dont nous ne sommes généralement pas conscients, parce que, même polyglottes, nous restons généralement à l'intérieur d'une même famille de langues, les langues romanes, ou du moins à l'intérieur des langues indo-européennes, qui reposent sur une tradition commune. Malgré cela, il peut y avoir certaines différenciations naturelles, par exemple pour *jour* et *nuit*, *manger* et *dormir*, *naissance* et *mort*, qu'on rencontre pourtant dans toutes les langues. Mais beaucoup de zones de réalités – y compris ces dernières [3] – se découpent différemment selon des groupes de langues, voire à l'intérieur d'une même famille de langues, de telle manière que nous pouvons dire que nous voyons le monde à travers les lunettes de notre langue, c'est-à-dire, en nous exprimant plus scientifiquement, au moyen de concepts, d'objets mentaux, de schémas de représentation de notre langue maternelle.

En espagnol, on distingue, par exemple, *el tren trae retraso* et *el tren lleva retraso* selon que le train n'est pas encore arrivé ou pas encore

travail de ses capacités internes" », éd. franç. 183 s., éd. esp. 286 ss., éd. ^{2}all. 169 ss. ; W. von HUMBOLDT, *Über die Verschiedenheit des menschlichen Sprachbaues...*, 205.

Comme introduction historique, cf. l'excellent travail de Hans Helmut CHRISTMANN, *Beiträge zur Geschichte der These vom Weltbild der Sprache*, Akademie d. Wissenschaften und der Literatur, Abh. d. geistes- und sozialwiss. Klasse, 1966, Mainz [Mayence] 1967, 441-469 et comme tiré à part ; Günter HEINTZ, *Point de vue – Leibniz und die These vom Weltbild der Sprache*, Zeitschrift für deutsches Altertum und deutsche Literatur 98, 1969, 216-240 ; de même, E. COSERIU, *Über die Sprachtypologie Wilhem von Humboldts, Ein Beitrag zur Kritik der sprachwissenschaftlichen Überlieferung*, dans Beiträge zur vergleichenden Literaturgeschichte (Festschrift Kurt Wais), Tübingen (Niemeyer) 1972, 107-135.

Dans le même sens Benjamin Lee WHORF écrit : « Le système linguistique de chaque langue n'est pas seulement un système reproductif pour l'expression des idées, mais il façonne les idées, il constitue un programme et un guide pour l'activité mentale de l'individu, pour l'analyse de ses impressions, pour la synthèse de son fonds intérieur... *Nous disséquons la nature d'après les principes établis par nos langues maternelles.* Les catégories et types que nous isolons en les détachant des phénomènes, nous ne les découvrons pas parce qu'ils sont visibles et manifestes pour tout observateur ; tout au contraire, le monde se présente à nous dans un flux caléidoscopique d'impressions qui doit être organisé par notre pensée – ce qui signifie qu'il doit être organisé en grande partie par le système linguistique existant dans notre pensée » (Selected Writings, éd. par J. B. CARROLL, New York and London 1956, 212 ss., cité, en partie, par WARTBURG, *Einführung...*, ^{2}1962, 170, édit. franç. ^{2}1963, 184 ; ^{3}1969, 250) ; cf. aussi B. L. WHORF, *Language, Thought and Reality*, Cambridge, Mass. 1964, 287 pp., et G. MOUNIN, *A propos de Language, Thought and Reality de B. L. Whorf*, dans Bull. Soc. Ling. (Paris) 56, 1961, 122-138.

3. J'ai noté par exemple, en Bolivie, les expressions suivantes pour "manger" en aymara : *mancam* [mánχam] (manger en parlant d'adultes), *ojochusim* [oχotšasım] (en parlant d'enfants), *hatum* (manger un os), *thurum* (une grillade), *chichim* [tšitšim] (viande), *hacum* (mets farineux), *allpim* [alpim] (crème, etc.), *papim* (purée, patate douce écrasée). – Pour "lever", j'ai noté : *aptam* (mot général), *ekctam* [ekχtam] (tissu, tapis), *astam* (assiette), *ichtam* [iχtam] (un enfant), *irtam* (petit dé ou boule), *itam* (objet lourd et gros).

parti, or cette différence n'existe ni en français ("le train a du retard"), ni en allemand [4]. En français et en espagnol, par exemple, on ne fait pas de distinction, comme en allemand, entre *Haut* et *Fell* ; les deux mots correspondent au français *peau* et à l'espagnol *piel*. Au contraire, le français distingue *poil* et *cheveu*, tandis que l'allemand dit dans les deux cas *Haar* ; l'espagnol occupe une position intermédiaire, distinguant *cabello* de *pelo*, mais *pelo* est appliqué à l'homme et à l'animal [5].

Autre exemple qui illustre bien ces différences : en allemand, on distingue entre *das gleiche* [c'est-à-dire "de catégorie, de marque, de qualité, etc., identique"] et *das selbe* [c'est-à-dire "d'une identité totale, y inclus l'identité matérielle"], tandis qu'en français *le même*, en espagnol *el mismo*, en anglais *the same* sont employés dans les deux sens. On peut donc traduire une phrase comme « Aujourd'hui j'ai eu au dessert le même gâteau qu'hier » seulement par « Heute habe ich die gleiche Torte wie gestern gegessen » ; *dieselbe* ne serait pas très appétissant !

Leo Weisgerber s'occupe en Allemagne depuis des années du problème de la transformation du monde en langage (il a créé un nouveau mot allemand pour caractériser ce processus : *das Worten der Welt* "le fait de transformer le monde en mots" [6]). Cependant, il serait

4. W. von WARTBURG, *Problèmes et méthodes de la linguistique*, Paris ^{2}1963, 182 ; ^{3}1969, 247 [= *Einführung in die Problematik und Methodik der Sprachwissenschaft*, ^{2}1962, 168].

5. W. von WARTBURG, *Problèmes et méthodes de la linguistique*, Paris ^{2}1963, 180 ; dans la seconde édition allemande ^{2}1962, 166 ; édition espagnole, *Problemas y métodos de la lingüística*, Madrid 1951, 278, et la note de Damaso ALONSO.

6. Leo WEISGERBER, *Vom Weltbild der deutschen Sprache*, 2 vol., Düsseldorf ^{2}1953-1954 ; *Das Worten der Welt als sprachliche Aufgabe der Menschheit*, dans Sprachforum 1, 1955, 10-19 (« Verwandlung von Sein in bewusstes Sein für Menschen », p. 16 ; « Sprache als Prozess solcher Anverwandlung der Welt », p. 17) ; *Die Erforschung der Sprachzugriffe I*, dans Wirkendes Wort 7, 1956, 65-73 [à nouveau dans Wirkendes Wort, Sammelband I Sprachwissenschaft, Düsseldorf 1962, 175-183] ; *Die Gerichtetheit der Sprachzugriffe*, dans Konkrete Vernunft – Hommage Rothacker, Bonn 1958, 281-287 ; *Sprache und geistige Gestaltung der Welt*, dans Zeitschrift für Pädagogik, 2. Beiheft : Didaktik in der Lehrerausbildung, 1960, 5-16 ; *Die vier Schauplätze des Wortens der Welt*, dans Erkenntnis und Verantwortung – Hommage Theodor Litt, Düsseldorf 1960, 11-24 ; *Die tragenden Pfeiler der Spracherkenntnis*, dans Wirkendes Wort, Sammelband I Sprachwissenschaft, Düsseldorf (Schwann) 1962, 9-20 [ib. d'autres articles de Weisgerber] ; *Die vier Stufen in der Erforschung der Sprachen*, dans Sprache und Gemeinschaft, Grundlegung, vol. II, Düsseldorf 1963, 303 p. ; *Grundformen sprachlicher Weltgestaltung*, Köln und Opladen (Westdeutscher Verlag) 1963, 56 pp. [avec discussion, pp. 39-56 ; Weisgerber se sert du terme "sprachliche Anverwandlung der Welt", pp. 40-41] ; cf. en outre son œuvre de synthèse *Von den Kräften der deutschen Sprache*, 4 vol., Düsseldorf 1957-1962.

Sur les théories de Weisgerber, cf. Helmut GIPPER, *Inhaltsbezogene Sprachforschung in Deutschland*, Vuosikirja II/Arsbok II, 1961 – Förbundet För Lärarna i Moderna Sprak i Finland 1961, 27-41, et surtout Helmut GIPPER/Hans SCHWARZ, *Bibliographisches Handbuch zur Sprachinhaltsforschung*, Teil I, *Schrifttum zur Sprachinhaltsforschung in alphabetischer Folge nach Verfassern mit Besprechungen und Inhaltshinweisen*, Band I : Buchstaben A-G, Köln und Opladen, dangereux de faire abstraction de l'histoire de la langue en prenant en considération la fragmentation conceptuelle de cette langue particulière. Si, dans l'exemple déjà cité, l'allemand fait la distinction entre *Haut* et *Fell* et que le français dit au contraire, dans les deux cas, *peau*, cela ne signifie pas que le français ne puisse faire la différence entre *Haut* et *Fell*. La cause en est historico-linguistique : le latin distinguait *cutis* et *pellis*, mais *cutis* a disparu à l'époque post-classique pour des raisons phonétiques et peut-être historico-culturelles, et *pellis* s'est chargé de sa signification. La perte d'une différenciation "conceptuelle" peut être due à des causes historico-linguistiques. C'est pourquoi il est dangereux de déduire de la "vision linguistico-synchronique du monde" la capacité d'une communauté linguistique de distinguer ou ne pas distinguer tels ou tels concepts.

La formation d'un nouveau concept peut être l'expression d'une nouvelle connaissance. Ainsi, au contraire des Grecs, les Romains ne possédaient aucune expression pour la "plante" (*planta* signifiait, comme on sait, "plante du pied"). Ils distinguaient "arbres" (*arbores*) et "herbes" (*herbae*), mais ni Pline ni les autres auteurs romains ne connaissaient de concept plus vaste opposant le végétal et l'animal. Au XIIIe siècle, Albert le Grand, en tant qu'homme de science, a employé pour la première fois *planta* en latin médiéval, par exemple, dans le titre de son traité *De vegetabilibus et plantis*, mais c'est seulement au XVIe siècle que cette connaissance scientifique, qui s'exprime dans le concept "plante" et linguistiquement dans la désignation *planta*, est passée du latin des botanistes dans les diverses langues européennes comme résultat de la popularisation des connaissances botaniques. *Plante* fait partie aujourd'hui du fonds de la langue générale [7]. Ainsi, la

1922-1966, CCVII + 773 p. [contient une introduction à la méthode de l'école de Weisgerber de plus de 100 p.] ; ont paru en fasc. (11-128) H - Sav- jusqu'en 1983 ; Peter HARTMANN, *Wesen und Wirkung der Sprache im Spiegel der Theorie Leo Weisgerbers*, Heidelberg 1958, 168 p. ; *Sprache - Schlüssel zur Welt*, Hommage Leo Weisgerber, Düsseldorf 1959 ; Paul VALENTIN,*Une linguistique sémantique*, dans Etudes Germaniques, Paris (Didier) 19, 1964, 255-261.

7. Cf. l'article *planta* dans le *Franz. Etym. Wörterbuch* (t. 9, 19), et W. von WARTBURG, *Organisation et état actuel des travaux relatifs au Französisches Etymologisches Wörterbuch*, dans Essais de philologie moderne (Biblioth. de la Fac. de Phil. et Lettres de l'Univ. de Liège, fasc. CXXIX), Paris 1953, 97-114, spéc. 102 ss.

Cf. également l'intéressant travail de Fritz GSCHNITZER, *Studien zur griechischen Terminologie der Sklaverei* (Akademie der Wissenschaften und der Literatur in Mainz, Abhandlungen der geistes-und sozialwiss. Klasse, Jg. 1963, Nr. 13), Mayence 1964, 1283-1310 : « La langue grecque, au moins jusqu'au début de l'époque hellénistique, ne possédait pas de terme linguistique général pour exprimer le concept d'esclave au sens que nous donnons à ce mot. La langue grecque s'est plus ou moins bien tirée au moyen de plusieurs termes partiels, mais aucun d'eux ne couvre ce concept ni ne s'en approche approximativement. Comment doit-on expliquer cette réalité d'un point de vue historique ? Sans nul doute commettrait-on une erreur si l'on voulait tirer, de l'absence de l'expression, une conclusion sur l'absence du concept. Car, en fait, l'époque formation des concepts dans une langue nous informe sur le mode selon lequel le monde se découpe dans la communauté linguistique correspondante.

(b) HEGER : CONCEPTS NON DÉPENDANT D'UNE LANGUE DONNÉE

Mais les théories de Weisgerber et Whorf soulèvent un autre problème plus grave. Le concept serait-il lié à la structure de chaque langue particulière, comme le prétendent Weisgerber et Whorf [8] ? Dans ce cas, il n'existerait pas de concepts mais seulement des significations. L'onomasiologie perdrait sa raison d'être, puisqu'elle part d'un concept pour aboutir à une série de distinctions. Ce serait de la tautologie et Weinrich et d'autres éminents linguistes auraient raison, de même que Bröcker, philosophe à l'Université de Kiel, qui me reprocha, après une conférence, d'avoir parlé pendant une heure de quelque chose qui n'existe pas. En effet, Weisgerber et son école nient l'utilité de l'onomasiologie aussi bien que de la sémasiologie. Pour Weisgerber, il n'y aurait pas de concepts indépendants d'une langue donnée. Le concept serait-il, au contraire, une unité extralinguistique, qui présuppose la possibilité de séparer la langue de la pensée ? Une réponse affirmative nous conduirait aux idées platoniciennes et nous serions submergés de problèmes discutés depuis des siècles. Il n'y a pas de doute que les langues ordonnent la réalité par des sectionnements particuliers, comme disent Weisgerber et Whorf. D'autre part, si l'onomasiologie veut être quelque chose de plus qu'une chimère, il est nécessaire de trouver pour le problème du concept une solution qui dépasse les deux écueils mentionnés. Klaus Heger a tenté cette solution dans son article sur les bases méthodologiques de l'onomasiologie et de la classification par concepts [9], où il dit que les concepts dont nous

classique a connu ce concept de même que le fait correspondant, nous ne voulons pas le mettre en doute. Si l'expression linguistique (pour le concept dans sa totalité) fait défaut et que les termes disponibles se réfèrent seulement à des éléments particuliers du concept, on pourrait l'expliquer comme l'effet des circonstances externes d'une époque plus ancienne qui, à ne pas en douter, avait capté et donné des noms aux éléments particuliers du concept postérieur d'esclave, mais qui n'avait pas encore appris à les concevoir dans leur ensemble parce que, en fait, au temps jadis, ces éléments ne s'étaient encore jamais trouvés assemblés dans la vie ou peut-être seulement à titre exceptionnel » (p. 1307).

8. WHORF admet au moins des concepts communs à des langues différentes de tradition commune (Standard Average European).

9. Klaus HEGER, *Die methodologischen Voraussetzungen von Onomasiologie und begrifflicher Gliederung*, dans ZrP 80, 1964, 486-516 [= *Les bases méthodologiques de l'onomasiologie et du classement par concepts*, dans TraLiLi (Strasbourg) III/1, 1965, 7-32]. Cf. aussi son livre *Die Bezeichnung temporal-deiktischer Begriffskategorien im französischen und spanischen Konjuga-*

avons besoin pour l'onomasiologie « ne doivent pas seulement être fixés de manière univoque. En plus, il faut prouver, d'une façon ou de l'autre, leur indépendance de la structure d'une langue donnée. Puisque le concept "en pratique n'est saisissable qu'à l'aide d'un signifiant"..., cette indépendance ne peut pas être prouvée pour un concept isolé, mais seulement à partir des relations qui lient plusieurs concepts entre eux. Si le système de ces relations reflète une structure cohérente qui assigne à chaque concept une place dans ce système qui revient à lui et seulement à lui, la preuve de l'indépendance exigée est fournie. Car, par une telle structure, le concept est fixé par quelque chose qui ne dépend pas des données de la langue dont les signifiants servent à le saisir » (TraLiLi III/1, 1965, 19) [10].

Si nous admettons, avec Heger, que le concept se trouve inséré dans un système cohérent qui ne dépend pas d'une langue donnée, nous ne nions pas du tout que, dans les systèmes que possèdent les différentes langues pour réaliser de tels concepts puissent se révéler des structures particulières et différentes entre elles :

Fig. 11

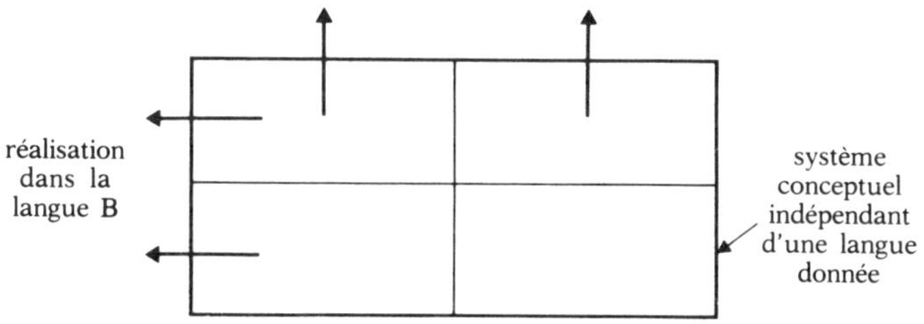

(c) EXEMPLE DE CATFORD

Si, d'après les exemples donnés récemment par Catford [11], l'anglais distingue *yes* et *no*, le français *oui, si* et *non*, la comparaison elle-même présuppose un *tertium comparationis* qui est formé par un tableau conceptuel (cf. l'exemple ci-dessous). Même si les éléments sont en

---

tionssystem (Beihefte zur ZrP, 104), Tübingen 1963, VIII + 244 p. Ce livre suscita toute une série de discussions critiques dans les revues spécialisées. Heger répond à toutes dans son article *Temporale Deixis und Vorgangsquantität ("Aspekt" und "Aktionsart")*, dans ZrP 83, 1967, 512-582.

10. Cf. (p. 136 ss.) notre analyse du concept "se souvenir" selon le trapèze de Heger. La distinction entre *sèmes* et *noèmes* ne se fera qu'en 1969 [v. ci-dessous II 7]. Quant à la dépendance d'une langue donnée v. en dernier lieu K. Heger,*Aussersprachlichkeit – Aussereinzelsprachlichkeit – Übereinzelsprachlichkeit*, dans Logos semantikos 2, 1981, 67-76.

11. J. C. CATFORD, *A Linguistic Theory of Translation. An Essay in Applied Linguistics* (Language and Language Learning, 8), London 1965, VIII + 103 p., spécialement 40 ss.

nombre égal, le "sectionnement" (c'est-à-dire les significations de ces éléments) peut être différent (angl. *brother* et *sister* se répartissent de manière différente que burushaski *cho* et *yas*) :

« ... The situational elements which are, so to speak, encapsulated in the conceptual meaning of *brother* might be roughly characterized as *male* and *sibling* : those which are encapsulated in the contextual meaning of *cho* are *sibling* and *of the same sex as speaker*. The relationship of the English and Burushaski lexical items to elements in the situation can be tabulated as follows (in this table + means *male*, – means *female*) :

Tableau 9

English	Situation: Speaker	Situation: Sibling [frère ou sœur]	Burushaski [12]
brother	+	+	cho
	–	+	yas
sister	+	–	
	–	–	cho

12. Il est très curieux et instructif de constater que le néomélanésien (langue créole basée sur l'anglais) possède exactement le même système que le burushaski :

bǫrata (< angl. *brother*) correspond à *cho* ("même sexe")

sịsa (< angl. *sister*) correspond à *yas* ("opposition de sexe")

bien que les deux mots soient des emprunts faits à l'anglais (cf. R.A. Hall Jr., *Pidgin and Creole Languages*, Ithaca, New York 1966, 92).

Klaus Heger m'a donné le tableau suivant qui est plus complet et qui tient compte de huit langues. Le système conceptuel permet de distinguer trois découpages ou "sectionnements" :

Tableau 10

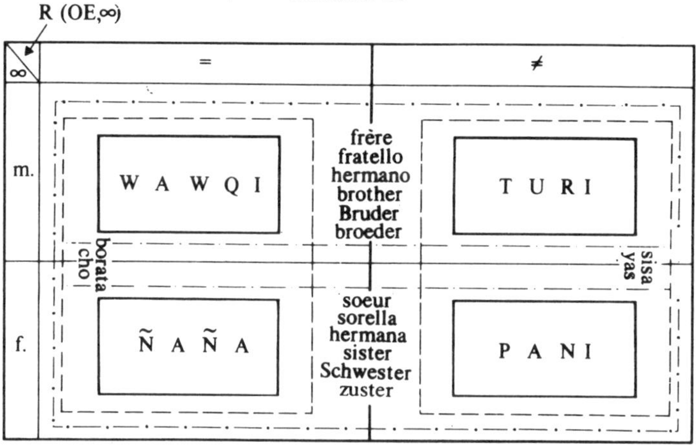

R : relation entre celui qui parle (ou une autre personne) et le frère/la sœur désigné(e)
OE : celui qui parle
∞ : sexe du frère/de la sœur désigné(e)
= : du même sexe
≠ : de sexe différent

Langues :

—·—·– Français *frère/sœur*, Anglais *brother/sister*, Allemand *Bruder/Schwester*, Espagnol *hermano/hermana*, Italien *fratello/sorella*
– – – – – Burushaski *cho/yas*, Néomélanésien *borata/sisa*
———— Quechua *wawqi/turi/ñaña/pani*

Ainsi, un système conceptuel indépendant d'une langue donnée (système noématique, cf. Seconde partie, chap. 7) permet de comparer des langues et de reconnaître le "sectionnement" de la "réalité" que réalise chacune d'elles.

On peut compléter ce tableau par les données suivantes : basque (cp. quechua) : wawqi = basq. *anaia*, turi = *neba*, ñaña = *ahizpa* (ou *aiztu* moins courant), pani = *arreba*. Cependant, les termes *anaia* et *arreba* tendent à se généraliser, de sorte que la tendance va en direction d'une opposition à deux termes (je remercie Elvira Perez de Arrilucea, Fac. de Letras de la Universidad de Deusto, de ces informations).

Le *malgache*, lui aussi, est conscient des deux oppositions (elles sont même reconnaissables du point de vue morphologique) : wawqi = *rahalahy*, ñaña = *rahavavy*, turi = *anadahy*, pani = *anabavy* (on voit que *raha*- indique l'identité, *ana*- la différence de sexe, l'élément *lahy/dahy* (avec différence phonétique) indique le sexe masculin, *vavy/bavy* le sexe féminin). (Information de mon étudiante malgache Tiana Ralalaniriana.)

La situation se complique davantage en *maya* (je dois ces informations à Refugio Vermont Salas, professeur de maya à Mérida, Yucatan) :

Tableau 11

∞ \ R	aîné		cadet	
	=	≠	=	≠
m.	suku'un	kìik	íits'in	íits'in
f.	kìik	suku'un	íits'in	íits'in

Le système est conforme au système espagnol ou français, mais seulement pour le frère (et la sœur) aîné(e) ; on trouve un autre terme (qui ne distingue même pas le sexe masculin du sexe féminin) pour le frère ou la sœur cadet(te). Il faut donc élargir le système noémique en tenant compte d'une troisième opposition *aîné/cadet*.

Un système semblable est reconstruit pour le proto-tzeltal-tzotzil (langue apparentée) par Terrence-Kaufman (México 1972) :

Tableau 12

∞ \ R	aîné		cadet	
	=	≠	=	≠
m.	• b'ankil-al	• sib' rul/lel -al	• ? ihc' • ? islel-al	in-al
f.	• wiš-il	• wiš-il	? ihc'in-al	

Il paraît évident que, aussi bien en maya qu'en tzeltal/tzotzil, l'opposition *aîné/cadet* joue un rôle important à la fois juridique et social (surtout du côté des hommes) [13].

En français, cette opposition est lexicalisée, et si on veut en tenir compte, il faut ajouter *aîné* ou *cadet.*

D'autres oppositions sont possibles, par exemple l'opposition *son propre frère/le frère d'autrui* réalisée en **japonais** (information d'un auditeur japonais après une conférence en Amérique Latine) :

Tableau 13

		propre	d'autrui
frère	aîné	ani	onīsan
	cadet	ōtōto	ōtōtosan
sœur	aînée	ane	imōto
	cadette	onēsan	imōtosan

On voit que la structure d'un système conceptuel de ce genre est indépendante d'une langue donnée, mais le choix des oppositions dont il tient compte dépend des systèmes linguistiques à comparer (pour des raisons économiques). Un système "complet" – et qui tiendrait compte à la fois des oppositions 1) sexe de celui qui parle, 2) sexe de celui dont on parle, 3) aîné/cadet et 4) propre/d'autrui établi de façon

13. De même en *chol* (langue apparentée au maya et au tzeltal/tzotzil), on distingue entre *chich* "frère aîné (d'une femme)" et *ñox icham* "frère aîné (d'un homme)". On trouve, en *guaraní*, un curieux mélange : la différenciation lexicale entre "aîné" et "cadet" ne se fait qu'à condition qu'il y ait identité de sexe (A. GUASCH, *Diccionario castellano-guaraní, guaraní-castellano*, Sevilla 1961) :

S \ R		=	≠
m.	aîné	xe ryke'y (dit le frère cadet)	kyvy (frère aîné ou cadet d'une femme)
	cadet	xe ryvy (dit le frère aîné)	xe kyvy (dit une femme de son frère aîné ou cadet)
f.	aînée	xe ryke (dit la sœur cadette)	reindy (sœur aînée ou cadette d'un homme)
	cadette	xe kypy'y (dit la sœur aînée)	xe reindy (dit le frère aîné ou cadet)

systématique - ce qui est la condition *sine qua non* – serait très complexe, mais il permettrait, d'autre part, de comparer de nombreuses langues et même de nombreuses familles de langues organisant le monde chacune d'une façon différente.

Catford, qui nous a mis sur la piste des frères et des sœurs, donne encore un autre exemple non moins intéressant (p. 40 s.) :

> « By a curious coincidence we can diagrammatize the contextual meaning of terms in the (grammatical) closed system of "acceptance-rejection" items (yes-no) in exactly the same way. In English, selection of *yes* or *no* in response to a question (or statement) depends on what we may call "the polarity of the situation" : situation positive, answer "yes" ; situation negative, answer "no" (irrespective of the polarity of the preceding utterance). In many other languages (e. g. at least some Slavonic languages, Arabic, Japanese, at least some Bantu languages), selection of the appropriate response depends on the polarity-relationship, between question (or statement) and situation : *same polarity*-answer X ; *different polarity*-answer Y. Some languages (e. g. French, with *oui, si, non*, and Norwegian and Swedish, with *ja, jo, nej*) have a three-term system here [14]. We illustrate with English, Japanese and French :

Tableau 14

<table>
<tr><th></th><th></th><th>Question</th><th>Situation</th><th>Engl.</th><th>Jap.</th><th>Fr.</th></tr>
<tr><td>e. g.</td><td>Did you ? I did...</td><td>+</td><td>+</td><td rowspan="2">yes</td><td>hai</td><td>oui</td></tr>
<tr><td></td><td>Didn't you ? I did...</td><td>–</td><td>+</td><td rowspan="2">iie</td><td>si</td></tr>
<tr><td></td><td>Did you ? I didn't...</td><td>+</td><td>–</td><td rowspan="2">no</td><td rowspan="2">non</td></tr>
<tr><td></td><td>Didn't you ? I didn't...</td><td>–</td><td>–</td><td>hai</td></tr>
</table>

L'idée qu'un système conceptuel indépendant d'une langue donnée se réalise par des "sectionnements" particuliers, propres à chaque langue, s'est imposée de plus en plus : il s'agit au fond de délimiter une échelle neutre, indépendante du sectionnement particulier opéré par chaque langue dans la masse du contenu, en rapport avec laquelle on pourra placer les signifiés des différents signes (Ruwet, art. cité, 308, donne de plus un exemple intéressant concernant les pronoms personnels en hanunoo, 306 et suivantes) [15].

14. V. aussi Jacques POHL, *Matériaux pour l'histoire du système "oui-non-si" moyen français*, Kwartalnik Neofilologiczny XXIII, 1976 [= Mélanges H. Lewicka], 197-208.

15. Ces "sectionnements" particuliers qui, dans les langues romanes et germaniques, coïncident dans beaucoup de cas, nous sont si familiers que nous ne nous rendons pas compte combien d'oppositions noématiques, soit lexicales, soit morphologiques, nous ne réalisons pas par la langue : ainsi, par exemple, nous employons *nous* comme s'il était le pluriel de *je*, bien que *nous* ne soit égal à *je* + *je* + *je* ; tout au contraire, *nous* peut signifier *je* + *tu* aussi bien que *je* + *il*

(d) LA REPRÉSENTATION GRAPHIQUE DES SYSTÈMES CONCEPTUELS

Dans un article paru en 1967 [16], E. Coseriu compara les différentes représentations graphiques des systèmes conceptuels en partant d'une analyse du système conceptuel "Schall" fait par K.W.L. Heyse et publié en 1856 [17]. Coseriu parle de "Wortfeld" (champ de mots), mais ses propres schémas, que nous reproduisons ici, montrent qu'il s'agit, en réalité, d'un système conceptuel : les mots allemands sont caractérisés par les sémèmes et il serait facile de les remplacer par des formules. Le fait que le système contienne des positions "vides" (points où manquent les lexicalisations en allemand) confirme qu'il s'agit d'un système conceptuel – rempli de lexicalisations allemandes.

L'analyse de Heyse donna le système suivant (dans l'interprétation de E. Coseriu) :

Fig. 12

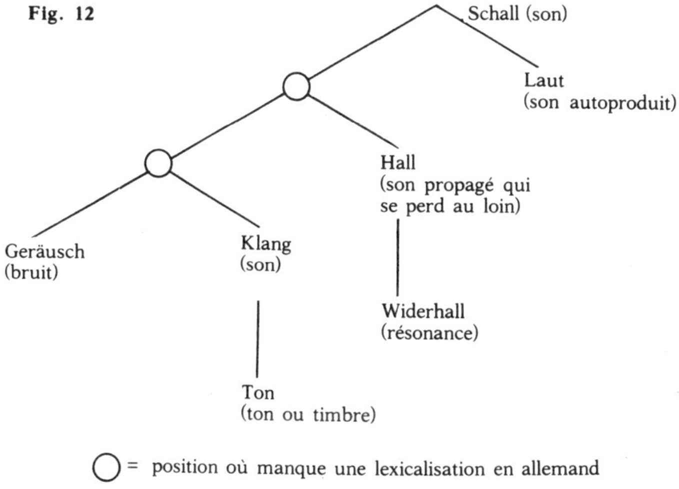

ou *je + tu + il(s)*, ce qui le rend ambigu (cf. l'article de M. DURAND sur S. Ullmann, *Le vocabulaire moule et norme la pensée,* in Problèmes de la personne, éd. J. Meyerson, Paris/The Hague (Mouton) 1973 [Conférence faite à Royaumont en 1960 !], 251-269, surtout p. 265 ; en dernier lieu, Klaus HEGER, *Sprachvergleich und Semantik, Das Beispiel der grammatischen Kategorien "Person" und "Numerus"* (Sitzungsberichte der Heidelberger Akademie der Wissenschaften, Phil.-hist. Klasse, Jg. 1980, 10. Abh.), Heidelberg (Carl Winter) 1980, 35, ouvrage important pour la méthodologie de l'établissement des systèmes noémiques. L'ambiguïté, par exemple, de *nous* (à la fois inclusif et exclusif) est rarement consciente (bien qu'elle soit évidente dans une phrase comme « Nous nous réjouirons si nous nous reverrons » !, v. Heger, p. 8 s.).

16. Eugenio COSERIU, *Zur Vorgeschichte der strukturellen Semantik : Heyses Analyse des Wortfeldes "Schall"*, dans To Honor Roman Jakobson (Essays on the occasion of his seventieth birthday), The Hague/Paris (Mouton), 1967, 489-498 [réimprimé dans E. COSERIU, *Sprache, Strukturen und Funktionen*, XII Aufsätze (TBL 2), Tübingen 1970, 181-192].

17. K. W. L. HEYSE [† 1855], *System der Sprachwissenschaft*, éd. par H. STEINTHAL, Berlin 1856,31-32.

Ce schéma s'apparente beaucoup à la méthode graphique de Greimas [18] :

Fig. 13

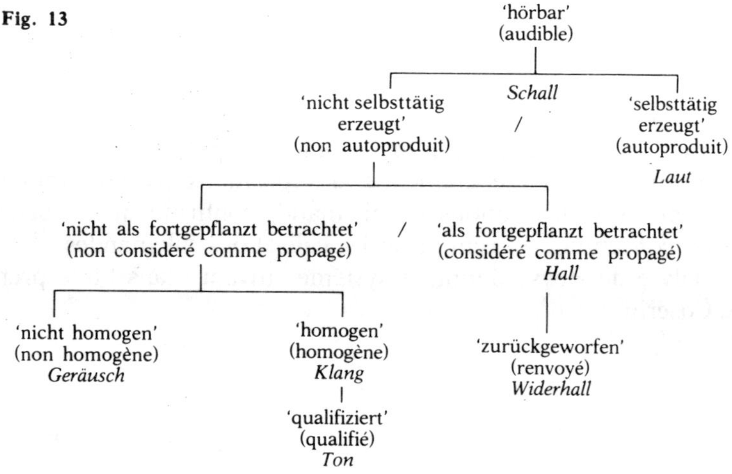

Mieux que dans le système précédent, on voit ici qu'il s'agit d'un système conceptuel : les positions sont définies. On pourrait enlever les lexicalisations allemandes sans détruire le système conceptuel ; au lieu de mots allemands, on pourrait remplir le système de lexicalisations d'une autre langue. Le système conceptuel se trouve au niveau de la seconde métalangue ; l'application du système à une langue donnée se fait au niveau de la première métalangue [19].

Coseriu présente le même système conceptuel appliqué à l'allemand avec la méthode graphique de Pottier :

18. A. GREIMAS, *Sémantique structurale*, Paris 1966, 33.

19. COSERIU a raison de dire (p. 493, note 3) que cette analyse ne correspond pas à la méthode de l'analyse de KATZ et FODOR, *The Structure of a Semantic Theory*, Language 39, 1963, 186 et 190 (cf. aussi J. J. KATZ et P. M. POSTAL, *An Integrated Theory of Linguistic Descriptions*, [Cambridge, Mass.] 1964, 14). L'analyse de Katz et Fodor part du signifiant, non des concepts. Cependant Coseriu va trop loin en affirmant que l'analyse de Katz et Fodor n'a rien à voir avec une sémantique structurale. Katz et Fodor essaient d'établir une structure sémasiologique qui, elle aussi, a sa justification théorique (s'ils réussissent à atteindre ce but, c'est une autre question).

Tableau 15

Merkmale (caractéristiques) / Lexeme (lexèmes)	Hörbar (audible)	Selbsttätig erzeugt (autoproduit)	Fortgepflanzt (propagé)	Zurückgeworfen (renvoyé)	Homogen (homogène)	Qualifiziert (qualifié)
Schall	+	0	0	0	0	0
Laut	+	+	0	0	0	0
Hall	+	–	+	0	0	0
Widerhall	+	–	+	+	0	0
Klang	+	–	–	0	+	0
Geräusch	+	–	–	0	–	0
Ton	+	–	–	0	+	+
	a (s_1)	b (s_2)	c (s_3)	d (s_4)	e (s_5)	f (s_6)

\+ : positives Merkmal (caractéristique positive)
0 : gleichgültiges Merkmal (caractéristique indifférente) [20]
– : negatives Merkmal (caractéristique négative)

Ce schéma permet de définir le sémème de chacun des mots allemands :

Tableau 16

Schall (son) [21]	(a)	$S_1 = (s_1)$
Laut (son autoproduit)	(a + b)	$S_2 = (s_1 + s_2)$
Hall (son propagé qui se perd au loin)	(a – b + c)	$S_3 = (s_1 + \bar{s}_2 + s_3)$
Widerhall (résonance) [22]	(a – b + c + d)	$S_4 = (s_1 + \bar{s}_2 + s_3 + s_4)$
Klang (son) [23]	(a – b – c + e)	$S_5 = (s_1 + \bar{s}_2 + \bar{s}_3 + s_5)$
Geräusch (bruit) [24]	(a – b – c – e)	$S_6 = (s_1 + \bar{s}_2 + \bar{s}_3 + \bar{s}_5)$
Ton (ton ou timbre) [25]	(a – b – c + e + f)	$S_7 = (s_1 + \bar{s}_2 + \bar{s}_3 + s_5 + s_6)$

20. « "Indifférentes" sont, pour un contenu déterminé, les caractéristiques qui peuvent être pertinentes pour les contenus subordonnés à ce contenu, comme sont aussi indifférentes, pour une ramification sémantique, les caractéristiques qui correspondent à d'autres ramifications. Ainsi, par exemple, la caractéristique "qualifié" pour le contenu de *Klang* (son) ou la caractéristique "propagé" pour le contenu *Laut*. De telles caractéristiques peuvent apparaître ou non dans les textes et n'appartiennent pas à la forme du contenu, c'est-à-dire aux différences fonctionnelles de la langue (COSERIU, ib. 494, note 4 [réimpression, p. 188, note 4]). – Cp. aussi la différence entre la *présentation en diagramme* (by mapping) et la *présentation en matrice* (by plotting, v. ci-dessus) chez Horst GECKELER, *Strukturelle Semantik des Französischen*, Tübingen (Niemeyer) 1973, 50-51.

21. P. ROBERT, *Dictionnaire alphabétique et analogique de la langue française* [Petit Robert],

Schall est l'archilexème allemand du système entier, *Hall* est l'archilexème de *Widerhall*, *Klang* l'archilexème de *Ton* ; il n'y a pas en allemand d'archilexèmes pour réaliser $(s_1 + \bar{s}_2)$ et $(s_1 + \bar{s}_2 + \bar{s}_3)$; autrement dit, en restant sur le plan conceptuel : (S_1) est l'archilexème du système conceptuel entier, S_3 [= $(s_1 + \bar{s}_2 + s_3)$] est l'archisémème de S_4 ; S_5 est l'archisémème de S_7.

Coseriu lui-même préfère le schéma par inclusion et exclusion :

Fig. 14

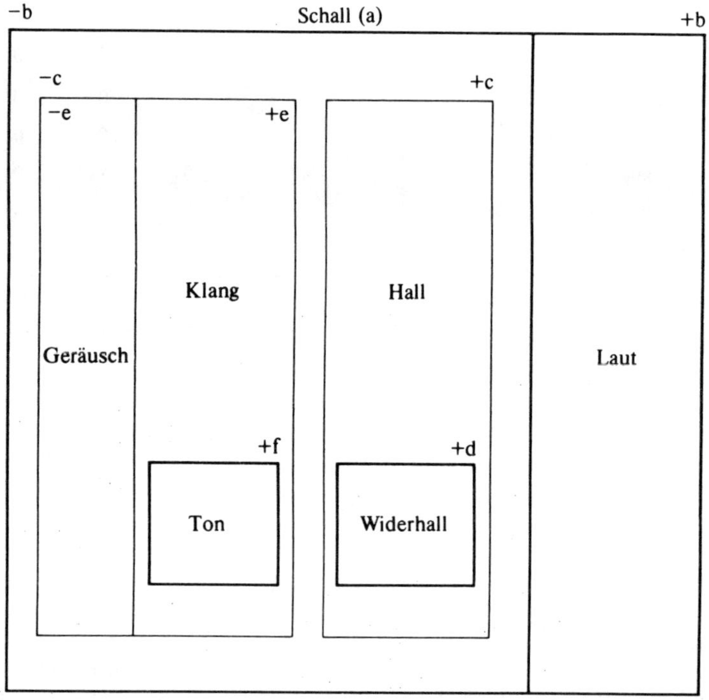

1977, définit *son* par "sensation auditive causée par les perturbations d'un milieu matériel élastique (spécialement l'air)... ; ce phénomène physique".

22. ROBERT, ib., définit *résonance* par "prolongement ou amplification des sons dans certains milieux sonores".

23. F. BERTAUX, E. LEPOINTE, *Dictionnaire allemand-français*, 1968, traduisent *Klang* par "son, bruit ; musique" ; "ton, sonorité..." SACHS-VILLATTE, *Enzyklopädisches französisch-deutsches und deutsch-französisches Wörterbuch*, 2. Teil, Deutsch-Französisch, 1964, 4. Aufl. bearb. von A. Biel, traduisent par "son, timbre, ton" ; la 5e éd. (1968, réimpr. 1979) traduit par "tonalité" ou "son" selon les contextes.

24. ROBERT, *op. cit.*, définit *bruit* par "ce qui, dans ce qui est perçu par l'ouïe, n'est pas senti comme son musical ; phénomène acoustique dû à la superposition des vibrations diverses non harmoniques".

25. ROBERT, ib., définit *ton* par "hauteur de la voix à un moment donné ; hauteur moyenne de la voix" ; *timbre* par "qualité spécifique des sons produits par un instrument, indépendante de leur hauteur, de leur intensité et de leur durée".

On voit que le français fait différence entre deux qualifications distinctes.

L'analyse d'une autre langue que la langue allemande pourrait peut-être rendre nécessaire de compléter ce système conceptuel (par d'autres positions conceptuelles), mais ne pourra le détruire car le système conceptuel ne dépend pas d'une langue donnée (cf. plus bas, chapitre 9, f).

7

L'onomasiologie : le champ de désignation

Dans un précédent chapitre (3 a), nous avons parlé du champ des significations. Une même forme de l'expression (signifiant) peut renfermer une série de contenus différents. Ces contenus sont des significations ou sémèmes (objets mentaux). On peut les présenter en forme d'éventail lié à une forme de l'expression (cf. plus haut, p. 13). La **sémasiologie** part d'une forme de l'expression (*signifiant*) pour arriver à une série d'objets mentaux différents. L'ensemble de tous les objets mentaux liés à un même signifiant constitue le *signifié* de Saussure. Dans ce cas, nous partons d'un signifiant en examinant tous ses contenus. Mais nous pouvons aussi choisir le chemin opposé : partir d'un objet mental pour examiner tous les signifiants (désignations) qui le réalisent. Dans la conception de Ullmann, la signification conduit d'un signifiant à un concept (objet mental), et la désignation conduit d'un concept à un signifiant [1] :

Fig. 15

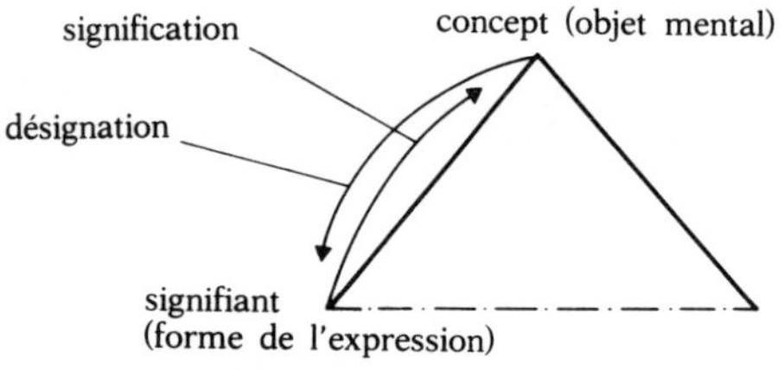

1. Rappelons que notre emploi de *signification* et *désignation* ne coïncide pas avec la terminologie de COSERIU ; cf. précédemment (chap. I 4, note 23) et Klaus HEGER, *Temporale Deixis und Vorgangsquantität ("Aspekt" und "Aktionsart")*, dans ZrP 83, 1967, § 0.2.) ; notre opposition *signification/désignation* reste dans le "designatum" et ne correspond pas à l'opposition *designatum/denotatum*.

La sémasiologie et l'onomasiologie sont donc des points de vue complémentaires. Ce double aspect de points de vue correspond à la double nature du signe linguistique en tant que signifiant et contenu (forme de l'expression + forme du contenu, cf. la Seconde partie).

Les significations forment un champ de significations. Les désignations forment un champ de désignations. Ainsi, le concept (objet mental) "tête" peut s'exprimer par toute une série de signifiants (formes) :

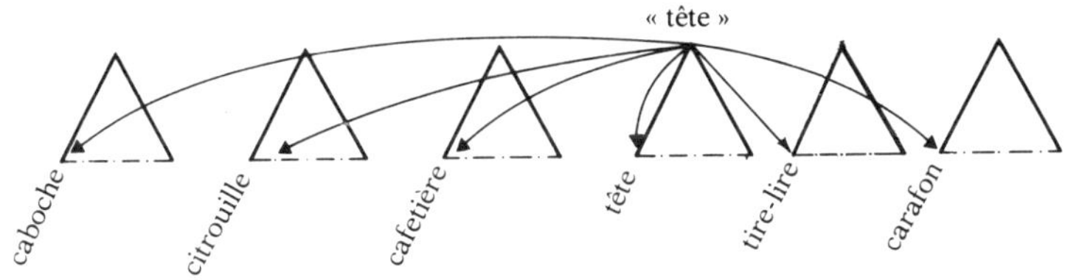

Fig. 16

Tête est le mot normal ; là se situe le point d'union du triangle de l'objet mental "tête". Tous les autres mots sont des désignations secondaires à valeur affective [2]. Ces désignations sont toutes dans d'autres triangles ; aussi, les significations normales de ces désigna-

---

2. Comme illustration, citons ce poème de Mascha KALEKO en allemand :

Apropos : Krach

Wenn zwei sich zanken,
– Mit oder ohne Grund –
Gleich ist ihr Mund
Voll kalter Worte,
Ihr Kopf voll böser Gedanken.

Wenn zwei sich zanken,
Heissen die Schlanken :
"*Magere Knochen*",
"*Verfettet*" – die Runden,
"*Derb*" die Gesunden,
Die Grossen : "*Lang*" !

Streitsucht kennt keine Schranken.
Zank ist Gefecht.
Man kann sich zanken
Über Schiller, Liebe oder Kaffeeflecke.
– Feindlich sitzt jeder in seiner Ecke
Und hat recht...

(Rhein-Neckar-Zeitung, Heidelberg, 26/27-5-1962.)

Nous examinerons plus loin (II 5) les facteurs différentiels dans la synonymie.

tions secondaires conduisent-elles à d'autres concepts (objets mentaux).

Les *significations normales* et les *désignations normales* sont dans le même triangle ; les *significations secondaires* et les *désignations secondaires* se rattachent à des triangles distincts.

Si nous nous interrogeons sur les significations d'un signifiant, nous obtenons un *champ de significations*, une structure de significations. Si nous nous interrogeons sur les désignations d'un concept (objet mental), nous obtenons un *champ de désignations*, une structure de désignations. Ces structures sont des *microstructures*, car il s'agit toujours d'*un* objet mental ou d'*un* signifiant. Mais puisqu'il y a, dans la langue, beaucoup de signifiants et de contenus, nous devons nous demander si, au-dessus des microstructures, il y a aussi des structures plus vastes, des *macrostructures*, c'est-à-dire si les concepts eux-mêmes d'une part et, d'autre part, les signifiants ne s'ordonnent pas à leur tour en structures.

8

La macrostructure des signifiants

Si nous faisons abstraction des significations, *bain* et *pain* sont beaucoup plus proches l'un de l'autre que, par exemple, *bain* et *riche* qui n'ont aucun son en commun. La proximité phonologique peut aller jusqu'à la coïncidence phonologique, c'est-à-dire jusqu'à l'homonymie (au sens diachronique). Les images acoustiques (signifiants) sont donc plus ou moins éloignées ou proches. Le **dictionnaire alphabétique** classe le vocabulaire selon ce principe ; cependant, il le fait d'après l'orthographe et non d'après la prononciation (il présente une structure graphématique et non phonématique). Le dictionnaire alphabétique présente donc le vocabulaire dans une *macrostructure des signifiants* : les mots sont classés d'après leur proximité graphématique. Mais il ne faut pas oublier que l'alphabet donne seulement une des macrostructures possibles (et même pas la plus intéressante), puisque l'alphabet lui-même prescrit une succession de sons capricieusement fixée [1]. Il existe d'autres macrostructures des signifiants possibles, par exemple la série phonologique *bon, ton, don, son,* etc., mots qui, dans le dictionnaire alphabétique, ne sont absolument pas voisins les uns avec les autres [cf. 2e partie, chap. 1].

En ce qui concerne notre triangle, la macrostructure formelle signifie :

1. Cf. notre article *Alphabetisches oder begrifflich gegliedertes Wörterbuch ?*, dans ZrP 76, 1960, 521-536.

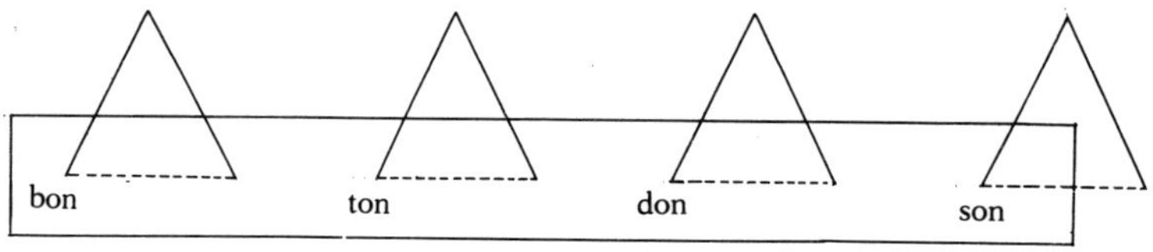

Fig. 17

= une des différentes macrostructures, des signifiants possibles.

9

La macrostructure conceptuelle

(a) LE SYSTÈME CONCEPTUEL HALLIG/v. WARTBURG

A présent, la question se pose de savoir si les concepts (objets mentaux) forment une macrostructure ou des macrostructures. Vu que les concepts embrassent chacun une portion de la réalité comme dans un prisme (des millions de maisons différentes s'insèrent dans le même objet mental "maison"), l'infinité de la réalité est dominée par une finitude de concepts (objets mentaux) au nombre relativement limité. Par ce procédé, la langue réalise un tour de force paradoxal consistant à embrasser l'infini à l'aide de moyens finis, de contenir l'illimité dans des sphères limitées [1]. Les langues découpent le monde concret et spirituel (cf. chapitre 6), mais – et ceci est caractéristique pour le phénomène "langue humaine" – elles ne le découpent pas suivant des limites données par la réalité, en le quadrillant avec une précision mathématique [2], mais en sémèmes définissables par sèmes et oppositions (cf. les chapitres 4 et 5). Il y a des objets mentaux que nous pouvons disposer de manière horizontale (*cabane, maison, palais*), d'autres de manière verticale (*maison* → *édifice* → ... *chose* ; *canoé* → *bateau* → ... *chose* ; *arbre* → *plante* → ... *chose*). Dans ce second cas, nous passons du sémème à l'archisémème pour arriver jusqu'à un

1. Nos conclusions, qui se basent sur des considérations purement linguistiques, sont entièrement conformes aux sciences naturelles : cf. le très intéressant article de Michael KOCH et Dietrich DÖRNER, *Sprachfunktion aus neurophysiologischer Sicht* [La fonction de la langue du point de vue neurophysiologique], publié dans la ZrP 84, 1968, 521-557.

2. Jost TRIER, *Der deutsche Wortschatz im Sinnbezirk den Verstandes, Von den Anfängen bis zum Beginn des 13. Jahrhunderts*, 1931 ; 2e éd., Heidelberg (Carl Winter), 1973, 347 p. [voir aussi *Aufsätze und Vorträge zur Wortfeldtheorie von Jost Trier*, éd. par Anthony van der LEE et Oskar REICHMANN, The Hague/Paris (Mouton) 1973, 216 pp.] a conçu, dans sa théorie des champs, des limites trop précises. Même dans le domaine intellectuel, étudié par Trier, des limites aussi précises ne cessent d'être problématiques. Cf. W. von WARTBURG, *Problèmes et méthodes de la linguistique*, Paris (P.U.F.) [2]1963, 169 ss., spéc. 178 ; [3]1969, 230 ss., spéc. 241 ss. ; dans la seconde édition allemande, [2]1962, 157 ss., spéc. 165 ; dans l'édition espagnole, 1951, 263 ss., spéc. 276.

classème. Par conséquent, il existe aussi des macrostructures sur le plan conceptuel :

"cabane"	"maison"	"palais"

Certaines parties du langage sont clairement ordonnées (par exemple, les noms des jours de la semaine, les noms des mois, les noms de parenté, ceux des parties du corps, etc.) ; d'autres parties le sont très peu. Pourtant, en 1952, Hallig et Wartburg [3] s'aventurèrent à établir un système de concepts universellement valable, c'est-à-dire supranational, voire une division conceptuelle du monde en trois grandes sections : A, *Univers* ; B, *Homme* ; C, *Relations entre l'univers et l'homme* [4]. Mais la validité générale et le caractère obligatoire d'un tel système de concepts sont très discutés. Dans l'introduction, les auteurs eux-mêmes y ont apporté des limitations. Un système de concepts ne doit pas être pris pour une camisole de force, mais comme un moyen d'aider le chercheur, qu'il y a lieu de modifier selon les exigences de chaque cas. Ainsi compris, il rend sans nul doute de précieux services. Mais il est certain que, théoriquement, il n'existe pas de pyramide de tous les concepts d'une langue ou de tous les concepts possibles. La critique de Heger est pleinement justifiée [5]. Heger ne nie cependant pas l'utilité pratique du *Begriffssystem*. Mais son application pratique elle-même ne cesse de poser des problèmes, comme vont le démontrer les paragraphes suivants.

(b) LA HIÉRARCHIE CONCEPTUELLE

Nous y avons déjà fait allusion dans nos présentes considérations. Il est facile de trouver des cas précis de division conceptuelle hiérarchisée

3. Rudolf HALLIG et Walther von WARTBURG, *Begriffssystem als Grundlage für die Lexikographie. Versuch eines Ordnungsschemas*, Berlin (Akademie-Verlag) 1952, XXXV + 140 pp. ; nouvelle édition plus développée en 1963, 316 pp. (avec des introductions en allemand et en français). Cf. Kurt BALDINGER, *Die Gestaltung des wissenschaftlichen Wörterbuchs. Historische Betrachtungen zum neuen Begriffssystem als Grundlage für die Lexikographie von Hallig und Wartburg*, dans RJ (Hambourg) 5, 1952, 65-94. Pour l'espagnol, cf. Julio CASARES, *Diccionario ideológico de la lengua española*, Barcelona (ed. Gustavo Gili), [2]1959.

4. Julio CASARES, *Diccionario ideológico de la lengua española*, [2]1959, distribue le vocabulaire en 38 grandes classes avec des subdivisions en 2 000 groupes environ, tout en affirmant qu'« il n'y a pas de classification qui ne soit en grande mesure artificielle et transitoire » (p. XIV).

5. Klaus HEGER, dans son étude déjà mentionnée sur *Les bases méthodologiques de l'onomasiologie et du classement par concepts* (TraLiLi III/1, 1965, 7-32 = ZrP 80, 1964, 486-516). Cf. aussi S. ULLMANN, *Orientations nouvelles en sémantique*, dans Journal de Psychologie, 1958, 333-357, en particulier p. 356, et la critique de Finngeir HIORTH, *Zur Ordnung des Wortschatzes*, dans SL 14, 1960, 65-84.

(en ligne verticale). Personne ne doutera de l'ordre hiérarchique *truite* → *poisson* → *animal* (archilexie → classe). Mais si nous voulions disposer la totalité du vocabulaire dans un ordre hiérarchique semblable, nous rencontrerions de grandes difficultés. Ni dans la réalité, ni dans la langue ne se trouve un découpage totalement hiérarchisé ; de même, il ne peut y avoir non plus un système conceptuel objectif de validité générale absolue [6]. Ceci est en rapport – non seulement en théorie (Heger), mais aussi dans l'application pratique – avec le fait que les concepts ne sont pas coordonnés entre eux unilatéralement mais multilatéralement. Dans la pratique, le système conceptuel ne peut être découpé qu'unilatéralement. Prenons le concept *maladie*. Les hommes, les animaux, voire les plantes, peuvent être malades. Mais, dans le système conceptuel de Hallig/Wartburg, les plantes se trouvent dans A III, les animaux dans A IV et l'homme dans B. Par conséquent, le concept de maladie doit être décomposé dans le système conceptuel, parce que le système de Hallig et Wartburg est conçu à partir de l'opposition Univers - Homme [7]. On ne pourra jamais construire un système conceptuel conforme au caractère multilatéral des relations conceptuelles [8]. Mais renoncer, à cause de cela, à des classifications conceptuelles serait insensé. Ce n'est pas le seul compromis que nous sommes obligés d'accepter en linguistique.

(c) LA CLASSIFICATION "LOGIQUE" OU "ASSOCIATIVE"

Hallig/Wartburg appellent "logique" leur principe de classification, bien qu'il n'ait rien à voir avec la logique : « L'insertion des concepts dans le cadre ainsi obtenu sera accomplie dans un *esprit de stricte logique* » (*Introduction* ¹1952, p. XIV ; ²1963, p. 88).

« Cependant, au cours du travail de rédaction, un autre principe est venu contrecarrer celui de la logique, c'est celui de l'*association*. Parfois son emprise a été si forte qu'il était difficile de s'en tenir à la logique. Mais il y a des cas où la préférence a été accordée délibérément à l'association sur l'ordre logique des concepts. Il en a toujours

6. Cf. HEGER, TraLiLi III¹, 1965, 15-20.

7. Voir déjà Wilhelm von HUMBOLDT : « L'*homme* se situe face au *monde* toujours en unité » (*Über die Verschiedenheit des menschlichen Sprachbaues und ihren Einfluss auf die geistige Entwicklung des Menschengeschlechts*, Berlin 1836, 207).

8. Pour ce problème, v. aussi Werner RUNKEWITZ, *Kritische Betrachtungen zum Begriffssystem von Hallig/Wartburg im Zusammenhang mit den Arbeiten am Altgaskognischen Wörterbuch*, dans Forschungen und Fortschritte 33, 1959, 19-24 (aussi dans les Monatsberichte der Deutschen Akademie der Wissenschaften zu Berlin 1, 1959, 73-79, avec un avant-propos de Kurt BALDINGER).

été ainsi quand l'ordre par association a été estimé le plus naturel » (*Introduction* [1]1952, p. XXI ; [2]1963, pp. 97-98).

En réalité, ce qu'ils appellent classification *logique* est un *réalisme naïf* (*Introduction* [1]1952, p. XIV ; [2]1963, p. 88), c'est-à-dire une espèce d'ontologie de l'homme moyen. Ainsi, par exemple, la *tabatière*, matériellement et d'après ce "réalisme naïf" est une petite boîte ; sa place conceptuelle serait à côté de *récipient, boîte, caisse, coffre*, etc. (1re édition, p. 55 ; 2e édition, p. 181). Hallig/Wartburg, dans ce cas, préfèrent l'"association" avec *tabac* (*B* I L'homme, être physique, *k* Les besoins de l'être humain, *1* L'alimentation, *dd*). Le tabac (1re édition, p. 22 ; 2e édition, p. 142), où se trouvent en outre *fumer, fumeur, pipe, allumer, briquet, blague, étui à cigarettes, fume-cigare, fume-cigarette, cendrier* – tous par "association" – (et la seconde édition en ajoute trois autres : *priser, chiquer, nicotine,* également par "association"). Dans tout ce paragraphe, seul le *tabac* (qui de plus se trouve dans *A* L'Univers, III Les plantes, *g* Les plantes d'importance industrielle) et le *cigare*, la *cigarette* correspondent (plus ou moins) à la classification que Hallig/Wartburg appellent logique. Les auteurs, il est vrai, acceptent l'existence d'exceptions ; mais le nombre de celles-ci est beaucoup plus grand qu'on ne pourrait s'y attendre. S'il n'y avait pas d'"association", le *cadavre* manquerait sous *mort* (140a) ; il manque, en effet, sous "Le décès" (168b) où – encore – il aurait été à sa place (par association), etc. *Rivage*, matériellement et selon le "réalisme naïf" proclamé par les auteurs, est une bande de terre et non une partie de l'eau, mais ce concept est classé "par association" dans le paragraphe "La mer" (A IIb2), à côté de *côte, plage, falaise, dune*, etc., concepts également classés tous "par association". *Rive* se trouve dans le paragraphe "Les eaux intérieures" (A IIb1), de même par association. *Flocon* se trouve classé avec *neige* ; *ouvrir* et *fermer* avec *porte*, etc. Tout cela montre clairement la problématique de la classification macrostructurale, qu'elle repose sur le "réalisme naïf" mal défini, lancé par Hallig/Wartburg, ou sur un autre principe. Les relations conceptuelles sont multilatérales et, théoriquement, une pyramide totale des concepts se révèle impossible. Des classifications du lexique par matières sont utiles – nous ne voulons pas du tout le nier –, mais il y a beaucoup de classifications possibles (« Tout classement de ce genre est subjectif », admettent Hallig et Wartburg eux-mêmes, *Introduction*, p. XXII ; 2e édition, p. 99) et chaque tentative d'établir une macrostructure conceptuelle totale s'expose à la critique [9].

9. « Le lexique total d'une langue ne forme pas la "mosaïque" de termes dont rêvait Jost TRIER, où la surface lexicale recouvr[ir]ait parfaitement la surface conceptuelle exprimée par une langue » (Georges MOUNIN, *Essai sur la structuration du lexique de l'habitation*, dans CahLex 6, 1965, 9-24, en particulier 20).

(D) LANGUE GÉNÉRALE ET LANGUE SPÉCIALISÉE

Une autre difficulté, que présente tout classement conceptuel du lexique, vient de la multiple stratification de la langue (même si l'on fait abstraction de sa différenciation géographique) [10]. Cette stratification linguistique est verticale et horizontale. La stratification *verticale*, en rapport avec le social, va de l'argot, en passant par le vulgaire, la langue populaire et familière et la langue usuelle générale, jusqu'à la langue savante et poétique. On sait comment les couches sociales et l'ambiance sociale influent sur l'histoire du mot. Les limites entre ces strats sont fort imprécises. La stratification *horizontale* correspond aux différences professionnelles : autour de la langue générale se situent de nombreuses langues spéciales ou, plutôt, des terminologies spéciales, et cet aspect du vocabulaire se combine avec l'aspect social, puisque la langue spécialisée des médecins se distingue aussi socialement de celle des maçons. Comme, en même temps, une partie de chaque langue spécialisée est connue des profanes (par exemple *auto, volant, moteur,* etc.), on a aussi dans ce cas une zone de transition entre langue spécialisée et langue générale :

Fig. 18

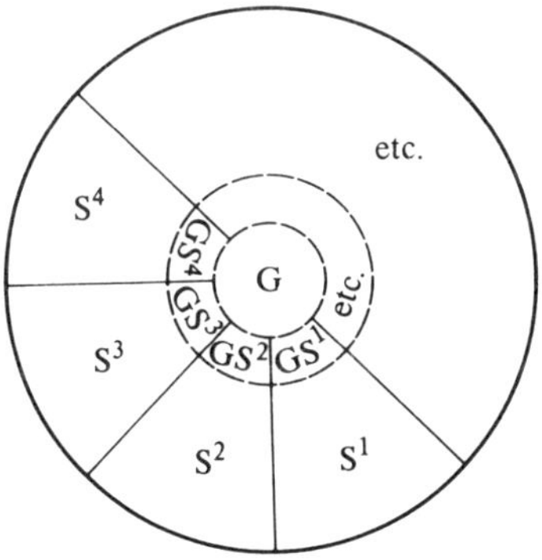

G : langue générale
GS : partie de la langue spéciale qui a passé dans la langue générale
S : langue spéciale

10. Eugenio COSERIU distingue « différences dans l'espace géographique, ou *différences diatopiques* ; différences entre les couches socio-culturelles de la communauté linguistique, ou *différences diastratiques* ; et différences entre les types de modalité expressive, ou *différences diaphasiques* [les deux premiers termes sont de L. Flydal] » (*Structure lexicale et enseignement du vocabulaire*, dans Actes 1er Coll. Int. Ling. Appl., Nancy 1966, 199) (ib., 221, mes réserves quant aux différences "diaphasiques").

A l'occasion d'un Colloque organisé à Leyde en 1977, j'ai précisé la figure 18 établie dès 1952 [11] :

Fig. 19

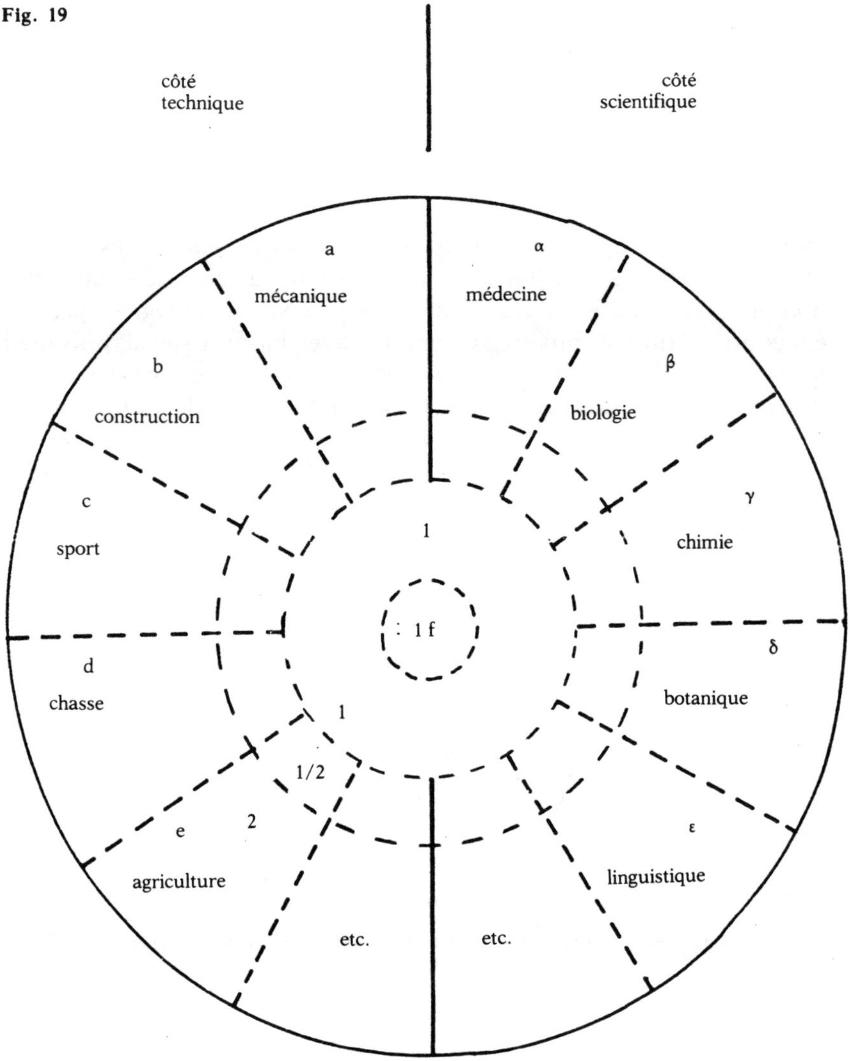

1 : cercle intérieur (lexique « commun » ou « général »)
2 : cercle extérieur (terminologie scientifique et technique)
1/2 : cercle qui contient les éléments scientifiques et techniques qui appartiennent en même temps à la langue générale

11. *Actes de la Seconde Table Ronde Internationale de Lexicographie Historique* [10-5 – 12-5-1977], éd. par W. PIJNENBURG et F. de TOLLENAERE (Instituut voor Nederlandse Lexicologie, Leiden), Dordrecht (Holland) – Cinnaminson, N. J. (U.S.A.) (Foris Publications) [1980], 312-315.

Les limites entre les cercles sont pointillées pour indiquer qu'il y a passage constant entre 1, 1/2 et 2 et entre les différents secteurs scientifiques et techniques (a/c/b, etc., α/β/γ/ etc. ; a/α/c/β, etc.). Ce modèle se place au niveau de la langue en tant que système virtuel. Chaque dictionnaire, selon le but qu'il poursuit, doit se décider s'il veut présenter uniquement 1f (les mots les plus courants de la langue commune), 1 (le type le plus courant qui présente toute la langue générale, en tenant compte, généralement, du cercle 1/2), 1 + 2 (de caractère "total", l'ensemble de tous les mots d'une langue), ou 2a (etc.)/2 (etc.), c'est-à-dire la terminologie d'un secteur technique ou scientifique. Toutes ces variantes sont légitimes ; la sélection, c'est-à-dire la décision en faveur d'un de ces types dépend uniquement du but du lexicographe, c'est-à-dire du public qu'il veut atteindre et de l'ampleur de l'information qu'il veut donner.

Fig. 20

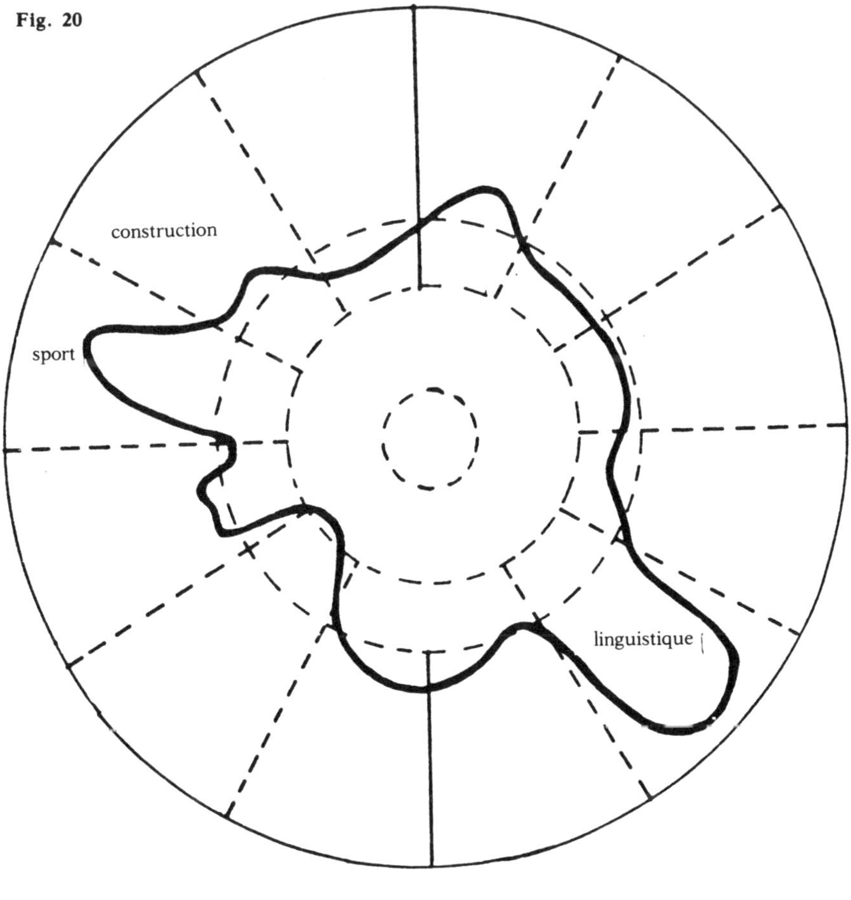

Sur le plan individuel, la situation se présente d'une façon différente. Aucun individu ne domine l'ensemble du lexique, et on peut présumer que chaque "découpage individuel" se distingue de tous les autres ; il dépendra de la formation individuelle, de l'ampleur de ses connaissances, de son activité et de ses intérêts, etc. Beaucoup de gens auront une connaissance totale de 1f, une assez bonne connaissance de 1 et des "poussées" dans le cercle 2 dépendant de son métier, de sa profession et de ses hobbies (« L'homme de Lettres qui sait le plus de sa Langue, ne connaît pas la vingtième partie des mots », 1751, *Encyclopédie*, Disc. prélim., p. XXXIX). Ce découpage pourra se présenter par exemple de la façon présentée dans la figure 20 (v. p. 101).

On pourra déduire de ce découpage (limité à une seule synchronie) qu'il s'agira probablement d'un linguiste qui fait du sport et qui se fait ou s'est fait construire une maison. En plus, il faudra distinguer entre connaissance active et connaissance passive (ce dernier découpage représentant plus de surface que le premier).

Les dictionnaires historiques (tout comme les dictionnaires concernant l'époque actuelle) sont en général des dictionnaires de langue (et doivent se décider, par conséquent, dans quelle mesure ils admettent le cercle 2 ; en général, ils sont plus accueillant pour 2a/b/c, etc. que pour 2α/β/γ/, etc.), mais il existe de même des Vocabulaires historiques limités à un seul auteur ou même à un seul ouvrage (par exemple KELLER, *Vocabulaire de Wace*).

Entretemps, mon ancien élève Lothar Wolf (Université d'Augsburg) a repris le sujet dans une contribution aux Mélanges qu'on m'a offerts à l'occasion de mon 60e anniversaire ; il y propose, avec de bonnes

Fig. 20 a

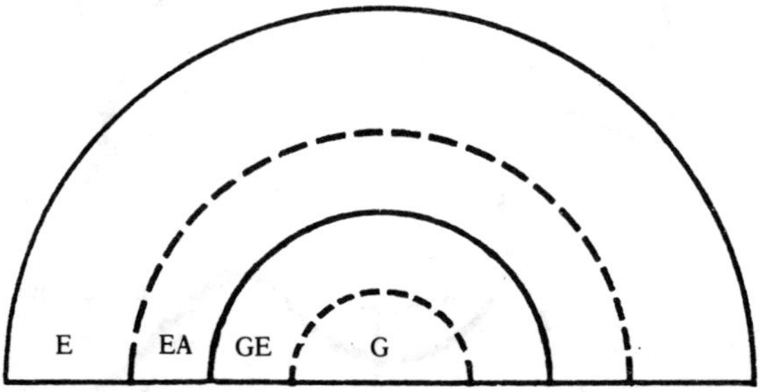

E : vocabulaire technique et scientifique qui caractérise un groupe socio-linguistique et qui lui sert à exprimer les données techniques et scientifiques
EA : partie de E qui s'emploie aussi dans une communication en dehors du contexte professionnel
GE : partie de G qui consiste d'unités provenant de EA
G : vocabulaire de la langue générale ou commune

raisons, un 4e cercle (EA) qui concerne la partie du vocabulaire scientifique et technique utilisé (aussi) en dehors du milieu spécialisé [12] (figure 20a).

Les terminologies spécialisées sont numériquement extrêmement importantes. Dans l'ensemble, elles constituent plusieurs fois le multiple du lexique général. En conséquence, si l'on ne sépare pas, dans le système conceptuel, la langue générale des langues spécialisées, le vocabulaire général serait étouffé par les terminologies de ces dernières. Ce problème est résolu par Hallig et Wartburg de la manière suivante : ils assignent à la terminologie spécialisée une place à part dans C II *La science et la technique* ; la partie de la langue spécialisée qui est connue dans la langue générale se trouve, en revanche, dans les parties A et B.

Il n'y a pas de doute que cette séparation de la langue générale et des nomenclatures scientifiques se justifie quand on classe le lexique d'une langue donnée. Il faut seulement ajouter qu'il devient problématique de transférer ces différences sociologiques au niveau d'un système conceptuel qui ne dépend pas d'une langue donnée. Ce système, au contraire, devrait fournir un cadre neutre servant de point de départ. Or, la solution adoptée par Hallig et Wartburg permet de juger les rapports entre la langue générale et les terminologies spéciales seulement dans une langue donnée. Hallig/Wartburg cherchent pourtant à présenter un système conceptuel ne dépendant pas d'une langue donnée et, pour cela, la séparation des deux vocabulaires n'est pas admissible théoriquement. Franz Dornseiff, au contraire, en classant le vocabulaire de la langue allemande, ne sépare pas la langue générale des terminologies scientifiques, or cette fois-ci, cette séparation aurait été justifiée parce que l'auteur ne classe pas des concepts mais des mots [13].

(e) CLASSIFICATION SCIENTIFIQUE ET CLASSIFICATION POPULAIRE

Ce qui précède est en rapport étroit avec la classification scientifique du lexique général d'une langue donnée. La classification scientifique ne correspond pas toujours entièrement aux conceptions populaires des choses, c'est-à-dire à la classification de la langue générale. Toutefois, la langue scientifique essaie de *suivre* les limites reconnues

12. Lothar Wolf, *Fachvokabular und Sprachgemeinschaft*, dans Festschrift Kurt Baldinger zum 60. Geburtstag, éd. par M. Höfler, H. Vernay et L. Wolf, Tübingen (Niemeyer) 1979, t. 2, 917-933 [l'esquisse p. 932].

13. Nous modifions ainsi ce que nous avons dit dans l'article déjà cité, paru dans RJ 5, 1952, 90 ss.

à l'intérieur de la réalité (si elles existent), alors que la langue générale *impose* ses concepts à la réalité (cf. la théorie de Coseriu, plus haut, chap. 4b). Nous l'avons déjà mis en évidence en parlant de la désignation de la *baleine* en allemand, où celle-ci est considérée comme un poisson (Walfisch), tandis que du point de vue zoologique, c'est un mammifère (cf. plus haut, p. 31). Nous avons aussi dit plus haut que la tomate était classée, dans la langue générale, dans les légumes, bien qu'il s'agisse, du point de vue botanique, d'un fruit. Sans nul doute, quand nous classons le lexique d'une langue donnée, la classification de la langue générale doit suivre la conception populaire – puisqu'il s'agit du découpage linguistique populaire du monde – et non la connaissance scientifique. En procédant d'une autre manière, nous introduirions la conception du cercle extérieur, c'est-à-dire scientifique et technique, dans la langue générale et, de cette manière, nous mélangerions deux sphères complètement distinctes : la langue générale et les terminologies (nomenclatures) scientifiques.

Mais, comme dans le paragraphe précédent, il faut ajouter immédiatement que cela ne touche pas le système conceptuel non dépendant d'une langue donnée. Citons ce que dit Heger à ce propos :

> « La situation se présente tout autrement sur le plan de la deuxième métalangue où nous avons affaire à des modèles non plus de la langue, mais de la linguistique. Il devrait donc être indubitable que, sur ce plan-ci, exclusivement des concepts scientifiques – dans notre cas, par conséquent, exclusivement un concept scientifique du concept [14] – peuvent être admis. L'acceptation d'autres "concepts" dans un modèle qui concerne la linguistique, aboutirait à priver celle-ci de son caractère scientifique. Cette observation correspond au postulat pas très original de ce que le caractère non-scientifique de la langue ne doit être ni méconnu ni employé abusivement comme prétexte pour justifier une linguistique non-scientifique. Quand, pour des raisons méthodologiques comme dans le cas du "Begriffssystem", on exige des concepts qu'ils soient extralinguistiques ou plutôt qu'ils ne

14. « En principe, l'exigence d'un concept scientifique du concept n'a rien à voir avec la question de savoir si les concepts que l'on veut classer ou qui servent de point de départ à des études onomasiologiques, doivent être empruntés aux sciences respectives. Il vaut mieux souligner l'indépendance mutuelle des deux problèmes pour éviter un malentendu qui pourrait être provoqué par la discussion, ouverte par M. de Tollenaere, sur la position que la *baleine* occupe dans le "Begriffssystem". Au sens de ce que nous développons ici, il est en principe égal que la baleine soit classée parmi les mammifères, parmi les poissons ou ailleurs – peut-être avec l'olive et le pétrole parmi les matériaux bruts de production des graisses. Ce qui est décisif, c'est en revanche de la classer chaque fois de telle façon que le concept /"baleine"/, défini par ce classement, satisfasse aux exigences du concept scientifique du concept. En pratique, cependant, nous croyons – en suivant l'opinion de M. de Tollenaere (*La lexicologie alphabétique ou idéologique*, dans CahLex 2, 1960, 21 s., note 23 ; édition hollandaise = *Alfabetische of ideologische lexicografie*, Leiden 1960, 10) et contre l'avis défendu dans l'Avant-propos de la deuxième édition du "Begriffssystem" (pp. 34-35) – qu'il sera souvent utile et recommandable de s'en tenir aux définitions des concepts qui ont été élaborées dans les sciences respectives » (Heger, TraLiLi III[1], 1965, p. 18, note 26).

dépendent pas de la structure d'une langue donnée, il est évident que leur place ne peut être occupée que par des concepts fixés par définition et non par des concepts "préscientifiques"... » (K. HEGER, *Les bases méthodologiques de l'onomasiologie et du classement par concepts*, dans TraLiLi III/1, 1965, 18 ss.) [15].

La classification du lexique d'une langue donnée peut présenter des structures immanentes et répartir les mots selon des principes adéquats à chaque cas : le système conceptuel ne peut le faire. Le français, par exemple, possède deux mots pour exprimer un même concept : *jaunisse* et *ictère* (cf. plus bas, 2e Partie, chap. 5g). En classant le lexique français, je peux cependant, et à juste titre, classer *jaunisse* dans le langage général et *ictère* dans la terminologie scientifique de la médecine.

(f) LE CARACTÈRE SUPRANATIONAL

Hallig et Wartburg veulent classer des concepts, non des mots, c'est-à-dire qu'ils classent naturellement les mots qui représentent des objets mentaux (concepts), puisque c'est seulement à l'aide de mots que peuvent être réalisés les concepts. Mais au lieu de *table* on pourrait mettre tout aussi bien *Tisch* ou *mesa*, c'est-à-dire que ce qui importe est l'objet mental (= schéma de représentation, concept), et non la concrétisation, le signifiant. Nous avons déjà insisté sur le fait que les concepts se forment à travers la langue. Cela signifie, pris au sens strict, qu'il ne peut y avoir aucun système conceptuel supranational si chaque langue s'est créé une image linguistique distincte du monde. Or, un point de vue aussi extrême – Weisgerber et son école en semblent très proches et pourraient par conséquent renoncer d'avance à un système conceptuel supranational – manque son but. Non seulement parce que les langues romanes, par exemple, ont approximativement la même structure qui dépend de leur commune origine latine et d'une considérable tradition commune (on pourrait même aller plus loin et parler d'une commune tradition occidentale, qui embrasse aussi les langues germaniques, cf. le Standard Average European de Whorf), mais surtout parce qu'il devient possible de déduire des langues naturelles des schémas conceptuels qui ne dépendent pas d'une seule langue donnée. Heger a essayé de le faire [16] et nous en donnerons un exemple plus tard (Seconde partie, chapitre 3).

15. Cf. également K. HEGER, *Temporale Deixis und Vorgangsquantität*, dans ZrP 83, 1967, § 1.3.2.

16. Klaus HEGER, *Les bases méthodologiques de l'onomasiologie et du classement par concepts*, dans TraLiLi III/1, 1965, 7-32, et ses travaux ultérieurs dont nous parlerons dans la Seconde partie.

Sans la possibilité de concevoir des objets mentaux non dépendants d'une langue donnée, la méthode onomasiologique deviendrait impossible. Quant au système de Hallig/Wartburg, nous restons plus réservé. Leurs objets mentaux ne sont ni analysés, ni définis, de sorte que leur caractère supranational n'est pas garanti. A mesure que nous nous éloignons du domaine culturel occidental, il sera de plus en plus difficile d'employer ce système sans y introduire de profondes modifications.

Un système conceptuel qui dépend d'une langue donnée ne serait rien qu'une tautologie et ne pourrait servir de point de départ à des études onomasiologiques. Un système conceptuel doit être "supranational", c'est-à-dire indépendant d'une langue donnée. Le fait que beaucoup de langues n'aient pas tous les mots pour réaliser ce système conceptuel n'infirme pas le système. Il y a une infinité de systèmes conceptuels possibles, mais, nous le rappelons, on ne peut construire des pyramides conceptuelles totales, mais seulement partielles. Le système de Hallig/Wartburg prétend représenter une pyramide conceptuelle totale, mais elle ne l'est pas.

(g) LE CARACTÈRE "SUPRATEMPOREL"

Le découpage conceptuel du monde – tel que chaque langue le reflète – change. Hallig et Wartburg s'en rendent compte également. W. v. Wartburg écrit, dans *Problèmes et méthodes de la linguistique* :

> « D'après nos explications, ce classement devrait se transformer d'époque en époque. Mais par ailleurs et pour des motifs évidents, il serait souhaitable que les différents systèmes de classement ne s'éloignent pas trop les uns des autres, du moins pas plus qu'il n'est absolument nécessaire. Plus le classement reste analogue, plus il est facile d'établir la liaison organique d'une période à une autre et d'une contrée à l'autre. Les domaines soumis au changement sont surtout ceux qui résultent de l'activité humaine comme, par exemple, les institutions politiques et sociales, les métiers, l'organisation militaire, l'habillement, etc. Pourtant, même en admettant que ces domaines se transforment et que, suivant les cas, ils s'étendent ou se rétrécissent, il devrait être possible néanmoins de leur assigner une place constante dans l'ensemble du système lexicologique » [17].

Mais, justement, la *totalité* du système conceptuel préconisé par Wartburg n'existe pas. Il n'y a que des systèmes conceptuels partiels, qui non seulement sont indépendants d'une langue donnée, mais également du facteur temps. Un système conceptuel ne peut changer. Ce qui change, ce sont les signifiés d'une langue donnée. Si, par

17. W. von WARTBURG, *Problèmes et méthodes de la linguistique*, Paris (P.U.F.) ²1963, 191 ; ³1969, 259 s. (= p. 177 de la seconde édition allemande de 1962 ; p. 298 de l'édition espagnole de 1951).

exemple, en ancien occitan le même mot signifie "travail" et "effort, peine", cela ne signifie pas que le concept "travail" était différent, mais qu'il s'est établi une relation entre deux concepts distincts (cf. l'*Appendice*, p. 228 ss.). Si la forme *mire* (< MEDICUS) a eu un si grand succès en ancien français (à côté de *miege*, forme régulière) sous l'influence de MIRACULUM (cf. FEW 6[1], 605b), cela ne concerne en rien le système conceptuel de "médecin", mais la croyance aux miracles, c'est-à-dire à nouveau les rapports entre concepts distincts, rapports qui, eux, peuvent changer avec le temps, avec des facteurs sociaux, géographiques, etc.

Nous réaffirmons aussi que la structure sémasiologique d'une langue change. Nous ne nions pas que peut changer également le découpage conceptuel du monde que reflète le langage, or, dans ce cas, des systèmes conceptuels disparaissent et d'autres systèmes apparaissent, mais ils ne changent pas. Le système conceptuel qui correspond, par exemple à la pomme de terre, manquait en Europe parce que manquait également la pomme de terre, mais elle existait bien avant en Amérique. Un système conceptuel peut manquer de mots qui le réalisent, mais une fois conçu, il existe comme tel, qu'il soit lexicalisé ou non dans telle langue particulière. Des conceptions et des significations naissent, changent et disparaissent, mais non les systèmes conceptuels, car ils ne sont pas liés à une langue. Hallig/Wartburg disent à juste titre dans l'*Introduction du Begriffssystem* ([1]1952, p. X ; [2]1963, p. 60 en allemand, p. 84 en français) :

> « La signification est mouvante, le concept, une fois saisi par notre conscience en tant qu'objet, ne change pas. Où qu'il apparaisse, il se présente "toujours le même", il ne peut que faire place à un nouveau concept, ce qui signifie que les désignations d'un système conceptuel peuvent disparaître mais pas le système conceptuel lui-même» (le passage cité, rédigé par Hallig, contredit ce que prétend Wartburg, cité au début de ce paragraphe).

10

La superposition des structures

A partir du triangle d'Ullmann, nous avons postulé et examiné quatre types de structures différents de ceux dont s'occupe la science du langage : deux microstructures (champ de significations et champ de désignations) et deux macrostructures (macrostructure des signifiants et macrostructure conceptuelle) :

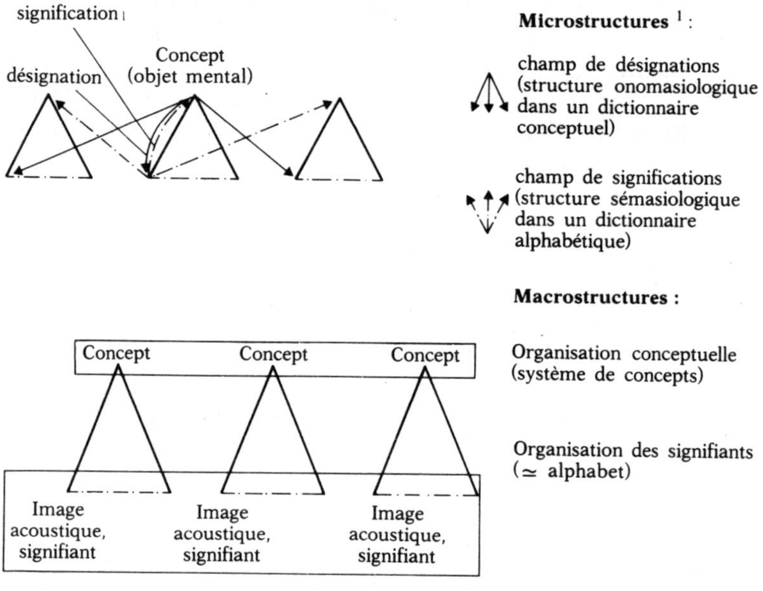

Fig. 21

1. Dans ce modèle, le signe linguistique est conçu comme union d'un signifiant (= image acoustique) et d'*une* signification ou d'*un* sémème (à l'intérieur d'un même triangle) ; cette conception ne coïncide pas avec la définition de Saussure (union quantitative inséparable du signifiant et du signifié), mais elle correspond à l'emploi normal d'un mot dans un contexte (s'il n'y a pas jeu de mots). Les autres significations sont virtuellement présentes. Cf. ci-dessous la conception du trapèze de Heger (p. 130 ss.).

Ces quatre structures, dont s'occupe la lexicologie, sont des structures ouvertes, qui sont en variation constante ; on peut affirmer en outre que les macrostructures varient plus lentement que les microstructures. Toutes ces structures se superposent de telle manière que les variations dans l'une d'elles peuvent avoir pour conséquence des variations dans les autres. Au niveau des objets mentaux, nous avons postulé la possibilité de construire des systèmes conceptuels invariables (déductions logiques) ; nous en parlerons plus loin [2].

2. La déduction de systèmes logiques et cohérents est possible à tous les niveaux, cf. Kurt BALDINGER, *Structures et systèmes linguistiques*, dans TraLiLi V/1, 1967, 123-39 (Seconde partie du présent ouvrage, chapitre I). Ce sera surtout au niveau du contenu que le problème du *système* nous intéressera.

11

La structure des dictionnaires scientifiques

De l'exposé qui précède découlent d'importantes conséquences pour la structure du dictionnaire scientifique [1]. Puisqu'un dictionnaire doit ordonner la totalité du vocabulaire ou, tout au moins, une grande partie de celui-ci, il est placé, dès le début, devant une tâche *macrostructurale*. Mais nous avons déjà vu qu'il y avait deux macrostructures possibles, l'une sur le plan des signifiants (plan de la forme de l'expression) et l'autre sur le plan du contenu. Le dictionnaire doit se décider pour l'un des deux plans. S'il se décide pour le plan des signifiants, l'alphabet lui offre un principe possible (pratique, non théorique) d'organisation des matériaux en vue de sa structure. S'il se décide pour le plan conceptuel, le système conceptuel Hallig/Wartburg lui servira comme une base possible de structuration. Toutes deux – les organisations sur les deux plans – sont des possibilités également acceptables et théoriquement fondées. En conséquence, discuter si un dictionnaire scientifique doit être ordonné alphabétiquement ou conceptuellement n'a pas de sens. Les deux regroupements sont nécessaires et se complètent mutuellement. L'argument très courant selon lequel l'alphabet est pratique et la division conceptuelle ne l'est pas est hors de

1. Cf. Kurt BALDINGER, *Alphabetisches oder begrifflich gegliedertes Wörterbuch ?*, dans ZrP 76, 1960, 521-36 ; F. de TOLLENAERE - A. WEIJNEN, *Woordenboek en dialect*, Bijdragen en Mededelingen der Dialectencommisie der Koninklijke Nederlandse Akademie van Wetenschappen te Amsterdam, 24, Amsterdam 1963, 56 pp. ; F. de TOLLENAERE, *Nieuwe Wegen in de Lexicologie*, with a summary in English (Verhandelingen der Koninklijke Nederlandse Akademie van Wetenschappen, Afd. Letterkunde, Nieuwe Reeks - Deel LXX - N° 1), Amsterdam 1963, 150 pp. ; Jean et Claude DUBOIS, *Introduction à la lexicographie*, Paris (Larousse) 1971 ; Oskar REICHMANN, *Germanistische Lexikologie*, Stuttgart (Metzler) 1976 ; G. DROSDOWSKI, H. HENNE, H.E. WIEGAND, *Nachdenken über Wörterbücher*, Mannheim/Wien/Zürich (Bibliogr. Institut, Dudenverlag) 1977 ; Yakov MALKIEL, *Etymological Dictionaries, A Tentative Typology*, Chicago-London (The University of Chicago Press) 1976 (v. notre c. r. dans ZrP 96, 1980, 659-660).

propos, car l'évaluation de ce qui est *pratique* dépend de ce qu'on demande du dictionnaire. Si je demande des significations, le dictionnaire alphabétique est pratique, et le dictionnaire conceptuel ne l'est pas parce que, dans ce dernier, les acceptions sont séparées les unes des autres. Mais si je demande des désignations, le dictionnaire alphabétique ne l'est pas, car là les désignations d'une même chose, les "synonymes", sont séparés les uns des autres. De fait, dans la macrostructure du dictionnaire alphabétique, il y a une multitude de microstructures sémasiologiques (*champs de significations*), dans la macrostructure du dictionnaire conceptuel on trouve une multitude de microstructures onomasiologiques (*champs de désignations*). Le dictionnaire alphabétique part de la forme de l'expression et est par conséquent *sémasiologique* ; le dictionnaire conceptuel part du concept et est par conséquent *onomasiologique*.

Le dictionnaire ordonné conceptuellement détruit les champs de significations : *vert* apparaît dans les articles conceptuels "couleur", "fruit vert", "inexpérience", etc. Le dictionnaire ordonné alphabétiquement détruit les champs de désignations : *vert* est séparé des autres mots désignant des "couleurs", des "fruits", "l'inexpérience", etc.

12

Auditeur et locuteur

Nous avons vu que la bipolarité fondamentale du signe linguistique comme unité d'un *signifiant* et d'un *signifié* avait de vastes conséquences pour les structures linguistiques, ainsi que pour la science du langage. La bipolarité est peut-être le fait linguistique le plus fondamental. Cela se confirme si nous considérons le langage dans sa fonction fondamentale, sa *fonction communicative*. La communication présuppose toujours une dualité, un émetteur et un récepteur, c'est-à-dire un locuteur et un auditeur. Ces deux rôles correspondent exactement à l'opposition déjà familière pour nous entre la sémasiologie et l'onomasiologie. L'auditeur reçoit par l'intermédiaire de son interlocuteur des signifiants dont il doit déterminer le sens pour les comprendre. Ainsi, l'auditeur se trouve devant un travail sémasiologique. Au contraire, celui qui parle doit fournir des objets mentaux (concepts). Il doit choisir des désignations dans le lexique que sa mémoire met à sa disposition ; il doit lier des concepts à des images acoustiques en les rendant ainsi signifiants, c'est-à-dire qu'il se trouve devant une tâche onomasiologique.

En d'autres termes : l'auditeur doit avoir dans la tête les champs de significations, ou encore, un dictionnaire fait à partir de la forme de l'expression ; le locuteur doit avoir dans sa tête les champs de désignations, c'est-à-dire un dictionnaire fait à partir de concepts. Comme, dans chaque conversation, nous sommes alternativement locuteurs et auditeurs, nous changeons continuellement de plan [1]. Nous sommes si

1. Comparez Luis J. Prieto, *Principes de noologie*, The Hague/London/Paris (Mouton), 1964, 100 :

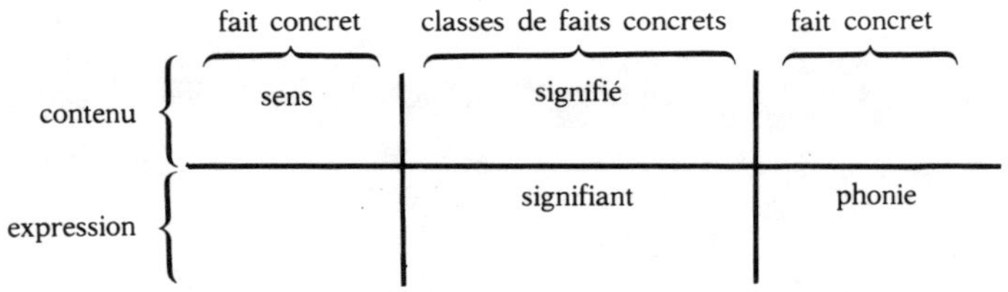

→ procès de la parole chez E → (E = émetteur)
← procès de la parole chez R ← (R = récepteur)

accoutumés à ce va-et-vient que nous ne nous en rendons absolument pas compte. La conversation reflète ainsi la bipolarité linguistique [2].

---

et le modèle de Franz SCHMIDT, *Zeichen und Wirklichkeit, Linguistisch-semantische Untersuchungen*, Stuttgart-Berlin-Köln-Mainz 1966, 16 :

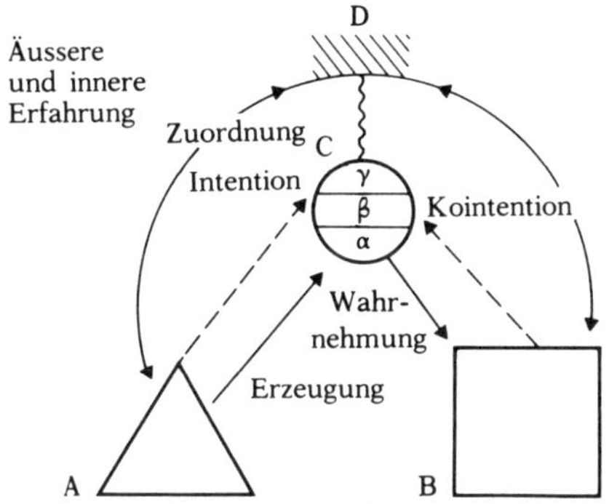

A : celui qui écrit, parle ou crée
B : celui qui lit, écoute, utilise ou comprend
Cα : écriture comme porteuse matérielle de sons
Cβ : sons comme porteurs matériels de significations
Cγ : significations
D : morceau de réalité réelle, imaginée

Äussere und innere Erfahrung = expérience externe et interne
Zuordnung = coordination
Erzeugung = création
Wahrnehmung = perception
Cp. le modèle de K. BÜHLER, ci-dessous, 2e partie, chap. 5, section f.

---

2. Eugen WÜSTER [†], bien connu dans les années 50 et 60 pour son importance dans la standardisation linguistique internationale, a établi un modèle à quatre parties dans son article dédié à Leo WEISGERBER, *Das Worten der Welt* (Sprachforum 3, 1959-1960, 183-204). Il y essaya de comprendre le locuteur et l'auditeur sur le plan de la *parole* (= l'actualisation au moment de l'acte de parole). Notre triangle se réfère seulement au plan de la *langue* (= la langue comme système potentiel à la disposition du locuteur). Mais sur ce plan de la *langue*, qu'il conçoit comme le plan des concepts (= Sprachsystem, système linguistique), WÜSTER distingue seulement le signe (Zeichen) et la signification (Bedeutung), cf. p. 188 (aussi p. 196 : « Un signe est en général un concept, et la signification du signe est également un concept »). Ainsi, WÜSTER ne distingue pas le *concept* de la *signification* (dans notre terminologie), puisque pour lui concept signifie quelque chose de distinct. Cependant, son article contient, précisément pour l'association des deux plans, celui de la *parole* et celui de la *langue*, des idées suggestives. Notre modèle est en réalité plus différenciateur que celui de WÜSTER par la distinction de l'image acoustique (signifiant), signification, désignation et concept.

Un schéma intéressant Mot-Réalité avec inclusion du locuteur et de l'auditeur est donné par G.P. MEREDITH, *Semantics in Relation to Psychology*, dans Archivum Linguisticum 8, Fasc. 1 (sep. p. 1-12, schéma p. 8).

De plus, il faut se rappeler que l'opposition de SAUSSURE *langue-parole* simplifie beaucoup la situation linguistique. C'est pourquoi COSERIU établit un trinome *système*, *norme* et *parole*

(Montevideo 1952 ; réimpression E. COSERIU, *Teoría del lenguaje y lingüística general*, Madrid (Gredos) ^{2}1967, 11-113. Dans la présente introduction, nous avons seulement tenu compte du système comme d'« un ensemble d'oppositions fonctionnelles » et non de la *norme* comme « réalisation "collective" du système qui contient le système lui-même et, de plus, les éléments fonctionnellement "non pertinents", mais normaux dans le langage d'une communauté » (p. 97), et encore moins de la réalisation linguistique (*habla*) comme « réalisation individuelle-concrète de la norme qui contient la norme elle-même et, également, l'originalité expressive des sujets parlants » (p. 98). – Cp. K. HEGER qui distingue *langue*, *Σ-parole* (= summa-parole ou sigma-parole) et *parole*, v. ci-dessous II 7.

L'opposition *locuteur-auditeur* est intéressante pour d'autres problèmes encore : cf., par exemple, H.H. CHRISTMANN, *Wortbedeutung, Modus und das Prinzip der Unterscheidung von Sprecher und Hörer*, dans Verba et Vocabula (hommage à E. Gamillscheg), München (Wilhelm Fink Verlag) 1968, 121-126.

13

Résumé des concepts fondamentaux déduits du triangle d'Ullmann

Il serait téméraire de vouloir définir l'essence du langage. La langue classe l'infinie variété de la réalité matérielle et spirituelle. Cette réalité immense, inappréciable, est saisie et condensée en concepts appréciables, numériquement limités, en schèmes notionnels. Les concepts se concrétisent en désignations, sont par conséquent seulement concevables à travers les images acoustiques qui, pour leur part, normalement, ne sont pas directement motivées par la réalité extralinguistique. L'image acoustique est mot seulement quand elle s'unit à un concept, à un schème notionnel (l'*image acoustique*, comme porteuse d'une signification, s'appelle *signifiant*). Le rapport *image acoustique - objet mental* (concept) reflète la bipolarité linguistique fondamentale de la forme de l'expression et de la forme du contenu, de *signifiant* et de *signifié* [1].

1. C'est dans les seuls "jeux de mots" qu'on peut dépasser cette bipolarité : par exemple, quand on essaie, au moyen de nouveaux graphèmes ou par un emploi de graphèmes qui va à l'encontre de la norme, de rendre directement la forme du contenu par la forme de l'expression : *ʁéactionnaire, ddouble*, etc. (je dois ces exemples à Raul ÁVILA, Mexico). Des interférences d'un autre type entre les deux plans se trouvent dans des contaminations telles que allemand *jein<ja + nein*, ou le français *noui<non + oui* (voir le titre de l'article : « La concentration de plomb s'est-elle accrue dans l'air de Montréal ? Noui », Le Devoir [Montréal, 3 août 1972]). José Luis RIVAROLA m'a procuré les exemples suivants qu'il a notés au Vénézuéla : *viasar* ("viajar por VIASA", "voyagez avec VIASA" ; publicité de cette compagnie aérienne), *chisparates* (*chistes* "blagues" + *disparates* "bêtises" ; programme de télévision), *telebridades* (*televisión + celebridades*, "vedettes de télévision") ; voir aussi J.L. RIVAROLA, *Semántica del humorismo*, dans Festschrift Kurt Baldinger zum 60. Geburtstag, I, 1979, 38-53.

Dans ces cas, un nouveau signifiant est constitué à partir d'éléments d'un signifiant A et d'un

Signifiant (direction sémasiologique) ⟶ + Concept (objet mental) = mot

Concept (objet mental) (direction onomasiologique) ⟶ + Signifiant = mot

La signification mène de l'image acoustique (signifiant) au concept, la désignation, du concept à l'image acoustique (signifiant). Image acoustique et concept, signification et désignation se trouvent dans quatre structures ou champs distincts. Les significations appartenant à un signifiant forment un champ de significations (un *champ sémasiologique*). Les désignations appartenant à un concept forment un champ de désignations (un *champ onomasiologique*). Ces deux structures sont des microstructures puisqu'elles sont liées à *une* forme, ou bien à *un* objet mental (concept). Le champ de significations, la polysémie, est facilité par le fait qu'entre l'image acoustique et la réalité extralinguistique il n'y ait pas de relation directe ni de motivation originaire. Les images acoustiques forment entre elles des macrostructures sur le plan de la forme de l'expression (par des relations sur le plan des phonèmes). La macrostructure au niveau conceptuel est la plus problématique : il y a des macrostructures partielles, mais il n'y a pas de pyramide conceptuelle totale. D'accord avec cette situation de base, il y a deux types de dictionnaires : celui qui présente une macrostructure de signifiants et qui s'occupe des relations sémasiologiques, et celui qui part de l'objet mental ou de macrostructures conceptuelles partielles et qui s'occupe des relations onomasiologiques. Le type onomasiologique correspond au point de vue de celui qui parle, le sémasiologique au point de vue de celui qui écoute, qui interprète le locuteur.

Une multitude de structures ouvertes s'interprète et se superpose subtilement. Le langage est donc un système extraordinairement flexible où chaque partie, de l'unité structurale la plus petite à l'unité la plus grande, est conditionné par les autres parties. Ces relations structurales développées à partir du triangle d'Ullmann se confirment dans la pratique lexicographique. Cette pratique permet, évidemment, de donner vie au squelette de concepts linguistiques fondamentaux, développé ici sur le plan théorique. Ces structures sont des squelettes.

> « La réduction des langues à des "structures", c'est-à-dire ce qui reste des langues une fois qu'ont été éliminés ces éléments que le chercheur a jugé comme non-pertinents, est

---

signifiant B et il porte une nouvelle signification composée d'éléments du signifié A et du signifié B. Ces phénomènes devraient être distingués de rébus tels que *G a = G grand a petit*, prononcé comme *j'ai grand appétit* (je l'ai entendu dire maintes fois en Suisse et en Allemagne) ; ces cas devraient être comptés parmi les jeux de mots homonymiques.

l'exercice le plus dangereux s'il n'est pas accompagné de fréquents et intimes contacts avec la réalité linguistique brute, avec toutes ses complexités, exceptions et anomalies ».

De cette manière s'exprimait André Martinet dès 1953, et ce n'est pas le témoignage d'un traditionaliste (cas qui ne serait pas rare), mais d'un structuraliste prudent (Word 9, 81). Cependant, il faut distinguer : au niveau conceptuel, nous travaillons avec des systèmes, des schèmes, des constructions mathématiques – c'est le domaine de l'onomasiologie, le domaine de l'*esprit de géométrie* dont nous parlerons dans la Seconde partie. La situation est très différente du côté sémasiologique, où nous trouvons une grande quantité de facteurs divers, des structures ouvertes, avec des lacunes et des redondances, des variables partout. Là reste une aire suffisamment vaste pour l'*esprit de finesse* (dont nous parlerons à propos de la synonymie) et pour ce que W. von Wartburg, dans le prologue du *Französisches Etymologisches Wörterbuch* (FEW), désigne comme "vie spirituelle libre", le terrain où l'individu continue à se manifester toujours comme un créateur libre. Seule la combinaison des faits structuraux contenus dans le langage avec la capacité humaine de création libre constitue le langage dans sa totalité. Le langage, comme l'homme, vit dans une tension dialectique entre la contrainte et la liberté.

Si, dans la phrase que nous avons inscrite en épigraphe, en tête du présent ouvrage, Wilhelm von Humboldt se réfère à l'intégration structurale de toutes les parties dans un ensemble, il a été sensible aussi à la liberté créatrice, rationnellement insaisissable. Voilà pourquoi, à la fin de cette première partie, nous lui donnons de nouveau la parole :

« En considérant de plus près l'état actuel du développement politique, artistique et scientifique, nous aboutissons à une longue chaîne, s'étendant sur de nombreux siècles et composée de causes et d'effets qui se conditionnent réciproquement. Cependant, en suivant cette chaîne, on se rend bientôt compte qu'il y existe deux éléments différents dont chacun ne mène pas à un résultat d'analyse également satisfaisant. En effet, si, d'un côté, on peut analyser de façon suffisante une partie des causes et effets, de l'autre côté on rencontre, de temps en temps, pour ainsi dire des nœuds qui résistent à une solution, ainsi que le prouve toute tentative d'écrire une histoire de la civilisation humaine. Cela tient justement à cette force d'esprit qui ne se laisse pas pénétrer entièrement dans son essence et dont l'effet ne se laisse pas calculer d'avance. Cette force se joint à ce qui est formé par elle et autour d'elle, le traite et le forme selon son propre caractère » (*Über die Verschiedenheit des menschlichen Sprachbaues...*, Berlin 1836, 3).

Deuxième partie

LE TRAPÈZE DE HEGER

1

Structures et systèmes [1]

« La langue est un système où tout se tient ». C'est le credo des linguistes (ou de beaucoup de linguistes) depuis Saussure. M. Wandruszka, dans un article assez récent [2], a pris position contre cet axiome trop général. Il affirme que le système ou les systèmes (je dirais la structure ou les structures) de la langue humaine ne sont ni sans exception ni cohérents (« weder konsequent noch kohärent sind »). M. Wandruszka insiste sur le fait que la langue humaine est un système de lacunes et de corrections (« ein System von Aushilfen ») ; que chaque langue possède beaucoup de registres qui s'aident mutuellement s'il y a des imperfections, des ambiguïtés (« weil jede Sprache viele Register besitzt, so dass, wo das eine schadhaft ist, ein anderes aushelfen kann ») ; que les différents registres s'aident mutuellement à tel point que la redondance (l'hypercaractérisation) est un phénomène tout naturel (« Die einzelnen Register helfen einander so sehr aus, dass immer wieder Redundanz entsteht ») [3]. M. Wandruszka arrive à la conclusion suivante : la langue est un système de programmes réalisés par une série de registres qui se caractérisent par beaucoup de lacunes et beaucoup de redondances, par des défauts et par la surabondance (« Die Sprache ist ein System von Programmen in verschiedenen Registern, mit vielfältiger Defizienz und Redundanz, mit Mangel und Überfluss »). La langue est un système d'informations complémentaires (« Die Sprache ist ein System komplementärer Information »). J'avoue d'emblée que je suis entièrement d'accord avec toutes ces définitions de M. Wandruszka – ce qui étonnera peut-être quelques-

1. Ce chapitre reproduit en grande partie mon article *Structures et systèmes linguistiques*, TraLiLi V/1, 1967, 123-130.

2. Mario WANDRUSZKA, *Die maschinelle Übersetzung und die Dichtung*, dans Poetica (éd. par K. Maurer) 1, 1967, 3-7.

3. V. pour le concept et l'importance de la redondance, Peter HARTMANN, *Theorie der Grammatik III : Allgemeine Strukturgesetze in Sprache und Grammatik*, 1961 (Mouton), 316-318.

uns d'entre ceux qui ont entendu la communication que j'ai présentée au Congrès de Madrid en 1965. J'y ai présenté un système logique et cohérent en prenant comme exemple le système conceptuel "se souvenir". En réalité, les deux thèses ne se contredisent point, mais elles se complètent, ainsi que nous allons le voir. La thèse de M. Wandruszka correspond à une attitude sémasiologique, ma position de Madrid correspond à une attitude onomasiologique.

Mettons-nous d'abord, avec M. Wandruszka, sur le plan **sémasiologique** en examinant les différentes structures qui se superposent en français. La **structure phonologique** du français est connue. Prenons comme exemple l'opposition *phonème* + *õ* en nous limitant à cette combinaison de deux phonèmes :

/põ/ *pont* m., (il) *pond*
/bõ/ *bon* m., et adj., *bond* m.
/fõ/ *fond* m., *fonds* m., *fonts* pl., (ils) *font*
/võ/ (ils) *vont*
/mõ/ *mont* m., *mon* pron., *m'ont*
/tõ/ *ton* m., *ton* pron., *thon* m., *t'ont*
/dõ/ *don* m., *dont, Don* (Sanche)
/sõ/ *son* (pour les bestiaux), *son* (= le ton), *son* pron., (ils) *sont*
/zõ/ une des rares combinaisons sans réalisation à l'initiale (mais cp. *gazon, foison, blason, raison, etc.)*
/nõ/ *nom* m., *non, n'ont*
/žõ/ *jonc* m.
/šõ/ *chon* m., *chong* m.
/kõ/ *qu'on*, etc.
/gõ/ *gond*
/lõ/ *long, l'on, l'ont*
/iõ/ *ion* m.
/rõ/ *rond, rompt*, (ils) *ront*
/üõ/ *huons*
/ùõ/ *où on, ou on*

Cet exemple nous montre que, d'une part, la langue n'utilise pas toutes les possibilités que lui présente le système phonologique (/zõ/manque par exemple), et que, d'autre part, dans la plupart des réalisations, l'opposition phonologique nous donne des unités ambigües, polyvalentes. D'une part, le système phonologique ne profite pas de toutes ses possibilités ; d'autre part, il nous donne souvent des unités non déterminées de façon univoque quant au contenu. Cela correspond exactement à la polysémie (ou homonymie) sur le plan lexical. Le registre phonologique n'est pas utilisé cent pour cent ; il n'est pas capable, d'autre part, de nous donner des unités univoques.

Ce qu'il fait – et c'est beaucoup – c'est de faire une présélection : les possibilités d'interprétation sont réduites à une (cas idéal), à deux, trois, quatre, ou même plus. Le système phonologique laisse à d'autres registres de continuer la détermination.

Souvent, il est même difficile de déterminer exactement s'il s'agit d'un phonème ou non. On a souvent dit que le *ich-* et le *ach*-laut en allemand ne constituent que deux variantes combinatoires d'un seul et même phonème [4]. En effet, après *i* et *e* on se sert automatiquement du *ich-*, après *a, o, u* automatiquement du *ach*-laut. C'est juste, si la syllabe suivante n'est pas constituée par le suffixe diminutif *-chen*. Dans ce cas, les deux variantes *ich* et *ach* se transforment en signes démarcatifs (sans que je veuille trancher le problème de leur statut phonologique) :

Kuchen : *Kuhchen*
tauchen : *Tauchen* (petite corde)
fauchen : *v-chen* (diminutif de la lettre *v*).

Il faut donc admettre que *ich* et *ach* peuvent être considérés, dans une seule et même langue, comme des variantes combinatoires d'un seul phonème ou comme deux phonèmes différents.

Passons au **niveau morphologique**. Le français, on le sait, se trouve dans une phase de transition d'une structure postdéterminée à une structure prédéterminée [5]. Du point de vue synchronique, les deux structures se complètent et se superposent.

Le substantif est en général prédéterminé : *le livre - la livre* :

singulier		pluriel	
masculin	féminin	masculin	féminin
ləlivr	lalivr	lẹlivr	lẹlivr
dülivr	dəlalivr	dẹlivr	dẹlivr
ọlivr	alalivr	ọlivr	ọlivr
ləlivr	lalivr	lẹlivr	lẹlivr

4. V. de façon explicite W. ROTHE, *Strukturen des Konjunktivs im Französischen*, Beiheft ZrP 112, Tübingen 1967, 43 s. : « Hier (/niçt/ "nicht" – /naxt/ "Nacht") haben wir es mit der automatisierten Variante ein und desselben Phonems zu tun ; [ç] und [x] stehen im Deutschen niemals in Opposition zueinander ».

5. V. déjà W. von WARTBURG, *Evolution et structure de la langue française*, 1934, et surtout Harald WEINRICH, *Ist das Französische eine analytische oder synthetische Sprache ?*, Mitteilungsblatt des Allgemeinen deutschen Neuphilologenverbandes 15, 1962, 177-186 ; Kurt BALDINGER, *Post- und Prädeterminierung im Französischen*, dans Mélanges Wartburg I, Tübingen 1968, 87-106 ; voir ib. p. 94 aussi sur la forme féminine postdéterminée de l'adjectif (à ce sujet, cf. l'étude faite avec plus de détails par Wolfgang ROTHE, *Die Genusbildung des französischen Adjektivs auf der Ebene der Hörbarkeit*, dans Neusprachliche Mitteilungen aus Wissenschaft und Praxis 27, 1974, 216-221).

L'article sert à classer *livre* parmi les éléments nominaux. En même temps, l'article détermine le genre, le nombre et le cas [6]. Mais aucune de ces quatre structures, qui se superposent, n'est parfaite :

a) le *genre* reste ambigu au pluriel (et au singulier devant voyelle) ;

b) le *nombre* n'est pas déterminé au datif masculin (au livre / aux livres) ;

c) le *cas* n'est pas déterminé quant au nominatif et à l'accusatif, ni au singulier ni au pluriel (*le livre* nom. sg. et acc. sg. ; *les livres* nom. pl. et acc. pl.).

d) reste la *fonction classificatrice* : l'unité qui suit *le, la*, etc. appartient à la classe nominale. Cela paraît l'évidence même, mais il est facile de montrer que ce système, lui aussi, présente des ambigüités :

le battu – le bats-tu ?
la tortue – la tords-tu ?
le tutu – le tues-tu ?
le pointu – le poinds-tu ?
le tortil – le tord-il ?
la curatelle – la cura-t-elle ?
le castel – le casse-t-elle ?
la stèle – lace-t-elle ?
la tortelle – la tord-elle ?
le pastel – le passe-t-elle ?
la tutelle – la tue-t-elle ?
le v – lever ; levée
l'abattu / la battue – la bats-tu ?
l'attelle / l'atèle – l'a-t-elle ? [7]

La structure due à la prédétermination est donc imparfaite : tous les quatre registres (la classification, le genre, le nombre, le cas) ont des points faibles, des ambiguïtés qui sont résolues à l'aide d'autres registres.

Quant à la postdétermination des substantifs, le français l'a presque entièrement perdue ; reste une série de pluriels irréguliers, éliminés de plus en plus dans le langage populaire.

Passons à la **morphologie verbale** :

---

6. Je garde la classification traditionnelle sans soulever le problème de sa justification qui pourrait être cherchée dans différentes directions, v. par exemple K. TOGEBY, *Structure immanente de la langue française*, Copenhague 1951, 190 ss. ; K. HEGER, *Valenz, Diathese und Kasus*, ZrP 82, 1966, 138-170. V. aussi ci-dessous II 3.

7. Dans le titre d'une œuvre théâtrale *Les caisses – qu'est-ce ?* (que me communique A. Rey), l'article sert, au contraire, à différencier deux homonymes.

Tableau 17

	personnes :	temps (et modes) :
	je chante	je chante [žəšãt - morphème zéro]
	tu chantes	je chant*ais* } [8]
	{ *il*	je chant*ai* }
	{ *elle* chante	je chant*erai* } [8]
	nous chant*ons* redondance [9]	je chant*erais* }
homonymie	*vous* chant*ez* redondance	*que* je chante
	{ *ils*	*que* je chant*asse*
	{ *elles chantent*	*j'ai* chant*é*
		j'*avais* chant*é*

La prédétermination domine pour la différenciation des personnes (y inclus le nombre) et pour le genre (marqué seulement à la 3e personne), la postdétermination domine pour la différenciation des temps (sauf pour les temps composés). Mais tant le registre de la prédétermination que le registre de la postdétermination présentent des ambiguïtés : homonymie de *il/ils, elle/elles* ; homonymie à la première personne au futur/conditionnel et à l'imparfait/passé défini (l'homonymie présent indicatif/présent subjonctif étant évitée par *que*, c'est-à-dire par une prédétermination supplémentaire) [10].

Les deux registres fonctionnent, mais ils ne fonctionnent pas de manière parfaite. La redondance *nous* chant*ons*, *vous* chant*ez* est inutile ; du point de vue logique on aurait mieux fait de garder la postdétermination à la 3e personne, là où il y a ambiguïté dans la prédétermination.

La **formation des mots** nous offre, dans l'ensemble, l'exemple d'un système bien établi. Pourtant, les ambiguïtés, les fonctions doubles, ne sont pas rares. Nous savons que les préfixes ne changent jamais la classe du mot de base. Les suffixes se partagent en deux groupes : les uns changent la classe, les autres non [11]. Les préfixes sont toujours

8. V. à propos de l'opposition phonologique (controversée) /ẹ/:/ę/ Hans-Wilhelm KLEIN, *Phonetik und Phonologie des heutigen Französisch*, München ²1966, 65 ; Wolfgang ROTHE, *Phonologie des Französischen*, ²1978, 57, 67 ss.

9. La redondance est plus grande au p. d. (1re, 4e, 5e, 6e pers.).

10. Cf. W. ROTHE, *Strukturen des Konjunktivs im Französischen* (Beiheft ZrP 112), Tübingen (Niemeyer) 1967,427 p. – A propos des catégories "personne" et "nombre" v. maintenant Klaus HEGER, *Sprachvergleich und Semantik. Das Beispiel der grammatischen Kategorien "Person" und "Numerus"*, Heidelberg (Carl Winter) 1980.

11. K. TOGEBY, *Structure immanente de la langue française*, 1951, 224 ss. ; B. POTTIER, *Les infixes modificateurs en portugais*, Boletim de Filologia 14, 1953, 237 ; *Systématique des éléments de relation*, 1962, 96 ss.

homogènes,les suffixes sont homogènes ou hétérogènes. Les préfixes ne marquent jamais le genre, les suffixes peuvent le marquer. Mais prenons le suffixe /-əte̩/ (*-eté*) :

Tableau 18

	I. Subst. + genre féminin	II. Verbe
a. changement de classe (adj. > subst.)	fermeté, âcreté, tendreté, propreté, etc.	
b. sans changement de classe (verbe > verbe)		souffleter, vergeter, craqueter, etc.

On peut se tirer d'affaire en disant que, dans le cas I, il s'agit d'un suffixe (*-eté*), dans le cas II d'un infixe (*-et-*), mais l'homonymie reste un fait accompli. La détermination de la classe se fait par l'article (prédétermination) ou le contexte.

Prenons les mots en *-eur* : trois registres entrent en jeu :

– le **suffixe** *-eur* détermine : le mot en question est substantif ou adjectif ;

– si le **radical** est un verbe ou un substantif, le mot en *-eur* est masculin, si le radical est un adjectif, le mot en *-eur* est féminin ;

– si on peut faire précéder le mot en *-eur* par l'**article** *le/la*, c'est un substantif masculin/féminin, sinon c'est un adjectif.

Tableau 19

Classe du mot de base	*-eur*	
	Substantif	Adjectif
verbe	m. le vainqueur	vainqueur
verbe	le crâneur	crâneur
verbe	le critiqueur	
verbe	le demandeur	
verbe	le relieur, etc.	
adjectif	f. la lenteur	
adjectif	la froideur	
adjectif	la fadeur	
adjectif	la grandeur	
adjectif	la maigreur, etc.	

Ce tableau fait ressortir autant des ambiguïtés (*-eur* : ambiguïté du genre) que des redondances (le genre est déterminé à la fois par le mot de base en combinaison avec le suffixe et par l'article).

Le **lexique**, enfin, est le niveau des ambiguïtés par excellence. L'homonymie ou la polysémie – peu importe la terminologie – en est la preuve la plus frappante. Il n'y a guère de mot qui ne présente au moins deux significations. Chaque mot réduit, il est vrai, l'infini des significations possibles à un petit nombre de significations potentielles (ce qui nous rappelle exactement l'interprétation sémantique des groupes de phonèmes). Grâce à la polysémie, nous dominons l'infinité du monde entier, matériel et spirituel, à l'aide d'un nombre limité d'éléments lexicaux (cf. la 1re partie, chap. 6). Chaque élément a, en général, toute une série de fonctions sémantiques (1re partie, chap. 3a). Le lexique n'est donc pas non plus un registre autonome et univoque – il fait une présélection dans le domaine du contenu. La détermination définitive se fait par le **contexte**, la distribution (la constitution d'un *dictionnaire* n'est possible que grâce au fait qu'il remplace le contexte par des définitions).

Le contexte serait-il donc le *deus ex machina*, l'ange sauveur qui résoudrait toutes les ambiguïtés ? Il faut avouer que les règles de distribution sont très efficaces, mais il n'est pas difficile de prouver que le registre distributionnel, lui non plus, n'est pas toujours capable de supprimer les ambiguïtés. J'emprunte deux exemples à la grammaire structurale de M. Dubois [12] :

deux interprétations (code parlé) :

Leur(s) collègue(s) étai(en)t malade(s)

quatre interprétations (code parlé) :

Leur(s) secrétaire(s) étai(en)t venu(e)(s).

La liaison, moins courante dans le langage de conversation, pourrait servir d'indicateur secondaire du pluriel [13]. Un registre supplémentaire entre en jeu : la **situation** (ou le **grand contexte**, s'il s'agit du code écrit). Si la situation, elle aussi, est ambiguë, il y a **malentendu** ou l'interlocuteur demande des informations supplémentaires (système du *feed-back*). Dans ce cas, le sujet parlant a recours de nouveau aux différentes structures linguistiques pour trouver une autre solution plus précise.

Une série de conclusions s'impose :

1° La langue n'est pas **une** structure : elle fonctionne grâce à toute une *série de structures hiérarchisées*.

---

12. Jean Dubois, *Grammaire structurale du français*. I *Nom et pronom*, Paris (Larousse) 1965, 82 ss.

13. Cf. Klaus Heger, *Die "liaison" als phonologisches Problem*, dans Hommage Wartburg I, Tübingen 1968, 467-484.

2° Aucune de ces structures n'est sans lacune ni sans déficience ; autrement dit : chacune de ces structures laisse subsister des ambivalences.

3° Les différentes structures se superposent, se confirment (redondances) et se complètent mutuellement. Comme le registre morphologique de la prédétermination est défectueux quant à la détermination Nom./Acc. (sujet/objet direct), la syntaxe (une règle de distribution) se charge de la différenciation, etc.

4° Le jeu des structures assure la compréhension, la communication.

5° Les différentes structures fonctionnent comme des fusibles ; si le fusible d'une structure a sauté, la ou les structures suivantes réparent le dommage et garantissent le fonctionnement de la communication. Si tous les fusibles ont sauté (y inclus le système de référence à la situation), il y a malentendu : la communication échoue. La langue ne fonctionne plus. Il faut avoir recours au système du *feed-back*, c'est-à-dire recommencer.

Nous avons donné raison à M. Wandruszka : les structures linguistiques sont défectueuses et redondantes à la fois. Seulement, M. Wandruszka parle indifféremment de *structure* et de *système*. Je propose de distinguer les deux termes. Tout ce que nous avons dit concerne les *structures* telles que nous les trouvons réalisées dans la langue française. De toutes ces structures imparfaites, nous pouvons dégager, construire des *systèmes* cohérents et parfaits [14]. Ces systèmes sont des abstractions logiques sur le plan conceptuel.

Prenons le plan phonologique :

Tableau 20

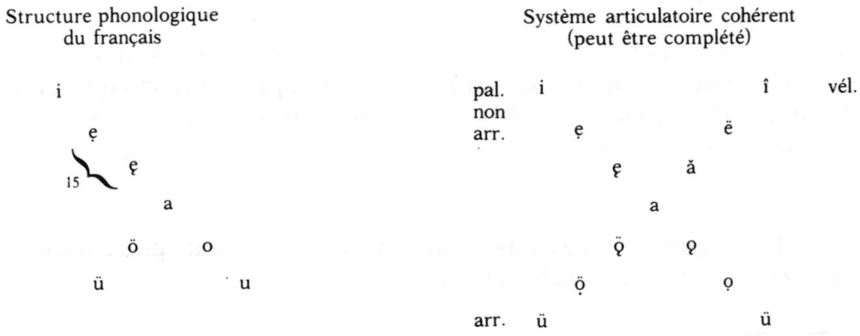

14. Pour un emploi différent des termes *structure* et *système*, cf. B. POTTIER, *Systématique des éléments de relation*, 1962, 114 ; Bohumil TRNKA, *Principios de análisis morfológico*, Montevideo

La prédétermination du substantif :

Tableau 21

structure réalisée (article masc.)		système cohérent (peut être complété)	
a	A	a	A
b	B	b	B
c ←	→ c	c	C
a	A	d	D

J'ai dit, au commencement de ce chapitre, que nous nous mettions, avec M. Wandruszka, sur le plan sémasiologique. En effet, la *structure* réalisée dans une langue donnée est toujours le point de départ de la **sémasiologie**. Le *système* cohérent, au contraire, est le point de départ de l'**onomasiologie**. La *structure* ou les structures sont toujours la ou les structures d'une langue donnée. Le *système* est toujours d'ordre conceptuel et dépasse une langue donnée. Cette nouvelle conception de distinguer ce qui est réalisé à l'intérieur d'une langue donnée, et les systèmes cohérents et logiques qu'on en déduit, nous servira de base dans les chapitres suivants en vue de dégager une conception plus ajustée de la *sémasiologie* et de l'*onomasiologie*. Georges Mounin parle à juste titre du rétablissement du pont entre la logique et le langage, et spécialement entre la logique et la sémantique [15].

(Cuadernos del Instituto lingüístico latinoamericano 6), 1965, 6 : « Comme d'autres niveaux, le plan morphologique se présente comme un *système*, dont les traits peuvent être cités dans n'importe quel ordre, et comme une *structure* ou bien, comme une organisation de ces traits ordonnés en mots et groupes de mots au long de l'axe horizontal » (Trnka se sert de *système* pour la *paradigmatique*, de *structure* pour la *syntagmatique* !) ; pour G. MOUNIN (CahLex 6, 1965, 20) *le système des systèmes* est une *structure* ; cf. d'autre part Peter HARTMANN, *Begriff und Vorkommen von Struktur in der Sprache*, dans Festschrift [Hommage] Jost Trier zum 70. Geburtstag, Köln-Graz (Böhlau) 1964, 1-22 ; K.H. RENSCH, *Organismus-System-Struktur in der Sprachwissenschaft*, dans Phonetica 16, 1967, 71-84 (d'orientation historique), etc. Dans la majeure partie des ouvrages de linguistique, l'emploi de *système* et *structure* est plutôt inconscient, c'est pourquoi ce sont des termes peu fixes, et d'usages assez divergents.

15. Quant à l'opposition controversée /ẹ/:/ę/ v. en haut, note 8.

16. Georges MOUNIN, *Les problèmes théoriques de la traduction*, Paris 1963, 133.

2

Le trapèze de Heger *

Dans la première partie, nous avons pris comme base méthodologique le triangle d'Ullmann avec ses trois points représentants le *signifiant* (Wortkörper = forme de l'expression), le *concept* (objet mental) et la *réalité extralinguistique* (Ullmann : name-sense-thing). Klaus Heger, dans son article déjà cité sur les bases méthodologiques de l'onomasiologie et de la classification par concepts [1], article de grande importance théorique (champs sémasiologique et onomasiologique), pense que j'ai dénaturé le sens originel du triangle en le transposant de la première métalangue [2] au niveau de la seconde :

3 plan de la deuxième métalangue (méthodologie linguistique)
2 plan de la première métalangue (application de la méthodologie linguistique ; plan de la grammaire appliquée)
1 plan de la langue objet.

En même temps, dans le triangle modifié, la consubstantialité quantitative entre signifié et signifiant a été perdu, et Heger demande,

* L'essentiel de ce chapitre formait une première partie de ma communication au Congrès de Linguistique Romane à Madrid 1965. Le texte entier (y compris la seconde partie qui constitue ici le chapitre suivant) a été publié en français en 1966 : *Sémantique et structure conceptuelle (Le concept "se souvenir")*, dans CahLex 8, 1966, 3-46 ; une version abrégée a paru dans les Actes du Congrès (*Problèmes fondamentaux de l'onomasiologie*, dans XIe Congreso Int. de Lingüística y Filología románicas, Actas I, Madrid 1968, 175-213).

1. Klaus HEGER, *Die methodologischen Voraussetzungen von Onomasiologie und begrifflicher Gliederung*, dans ZrP 80, 1964, 486-516 (= *Les bases méthodologiques de l'onomasiologie et du classement par concepts*, dans TraLiLi III/1, 1965, 7-32).

2. Cf. A. J. GREIMAS, *Sémantique structurale*, Paris 1966, 14-15. Comme le triangle de ULLMANN peut déjà être conçu comme modèle méthodologique au niveau de la seconde métalangue (applicable au niveau de la première), cette critique de Heger me semble fondée seulement dans ce sens que ni Ullmann, ni moi-même, nous n'avons distingué clairement et consciemment les deux niveaux (Heger, dans les discussions ultérieures, fut d'accord avec cette interprétation).

par conséquent, la séparation du signifié et du concept. La critique de Heger me paraît pleinement justifiée, au moins dans ce sens que, dans ma conception du triangle, j'ai changé – sans m'en rendre compte – la conception du signe linguistique. Dans mon interprétation du triangle, la réunion du signifiant (Wortkörper) et du signifié (concept) ne constitue pas un signe linguistique dans sa totalité parce que le contenu d'une forme de l'expression (Wortkörper) est tout un champ sémasiologique (qui contient plus d'un concept ou objet mental) et parce que, de l'autre côté, un concept (objet mental) peut être formalisé par plus d'une forme de l'expression (signifiant). La définition du signe linguistique dans le triangle ainsi conçu ne correspond pas à la définition de Saussure (feuille de papier : on ne peut couper le recto sans couper le verso). Le signe linguistique est, dans mon application du triangle, la réunion d'**un** signifiant et (à l'intérieur du même triangle) d'**une** signification ; le concept est **un** objet mental saisissable (à l'intérieur du même triangle) à l'aide d'**un** signifiant. Cette conception est légitime (et dans de nombreux cas, il sera avantageux de s'appuyer sur elle), mais elle détruit l'unité saussurienne du signe linguistique. Le triangle présente un autre inconvénient : le concept contenu dans le triangle est une unité à deux faces, ce qui a causé de nombreux malentendus. D'une part, c'est l'unité mentale, telle que nous l'avons décrite, unité qui sert de point de départ à l'onomasiologie. D'autre part, le concept est uni au signifiant par l'intermédiaire de la signification (cf. ci-dessus le chapitre 5c).

Heger a conçu pour ces raisons un autre modèle plus nuancé, le trapèze, qui restitue l'unité du signe linguistique et qui offre la possibilité d'analyser le contenu (en faisant place aux sémèmes et aux sèmes) :

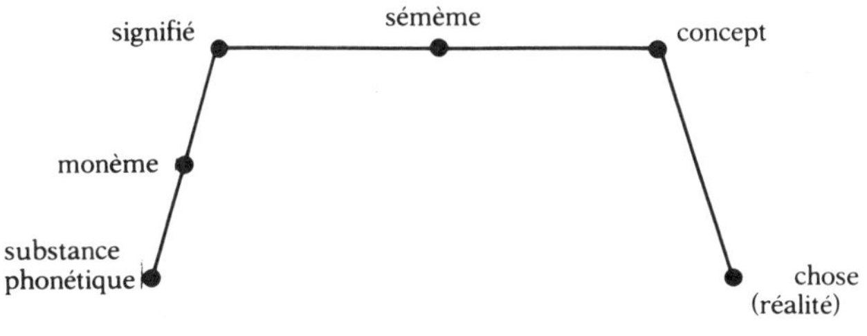

Fig. 22

En d'autres termes (en tenant compte de la terminologie de Hjelmslev) [3] :

3. « Les différents niveaux hjelmsléviens tendent de plus en plus à être reconnus, mais, en même temps, un approfondissement se fait, qui aboutit à la distinction de niveaux supplémentai-

Fig. 23

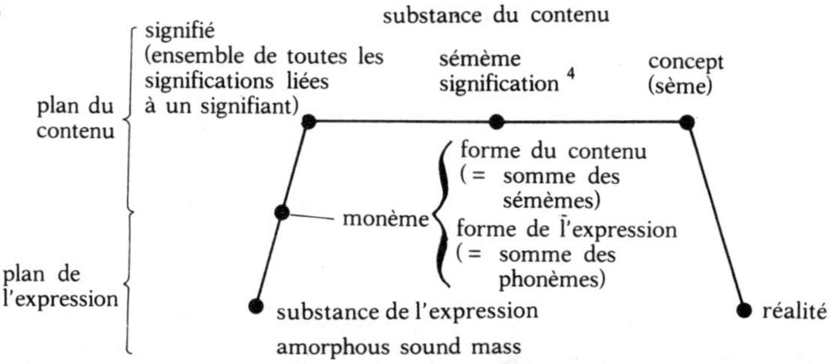

Ce schéma, je le répète, est un modèle méthodologique qui sert à représenter les questions qui sont posées par la linguistique ; son application est transférée du plan de la première métalangue à celui de la deuxième (Heger, TraLiLi III/1, 13 ; ZrP 80, 493). Il évite les inconvénients du triangle déjà mentionnés. Le terme de *monème* [5] signifie l'unité minimale porteuse de signification :

Fig. 24

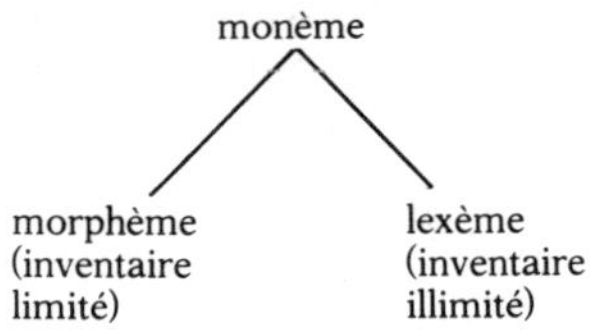

Le monème est à la fois forme de l'expression (comme somme de phonèmes) et forme du contenu (comme somme de sémèmes) ; le monème est à la fois signifiant et signifié. Tandis que le signifié dépend de la structure d'une langue, le concept figurant sur la droite du trapèze est, selon Heger, indépendant. Il se définit par sa position à l'intérieur d'une pyramide partielle de concepts ou d'un système logique de relations [6]. En partant des *structures* concrétisées dans une

---

res, à des subdivisions des niveaux hjelmsléviens (la notion de substance du contenu, par exemple, devient insuffisante) ; en même temps, on explore beaucoup mieux les interrelations complexes entre les divers niveaux » (RUWET, *La linguistique générale aujourd'hui*, dans Arch. europ. de Sociol. 5, 1964, 282 ; cf. aussi 287).

4. Heger se sert seulement du terme *sémème* et rejette *signification* pour éviter des malentendus. Nous différencierons plus bas les deux termes (deuxième partie, chapitre 6).

5. Cf. aussi la *première partie*, chapitre 3c.

6. « Les façons dont peuvent se présenter les relations qui lient plusieurs concepts entre eux sont connues : on définit les espèces par le genre et la différence spécifique ; on divise un genre de façon exhaustive en deux espèces en introduisant une différence spécifique et sa négation qui forment donc une opposition contradictoire ; des concepts se définissent par leurs places dans un système logique de relations qui est régi par des prémisses axiomatiques ». HEGER, TraLiLi III/1, 1965,p. 19.

langue, il est possible d'aboutir à des *systèmes* indépendants d'une langue donnée (cf. le chapitre précédent). Pour Heger, la sémasiologie et l'onomasiologie se situent uniquement sur le plan de la substance du contenu. La sémasiologie part du signifié (Bedeutungsumfang) et examine les différentes significations ou sémèmes en dégageant les sèmes ou *differentiae specificae* (cf. l'analyse de Pottier, ci-dessus, Première partie, chap. 5) :

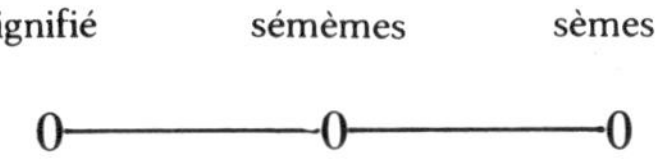

L'onomasiologie, au contraire, part du concept qui, je le répète, est indépendant de la structure d'une langue donnée, pour trouver les désignations, les relations linguistiques dans une ou plusieurs langues. L'onomasiologie cherche les monèmes qui, par une de leurs significations ou sémèmes, servent à exprimer le concept en question (l'onomasiologie en conséquence prend, dans le trapèze, la direction de droite à gauche). La sémasiologie examine l'ensemble d'un signifié relié par consubstantialité *à un seul monème* ; elle présente donc une multiplicité de significations ou de sémèmes. L'onomasiologie – en partant du côté inverse – examine une multiplicité de significations ou de sémèmes reliés à une multiplicité de signifiés et à travers les signifiés à une *multiplicité de monèmes*.

Le champ sémasiologique représente la structure interne d'un seul signifié lié par la consubstantialité à un seul monème.

Le champ onomasiologique représente la structure de tous les sémèmes appartenant à différents signifiés, c'est-à-dire à différents monèmes, mais réalisant tous un seul et même concept. Pour symboliser ces données théoriques d'une valeur géométrique, il faudra recourir à la profondeur comme troisième dimension :

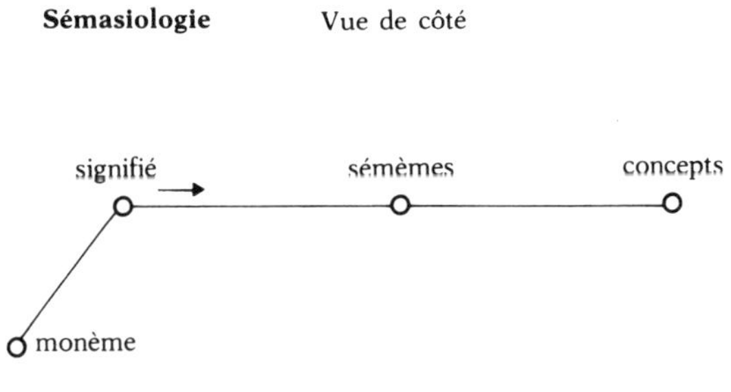

Vue de haut
(d'un cas hypothétique)

Fig. 25

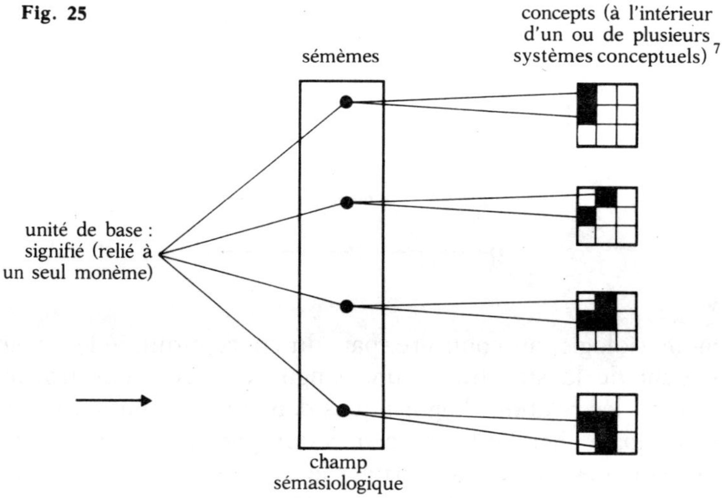

Onomasiologie Vue de côté

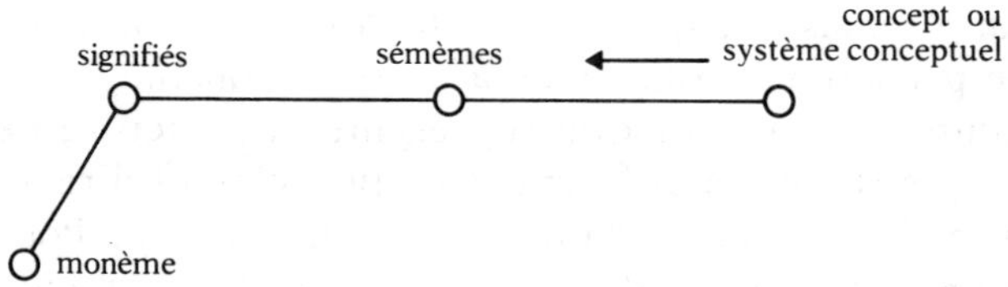

7. Les sèmes contenus dans le système de concepts peuvent être de nature très hétérogène. Cf. plus bas les sèmes qui font partie du système conceptuel "se souvenir".

Vue de haut
(d'un cas hypothétique)

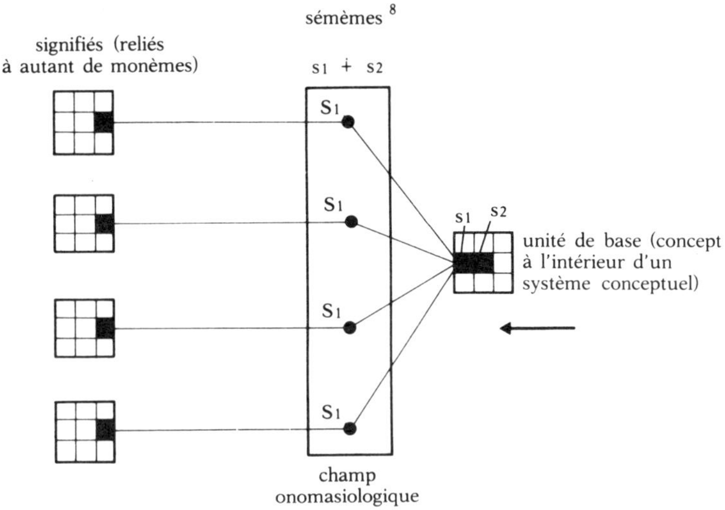

Fig. 26

8. Combinaison de sèmes (s1 + s2) qui correspond à une position dans le système conceptuel donné (cf. dans le chapitre suivant les positions dans le système conceptuel "se souvenir").

3

Exemple d'analyse conceptuelle : le concept "se souvenir" *

La sémasiologie autant que l'onomasiologie étudie donc un ensemble de significations ou sémèmes, selon que cet ensemble de significations est lié à un signifié/monème ou à un concept (ou système conceptuel).

Nous sommes donc en présence d'une situation toute nouvelle sur le plan du contenu, grâce à des travaux pratiques et théoriques réalisés en 1963 et 1964. Ces travaux permettent de serrer les problèmes sémantiques de plus près. Le schéma s'est compliqué – et nous devrons le compliquer encore davantage dans le chapitre II 6 – mais en se compliquant il s'approche de plus en plus d'une présentation fidèle de la complexité caractéristique de la réalité linguistique. J'ai choisi, comme objet de démonstration, **le concept "se souvenir"** et ses réalisations linguistiques en français, que nous examinerons d'abord sur le plan synchronique, ensuite – d'une façon très fragmentaire – sur le plan diachronique. Ce que je présenterai, ce sont les résultats d'une demi-année de discussion avec les étudiants de Heidelberg qui, de même, ont préparé plusieurs coupes synchroniques. En outre, je remercie surtout M. Heger de ses suggestions au cours de nombreuses discussions nocturnes, qui m'ont été particulièrement précieuses.

Tout d'abord, il faut se rendre compte de la nature complexe du concept "se souvenir". On peut le définir comme "la présence psychique" (P_{ψ}) de quelque chose appartenant au passé ($A \underset{P}{\leftarrow}$) dans la mémoire d'un être vivant (M_B) [1] ; ce qui nous donne comme formule de base :

* Chapitre présenté comme seconde partie de ma communication au Congrès de Linguistique Romane de Madrid (en 1965) ; cf. la note au chapitre précédent.

1. Un passage du *Bestiaire d'amour rimé* (vers 1250) donne la même définition de façon poétique :

$$\boxed{P_{\psi}(A \underset{p}{\leftarrow}; M_B)}$$

Cette formule de base présuppose d'une façon axiomatique l'existence des catégories *temps* et *esprit* et l'existence de *personnes* et de *choses*. A constitue l'objet mémoriel en question ; B celui chez qui l'objet mémoriel (= A) est évoqué. La présence psychique est indiquée par le verbe ou l'expression verbale :

Je / *me souviens* / de mon enfance
B P_{Ψ} A

De ces trois éléments fondamentaux, seul P est toujours présent tandis que B ou A peuvent être sous-entendus, nous le verrons. Mais on peut ajouter un quatrième élément C marquant la cause qui évoque, qui produit le souvenir :

all. *C erinnert mich an A* / esp. *C me recuerda A*

Dès que je traduis cette phrase en français, je vois que je ne peux plus me servir du verbe *souvenir* :

C me *rappelle* A
ce jouet me *rappelle* mon enfance

Nous touchons dès maintenant à la soi-disant synonymie entre *rappeler* et *souvenir* : *je me souviens* de mon enfance est involontaire ; *rappeler*, au contraire, a un caractère volontaire ou causal (au moins dans notre exemple) :

1) *je me souviens de* mon enfance
B P_{Ψ} A

2) *je me rappelle* mon enfance
C B P_{Ψ} A

Même situation en anglais, cp.
1) *I remember* A... et
2) C *reminds me of* A.

1) est une phrase à deux actants (A et B) selon la terminologie de Lucien Tesnière [2], 2) est une phrase à trois actants (dans laquelle B et

« A homme [Dieu] une vertu donna,
Par coi il puet *ramentevoir*
Les fais trespassés et savoir
Trestout en autretel samblance
Com se il fussent en presence » (v. 66-70).

2. Lucien TESNIÈRE, *Eléments de syntaxe structurale*, Paris 1959, 102, 105 ss.

C sont identiques). *Je* et *me* ont d'autres fonctions dans les deux phrases. Retenons cette première distinction entre involontaire et volontaire ou causal qui caractérise la différence entre *se souvenir* et *se rappeler* dans leur emploi étymologique (qui, nous le verrons, est dépassé aujourd'hui) [3]. C'est la différence entre la *mémoire involontaire* et la *mémoire volontaire* qui se dégage si nettement de l'œuvre de Proust [4]. Racine se sert de cette opposition, par exemple dans *Mithridate,* 201-204 :

Ne *vous souvient-il* plus, en quittant vos beaux yeux,
Quelle vive douleur attendrit mes adieux ?
Je m'en souviens **tout seul**. Avouez-le, Madame,
Je vous rappelle un songe **effacé** de votre âme.

Tout seul souligne le caractère involontaire de *se souvenir* ; **effacé** souligne le caractère volontaire de *rappeler* [5].

Mais il y a une seconde opposition fondamentale à l'intérieur du concept "se souvenir" : le souvenir peut être présenté comme un acte ou comme un état. On peut, sur le plan de la mémoire volontaire, **évoquer** le souvenir ou **garder** le souvenir. De même, le souvenir, sur le plan de la mémoire involontaire, peut **revenir** ou **rester**. Le souvenir peut donc être transformatif ou non transformatif [6, 7]. Prenons, à titre d'exemples, ces deux phrases de Proust :

---

3. Pour *se souvenir* et *se rappeler* au XVIIe siècle, cf. notre article *Se rappeler – se souvenir,* dans Mélanges de Grammaire française offerts à Maurice Grevisse..., Gembloux (Belgique, Editions Duculot) 1966, 21-37.

4. Voir Elisabeth GÜLICH, *Die Metaphorik der Erinnerung in Prousts "A la recherche du temps perdu",* ZfSL 75, 1965, 51-74, spécialement p. 55, 59 ; Elizabeth R. JACKSON, *L'évolution de la mémoire involontaire dans l'œuvre de Marcel Proust,* Paris 1966, 280 pp. ; S. ULLMANN, *Images of Time and Memory in "Jean Santeuil",* Currents of Thought in French Literature (Essays in Memory of G. T. Clapton, éd. par J. C. Ireson 1966, 209-26 ; H. WEINRICH, *Typen der Gedächtnismetaphorik,* Archiv für Begriffsgeschichte 9, 1964, 23-26.

5. Henri VERNAY (Klagenfurt) a constaté, par une enquête spéciale, que dans la littérature française contemporaine encore, *se rappeler* sert à exprimer surtout la mémoire volontaire, *se souvenir* surtout la mémoire involontaire (voir pourtant plus loin à propos de la tendance à une nouvelle distribution sémantique des deux verbes). Si Alain-Fournier se sert presque exclusivement de *se rappeler* dans le *Grand Meaulnes,* tandis que Saint-Exupéry, dans *Terre des Hommes,* préfère *se souvenir,* ces préférences s'expliquent par le caractère des deux romans. Alain-Fournier se remet à l'esprit les faits de son enfance et de sa jeunesse (acte de la mémoire volontaire) ; chez Saint-Exupéry, le souvenir est déclenché le plus souvent par des événements et des réflexions actuels.

Quant à l'opposition *transformatif – non transformatif,* voir la note suivante.

6. D'après la terminologie de M. Sánchez RUIPÉREZ, *Estructura del sistema de aspectos y tiempos del verbo griego antiguo,* Salamanca 1954, 53, et K. HEGER, *Valenz, Diathese und Kasus,* dans ZrP 82, 1966, 142, note 7 et p. 151.

7. La langue tchèque dispose de deux formes qui remontent toutes les deux à la racine *men* (information de mes collègues MM. Schröpfer et Schallich, de Heidelberg) :

« Brusquement le souvenir de sa femme morte lui revient » (*Swann* I, 28, N.R.F., 1919),

« (un rêve) dont le souvenir durera davantage » (*Swann* I, 126, N.R.F., 1919).

La première phrase est transformative, la seconde non transformative. En réalité, il est souvent difficile de distinguer le souvenir transformatif du souvenir non transformatif.

Il faut que je me rappelle bien que je n'ai pas dormi (PROUST, *Swann* I, 78, N.R.F., 1919).

... mais souvenez-vous au-dessous des mers de nuages... c'est l'éternité (St-EXUPÉRY, *Terre des Hommes*, 14, N.R.F., 1939).

Ces phrases sont très proches de « il faut que je n'oublie pas... », « ... N'oubliez pas ». Elles ont donc un caractère non transformatif, ainsi que les expressions non transformatives *garder dans sa mémoire*, *retenir en sa mémoire*, etc., qui s'approchent toutes du concept voisin "ne pas oublier" et "penser à" [8].

Ces quelques exemples nous fournissent les éléments nécessaires pour constituer un système conceptuel de corrélations logiques qui peut servir de base à l'onomasiologie aussi bien pour le français, dont nous avons emprunté les exemples, que pour d'autres langues romanes et les langues germaniques. Le système conceptuel "se souvenir" se présente de la façon suivante, si nous tenons compte de toutes les possibilités suggérées par le français :

$$\boxed{P_\psi(A \xleftarrow[p]{}; M_B)}$$ = formule de base (v. ci-dessus)

1. une forme sans préfixe : *pamatovati si* "avoir en mémoire, garder dans la mémoire" ;
2. deux formes avec préfixes : *vzpomínati* et *připomínati*. Les deux préfixes *vz* et *při* ont une fonction inchoative. Une situation analogue se trouve dans d'autres langues slaves.

8. La distinction se complique encore par l'existence d'une catégorie *itérative* intermédiaire que nous avons qualifiée de transformative : « Souvent, plus tard, lorsqu'il s'endormait après avoir désespérément **essayé** de *se rappeler* le beau visage effacé, il voyait en rêve passer des rangées de jeunes femmes... » (*Grand Meaulnes* I, XV, Coll. Livre de Poche). « Je ne *me rappelle* **jamais** cette partie du plaisir **sans** un obscur regret, comme une sorte d'étouffement » (ib. III, V). « Le directeur **avait coutume** de *rappeler* leurs devoirs à tous ses subordonnés » (DUHAMEL, *Pasqu.* VIII, II, Robert). « Sans être belle, elle avait une figure difficile à oublier et que je *me rappelle* **encore, souvent, beaucoup trop** pour un vieux fou » (ROUSSEAU, *Confess.* I, Robert, s. v. difficile). Ce caractère itératif est très net pour *revenir* + *sans cesse*. « Cette idée *lui revenait, sans cesse*, d'une prison atroce dans laquelle on l'eût enfermé pour quelque crime inconnu » (BLOY, *Le Désespéré*, p. 78, Robert, cit. 15) [Très proche de « il pensait sans cesse à »].

Cette formule peut être réalisée totalement ou en partie. Sur le plan de la parole, on peut faire abstraction (= laisser sous-entendu) de $A \underset{P}{\leftarrow}$ ou de M_B, tandis que la présence psychique est nécessairement formalisée si l'on ne veut pas sortir du domaine conceptuel "se souvenir". Cela nous conduit à trois sections au moins : formalisation de $P_\Psi(A \underset{P}{\leftarrow}; M_B)$ + (A) + (B) ; formalisation de $P_\Psi(A \underset{P}{\leftarrow}; M_B)$ + (B) ; formalisation de l'ensemble de la formule à laquelle s'ajoute un élément causal. En même temps, nous distinguons le nombre d'**actants** formalisés ; nous les appelons **valences** (Wertigkeit). M. Heger a écrit un article doctrinal qui développe la théorie de la valence verbale de Lucien Tesnière [9]. J'en donne seulement le résultat essentiel dont nous avons besoin pour nos considérations ultérieures :

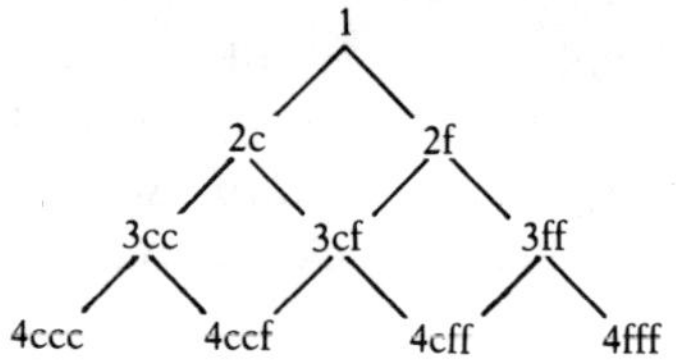

etc.

monovalent : A devient (transformatif)
A est (non-transformatif)

bivalent : (1 + 1 valence causale ou finale)

trivalent : (1 + 2 valences finales ou 2 valences causales ou 1 + 1 valence causale + 1 valence finale)

valence 0 = avalent = pas d'actant,
valence 1 = monovalent = 1 actant, etc.

Fig. 27

En appliquant ce système de valences au concept "se souvenir", nous obtenons :

$P_\Psi(X \underset{P}{\leftarrow}; M_Y)$	= valence 0 (avalent)
$P_\Psi(X \underset{P}{\leftarrow}; M_B)$ ou $P_\Psi(A \underset{P}{\leftarrow}; M_Y)$	= valence 1 (monovalent)
$P_\Psi(A \underset{P}{\leftarrow}; M_B)$ $_cP_\Psi(A \underset{P}{\leftarrow}; M_Y ; C)$ $_cP_\Psi(X \underset{P}{\leftarrow}; M_B ; C)$	= valence 2 (bivalent)
$_cP_\Psi(A \underset{P}{\leftarrow}; M_B ; C)$	= valence 3 (trivalent)

9. Klaus HEGER, *Valenz, Diathese und Kasus*, dans ZrP 82, 1966, 138-170 (le schéma se trouve à la page 146) ; v. aussi Georges LÜDI, *Die semantische Valenz und ihre Beschreibung im Rahmen der Semanalyse*, dans Rolf Kloepfer (éd.), Bildung und Ausbildung in der Romania, II : Sprachwissenschaft und Landeskunde, München (Fink) 1979, 53-70.

En tenant compte de la formule de base, des différentes valences et de la formalisation partielle ou totale et en y ajoutant les variantes transformatives (*t*) et non transformatives ($\bar{t}$), nous obtenons le schéma suivant qui nous permettra de classer toutes les formalisations possibles :

Fig. 28

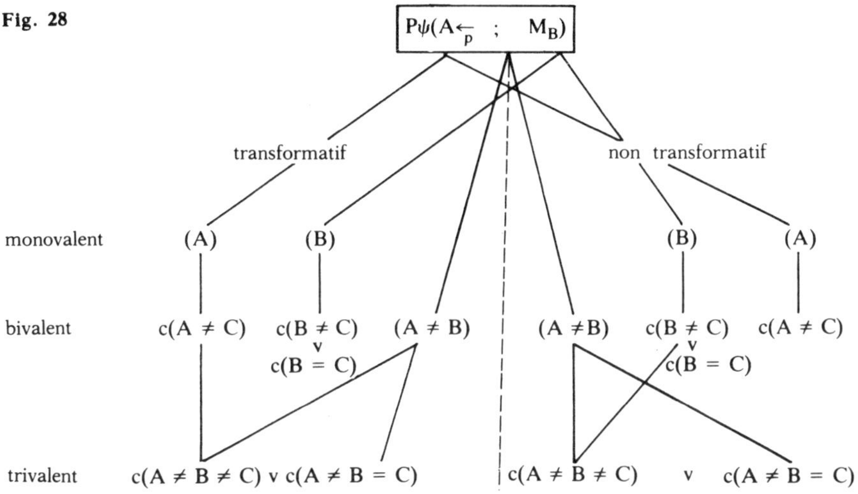

Le côté tranformatif correspond exactement au côté non transformatif, c'est-à-dire que chaque exemple formalisé présente au moins deux interprétations à examiner [10]. Ce schéma, qui contient toutes les possibilités logiques, nous permettra d'examiner la question de savoir dans quelle mesure une langue donnée le formalise, quelles sont les formalisations préférées et quelles formalisations sont très rares (ce qui peut correspondre soit à une faute, soit à une valeur stylistique très élevée) ou quelles formalisations sont laissées en blanc. De plus, le schéma permettra souvent de saisir les *differentiae specificae* entre les prétendus synonymes.

Reprenons le schéma conceptuel en numérotant les positions et en les expliquant verbalement (v. pp. 142 s.).

10. Cp. l'exemple suivant qui m'est communiqué par M. Heger :

– monovalent et transformatif : « la voiture se met en marche », « der Wagen kommt in Bewegung » ;

– monovalent et non transformatif : « la voiture est (se trouve) en marche », « der Wagen ist in Bewegung » ;

– bivalent et transformatif : « le moteur met la voiture en marche », « der Motor setzt den Wagen in Bewegung » ;

– bivalent et non transformatif : « le moteur maintient la voiture en marche », « der Motor hält den Wagen in Bewegung ».

Ce schéma réunit d'une façon systématique toutes les formalisations possibles que j'ai trouvées en français moderne.

Tableau 22

Le concept "se souvenir" $P_\Psi (X \overleftarrow{P}; M_Y)$

transformatif :			
monovalent	1-1 "A vient en mémoire"	1-2 ("B commence à se souvenir")	
	$[P_\Psi (X \overleftarrow{P}; M_Y) + 1 + t + (A)]$	$[P_\Psi (X \overleftarrow{P}; M_B) + 1 + t + (B)]$	
bivalent	2-1 "C évoque le souvenir de A"	2-2a "C évoque le souvenir chez B"	2-3 "A se réalise dans la mémoire de B"
	$[cP_\Psi (A \overleftarrow{P}; M_Y ; C) + 2c [C \rightarrow (A \overleftarrow{P}; M_Y)] + t + (A \neq C)]$	$[cP_\Psi (X \overleftarrow{P}; M_B ; C) + 2c [C \rightarrow (X \overleftarrow{P}; M_B)] + t + (B \neq C)]$	$[P_\Psi (A \overleftarrow{P}; M_B) + 2 + t + (A \neq B)]$
		2-2b "C évoque son souvenir" ; "B : évoque ton souvenir !" $[cP_\Psi (X \overleftarrow{P}; M_B ; C) + 2c [C \rightarrow (X \overleftarrow{P}; M_B)] + t + (B = C)]$	
trivalent	3-1a "C évoque chez B le souvenir de A"	3-1b "B évoque chez soi le souvenir de A" ; "B : évoque le souvenir de A !"	
	$[cP_\Psi (A \overleftarrow{P}; M_B ; C) + 3c [C \rightarrow (A \overleftarrow{P}; M_B)] + t + (A \neq B \neq C)]$	$[cP_\Psi (A \overleftarrow{P}; M_B ; C) + 3c [C \rightarrow (A \overleftarrow{P}; M_B)] + t + (A \neq B = C)]$	

non transformatif :

monovalent		10-2 "B est dans l'état de se souvenir" $[P_\Psi (X \leftarrow\!\mathrm{P};\ M_B) + 1 + \bar{t} + (B)]$	10-1 "A reste en mémoire" $[P_\Psi (A \leftarrow\!\mathrm{P};\ M_Y) + 1 + \bar{t} + (A)]$
bivalent	20-3 "B garde le souvenir de A" $[P_\Psi (A \leftarrow\!\mathrm{P};\ M_B) + 2 + \bar{t} + (A \neq B)]$	20-2a "C tient éveillé le souvenir chez B" $[cP_\Psi (X \leftarrow\!\mathrm{P};\ M_B\ ;\ C) + 2c\ [C \longrightarrow (X \leftarrow\!\mathrm{P};\ M_B)] + \bar{t} + (B \neq C)]$ 20-2b "B fait garder son souvenir" ; "B : garde le souvenir !" $[cP_\Psi (X \leftarrow\!\mathrm{P};\ M_B\ ;\ C) + 2c\ [C \longrightarrow (X \leftarrow\!\mathrm{P};\ M_B)] + \bar{t} + (B = C)]$	20-1 "C fait garder le souvenir de A" $[cP_\Psi (A \leftarrow\!\mathrm{P};\ M_Y\ ;\ C) + 2c\ [C \longrightarrow (A \leftarrow\!\mathrm{P};\ M_Y)] + \bar{t} + (A \neq C)]$
trivalent	30-1a "C fait garder chez B le souvenir de A" $[cP_\Psi (A \leftarrow\!\mathrm{P};\ M_B\ ;\ C) + 3c\ [C \longrightarrow (A \leftarrow\!\mathrm{P};\ M_B)] + \bar{t} + (A \neq B \neq C)]$	30-1b "B fait garder chez soi le souvenir de A" ; "B : garde le souvenir de A !" $[cP_\Psi (A \leftarrow\!\mathrm{P};\ M_B\ ;\ C) + 3c\ [C \longrightarrow (A \leftarrow\!\mathrm{P};\ M_B)] + \bar{t} + (A \neq B = C)]$	

A = objet duquel on se souvient (= X, s'il est indéterminé) ;
B = porteur de souvenir ; "celui qui se souvient" (= Y, s'il est indéterminé) ;
C = cause du souvenir ; "celui qui évoque le souvenir" ;
$P\Psi$ = présence psychique ;
c = valence causale.

Le schéma est riche sans avoir la prétention d'être complet. Mais je suis sûr qu'il contient les formalisations essentielles. En remplissant le schéma conceptuel par des expressions de la langue-objet, nous appliquons, sur le plan de la première métalangue, le système méthodologique acquis sur le plan de la deuxième métalangue à la langue-objet.

Tableau 23

Champ(s) onomasiologique(s) "se souvenir" en français moderne [11]

1-1	1-2			10-2	10-1
le souvenir de qch renaît	qn se souvient			avoir mémoire (La Fontaine) retenir se souvenir	le souvenir de qch durera
2-1	2-2a ?	2-3	20-3	20-2a ?	20-1
rappeler (le souvenir de) qch * qch rappelle qch (≈ ressemble à, fait penser à) évoquer qch chercher à évoquer qch * (tout) parle de	2-2b * se rappeler (à l'infinitif) * se souvenir (à l'infinitif) souviens-toi (emploi absolu)	*se rappeler* qch, que * *se souvenir* de il me souvient (vx, lit.) *revenir* (à la mémoire, à l'esprit, au cœur, en sa pensée) (Racine) le souvenir de revient à, se ressouvenir (vieilli, litt.) * revoir	*se souvenir* * se rappeler qch se ressouvenir (vieilli, litt.) rester vivant dans son souvenir * revoir *retenir* *garder le souvenir*, la mémoire de avoir mémoire de (La Fontaine) subsister dans son souvenir	20-2b ?	rappeler qch (≈ ressembler à, faire penser à)

3-1a	3-1b	30-1a	30-1b
rappeler qch à qn (y inclus ≈ * au sens de ressembler à) * faire souvenir de (y inclus ≈ * au sens de ressembler à) * faire penser à, remettre qch devant les yeux de qn (Racine) remémorer qch à qn, faire revenir qch (en mémoire) à qn	*se rappeler* qch, que se rappeler le souvenir de se rappeler de qch *se remémorer* qch } ≈ répéter *remémorer* qch } se mettre à penser à qch (du passé) * penser à qch (du passé) se souvenir (à l'impératif) remettre qch dans son esprit (à l'impératif) (Corneille) se remettre (le visage) de qn (Racine, Ac 1694) [cf. * noter : il faut noter qu'il était alors bien jeune ; * prêter attention à qch → concepts voisins]	* rappeler qch à qn * faire souvenir qch à qn * se souvenir de... grâce à * faire souvenir de (y inclus ≈ ressembler à) * aller rappelant qch en qn	* se rappeler toujours ayez mémoire de qch (Ac 1694) ayez souvenance de (encore Ac 1694) retenir (à l'impératif) * se rappeler (à l'impératif) * se souvenir (à l'impératif)

* Distinction difficile entre transformatif et non transformatif.
** Les formes en italiques sont très fréquemment attestées.

11. Le système pourrait, si besoin, être complété. Nous n'avons, par exemple, pas retenu la possibilité : 2-1b ou plutôt 20-1b : « C évoque et fait garder le souvenir de A » (C = A), réalisée, par exemple, dans le passage suivant :

« *l'odeur* et *la saveur* restent encore longtemps, comme des âmes, à *se rappeler*, à espérer » (PROUST, *Swann* I, 73).

L'odeur et *la saveur* sont à la fois la cause et l'objet du souvenir.

Cette possibilité se retrouve sur le plan trivalent [3-1c : « C évoque chez B le souvenir de A » (A = C ≠ B)] ; voici un exemple du XVIe siècle :

« *Dieu se ramentoit à nous* par elles (les maladies), afin de nous amender » (PASQUIER, Lettres am., 14).

Dieu, à l'aide des maladies, est à la fois la cause et l'objet du souvenir évoqué chez ''nous'', les hommes.

Le schéma est rempli de monèmes et d'expressions à plusieurs monèmes, mais la position de ces monèmes à l'intérieur du schéma conceptuel précise (dans une certaine mesure) la signification. En réalité, nous avons fait abstraction du champ sémasiologique de chaque monème en ne retenant que les significations qui entrent dans le champ conceptuel de "se souvenir". Nous avons donc classé des significations ou des sémèmes reliés à des monèmes qui peuvent avoir encore d'autres significations. Il s'agit donc d'une série de **champs onomasiologiques** structurée selon le système conceptuel dont nous sommes partis. Chaque position à l'intérieur du système conceptuel constitue un *champ onomasiologique* (micro) (v. le Tableau 23). J'y joins une série d'exemples en français moderne pour documenter les différentes positions.

Exemples en français moderne

1-1 « Puis *renaissait le souvenir* d'une nouvelle attitude » (PROUST, *Swann* I, 16, N.R.F., 1919).

1-2 « Enfin Bury releva la tête, parut m'entendre, *se souvenir*, et partit brusquement dans un rire clair » (ST-EXUPÉRY, *Terre des Hommes*, 12 s., N.R.F., 1939).

2-1 « ... car les excuses *rappellent* la faute plus certainement qu'elles ne l'atténuent » (LOUŸS, *Avent. roi Pausole*, III, XI, *Robert* s. v. excuses).

« Il est un peu petit, et c'est pour excuser sa taille qu'il *rappelle* à tous propos son grade de lieutenant dans la cavalerie de réserve » (V. GARBAUD, *Barnabooth*, Journal II, p. 200, *Robert*, s. v. petit).

« *Rappellerai-je* encor *le souvenir* affreux / Du jour qui dans les fers nous jeta toutes deux ? » (*Racine*, *Iphig.* II, I, *Robert*).

« Une existence quasi fraternelle qu'il m'est impossible d'*évoquer* sans que mes yeux s'emplissent de larmes » (COURTELINE, *Boubour.*, cf. *Robert*).

« Il en est ainsi de notre passé. C'est peine perdue que *nous cherchions à l'évoquer* » (PROUST, *Swann* I, 69, N.R.F., 1919).

« Tout *parlait* du Grand Meaulnes » (*Grand Meaulnes* III, XI, Coll. Livre de Poche).

2-2a ?

2-2b « J'ai fini par ne plus m'ennuyer du tout à partir de l'instant où *j'ai appris à me souvenir*. Je me mettais quelquefois à penser dans ma chambre... » (CAMUS, *L'Etranger*, p. 112, *Robert*).

« Horloge ! dieu sinistre, effrayant, impassible. / Dont le doigt nous menace et nous dit : "*Souviens-toi !*" » (BAUDELAIRE).

« *Rappelle-toi*, Barbara ! » (Refrain d'une chanson de Jacques PRÉVERT, cp. 3-1b).

2-3 « **Brusquement** *le souvenir* de sa femme morte *lui revint* » (PROUST, *Swann* I, 28, N.R.F., 1919).
« Il retrouvait son ami, comme vous *revient* une musique oubliée » (MONTHERLANT, *Le Songe* I, III, *Robert*) [ou = 20-3 ?].
« Mais quel était l'objet de mes amours ? Peut-être cela *me reviendra-t-il* comme beaucoup de choses *me reviennent* en écrivant » (STENDHAL, *Vie de H. Brulard*, 13, *Robert*).
« *Je me souviens* / Des jours anciens / Et je pleure » (VERLAINE, *Poèmes saturniens, Robert*).

3-1a « La vue de la petite Madeleine ne *m'avait* rien *rappelé* avant que je n'y eusse goûté » (PROUST, *Swann* I, 72, N.R.F., 1919).
« *Rappelez-moi* à son souvenir » (formule de politesse classique).
« Tu veux, en les niant, qu'on *te les remémore* » (Mairet, v. *Littré*).
« Tu *me fais souvenir* que j'ai tout oublié » (HUGO, *Hernani, Robert*).
« Je vous *ferai souvenir* d'une petite histoire » (RACINE, éd. Mesnard, IV, 282, Imag., voir aussi VI, 307).
« Il lui *remet devant les yeux* ce qu'Ajax a fait pour les Grecs » (RACINE VI, 435, *Cin.*, 1137).

3-1b « Je *rappelai* à moi le peu que je savais » (VALÉRY, *Regards sur le monde actuel*, p. 13, *Robert*).
« Je passais la plus grande partie de la nuit à *me rappeler* ma vie d'autrefois... à *me rappeler* les lieux » (PROUST, *Swann* I, 19, N.R.F., 1919).
« *Rappelle-toi cela*, Barbara ! » (Variante d'une chanson de Jacques PRÉVERT, cp. 2-2b).
« Tiens, disait ma tante en se frappant le front, cela *me fait penser* que j'ai point su si elle était arrivée à l'église après l'élévation » (PROUST, *Swann* I, 148, N.R.F., 1919).
« *Remets dans ton esprit*, après tant de carnages, De tes proscriptions les sanglantes images » (CORNEILLE, III, 435, *Cin.*, 117, *Littré*).
« Plus je vous envisage, moins *je me remets*, Monsieur, votre visage » (RACINE, *Plaid.*, 380).
« Ne vous *remettez-vous* point son visage ? » (Ac 1694).
« La nuit, sur l'oreiller, il *se remémore* ces délicieuses soirées » (ROLLAND, *Robert*).
« Tel qu'un homme qui s'éveille le matin et qui *rappelle* peu à peu de loin le songe fugitif qui a disparu à son réveil » (FÉN., *Tél.* VIII, *Littré*).
« Un nom qu'on *cherche à se rappeler* et à la place duquel on ne trouve que du néant » (PROUST, *Rech. temps perdu* I, p. 530, Pléiade).

10-1 « (un rêve) dont *le souvenir durera* davantage » (PROUST, *Swann* I, 26, N.R.F., 1919).

10-2 « C'est tout, si *j'ai mémoire* » (LA FONTAINE, éd. Regnier, IV, 386).

« Il n'est pas vieux, mais il *se souvient* de loin » (Ac 1694).

« J'ai connu, sur les bancs du collège, un garçon qui avait de l'ambition et des moyens ; il s'appliquait, il comprenait, il *retenait* » (ALAIN, *Propos*, 18 février 1911, Grandet).

20-1 « Ces gradins, qui *rappellent* ceux des amphithéâtres de Rome » (GAUTHIER, *Voyage en Espagne, Robert*, s. v. gradin).

20-2a ?

20-2b ?

20-3 « Ah ! je *me souviendrai* du serpent de Motril ! » (ST-EXUPÉRY, *Terre des Hommes*, p. 17, N.R.F., 1939).

« Il *s'en souviendra* ! » (menace) [différentes interprétatons possibles].

« Il *se souvient* d'un goût de pleine mer qui, s'il est une fois savouré par l'homme, n'**est jamais oublié** » (ST-EXUPÉRY, *Terre des Hommes*, p. 184, N.R.F., 1939) [= peut toujours être rappelé à la mémoire].

« Ce vieil omnibus a disparu, mais son austérité, son inconfort *sont restés vivants dans mon souvenir* » (ib., p. 20).

« Je *me rappelle* **encore** cet être singulier » (*Grand Meaulnes* II, III, Coll. Livre de Poche).

« Je *revoyais* les grandes armoires solennelles de la maison » (ST-EXUPÉRY, *Terre des Hommes*, p. 75, N.R.F., 1939) [ou = 2-3 ?].

« Je *n'ai point mémoire* d'en avoir vu qui m'ait semblé si doux » (LA FONTAINE, *Orais.*).

« Si j'en *ai mémoire* » (LA FONTAINE, VIII, 291).

30-1a « Par sa seule présence, il me *fait* **sans cesse** *souvenir* de mon enfance ». « *Grâce* à ce bruit permanent, *je me souvenais* **toute la matinée** de ».

« Par la diversité de son humeur... elle *allait rappelant* en lui mille désirs, évoquant des instincts ou des réminiscences » (FLAUBERT, *Mme Bovary* III,5, *Robert*, s. v. humeur).

« L'horizon... donne une place d'honneur à notre soif d'infini, en même temps qu'il nous *rappelle* nos limites » (BARRÈS, *La Colline inspirée* II, 18, *Robert*).

30-1b « Il faut que *je me rappelle* **bien** que je n'ai pas dormi » (PROUST, *Swann* I, 78, N.R.F., 1919).

« Parce qu'on *se rappelle* **toujours** ce qu'on a médité longtemps » (HUGO, *Littér. et philos. sur Walter Scott, Robert*).

« *Rappelle-toi* bien d'employer tout ce que tu as d'esprit à être aimable » (STENDHAL, *Corresp.* II, 174, *Robert*).

« Seurel, je te demandais l'autre jour de *penser à* moi. Maitenant, au contraire, il vaut mieux **oublier** » (*Grand Meaulnes* II, XII, Coll. Livre de Poche).

« Et maintenant encore, au seul mot de fontaine, prononcé n'importe où, c'est *à* celle-là, **pendant longtemps**, que je *pense* » (ib., III, I) [ou = 3-2 ?].
« Seigneur, *ne vous souvenez-vous point* de mes offenses » (Ac 1694).

La description des sémèmes, une fois le champ conceptuel constitué, ne présente pas de difficulté : la première partie est constituée par le groupe de sèmes qui sert de base :

s_1^1 $P_\Psi(A \underset{p}{\leftarrow}; M_B)$

ou les deux variantes elliptiques :

s_1^2 $P_\Psi(A \underset{p}{\leftarrow}; M_Y)$
s_1^3 $P_\Psi(X \underset{p}{\leftarrow}; M_B)$

ce qui se dégage du titre du schéma.

Nous marquons :

par s_2 les valences (s_2^1 = monovalence, s_2^2 = bivalence, s_2^3 = trivalence),
par s_3 l'opposition causal / non causal (s_3^c ; $s_3^{\bar{c}}$),
par s_4 l'opposition transformatif / non transformatif (s_4^t = transformatif ; $s_4^{\bar{t}}$ = non transformatif),
par s_5 l'opposition entre B ≠ C et B = C ($s_5^{\bar{i}}$ = non-identité entre B et C ; s_5^i = identité entre B et C).

Prenons, à titre d'exemple, le sémème de *se rappeler* à la position 3-1b :

$$S = s_1^1 + s_2^3 + s_3^c + s_4^t + s_5^i$$

Il est donc facile de transcrire les formules du schéma en sémèmes.

Le schéma et les exemples posent une série de problèmes. Je n'ai pas trouvé d'exemples pour certaines positions du schéma – ce qui, d'ailleurs, confirme que le schéma n'est pas tautologique et qu'il ne se limite pas à refléter des significations suggérées par la langue en question, le français. Quelques-unes de ces *positions vides* seront remplies quand nous passerons à l'ancien français. Dans ces cas surtout, le vide peut être l'effet du hasard – une recherche plus détaillée fournira peut-être quelques exemples, sûrement rares d'ailleurs. Il est plus significatif que nous n'avons guère trouvé d'exemples, ni en français moderne ni en ancien français, pour les positions *2-2a* et *20-2a*, c'est-à-dire pour les combinaisons de B et de C (non identiques), transformatives et non transformatives. Ce n'est guère l'effet du hasard. Il est au moins peu usuel de parler de B et de C sans parler de A [12]. Quant aux autres positions, la densité des exemples est très inégale. Certaines positions, par exemple les positions monovalentes, sont rarement formalisées, ce qui se comprend facilement puisque le concept "se souvenir" suppose normalement deux actants (A et B). Les positions monovalentes ont toutes, par conséquent, un caractère elliptique ; A ou B reste sous-entendu (ce qui correspond à X au lieu de A et à Y au lieu de B dans la formule de base). D'autre part, les positions non elliptiques, bi- ou trivalentes, sont bien attestées. Les exemples abondent. Ces dernières positions peuvent se classer en deux types :

1. *B se souvient de A* avec les variantes causal / non causal et transformatif / non transformatif : ce sont 2-3 et 20-3, 3-1b et 30-1b, ce qui nous donne la formule suivante :

$$P_{\Psi}(A \underset{p}{\leftarrow}; M_B) + (t \vee \bar{t}) + ([2 + (A \# B)] \vee [3c(C \rightarrow (A \underset{p}{\leftarrow}; M_B)) + (A \# B = C)])$$

2. *C rappelle A à B* transformatif ou non transformatif (mais sans que C soit identique à B) : ce sont les positions 3-1a et 30-1a, ce qui nous donne la formule simple :

$$P_{\Psi}(A \underset{p}{\leftarrow}; M_B) + (t \vee \bar{t}) + 3c(C \rightarrow (A \underset{p}{\leftarrow}; M_B)) + (A \# B \# C)$$

La seconde formule correspond (ou correspondait, voir plus loin) au domaine central du verbe rappeler : *rappeler quelque chose à quelqu'un* ; la première correspond (ou correspondait) au domaine central de *se souvenir de quelque chose* (B se souvient de A). Dans ces cas, *rappeler* se distingue de *se souvenir* par son caractère causal [13].

12. De même, les exemples de 2-2b et de 20-2b (d'ailleurs difficiles à distinguer) sont très rares. Trois exemples chez Baudelaire, Proust et Camus sont d'autant plus expressifs.

13. Cette situation de base se reflète très bien dans le passage suivant : « telle femme incapable de *se rappeler* les événements les plus grands, *se souviendra* pendant toute sa vie des choses qu'importent à ses sentiments » (BALZAC, *Femme de trente ans*, Robert). L'exemple suivant est plus difficile à interpréter :

> « Marius, nous l'avons dit, *ne se rappelait rien. Il se souvenait seulement* d'avoir été saisi en arrière par une main énergique... » (HUGO, *Misér.*, V, V, VIII, Robert).

Il faudrait alors traduire en allemand, par exemple :

> « er konnte sich an nichts erinnern. Es fiel ihm nur ein (er hatte nur das vage Gefühl), dass... »

Nuance consciente ou seulement variante stylistique pour ne pas répéter le même verbe (puisque, au fond, il s'agit d'un souvenir causal, volontaire, dans les deux cas) ? Dans les exemples suivants, pourtant, on s'attendrait au verbe *se rappeler* : « Oubliée par qui, je vous prie ? Par

Mais ce schéma nous révèle même les interférences possibles : dès que je mets *se souvenir* à l'impératif, nous introduisons un élément causal et l'expression verbale passe de la bivalence à la trivalence : dans « souvenez-vous des choses du passé ! » [14], B devient identique à un nouvel élément causal C et nous entrons dans le domaine du causal de *rappeler*. En effet, on peut remplacer *souviens-toi de ta jeunesse* par *rappelle toi (de) ta jeunesse*. S'il y a différence stylistique entre les deux expressions, c'est parce que les deux verbes ont des centres sémantiques différents. Le champ sémasiologique intervient dans les nuances stylistiques (voir mon article, *Sémasiologie et onomasiologie*, RLiR 28, 1964, notamment p. 257, et ici l'appendice, 223 ss. ; Benveniste dans Word 10, 264) [15].

D'autre part, *rappeler*, par la même voie, s'approche du domaine de *se souvenir* dès qu'il est construit de la même façon qu'un verbe pronominal. Dans *il se rappelle quelque chose*, le pronom-objet a d'abord la valeur pleine d'un régime indirect, mais C est identique à B. *Se souvenir* à l'impératif et *se rappeler*, verbe réfléchi à trois valences, se rencontrent légitimement dans la position 3-1b. :

« B évoque son souvenir de A » (je me rappelle quelque chose) ou

« B: évoque le souvenir de A ! » (souviens-toi de quelque chose = rappelle-toi quelque chose).

Ce point de contact [16] pouvait servir de point de départ pour l'analogie : *se rappeler quelque chose* → *se rappeler de quelque chose* (attesté depuis MARIVAUX, *Jeu* I, 7 et ROUSSEAU, *NHél* I, 22) [17], d'après *se souvenir*

ceux-là qui, ne sentant rien, ne *peuvent se souvenir* de rien » (BAUDELAIRE, *Art. romant.* XXII, III, Robert). « Je les prie de *se souvenir que* ce n'est pas à moi de changer les règles » (RACINE). Ici, comme dans *faire souvenir, pouvoir* et *prier* se chargent de la valeur causale.

14. C'est la première phrase modèle donnée par *Larousse* pour *se souvenir* v. pron. Autre exemple :

« Mais *souvenez-vous* : au-dessous des mers de nuages... c'est l'éternité » (SAINT-EXUPÉRY, *Terre*, 14, N.R.F., 1939).

Chez BOILEAU déjà : « *Souvenez-vous* bien qu'un dîner réchauffé ne valut jamais rien » (*Lutr.* I).

15. Voir, par exemple, mfr. *lui ramentevoir sa faim* (CHASTELLAIN) > "faire sentir à quelqu'un", ou anc. fr. *tous les barons ne puis mie ramentevoir* (1288, RenN) > "énumérer". Les deux exemples montrent l'importance du contexte. – Voir aussi Uriel WEINREICH, *On the semantic structure of language*, dans Universals of Language 1963, 142.

16. Il y en a d'autres, par exemple : *faire souvenir* = *rappeler* (*faire* se chargeant de l'élément causal). Voir aussi la note suivante.

17. Mais déjà, en 1694, dans le *Dictionnaire de l'Académie* : « *Je me rappelle d'*avoir dit telle chose ». On rencontre cette construction encore aujourd'hui. Elle est qualifiée de fautive par les grammaires : « Je *me rappelle d'*un certain civet de sanglier » (P. BRASILLACH, *Le Voleur d'étincelles*, p. 82) ; « Quand il m'arrive de *me rappeler de* mon âme » (CLAUDEL), etc. – Voir GREVISSE, *Le Bon Usage*, 11 1980, § 1369 ; 1838.

Chez PROUST : « Mais comme ce que *je m'en serais rappelé* m'eût été fourni seulement par la *de quelque chose* et passage de *rappeler* du domaine de la mémoire volontaire à la mémoire involontaire [18].

Le passage de *se rappeler* du domaine de la mémoire volontaire au domaine de la mémoire involontaire fait perdre en même temps le sentiment du lien étymologique avec *appeler*. L'intrusion de *se souvenir* semble préparer une nouvelle répartition structurale entre les deux verbes (je le suggère sous toutes réserves ; elle n'est encore enregistrée ni par les lexicologues ni par les grammairiens). *Rappeler*, grâce à sa valeur causale et sa valeur étymologique de *re* + *appeler*, est beaucoup plus attaché au domaine transformatif que *se souvenir*, dont la valeur transformative ou non transformative est souvent difficile à saisir. M. Vernay et moi, nous avons eu l'impression, en étudiant des centaines d'exemples, que *se souvenir* tend à s'orienter du côté non transformatif en laissant de plus en plus la position transformative (ce qui est sa seule position étymologiquement justifiée !) [19] à *se rappeler* [20, 21].

---

mémoire volontaire, la mémoire d'intelligence » (PROUST, *Swann* I, 68, N.R.F., 1919), mais avec une valeur causale.

18. L'exemple suivant est particulièrement curieux (paradoxalement causal) : « Car *chaque fois qu'il venait de quitter M. Vinteuil*, il *se rappelait* qu'il avait depuis quelque temps un renseignement à lui demander... » (PROUST, *Swann* I, 216, N.R.F., 1919).

D'autres exemples de *se rappeler* à la position 2-3 : « *Je me rappelle* combien je le trouvais beau » (A.-FOURNIER, *Le Grand Meaulnes* I, VI, Coll. Livre de Poche) ; « De ce déjeuner, *je ne me rappelle* qu'un grand silence et une grande gêne » (ib.) ; « Elle nous demande, *je me rappelle*, pourquoi nous ne canotions pas sur le lac des Aubiers, comme les autres » (ib. III, VI). – « Mais à l'instant où je quitte le bureau, j'entends comme un "Plouff !" de plongeon. Un de ces bruits sourds, sans écho. *Je me rappelle* à **l'instant même** avoir entendu un bruit semblable : une explosion dans un garage » (SAINT-EXUPÉRY, *Terre*, p. 133, N.R.F., 1939).

Ce dernier exemple montre que l'emploi causal et l'emploi final peuvent se toucher de très près : en allemand, on pourrait substituer *je me rappelle à l'instant même* par "in demselben Augenblick fällt mir ein" (non causal), mais le souvenir du bruit est causé par le bruit de la phrase précédente. La mémoire involontaire, elle aussi, a sa causalité qui la fait entrer en action. Si nous réunissons les deux phrases : « Le "Plouff !" de plongeon *me rappelle* à l'instant un bruit semblable... » *se rappeler* non causal se transforme en *rappeler* causal. Nous trouvons un cas analogue chez VERLAINE : « Pourquoi voulez-vous donc qu'*il m'en souvienne* ? ». Malgré l'expression causale qui précède, *se souvenir* garde sa valeur non causale (ce qui précède est confirmé par la forme impersonnelle).

19. Il serait à examiner s'il y avait, pendant un certain temps, tendance à répartir de la même façon *il me souvient* (transformatif) et *je me souviens* (non transformatif). *Littré* donne encore les définitions suivantes :

il me souvient "venir à l'esprit"

je me souviens "avoir mémoire de quelque chose".

Mais il n'est pas difficile de trouver des exemples qui contredisent cette répartition (« *Il m'en souviendra* longtemps », Ac 1694).

20. Cf. *il faut qu'il se rappelle* (= transformatif) et *il faut qu'il se souvienne* ($\approx$ qu'il le garde en sa mémoire, plutôt non transformatif). – L'opposition entre transformatif et non transformatif peut être exprimée aussi par l'opposition entre l'imparfait et le passé défini.

21. L'infinitif peut présenter le cas extrême de réduction des valences jusqu'à zéro (avalence).

En tout cas, *se souvenir* est en train de perdre du terrain (quant à la moindre vitalité du côté non transformatif, voir plus loin). Les statisticiens ont constaté que *se souvenir* se trouve attesté cinquante-huit fois dans trente-sept textes, tandis que (*se*) *rappeler* est attesté cent seize fois dans cinquante-six textes, ce qui correspond au numéro d'ordre 269 pour (*se*) *rappeler*, à 482 pour *se souvenir* [22]. *Se souvenir*, par conséquent, n'a pas été retenu par les auteurs dans le vocabulaire du français fondamental !

Autre problème qui est suggéré par l'application du schéma : la formalisation peut se réaliser par un *monème*, par une combinaison plus ou moins lexicalisée de monèmes ou par des *périphrases*. C'est d'ailleurs un fait bien connu en onomasiologie. Il y a une graduation qui va de la périphrase permettant de nombreuses variantes et intéressant surtout la stylistique jusqu'à la lexicalisation par un monème, domaine pur du lexicologue. Il n'y a pas de limite nette entre les deux domaines. Mais il ne sera pas sans intérêt pour le lexicologue de constater que certaines positions du schéma conceptuel sont formalisées uniquement par des périphrases et de constater, sur le plan diachronique, une lexicalisation progressive ou régressive. Il est d'ailleurs évident (et le champ onomasiologique en ancien français nous le confirmera) que la formalisation par un monème est de beaucoup plus fréquente du côté transformatif. Cela s'explique, à mon avis, par le fait que le souvenir suppose un mouvement transformatif grâce auquel la distance entre le moment présent et l'objet appartenant au passé est franchie (la distance temporelle entre $A \underset{P}{\leftarrow}$ et P_Ψ de la formule conceptuelle de base). De plus, l'élément causal, si souvent lié au concept "se souvenir", penche plutôt du côté transformatif et est hostile à la formalisation non transformative. Celle-ci se fait surtout par des verbes auxiliaires insistant sur la durée (*avoir* en mémoire, *garder* le souvenir de, *rester* vivant dans son souvenir, etc.).

J'aimerai souligner, en dernier lieu, que le schéma conceptuel peut faciliter l'interprétation de textes modernes et surtout historiques puisque le schéma, s'il est bon, offre toutes les interprétations possi-

Dans ce cas, il ne donne qu'une orientation conceptuelle sans indication d'actants [formule $P_\Psi (X \underset{P}{\leftarrow}; M_\gamma)$] : « ... percevoir finit par n'être plus qu'une occasion de *se souvenir*, ... » (BERGSON, *Matière et mémoire*, p. 68, voir Robert). En voici encore un exemple du XVe siècle : « Aincoires vous dy que Dieu et raison deffendent le parler ou le *ramentevoir*, devant aucune femme mariée en eage de porter enfans, ou qui est enchainte, *de quelconque chose* pour mengier » (*Les Evangiles des Quenouilles*, éd. P. Jannet). L'infinitif neutralise ici l'actant causal (tandis que A est exprime par *de quelconque chose*) ; on pourrait, d'ailleurs, traduire par "mention". La formule de base, dans ce dernier cas, serait $cP_\Psi (A \underset{P}{\leftarrow}; M_\gamma ; C)$.

22. GOUGENHEIM-MICHÉA-RIVENC-SAUVAGEOT, *L'élaboration du français fondamental* (1er degré), Paris 1964, 74, 108, 110.

bles, y compris les interprétations peu usuelles auxquelles on n'aurait pas pensé sans analyse conceptuelle préalable.

Nous nous sommes beaucoup attardé au schéma conceptuel, mais n'oublions pas que c'est le point cardinal de l'onomasiologie. Le résultat essentiel est, à mon avis, le fait que le concept "se souvenir" est complexe puisqu'il se compose de divers éléments conceptuels ou sèmes. La situation du côté conceptuel du trapèze se présente donc de la manière suivante :

Fig. 29

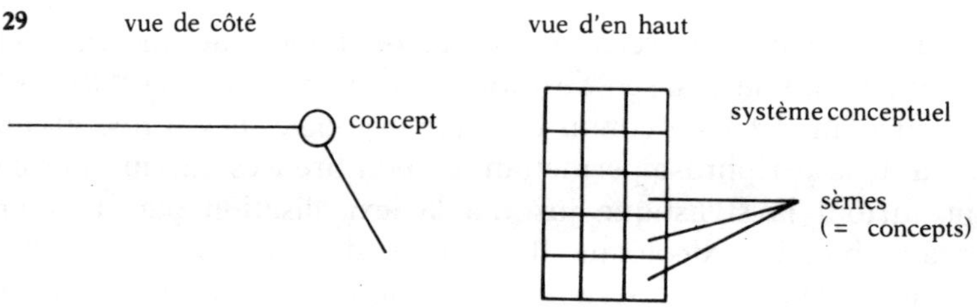

Le système conceptuel permet de trouver les traits distinctifs qui distinguent les synonymes et de présenter le procédé méthodologique de l'onomasiologie de la manière suivante (cas hypothétique au niveau de la première métalangue) :

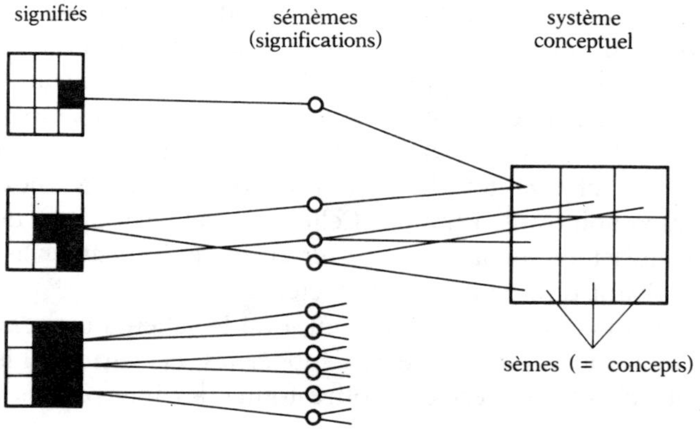

Fig. 30

Je ne peux qu'effleurer le problème des relations entre le concept "se souvenir" et les concepts voisins (v. par exemple l'article de K. Brademann, *Die "geistige Präsenz" im Begriffssystem*, Festschrift Kurt Baldinger, II, 1979, 448-464). Nous avons déjà vu que le côté non transformatif se rapproche du concept *oublier* ou plutôt *ne pas oublier*. *Oublier* nous mènerait dans une structure conceptuelle oppositionnelle et complémentaire.

Le côté non transformatif du schéma conceptuel "se souvenir" présente d'autres relations encore : par exemple, avec le concept "raconter", relations qui ont eu des conséquences sémantiques surtout en ancien français – le substantif *mémoire*, d'ailleurs, a suivi une évolution sémantique apparentée. Par la phrase « Ce portrait *me rappelle* une amie de jeunesse » nous entrons dans le domaine conceptuel de "ressembler". « Tu t'en souviendras ! », prononcé d'un air menaçant, nous rapproche des domaines conceptuels de la menace et du repentir (l'expression est attestée dep. Ac 1798, FEW 12, 376 avec la définition « tu t'en repentiras »). La sémantique devra s'occuper du domaine métaphorique, sur le plan conceptuel. Ces contacts – je n'en ai donné que quelques échantillons – seraient à examiner de près et en détail. L'étude systématique de l'univers sémantique et conceptuel est à peine entamée. Je précise que ni M. Heger ni moi ne réclamons une pyramide conceptuelle totale, démasquée comme utopique depuis longtemps par la logique ; ce qui nous paraît possible, cependant, ce sont des pyramides partielles qui peuvent avoir des interrelations multiples et compliquées. Cela n'entame en rien l'utilité pratique du Begriffssystem HALLIG/WARTBURG.

Après avoir étudié de près le système conceptuel et le champ onomasiologique, nous nous tournons du **côté sémasiologique**. Nous n'avons pas l'intention de le faire d'une façon aussi détaillée. La sémasiologie étudie les différents sémèmes réunis dans un même signifié et, par consubstantialité, dans un même monème. En regardant les différents monèmes servant à formaliser le concept "se souvenir", nous constatons qu'il y a des monèmes, comme par exemple *se souvenir*, dont aucun sémème (aucune signification) ne sort du cadre de notre concept, et il y en a d'autres comme *revenir* qui, en plus, ont des significations qui n'ont aucun sème en commun avec le concept "se souvenir". Puisque le verbe pronominal *se souvenir* n'a pas de significations en dehors du concept "se souvenir", son champ sémasiologique est inclus entièrement dans notre système conceptuel. Nous n'avons qu'à le relever de notre schéma ; il y occupe les positions :

Tableau 24	2-3 = S_1	$[P\Psi(A \underset{p}{\leftarrow}; M{\scriptstyle B}) + 2 + t + (A \neq B)]$
	20-3 = S_2	$[P\Psi(A \underset{p}{\leftarrow}; M{\scriptstyle B}) + 2 + \bar{t} + (A \neq B)]$
	3-1b = S_3 (à l'impératif)	$[{}_{c}P\Psi(A \underset{p}{\leftarrow}; M{\scriptstyle B}; C) + 3\,c[C \rightarrow (A \underset{p}{\leftarrow}; M{\scriptstyle B})] + t + (A \neq B = C)]$
	30-1a = S_4	$[cP\Psi(A \underset{p}{\leftarrow}; M{\scriptstyle B}; C) + 3\,c[C \rightarrow (A \underset{p}{\leftarrow}; M{\scriptstyle B})] + \bar{t} + (A \neq B \neq C)]$
	1-2 = S_5	$[P\Psi(X \underset{p}{\leftarrow}; M{\scriptstyle B}) + 1 + t + (B)]$
	10-2 = S_6	$[P\Psi(X \underset{p}{\leftarrow}; M{\scriptstyle B}) + 1 + \bar{t} + (B)]$
	2-2b/20-2b = S_7	$[cP\Psi(X \underset{p}{\leftarrow}; M{\scriptstyle B}; C) + 2\,c[C \rightarrow (X \underset{p}{\leftarrow}; M_B)] + (t v \bar{t}) + (B = C)]$

C'est le catalogue des significations ou, autrement dit, le catalogue des sémèmes ($S_1 - S_7$), ou la polysémie qui constituent le **champ sémasiologique** du verbe *se souvenir*. Ce champ sémasiologique dans son ensemble constitue le signifié du monème *se souvenir*. Si l'on veut, on peut réduire les sémèmes à une formule très compliquée qui en réunit les éléments. C'est la formule du signifié :

Tableau 25

$$\begin{aligned} U = {} & ((P_\Psi (A \underset{p}{\leftarrow}, M_B) + (t v \bar{t}) + 2 + (A \neq B)) \\ & v\,(cP_\Psi (A \underset{p}{\leftarrow}, M_B ; C) + 3c\,(C \rightarrow (A \underset{p}{\leftarrow}, M_B) + ([t + (A \neq B \\ & = C)]\ v\ [\bar{t} + (A \neq B \neq C)])) \\ & v(P_\Psi (A \underset{p}{\leftarrow}, M_B) + (t v \bar{t}) + 1 + (B)) \\ & v(cP_\Psi (X \underset{p}{\leftarrow}, M_B ; C) + 2c(C \rightarrow (X \underset{p}{\leftarrow}, M_B)) + (t v \bar{t}) + (B = C))) \end{aligned}$$

Le champ sémasiologique réuni dans cette formule peut être symbolisé géométriquement de la façon suivante :

Fig. 31

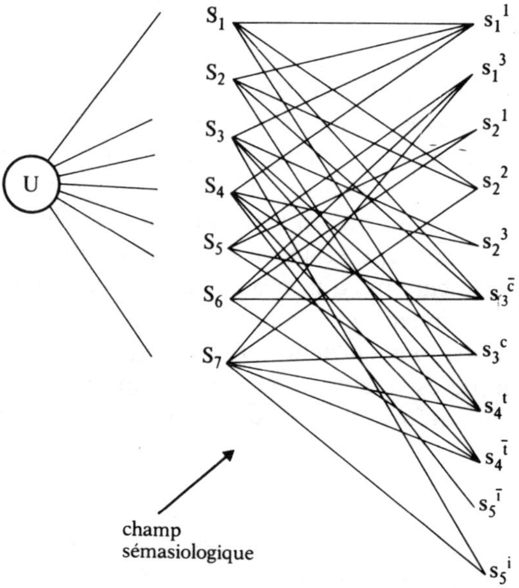

La signification S_3 ne se trouve qu'à l'impératif (*souviens-toi !*) et s'explique par l'impératif qui amène une augmentation de valence chez tous les verbes. On pourrait donc y renoncer puisqu'il s'agit plutôt d'un fait de grammaire que d'un fait lexicologique. De même S_4 est discutable ; je n'en ai trouvé qu'un exemple :

« *Grâce à* ce bruit permanent, *je me souvenais* toute la matinée *de* »

dans lequel la valeur causale est due à l'expression *grâce à* de sorte qu'il vaudrait mieux lui attribuer la position finale 20-3 (= S_2). Le centre du champ sémasiologique est donc constitué par S_1 et S_2 qui sont bivalents sans valeur causale, et transformatifs ou non transformatifs. Tous les autres sémèmes correspondent à des emplois elliptiques, plutôt rares et occasionnels. On pourrait donc réduire considérablement la formule en laissant de côté ces emplois rares et occasionnels :

$$U = [P_{\Psi}(A \underset{p}{\leftarrow}; M_B) + (t \vee \bar{t}) + 2 + (A \neq B)]$$

La structure de *se rappeler* et de *rappeler* est beaucoup plus compliquée puisque ce verbe a débordé le domaine trivalent et est en train de conquérir le domaine bivalent transformatif (sans parler des significations qui dépassent le domaine conceptuel "se souvenir"). D'autres monèmes gardent fidèlement les positions trivalentes, tels *se remémorer* qui ne se trouve qu'à la position 3-1b et *remémorer* aux positions 3-1a et 3-1b (toutes trivalentes et transformatives), tandis que *revenir, revenir à l'esprit, revenir en mémoire* occupent toujours la position bivalente transformative 2-3. *Remémorer* et *revenir* se trouvent donc en opposition nette à l'intérieur du champ conceptuel "se souvenir" ; ils occupent les positions fermement tenues depuis longtemps par *rappeler* et *se souvenir*. Mais c'est là déjà une considération d'ordre diachronique. Je pense revenir aux problèmes posés par le champ sémasiologique de ces verbes qui ont des significations en dehors du concept "se souvenir", par exemple : *rappeler* ou *revenir*, ce qui posera en même temps le problème de l'emploi métaphorique [23].

---

23. Pour l'emploi métaphorique cf. surtout Harald WEINRICH, *Typen der Gedächtnismetaphorik*, dans Archiv für Begriffsgeschichte 9, 1964, 23-26 ; *Semantik der kühnen Metapher*, dans Deutsche Vierteljahresschrift für Literaturwissenschaft und Geistesgeschichte 37, 1963, 325-344 ; *Semantik der Metapher*, Folia Linguistica 1, 1967, 3-17 ; *Linguistik des Widerspruchs*, dans To Honor Roman Jakobson, The Hague/Paris (Mouton) 1967, 2212-2218 ; *Linguistik der Lüge*, 1966. Voir aussi, par exemple, Segundo SERRANO PONCELA, *La metáfora*, Caracas (Univ. central de Venezuela, Fac. de Humanidades y Educación, Cuadernos del Instituto de Filología "Andres Bello"), 1968, 67 pp. ; Albert HENRY, *Métonymie et métaphore*, Paris (Klincksieck) 1971, 161 pp. ; Werner ABRAHAM, *Zur Linguistik der Metapher*, Trier (Linguistic Agency University of Trier) 1973, 42 pp. ; Michel LE GUERN, *Sémantique de la métaphore et de la métonymie*, Paris (Larousse) 1973, 126 pp. ; Georges LÜDI, *Die Metapher als Funktion der Aktualisierung* (Romanica Helvetica, 85), Bern (Francke) 1973, 359 pp. [travail de l'école de G. HILTY ; pour plus de renseignements

Jusqu'à présent, nous n'avons pas quitté le plan synchronique et nous sommes loin de l'avoir épuisé [24]. J'ajoute cependant quelques remarques concernant la **diachronie**. Elle ne pourrait être autre chose que l'examen de plusieurs coupes synchroniques et l'essai d'une explication historique des modifications constatées (le cas limite est l'explication diachronique d'une seule synchronie, par exemple d'un dialecte dont le passé nous est inconnu). Si nous comparons le champ onomasiologique du concept "se souvenir" en ancien français [Tableau 26] à celui du français moderne, nous constaterons des différences profondes. On pourrait parler d'un revirement total des moyens d'expression (voir pp. 164 s., le tableau « champ onomasiologique du concept "se souvenir" en ancien français » et la liste des exemples) [25]. *Rappeler, se rappeler* y manquent totalement [26] – les premières attestations se trouvent chez d'Ablancourt, Patru, Corneille, Racine et Molière [27]. *Se souvenir*, employé seulement de façon impersonnelle (*il*

bibliographiques, voir ib.] ; Georges LÜDI, *Metapher und Neologismus*, Linguistische Arbeitsberichte 18 (Sektion Theoret. und angewandte Sprachwissenschaft der Karl-Marx-Universität Leipzig), Leipzig 1977, 8-20 ; Hartmut KUBCZAK, *Die Metapher, Beiträge zur Interpretation und semantischen Struktur der Metapher auf der Basis einer referentialen Bedeutungsdefinition* [thèse d'habilitation, Université de Heidelberg 1976], Heidelberg (Carl Winter), 1978, 148 pp.

24. En italien, il faudrait examiner surtout *ricordare, ricordarsi, rammentare* ; *venire in mente* ; *richiamare qualche cosa alla memoria di qualcuno* ; *far notare, osservare*, etc. – En espagnol : *recordar una cosa a alg., recordarse, acordarse, venir a la memoria, evocar alguna cosa, traer a la memoria una cosa a uno, hacer presente una cosa a uno, hacer pensar en*, etc. ; voir aussi J. CASARES, *Diccionario ideológico de la lengua española*, Barcelona 1959, s. v. *memoria*.

25. Il est intéressant de faire la même enquête synchronique en *latin*. Quelques manuels nous donnent une première idée de la répartition :

Ch. HURÉ, *Dictionnaire Universel de l'Ecriture Sainte*, 2 vol., Paris 1715 (*recordari*, 2, 461 ss. ; *meminisse, memorare*, etc., 2, 99 ss. ; *reminisci*, 2, 481 ; *commemorare*, etc, 1, 347 ; *rememorari*, 2, 481 ; *mens*, 2, 103b ; *retinere*, 2, 501a ; *immemor*, 1, 796a ; *recognoscere*, 2, 460a ; *recogitare*, 2, 460a ; *recolere*, ib. ; *colligare*, 1, 338b ; *commonefacere*, 1, 350a) ; L. RAMSHORN, *Synonymisches Handwörterbuch der lat. Sprache*, 1835 ; Ludwig DOEDERLEIN, *Lateinische Synonyme und Etymologien*, I. Teil, Leipzig 1826, 166-173 (*meminisse, reminisci, recordari, memorare*) ; BARRAULT et GRÉGOIRE, *Traité des synonymes de la langue latine*, 136, 567-68 (les mêmes verbes) ; « *meminisse* signifie se souvenir en tant qu'on a gardé quelque chose dans sa mémoire, qu'on le sait encore, qu'on ne l'a point oublié ; il équivaut à *memoria tenere*. *Memorare* et, plus ordinairement, *commemorare*, rappeler quelque chose, montrer par des paroles qu'on ne l'a point oublié. Le premier [*meminisse*] marque un état d'esprit qui peut aussi s'exprimer par *memorem esse* ; le second [*memorare*] exprime un acte, la manifestation d'un souvenir. Ces deux mots sont donc à peu près dans le même rapport que *fugere* et *fugare* ou *misereri* et *miserari...* » (p. 136).

Reminisci « se souvenir d'une chose, après l'avoir oubliée, retrouver quelque chose dans ses souvenirs (in memoriam revocare) ».

Recordari « ramener quelque chose devant son esprit et y arrêter pendant quelque temps son attention » (ib. p. 567). Voir, en outre, *in mentem venire, in mente habere* (ThesLL, voir plus loin), *subvenire* (voir plus loin).

Rememinisse et *rememorari* (voir plus loin pour l'importance de *re-*). Ces indications (complétées par une étude faite par Karl Brademann) nous donnent la répartition provisoire suivante :

me souvient), est bien attesté mais en outre le verbe signifie "aider, secourir" [28] ; de même *ressouvenir* [29] qui a eu sa grande époque au

---

non causal	transformatif	non transformatif
	in mentem venire in memoriam regredi, etc.	in mente(m) habere *meminisse* commemini retinere memor (esse) non immemor (esse) inoblitus (esse) memoriter...
causal	*reminisci* recognoscere repetere revocare rememorari recomminisci comminisci (minisci) *memorare* commemorare commonefacere	
	recordari ⟷	*recordari*
	memorari (Lat. eccles.) ⟷	memorari
	recogitare ⟷	recogitare
	recolere ⟷	recolere
	memoria + verbe ⟷	memoria + verbe

CICÉRON, dans un passage d'un discours prononcé en 46 ou 45, se sert de quelques-uns de ces verbes en confirmant indirectement notre schéma :

> « Equidem, cum tuis omnibus negotiis interessem, *memoria teneo* qualis T. Ligarius quaestor urbanus fuerit erga te et dignitatem tuam. Sed parum est *me hoc meminisse*, spero etiam te, qui oblivisci nihil soles nisi iniurias, – quam hoc est animi, quam etiam ingenii tui ! – te aliquid de huius illo quaestorio officio, etiam de aliis quibusdam quaestoribus *reminiscentem*, recordari » CICÉRON, *Discours*, t. XVIII (Collection des Universités de France, publiée sous le patronnage de l'Assoc. Guill. Budé), texte établi et traduit par Marcel LOB (Paris, 1952), qui donne la traduction suivante :
>
> « Quant à moi, pour avoir été mêlé à toute ton activité, *je garde le souvenir de* ce que T. Ligarius, alors questeur urbain, fut pour toi et pour ta dignité. Mais il ne suffit pas que moi *je m'en souvienne*, j'espère que toi aussi, qui n'oublies jamais que les injures – comme c'est bien ton caractère et ton esprit ! – *tu te rappelles* les bons offices de ce questeur, quand tu repenses à certains de ses collègues » (CICÉRON, *Lig.* XII, 35).

26. Une première attestation reste isolée :
« *Rapele a ta memore* ton anemi et ne toi semblerat pas dure chose ce ke tu soffres » (JOB, voir *Littré*).

27. Cf. mon article *Se rappeler – se souvenir*, dans Mélanges de Grammaire française offerts à M. Maurice Grevisse..., Gembloux (Belgique, éd. Duculot) 1966, 21-36.

28. Le latin *subvenire* avait les significations suivantes (selon Georges) :

XVIIe siècle. Le tableau (voir pp. 162 s.) nous présente toute une série de verbes attestés au sens de "rappeler" et de "se souvenir" qui, en ancien et moyen français, sont extrêmement courants et qui tous ont disparu au XVIe siècle et surtout dans la première moitié du XVIIe : tels le verbe *membrer* (MEMORARE) [30], concurrencé et remplacé de plus en plus par *remembrer* [31], tous les deux cédant finalement aux formes

---

I. a) "joindre (en venant d'en bas)"

b) "(au fig.) arriver"

c) "venir à l'idée" attesté seulement chez APULÉE au IIe siècle (vers 170 après J.-C.) : « Sed mihi sero quidem, serio tamen subvenit ad auxilium civile decurrere et interposito venerabili principis nomine tot aerumnis me liberare » « Alors, assez tard mais sérieusement, il me vint à l'idée de recourir à l'état et de me libérer de tant de tribulations en en appelant au nom auguste de notre prince... » (APULEIUS, *Metamorphosen*, texte latin d'après l'éd. de Rudolf HELM, Darmstadt 1957, 3, 29). Voir aussi le passage de GELLIUS 19, 7, cité par FORCELLINI : « Ut quaeque vox digna animadversione *subvenerat, memoriae mandabamus* » ; d'après l'édition de Hertz (A. GELLII *Noctium Atticarum* libri XX ex recensione et cum apparatu critico Martini HERTZ, Berolini 1883-1885) : « Eo saepe nos ad sese vocabat et olusculis pomisque satis comiter copioseque invitabat. Atque ita molli quodam tempestatis autumnaė die ego et Iulius Celsinus, cum ad eum cenassemus et apud mensam eius audissemus legi Laevi Alcestin rediremusque in urbem sole iam fere occiduo, figuras habitusque verborum nove aut insigniter dictorum in Laeviano illo carmine ruminabamur et,ut quaeque vox indidem digna animadverti *subvenerat*, qua nos quoque possemus uti, *memoriae mandabamus* ».

Les deux textes prouvent que le sens "se souvenir" peut se rattacher à la signification I. a) (Gellius) [ou peut-être chez Apulée à la signification suivante ? :]

II. a) "venir au secours, secourir" (> afr. *sovenir* v. a. "secourir" (HuonSQuentin), *sovenir a* quelqu'un "venir au secours de quelqu'un" Aimé, encore vivant aux XVe et XVIe siècles (voir FEW 12, 376), mais remplacé de plus en plus par la forme savante *subvenir* dès 1370 (Oresme).

b) "remédier (à un mal)"

c) "secourir par appui juridique".

En français, la forme impersonnelle [*me sovient de* "J'ai soin de, je m'intéresse à, je m'occupe de" (vers 1150 - vers 1350), *me souvient que, de* "j'ai mémoire que, de" (Roland-XIVe siècle), *il me souvient* (depuis le XVe siècle)] est concurrencée par *se souvenir que, de* "avoir mémoire que, de" seulement à partir de Est 1538 ; *souvenir quelqu'un de quelque chose* "rappeler quelque chose à quelqu'un" avec valeur causale est attesté uniquement chez Mon 1636. Cp. it. *sovvenirsi*, anc. cat. *sovenir* 1215, R 15, 67. « A l'origine, la préposition décrit probablement l'apparition du souvenir qui surgit de la subconscience à la conscience », WARTBURG, FEW 12, 378a. En effet, *souvenir* a toujours gardé sa valeur "involontaire". – Pour *sovenir* et *(re)membrer* en ancien français, cf. aussi A. STEFENELLI, dans Moderne Sprachen 9, 1965 (Hommage Gossen), 168, et son livre *Der Synonymenreichtum der altfranzösischen Dichtersprache*, Wien 1967, 327 pp. (surtout 216-222).

29. a) Ancien français *resouvenir* v. a. "subvenir à" (flandr. 1248).

b) Ancien français *me resovient de* "je me souviens de" (XIIe-XIIIe s.) ; *il me ressouvient de* (depuis le XIVe siècle) ; *se ressouvenir* "avoir mémoire de", seulement à partir de MONTAIGNE. Au XVIIe siècle, LA BRUYÈRE constate : « L'usage a préféré *faire ressouvenir* à *ramentevoir* ».

30. Cf. l'article MEMORARE [plutôt MEMORARI], FEW 6^1, 695b s.

31. Remonte au lat. ecclés. REMEMORARI (formation d'après *commemorari*), cp. anc. it. *rimemorare*, cat. esp. *remembrar* (aujourd'hui littéraire). En français : *remembrer* quelque chose à quelqu'un "rappeler" (*Roland*-1542, RABELAIS), *remembrer* quelque chose (WACE, *Nic* - GACE), *il me remembre* de quelque chose "il me souvient de" (*Alexis*-1406), *remembrer de* "se souvenir de"

savantes *mémorer* et *remémorer* [32], *mentevoir* (MENTE HABERE) [33], concurrencé et remplacé de plus en plus par *amentevoir* [34], ensuite par *ramentevoir* [35] ; enfin, *recorder* (RECORDARI) [36] et *recoler* (ca. 1370 – Oud 1660).

(XIIIe s. ; CHASTELLAIN), *se remembrer de* (*Roland*-1659, "vieux au XVIIe s.", Brunot 3), *estre remembrant* (XIIIe s. – 1487). L'anglais *to remember* est emprunté au français. – Voir REMEMORARI FEW 10, 237-239 (article de M. MÜLLER). Malheureusement, les variantes graphiques avec *ra-* ne sont pas distinguées des formes en *re-* !

32. Mfr. *rememorer* v. n. "faire la commémoration" (1374), *rememorier* "remettre en mémoire" (OlMarche ; "vulg." BL 1808 - Platt 1835), *remémorer* (depuis 1499 ; "vieilli" Ac 1694 - 1935 ; "comique, marotique" Fér 1788), *remémorer* quelqu'un de quelque chose "rappeler quelque chose à quelqu'un" (hap. XVIe s.), *se remémorer* quelque chose "rappeler dans sa mémoire" (depuis 1579, Lac ; Br 4 ; "vieillit" Fur 1690 - Ac 1878).

33. J'ai rédigé moi-même l'article MENTE HABERE du FEW : Ancien français *mentaveir* v. a. "rappeler, rapporter, retracer, mentionner" WACE, *mentevoir* (Saisn - MPOL), *mentevoir* BRUNLAT (FEW 6^1, 732).

« La locution *aliquem in mente habere* "penser à quelqu'un, se souvenir de" n'est attestée que vers 200, chez TERTULLIAN [cette affirmation n'est pas correcte ; mon ami G. STRAKA me rend attentif à une inscription de Pompéi : « Niycherate, vana succula, que amas Felicione et at porta deduces, illuc tantu *in mente abeto* » (CIL 4, 2013 et DIEHL, *Pomp. Wandinschriften*, 507)], puis avec objet de chose, souvent dans l'Itala, dans la Vulgate et dans d'autres textes et inscriptions ecclésiastiques, depuis l'Itala aussi *in mentem habere*, ThesLL. Les Gloses interprètent *in mente habeo* par *reminiscor* (ALL 3, 529). La fréquence de l'impératif (*in mente habe*; Itala) explique la transition à "rappeler quelque chose" avec valeur active... » (FEW 6^1, 734a).

Nous pouvons préciser maintenant : l'impératif ajoute la valeur causale et sa fréquence explique le passage de *mente habere* non transformatif à *mente habere* transformatif et causal !

34. Ancien français *amentevoir* quelqu'un "rappeler au souvenir, mentionner" (CHRESTIEN-ca. 1300), "se rappeler quelqu'un à l'esprit" GACE, mfr. *amentevoir* quelqu'un à quelqu'un, MirND ; ancien français, mfr. *amentevoir quelque chose, quelque chose à quelqu'un* "rappeler quelque chose à quelqu'un, mentionner" (vers 1170 - JAVESNES), *amentiveir* GUERNES STHOMAS, *amenteveir* BenSMH, *amantevoir* "remémorer, rappeler" MirND... suivent d'autres significations apparentées (FEW 6^1, 732b).

35. Ancien français *amentevoir* quelqu'un "rappeler au souvenir, mentionner" (CHRESTIEN, *ramentevoir* "rappeler, citer" (COUCY ; *Perc* ; *Aiol* ; LAC), "nommer" RENBEAUJIgn, "rappeler, énumérer" RenN, *ramantevoir quelqu'un* "se souvenir de quelqu'un" (vers 1210) mfr. *ramentevoir* BAÏF ; anc. fr. *ramantevoir* quelqu'un "garder le bon souvenir de quelqu'un" (vers 1220), "rappeler au souvenir, s'occuper de quelqu'un" (1327, LAC), mfr. *ramentevoir quelqu'un* "se souvenir de quelqu'un, garder le souvenir de quelqu'un" MirND ; anc. fr. *rementevoir* quelqu'un de quelque chose "faire souvenir" PMor, mfr. *ramentevoir* quelqu'un de quelque chose (1573 ; 1601 ; Fr. de SALES), *ramentevoir* quelqu'un de faire quelque chose "faire souvenir, exhorter" MAROT ; *ramentevoir* quelqu'un à quelqu'un "rappeler quelqu'un au souvenir de quelqu'un" (MirND ; SAINÉANRab ; MALHERBE, v. CabSat) ; *tenir ramenteu quelqu'un en ses bonnes graces* "garder le bon souvenir de quelqu'un" (1585) ; fr. mod. *ramentevoir* le chat qui dort "réveiller" (1622, Gdf). – Anc. fr. *ramantevoir* quelque chose "raconter, mentionner, remettre dans l'esprit, remémorer" CHRESTIEN, fr. *ramentevoir* quelque chose (vers 1210 - LA FONT, encore chez MALHERBE, RACAN, MOLIÈRE)... Anc. fr. *ramentevoir* quelque chose "se souvenir de quelque chose" RUTEB, mfr. id. (BAÏF ; 1563 ; MONTAIGNE, SCÈVE, PASQUIER), *ramentevoir quelque chose en sa teste* CentNouv, frm. id. LA FONTAINE ; fr. *ramentevoir* quelque chose à quelqu'un "rappeler quelque chose à la mémoire de quelqu'un" (XIIe s. - Pom 1671, encore chez Fr. de SALES, MALHERBE,

Tableau 26

Champ(s) onomasiologique(s) du concept "se souvenir" en ancien français [37]

1-1	1-2			10-2	10-1
?	?			?	est remembrance de est memoire de (Wace) memorer qch (épitaphe) [qn est tenuz en memoire] [qch soit remembrez]
2-1	2-2a	2-3	20-3	20-2a	20-1
*remembrer*** qn, qch ramembrer qch, qn *recorder* qch, qn	?	*me membre* de qch, qn se membrer de qch, qn me sui amembré que	*aveir qn, qch en memorie* tenir memorie de qn ramentevoir qn, garder le bon souvenir de qn (ca. 1220)	?	mettre qch en memoire faire garder le souvenir de qch
mentevoir qch [≈ mentionner] *amentevoir* qn, qch *ramentevoir* qn * mettre qch en memoire faire ramembroison de qch	2-2b ?	me remembre de qch, qn *me sovient* de qch, qn me resovient de qch recorder de qch, qn [se recorder de qch = 3-1b ?] s'amentevoir de qch (hap. ca. 1330) se ramentevoir qch, de qch (?) venir a memoire à qn (GaceB, TL) venir à membrizon	remembrer qch, qn * me sovient de 20-2b ? me ressovient de me va resovenant * recorder qch aler recordant qch en sun quer estre recordans de estre remembrans de avoir en sa remembrance (Chrestien)	20-2b ?	tenir memoire de qn faire memoire de qn remembrer qch mettre qch en remembrance * memorer qch

	il me vient souvenement de (15e s.) se porpenser que (Wace)		
3-1a	3-1b	30-1a	30-1b
recorder qch à qn recorder qn de qch mentevoir qn, qch à qn *amentevoir* qch à qn, qn à qn, qn de qch [≈ mentionner] rementevoir qn de qch (PMor) *ramentevoir* qn de qch, qn à qn, qch à qn ressouvenir qch à qn (1572) apeler qn de qch vos di, si en soiez membrez faire remembrance de qch à qn	recorder qch en sun quer (Wace) *se recorder* qch *amentevoir* qch s'amentevoir qch *ramentevoir* qch se ramentevoir qch se vouloir ressouvenir envers qn (1592) *se remembrer* se membrer de (impératif) se sovenir (impératif, forme impersonnelle)	affermer la memoracion de qch en qn faire, avoir ramembrance de qch à qn	[souvent difficile à distinguer de 20-3] aveir qn en memoire, en remembrance (à l'impér.) *tenir qn en memoire* faire memoire de qn remembrer qch noter qch, retenir dans sa mémoire [cp. écrire en son cœur] noter qch en sun quer (Wace) *retenir* qch (en son memoire) recorder qch (à l'impér.)

* Distinction difficile entre transformatif et non transformatif.
** Les formes en italiques sont très fréquemment attestées.

37. Une analyse plus approfondie du champ onomasiologique "se souvenir" en afr. et en mfr. a été faite par mon assistant Karl BRADEMANN dans sa thèse de Heidelberg (1976), parue en 1979 : *Die Bezeichnungen für den Begriff des "Erinnerns" im Alt- und Mittelfranzösischen* (Beihefte zur ZrP, 176), Tübingen (Niemeyer) 1979, 369 p. Dans un article plus récent, il a examiné le concept "se souvenir" dans le cadre du système conceptuel beaucoup plus large de la "pensée" : Karl BRADEMANN, *Die "geistige Präsenz" im Begriffssystem – Versuch einer Kategorisierung von Inhalten*, dans Festschrift Kurt Baldinger zum 60. Geburtstag, Tübingen (Niemeyer) 1979, II, 448-472.

Exemples en ancien français

1-1 ? [« en la fureur des seize, cest arrest se ramentoit » = "on se souvient de", PASQUIER, Gdf].

1-2 ?

2-1 « Dunc se prist mult a contrister E en sun quer a *recorder* Les biens dunt tanz aveit eüz » (WACE, Keller définit par "se souvenir de" au lieu de "(se) remettre à l'esprit", causal et transformatif, confirmé par tous les exemples).
« Et les droitures *ramembrerent* » (Dolop., 86, Gdf).
« As blanches Pasques en font *ramembroison* / Et un et autre, li prestre et li clerçon » (Cour. Louis, 991, Gdf).
« Mémoire *remembre* les choses / *recorde* sentenses et gloses » (1518, Gdf).

2-2a ?

RICHELIEU, RACAN, SCARRON ; VOLTAIRE, *Rhlitt* 28, 108)... Mfr. *se ramentevoir* v. r. "se rappeler, se souvenir" (hap. XVe s. ; RONS ; CabSat), "se rappeler avec rancune" CHASTELL, "revenir en mémoire" PASQUIER, mfr. frm. *se ramentevoir* quelque chose "se souvenir de, se rappeler" (MAROT - MALHERBE, Hu, ZfSL 9^{1}, 288 ; Fr. de SALES ; Astrée, Liv), *se ramentevoir de* (1559 - 1605), frm. *se ramentevoir que* (1652, Liv) ; mfr. frm. *se ramentevoir à* quelqu'un (B.PÉRIER ; PASQUIER ; MALHERBE ; MÉNAGE, en 1660, ne l'accepte pas en poésie, voir LIVET) ; frm. *se ramentevoir* "se faire rappeler au souvenir" MALHERBE ; vit encore en pic., ang., poit., etc. – « Dans la France du Nord *mentevoir* est, déjà depuis le XIIe siècle, concurrencé – et, à la fin du XIIIe siècle, substitué complètement – par les composés avec AD (cf. les locutions latines comme *ad memoriam*, ThesLL I, 538b) et RE + AD. Mais aussi *amentevoir*, après 1300, ne se tient que dans le Nord-Ouest et est remplacé de son côté par *ramentevoir* qui insistait davantage sur l'idée de rappeler quelque chose à la mémoire et qui joignait, en ce qui concerne la forme, *remembrer, recorder, ressouvenir, remémorer*. Mais même *ramentevoir*, encore très courant au XVIe s., vieillit, ensemble avec *recorder*, au début du XVIIe s. Malherbe, qui l'emploie encore assez souvent, est blâmé pour cette raison par Chevreau en 1660 (Livet). Même dans la prose, dit-il, il n'est plus employé que par « quelques antiquaires, et dans le style épistolaire ». Furetière en juge de façon analogue en 1690 : « L'usage a préféré *faire ressouvenir* à *ramentevoir* ». La grammaire officieuse de RÉGNIER-DESMARAIS, en 1706, le compte parmi les verbes hors d'usage depuis longtemps. Au XVIIIe s., seul Voltaire l'emploie encore de temps en temps. Au XIXe s., le fr. littéraire l'emprunte occasionnellement aux dialectes » (FEW 6^{1}, 734).

36. Fr. *se recorder* v. r. "se souvenir de" (Alexis - Fur 1690), *recorder de* v. n. (PsCambr -CHASTELL), *recorder* v. a. "se souvenir de, rappeler à son esprit" (WACE - HARDY). *Recorder*, en outre, a les significations "raconter, rapporter" (CHRESTIEN - Cotgr 1611), "répéter quelque chose qu'on a appris, réciter" (PsCambr - Ac 1878), "enseigner, instruire quelqu'un" (XVIe s.) – ce qui confirme son caractère éminemment transformatif et causal (il faudrait, par conséquent, remplacer la première définition "se souvenir de" par "se rappeler, se remettre à l'esprit"). – Chez les Romains, le cœur était qualifié de siège de l'esprit, ce qui explique la désignation *recordari* "se représenter quelque chose (un souvenir) dans la mémoire, penser à une chose du passé" qui inclut, contrairement à *meminisse*, une participation affective de l'individu ; *meminisse* ne se réfère qu'à l'action de la mémoire qui avait retenu quelque chose ou rappelé quelque chose en réfléchissant (FEW 10, 161a). Cp. it. *ricordarsi*, cat. esp. port. *recordar*. L'anglais *to record* est emprunté au français. FEW RECORDARI.

2-2b ?

2-3 « De son compaignon li *membra* » (Eneas, 5139, TL).
« Bien *li* devroit de moi *membrer* et *sovenir* » (Rom. u. Past., éd. BARTSCH, TL).
« Or me sui d'un eirre *amembré* / Que a une cité faision... » (CHAST., XVI, 2, TL).
« Si *li sovint* par avanture Que feite avoit cele costure Soredamors » (CHRESTIEN, Cliges 1551, Schwake).
« Lors *lor sovint de* Salemon » (ib. 5802).
« Ignaures si tres biel s'acointe / a chascune... que de l'autre ne *li souvient* » (Lai d'Ignaure, BARTSCH-HORNING, 1887, p. 555).
« Des sunges qu'out sungié suvent *li suveneit* » (WACE, Rou II 496, Keller).
« un jour m'avint a Dovre sur la mer / qu'*il me souvint* de la doulce plaisance que souloie ou dit pais trouver » (CHARLES D'ORLÉANS).
« De sa mere *li resovient* / Que il vit pasmee cheoir » (Perc., 2918).
« Or *m'est il venu a memoire* / Que je n'é pas solu encore... » (GACEB 11031, TL).
« De la franche pucele *li vint a membrizon...* » (Charles-le-Chauve, Gdf).
« Il *m'est venu souvenement* / D'une fleur plaisante et jolye » (Chans. du XVe s., Gdf).
« Puis que la messe fu finee / Si s'est la mere *purpensee* / Que ele out lessé son enfant / Einz al bain sur le feu ardant » (WACE, Nic 180, Keller).

3-1a « an mon non (= Soredamors) a de la color, A cui li miaudres ors s'acorde, Et la fine amors *me recorde* » (CHRESTIEN, Cliges 966, Schwake).
« Et molt lor *amentoit* **sovent** / L'ermite le Dé jugement » (Béroul, Tristant 1397, éd. Muret).
« Le luy *ramentevant,* non pas une fois seulement, mais fort souvent » (A. LE MASSON, Gdf).
« Une chose vos di, si *an soiez membrez* : Se... » (J. BOD., Sax., CCLXXXIV) [= je vous rappelle ; ou « n'oubliez pas ! » = 30-2 ?].
« Dites al duc que jo li mant / Qu'il ne *m'apelt de* covenant » (WACE, Rou III 6838) [propr. « prier, rappeler une promesse à quelqu'un », voir TL].

3-1b « *Amentevoir* son nom ne puis » (Ste Leocade, Gdf).
« Quant *se recorde en sen corage* / Dou bel vergier, mout se demente » (Rencl. de Moil., Gdf) [ou = 2-3 ?].
« Ki fait ad pechet bien *s'*en pot *recorder* » (Alexis, Gdf).
« *Remembre toy* ou *te souviengne* » [= qu'il te vienne le souvenir

= non causal] du bon propos que Dieu t'avoit donné » (Intern. Consol. III, XXV).

« Mesdisans, pleins de felounie / Qui de feme dis vilounie / Car *te recorde* et *te ramembre* / Comment furent fourmé ti membre » (Jeh. de Cond., Gdf).

10-1 « Si ert *remembrance* de mei » (WACE, Nic 391, Keller).

« Pour *memorer* la louenge et la vie / Dudit deffunct » (Epitaphe de Phelippes d'Austrice, Gdf).

« Pur ceo que tant vus ai amez / Voil que mis doels *soit remembrez* » (MARIE, Lais, Chaitivel 201, Gdf) [ou = 1-1 ?].

10-2 ?

20-1 « Une cité, ço dist l'estorie, / Fist pur *tenir* de lui *memorie* » (WACE, Brut, 1598, Keller) [A = C !].

« Ainsi que Asculepius le *memoire* et *remembre* en son livre » (Jard. de santé, I, 486, Gdf) [ou = 2-1 ? Très proche de "raconter"].

20-2a ?

20-2b ?

20-3 « Onques mes, dom il me *remanbre* / N'ot mal don je l'oïsse plaindre » (CHRESTIEN, Cliges, 5418, Schwake).

« Mes celi don plus li remenbre [≈ penser à] / N'ose aparler » (Cliges 574, Schwake).

« Tant li delite a *remanbrer* / La biauté et la contenance / Celi... » (Cliges 614, Schwake).

« les lermes et la contenance / *A* toz jorz *an sa remanbrance* » (Cliges 4322 ; voir aussi 3844, Schwake).

« La volanté de son corage / Toz jorz en un panser le tient : / De Fenice li *resovient* / Qui loing de lui se retravaille » (CHRESTIEN, Cliges 5018, Schwake).

« En sun quer *alot recordant* / les paroles e le semblant » (MARIE, Guigemar 411, Gdf).

« Et por ce c'*as* Deu *en memorie,* / Est preste ta corone en glorie » (WACE, VieSMarg. 395, mscr. A ; TL).

« Quant de ma ciere amie *me va resovenant* » (Naiss. du Chev. au Cygne, Gdf).

30-1a « Mout m'abelist la crueus *ramembrance* / Que bone amors *me fait* de li *avoir* » (Jaq. de CISOING, Gdf).

« Pour *en euls affermer la memoracion* (du vœu) » (Restor du Paon, Gdf).

30-1b « Sor tos cex qui me nomeront / Et *en memoire* me *tendront* /Li Sains Espir del ciel descende ! » (WACE, VieSMarg. 658, mscr. A ; TL).

« La feste *deit om remenbrer* / Que Jüeu suelent celebrer » (WACE, Conception NDame, 219, Keller).
« Des œuvres Deu *fui recordans* / Et *serai* tous jours *remembrans* » (Lib. Psalm., Gdf).
« Mais *retien* bien *en ton memoire* : Por nulle (dame) ne t'en desespoire ! » (Jak. d'Am. I, 340, TL).
« Mes le comandemant saint Pol / Fet boen garder et *retenir* » (CHRESTIEN, Cliges, 5265, voir aussi 4409, Schwake).
« *Recorde ke* tu fus enoins / De chel tres saint prechious ole » (Renclus de MOILIENS, de Carité XXXV, 3, Gdf) [ou 3-1b ?].
« Johanz, dist ele, ore te pri / Que tu *aies en remembrance...* » (WACE, Conception NDame 1401, Keller).
« *Aions*, seinors, cel saint home *en memorie* ! » (Alexis 125a, TL).

L'explication de cette évolution devra tenir compte du système des monèmes sur le plan morphologique, le préfixe *re-* jouant un rôle capital (*recorder, remembrer, recoler, ressouvenir*). Cela explique sans doute le passage d'*amentevoir* à *ramentevoir* et l'hésitation entre *rementevoir* et *ramentevoir*. Rappeler est le dernier héritier important de ce système en *re-*, accompagné d'ailleurs en français moderne par *revenir* [38], *remémorer, retenir, revoir* [39] et autres. Ce rôle important du monème *re-* s'explique encore par notre formule de base du concept "se souvenir" : *re-* exprime l'établissement d'un rapport entre le présent et l'objet du souvenir situé dans le passé (entre P_{ψ} et $A \underset{p}{\leftarrow\!\!\!+}$). Je dois renoncer à suivre de plus près l'évolution tant du champ onomasiologique que des différents champs sémasiologiques (*se souvenir* et *rappeler* surtout en vaudraient la peine). Cette étude devrait tenir compte non seulement des causes linguistiques internes mais encore des causes historiques externes. Je dois renoncer de même à examiner la "synonymie" des expressions qui occupent la même position dans le système conceptuel (question des plus intéressantes et à laquelle je reviendrai [II, 5] ; c'est à ce moment-là qu'il faudra tenir compte des valeurs stylistiques et affectives). Ce qui m'importe – et c'est le véritable but de mon exposé – c'est d'avoir tâché de rendre évident que toute une série de structures entrent en cause et qu'elles ne sont pas indépendantes les unes des autres. Revenons aux quatres structures dont nous avons déjà parlé dans le chapitre 10 de la Première partie.

38. Mfr. frm. *revenir* "se représenter à l'esprit, par le souvenir" (depuis 1553) FEW 10, 351a. Il faudrait modifier la définition puisque *revenir* n'a pas de valeur causale. La signification "se souvenir" a été préparée par *revenir* au fait, à un sujet, etc. ; "reprendre à parler de, s'occuper de nouveau de" (depuis Alexis).

39. Le FEW ne donne que pour Sancoins *se* (?) *revoir* "repasser ses souvenirs" (14, 423a), voir pourtant *revoir* dans le Robert.

4

Les quatre structures : sémasiologie et onomasiologie dans le trapèze

Nous pouvons maintenant intégrer les quatre structures (première partie, chapitre 10) dans le trapèze de Heger (cf. en outre les schémas pp. 131-135) :

1. **Structure sur le plan morphologique** (l'importance de *re-* dans le champ onomasiologique du concept "se souvenir" ; le parallélisme de la structure impersonnelle *il me souvient* et *il me membre* ; ce sont les deux verbes qui occupent surtout les positions non causales transformatives en ancien français, etc.). L'étude des préfixes et des suffixes, notamment, est de grande importance pour le lexicologue. Ces éléments morphologiques se comportent d'une part comme des lexèmes, mais, d'autre part, ils s'en distinguent parce qu'ils sont des *formes liées* ["bound forms"]. Sur le plan diachronique intervient souvent une structure sur le plan de l'expression (forme de l'expression) qui peut avoir des conséquences sur le plan du contenu et dont nous n'avons pas parlé (voir notre article *La pesadilla de los etimólogos*, RFE 48, 1965, 95-104 ; et d'une façon plus systématique, Otto DUCHÁČEK, *L'attraction lexicale*, Philologica Pragensia 7, 1964, 65-76) [1].

1. En rédigeant l'article MANSUETINUS pour le FEW, par exemple, j'ai hésité à attribuer le proverbe *qui a bon voisin a bon matin* (*mâtin* dans certains dictionnaires) "qui a bon voisin peut dormir tranquillement" à MANSUETINUS (le voisin serait le mâtin qui veille) ou à MATUTINUS, faute d'avoir des attestations anciennes (FEW 6, 275a). Je ne connaissais pas à ce moment l'attestation dans les Proverbes au vilain *Qui a mal voisin, si a mal matin* (*Hundert altfranzösische Bauernsprüche*, hgg. von E. LOMMATZSCH, XLIV (104), p. 11) qui décide en faveur de MATUTINUS. Mais, grâce à la coïncidence ultérieure sur le plan de l'expression, il y a eu modification sur le plan du contenu (interprétation par **étymologie populaire**). – Les exemples qui démontrent ces interférences

2. **Structure sur le plan conceptuel** (plan de la substance du contenu). Nous en avons parlé d'une façon plus détaillée puisqu'elle est, à notre avis, le pivot tant de la sémasiologie que de l'onomasiologie. M. Coseriu a d'ailleurs montré l'importance des changements qui ont lieu dans le domaine de la substance du contenu sur le plan diachronique. Toute une série de problèmes concernant le plan conceptuel demanderait une étude plus approfondie : la nature complexe des concepts et la relation entre ces structures conceptuelles et les sémèmes, le problème des micro- et des macrostructures sur le plan conceptuel, le problème de la détermination par dénotation ou par connotation des concepts [cf. le chapitre suivant] et le problème ontologique de leurs relations avec la réalité extra-linguistique.

3. **Structure sémasiologique** (ou champ sémasiologique). Nous l'avons définie comme groupe de sémèmes relié à *un seul signifié* lui-même relié par consubstantialité quantitative à *un seul monème* (mais relié souvent à *différents systèmes conceptuels*).

4. **Structure onomasiologique** (ou champ onomasiologique). Nous l'avons définie comme ensemble de sémèmes relié à *un seul concept* – qui est déterminé par sa position dans un système conceptuel –, mais faisant partie de différents signifiés liés par consubstantialité quantitative à *différents monèmes* [2]. Nous revenons donc aux

abondent. Le *sansonnet* a été changé en *chansonnet* (Cotgr 1611 ; Besch 1845 - Lar 1867) bien qu'il ne soit pas un oiseau chanteur (l'étymologie populaire, souvent, "modifie" la réalité à son goût ; voir aussi notre article *Etre soûl comme une grive - Etre larron comme une chouette*, deux cas de psychologie linguistique des animaux, dans Omagiu lui Alexandru Rosetti, Bucarest 1965, 43-45).

Autres exemples : les déformations de *porc-espin* (anc. prov. *porc-espi*) "Stachelschwein" en *porc-épi* (d'après *épi*), en *porc-espic* (d'après *piquer*) et en *portépi, porte-pic* (d'après *porter*), FEW 9, 191b, etc. *HURSLO "frelon" : > saint. *grelon* (+ CRABRO), pic. *hurlon* (+ *hurler*), Montbél. *frondon* (+ *fronde*), bress. *fyacon* (+ *flocon*) FEW 16, 271. *Hanneton* : > *kenneton* (+ *cane* "Ente"), *jeanneton* (+ *Jeanne*), *arnicho* (+ *Arnoud*), FEW 16, 144a. Sav. *mayenche* "mésange" (< *MEISINGA + MAIUS parce que les mésanges sortent au mois de mai), FEW 16, 548a. Cp. *près de* (< PRESSE, FEW 9, 366a) et *prêt de, à* "disposé à" (< PRAETO, FEW 9, 317a), interférences surtout au XVIIIe siècle (*Nouv. Héloïse*, éd. Pléïade, p. 1483). **Jeu de mots** : liégeois *èsse màvi* [= *être mauvis* (grive)] = "être mort" (interprété comme *mal vif*), FEW 16, 496a + note 4. – Voir les articles HIRUNDO au FEW avec de nombreuses interférences sur le plan de l'expression et le plan du contenu ; l'article *BAWA (interférences entre *BALCOS, *BROD, BULLARE et BULLIRE), FEW 1, 302b. Centr. *amoisonner* "donner à bail une terre" (< MODIATIO), couper par *moisons* "morceaux d'une longueur déterminée" (< MENSIO), mfr. *moissonnier* adj. "de lait" (1542 chez Rabelais, < MULSIO ; Gdf définit par erreur "qui constitue une redevance"), etc. Voir d'autres exemples dans l'article de Ducháček, cité dans le texte, et K. BALDINGER, *A propos de l'influence de la langue sur la pensée, Etymologie populaire et changement sémantique parallèle*, RLiR 37, 1973, 241-273.

2. Le système conceptuel que nous avons établi pour le concept "se souvenir" nous a montré qu'il n'y a pas de verbe, en français, qui occupe ou formalise toutes les positions du système

quatre structures fondamentales, mais intégrées maintenant dans le système mieux différencié et plus satisfaisant de M. Heger.

Les interférences entre la sémasiologie et l'onomasiologie ressortent d'une façon nouvelle et plus claire qu'auparavant :

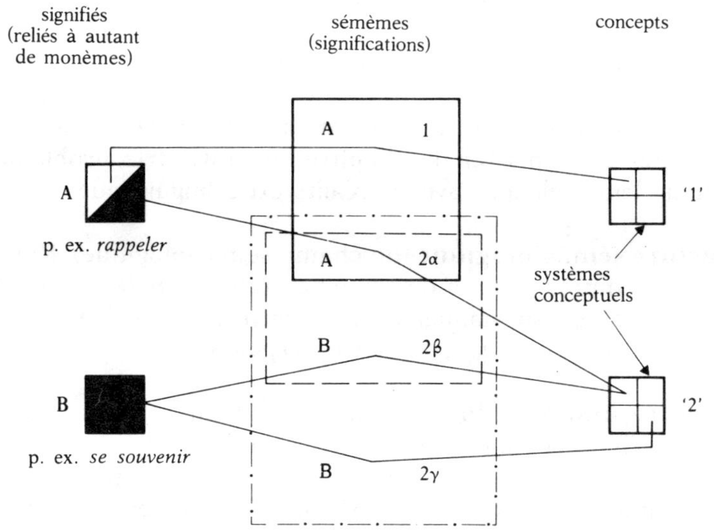

——— champ sémasiologique de A
— — — — champ onomasiologique *minimum* présentant deux synonymes "absolus", c'est-à-dire avec un sémème symbolique identique (A2α = B2β, v. ci-dessous chap. 5 a)
—·—·— champ onomasiologique *micro* qui inclut toutes les positions du système conceptuel « se souvenir » contenues dans notre exemple

Fig. 32

La sémasiologie [3] et l'onomasiologie [4] examinent les deux microstructures fondamentales du lexique. C'est surtout l'**onomasiologie** (en combinaison avec l'évolution structurale sur le plan des **concepts**, suggérée surtout par M. Coseriu) qui promet bien des résultats nouveaux. Elle nous fait voir la structure lexicale d'une seule et même langue et rend possible la comparaison entre différentes

conceptuel. Si nous avons continué à parler du concept "se souvenir", c'est pour des raisons pratiques. Du point de vue scientifique, il faudrait toujours parler du système conceptuel "$P_{\Psi}(X \leftarrow_{P}; M_{Y})$", seul moyen de distinguer rigoureusement entre le système conceptuel et ses réalisations linguistiques.

langues sur une base structurale [3]. On ose même affirmer qu'elle est en train de révolutionner la linguistique comparée ; elle pourrait révolutionner aussi certaines parties de la grammaire en faisant reconnaître non seulement la structuration des moyens d'expression mais encore les possibilités laissées en blanc (cases vides). L'onomasiologie, telle que nous la concevons, n'est plus la science étroite liée aux "Wörter und Sachen" [4]. Il y a longtemps qu'elle a dépassé ce point de départ en s'attaquant à d'autres domaines [5]. L'onomasiologie, donc, étudie la réalisation linguistique des concepts dans n'importe quel domaine du lexique (et même dans tous les domaines de la langue pourvu qu'il s'agisse du plan de la première articulation, selon le terme de M. Martinet).

La **sémasiologie**, pourtant, est loin d'avoir perdu son importance. La réalisation linguistique (objet de l'onomasiologie) se fait par des mots et, puisque les mots sont sujets à la polysémie, il faut tenir compte de leur structure sémasiologique. Autrement dit, les éléments onomasiologiques dont j'ai besoin pour étudier la réalisation du concept en question, se trouvent insérés dans autant de structures sémasiologiques. L'étude de ces structures sémasiologiques devrait donc précéder l'étude du champ onomasiologique. D'autre part, c'est

3. Voir aussi l'étude intéressante de Herbert Ernst WIEGAND, *Synchronische Onomasiologie und Semasiologie - kombinierte Methoden zur Strukturierung der Lexik*, dans Germanistische Linguistik (Verlag Georg Olms, Hildesheim) 3, 1970, 243-384. – Les relations entre la perspective sémasiologique et la perspective onomasiologique sont surtout compliquées dans le cas d'un dictionnaire bilingue ; le champ sémasiologique (le signifié) d'un mot *a* dans la langue A est présenté avec une traduction dans la langue B ; au sémème a^1 correspond, dans la langue B, b^1 (et, dans quelques cas, ses synonymes), à a^2 correspond c^2 (et, dans quelques cas, ses synonymes), etc. (un cas simple : fr. *couronne* a^1 → all. *Krone* b^1, *Kranz* b^2). Ces mots, dans la langue B, forment une sorte de réseau onomasiologique qui, cependant, ne reflète en aucune manière une structure de la langue B, puisqu'il dépend d'un champ sémasiologique dans la langue A. Cf. sur ce sujet Kurt BALDINGER, *Semasiologie und Onomasiologie im zweisprachigen Wörterbuch*, dans Interlinguistica (Hommage Wandruszka), Tübingen (Niemeyer) 1971, 384-396.

4. Cf., par exemple, les travaux de Ulrich RICKEN, *Gelehrter und Wissenschaft im Französischen* (Deutsche Akademie der Wissenschaften zu Berlin, Veröffentlichungen des Instituts für Romanische Sprachwissenschaft, 15) Berlin (Akademie-Verlag) 1961, 323 p., et ses articles *Bemerkungen zur Onomasiologie*, dans Wissenschaftliche Zeitschrift der Karl-Marx-Universität Leipzig 10, 1961, 409-19 ; *Onomasiologie oder Feldmethode ? Bemerkungen zur Methode und Terminologie einiger neuerer wortkundlicher Arbeiten*, ib., 833-840, et dans Beiträge zur Romanischen Philologie 1, 1961, 190-280 ; de plus ses idées exposées dans les *Résumés des Communications* (Congrès de Linguistique Romane, Strasbourg 1962), 28.

5. Cf., par exemple, K. HEGER, *Die Bezeichnung temporaldeiktischer Begriffskategorien im französischen und spanischen Konjugationssystem* (Beihefte zur ZrP, 104) Tübingen 1963, et la discussion provoquée par ce livre ; Heger répond dans l'article *Temporale Deixis und Vorgangsquantität ("Aspekt" und "Aktionsart")*, dans ZrP 83, 1967, 512-582. Heger est parti d'un système conceptuel également dans son article *Personale Deixis und grammatische Person*, dans ZrP 81, 1965, 76-97.

justement la répartition des éléments lexicaux à l'intérieur d'un champ onomasiologique qui détermine dans une grande mesure la valeur sémasiologique de chaque élément. Il faudrait donc étudier d'abord les différents champs onomasiologiques auxquels participe chaque mot grâce à sa polysémie pour pouvoir déterminer les différentes valeurs sémasiologiques à l'intérieur d'un champ sémasiologique. Autrement dit, il faudrait commencer par les deux bouts – ce qui, évidemment, n'est pas possible. Au moins faudrait-il toujours faire la vérification en partant du côté opposé. La cause de cette situation de base est facile à reconnaître : c'est la bipolarité foncière du signe linguistique reconnue déjà par Saussure et qui nous a servi de point de départ. Cette bipolarité de base conditionne les deux méthodes qui, à la fois, s'opposent et se complètent. L'*onomasiologie* correspond à la situation du locuteur qui doit *exprimer* sa pensée en tenant à sa disposition le trésor structuré de la langue ; la *sémasiologie* correspond à la situation de l'auditeur qui entend des formes déjà choisies, c'est-à-dire des mots sujets à la polysémie, et qui doit déterminer les significations en question (cf. la première partie, chapitre 12). Au cours d'une conversation, nous faisons continuellement la navette entre l'onomasiologie (en parlant) et la sémasiologie (en écoutant). De l'analyse onomasiologique, nous passons à l'analyse sémasiologique et vice-versa. C'est l'objet de la linguistique d'étudier sur le plan de la première métalangue ce qui se passe – inconsciemment et parfois même consciemment – sur le plan de la langue-objet.

5

Le problème de la synonymie : valeurs symboliques et valeurs symptomatiques

Le problème de la synonymie est une des pièces de résistance de la sémantique [1]. Ludwig Söll a réuni, dans un bel article [2], une série de témoignages qui répondent à la question de savoir s'il y a des synonymes absolus (**bedeutungsgleiche Wörter**) par un **oui**, par un **non** ou par une réponse évasive. Je tâcherai de démontrer que la question est

1. Ce chapitre se base sur une communication au Colloque de Sémantique à Mayence (novembre 1966) publiée dans *Probleme der Semantik* (ZFSL, Beihefte 1), Wiesbaden 1968, 41-61 (*La synonymie – problèmes sémantiques et stylistiques*). Une version abrégée a paru dans la seconde partie de mon article *Structures et systèmes linguistiques*, dans TraLiLi V/1, 1967, 123-39 (deuxième partie, 132-39).

2. Ludwig SÖLL, *Synonymie und Bedeutungsgleichheit*, dans GRM 16, 1966, 90-99 ; cf. aussi S. ULLMANN, *Semantics, An Introduction to the Science of Meaning*, 1962, 141 ; Inger ROSENGREN, *Semantische Strukturen, Eine quantitative Distributionsanalyse einiger mittelhochdeutscher Adjektive*, Lund/Kopenhagen 1966, reste prudent dans ses considérations fondées sur la distribution et la statistique (cf. le chapitre *Synonyme, Bedeutungsnähe und Polysemie*, 14-16) ; G. S. SČUR, *Some Thoughts on Synonymy in Language*, Orbis 22, 1973, 177-183 [n'apporte rien qui soit vraiment nouveau] ; Hans-Martin GAUGER, *Zum Problem der Synonyme*, avec un résumé en français : *Apport au problème des synonymes*, TBL 9, Tübingen 1972, 149 p. [« En comparant les contenus des mots dits "synonymes", on découvre toujours entre eux des différences plus ou moins marquées, quoique souvent difficilement exprimables », 122] ; Hartmut KLEINEIDAM, *Lexikalische Synonymie unter kontrastivem Aspekt*, dans *Lebendige Romania* (Festschrift H.-W. Klein), Göppingen 1976, 177-195 ; Arnulf STEFENELLI, *Der Synonymenreichtum der altfranzösischen Dichtersprache* (Österr. Ak. der Wiss., Phil.-hist. Klasse, Sitzungsber. 251. Bd, 5. Abh.), Wien 1967 ; J. CHOCHEYRAS, *Le redoublement de termes dans la prose du XVIe s. : une explication possible*, RLiR 33, 1969, 79-88 ; Clemens DIEKAMP, *Formelhafte Synonymenhaufungen in der altpoitevinischen Urkundensprache*, München (Wilhelm Fink) 1972 ; Peter F. DEMBOWSKI, *Les binomes synonymiques en ancien français*, Kwartalnik Neofilologiczny XXIII [Mélanges Lewicka], Varsovie 1976, 81-90 ; B. LAMIZET, *Pour une approche formelle de la synonymie lexicographique*, CahLex 26, 1975-I, 15-46 ; 28, 1976-I, 18-42.

mal posée. Il faut distinguer différents plans ou niveaux ; dès qu'on le fait, on obtient des réponses claires et précises.

(a) SYNONYMIE SUR LE PLAN CONCEPTUEL

Revenons d'abord à l'analyse du concept "se souvenir" (II, chap. 3) qui nous a fourni une formule de base :

> "se souvenir", c'est la présence psychique (P_Ψ) de quelque chose appartenant au passé ($X \underset{p}{\leftarrow}$) dans la mémoire d'un être vivant (M_Y) :

$$\boxed{P_\psi(X \underset{p}{\leftarrow}; M_Y)}$$

La réalisation linguistique de cette formule nous a révélé tout un système de variantes sur le plan conceptuel. Je me contente de rappeler les trois ou quatre positions les plus importantes à l'intérieur de ce système :

	transformatif	non-transformatif
bivalent	2-3 : « A se réalise dans la mémoire de B » $P\Psi(A \underset{p}{\leftarrow}, M_B) + 2 + t + (A \neq B)]$	20-3 : « B garde le souvenir de A » $P\Psi(A \underset{\bar{p}}{\leftarrow}, M_B) + 2 + \bar{t} + (A \neq B)$
trivalent	3-1a : « C évoque chez B le souvenir de A » $[cP\Psi(A \underset{p}{\leftarrow}, M_B); C) + 3c + t + (A \neq B \neq C)]$	3-1b : « B évoque chez soi le souvenir de A » $[cP\Psi(A \underset{p}{\leftarrow}, M_B); C) + 3c + t + (A \neq B = C)]$

La position 2-3 correspond à la *mémoire involontaire* :

> « *Je me souviens*
> Des jours anciens
> Et je pleure » (Verlaine)

Les positions 3-1a et 3-1b correspondent à la *mémoire volontaire* : on évoque un souvenir chez soi-même ou chez un autre :

> « *Je rappelai à moi* le peu que je savais » (Valéry) ;
> « *Ils lui rappeloient* ses victoires passées » [à Nestor] (FÉNELON, *Télémaque*, éd. Grands Ecrivains, II, 257).

La position 20-3 est une des positions les plus importantes du côté non transformatif :

> « Ce vieil omnibus a disparu, mais son austérité, son inconfort *sont restés vivants dans mon souvenir* » (SAINT-EXUPÉRY, *Terre*, 20).

L'analyse d'un grand nombre d'exemples nous a donné, **pour chaque position**, toute une série de **synonymes** qui servent à réaliser la même formule :

2-3 se rappeler qch., que
se souvenir
il me souvient
revenir à la mémoire, à l'esprit, au cœur, en pensée
le souvenir de... revient à
revoir [souvent = 20-3]

3-1a rappeler qch. à qn
faire souvenir de
faire penser
remettre qch. devant les yeux de qn
remémorer qch. à qn
faire revenir qch. à qn

3-1b se rappeler qch., que
se rappeler le souvenir de
se rappeler de qch.
se remémorer qch.
se mettre à penser à qch. (du passé)
penser à qch. (du passé)
se souvenir (à l'impératif) [3]
remettre qch. dans son esprit (à l'impératif)
se remettre (p. ex. le visage) de qn
[noter (il faut noter qu'il était alors bien jeune) → concepts voisins]

20-3 se souvenir
se rappeler qch. (rare et incertain à cette position)
se ressouvenir
rester vivant dans son souvenir

3. L'impératif ajoute la valeur d'un actant : il peut donc faire passer un verbe exprimant le souvenir involontaire (position 2) au niveau d'un verbe exprimant la mémoire volontaire (position 3) par l'adjonction d'un actant causal. Cf. notre article dans CahLex 8, 1966, 5-46, spéc. 28 et ci-dessus p. 151 ; K. HEGER, *Valenz, Diathese und Kasus*, ZrP 82, 1966, 138-170, spéc. 158.

revoir
retenir
garder le souvenir, la mémoire de
subsister dans son souvenir.

Deux conclusions se dégagent de cette analyse :

1. Nous avons obtenu toute une série de champs onomasiologiques : chaque position de ce système conceptuel est réalisée par un petit champ onomasiologique, un **champ onomasiologique minime** [4]. Ces champs onomasiologiques s'intègrent dans le champ onomasiologique "se souvenir", **champ onomasiologique micro**. Il faudrait ajouter le **champ onomasiologique macro**, qui dépasserait le système conceptuel de "se souvenir" (nous ne l'avons pas examiné ; voir l'article de K. BRADEMANN, *Die "geistige Präsenz" im Begriffssystem – Versuch einer Kategorisierung von Inhalten*, dans Festschrift [Hommage] Kurt Baldinger, II, 1979, 448-464).

2. Du point de vue conceptuel, les monèmes ou groupes de monèmes qui réalisent la même formule (= qui se trouvent à la même position) sont des synonymes et ajoutons cette précision importante : des **synonymes absolus** du point de vue conceptuel. Les synonymes réunis à la même position sont des synonymes absolus dans ce sens qu'ils **réalisent tous la même formule conceptuelle**. On peut le vérifier par substitution [5] : à chaque position je peux remplacer, à l'intérieur du groupe, n'importe quel synonyme par n'importe quel autre sans modifier la substance conceptuelle. Ce n'est pas valable pour les champs onomasiologiques micro et macro : il est, par exemple, impossible de substituer *se souvenir de*, à la position 2-3, par *remémorer qch.*, qui se trouve à la position 3-1b, sans modifier la substance conceptuelle : *je me souviens de mon enfance* et *je remémore mon enfance* ne sont pas synonymes sur le plan conceptuel : le premier relève de la mémoire involontaire, le second de la mémoire volontaire. De même, je ne peux pas substituer à *revenir à la mémoire*, qui se trouve à la position 2-3, *garder le souvenir de qch.*, qui se trouve à la position 20-3 : le premier est transformatif, le second est non transformatif, etc. Une analyse conceptuelle précise est donc indispensable avant de parler de synonymes absolus sur le plan conceptuel [6].

4. Dans l'article *Sémantique et structure conceptuelle*, CahLex 8, 24, je parle, dans ce sens, de *champ onomasiologique micro*. Je préfère, maintenant, la tripartition telle qu'elle est définie par la suite (v. aussi la figure 32 dans le chapitre précédent).

5. A propos de la substitution, v. S. ULLMANN, *Semantics*, 1962, 143.

6. *Frêle* et *fragile*, par exemple, ont le même étymon, mais ils ne sont pas du tout synonymes actuellement (ils réalisent des systèmes conceptuels différents). Cela vaut pour toute la liste donnée par ULLMANN, *Semantics*, 1962, 148 ; v. aussi ULLMANN, *Précis de sémantique française*, ^{2}1959, 191.

Retenons, pour terminer la première partie de mon exposé, cette conclusion : **il y a des synonymes absolus sur le plan conceptuel** (champ onomasiologique minime).

Cela correspond exactement à ce que M. Heger a constaté à propos de *soixante-dix* et *septante* : ce sont des synonymes absolus sur le plan d'une analyse onomasiologique qui part d'une même formule conceptuelle (« dass ein und derselbe Begriff zwei verschiedene Bezeichnungen hat. In dieser Sicht ist es völlig legitim, von Synonymien – oder Allomorphien – zu sprechen, denn der Begriff "70" **hat** im Französischen die zwei Bezeichnungen *septante* und *soixante-dix* ») [7]. La situation se présente de manière très différente dès que nous quittons le plan conceptuel pour nous mettre sur le plan sémasiologique.

(b) LA SYNONYMIE DE DEUX SÉMÈMES ET LA SYNONYMIE DE DEUX SIGNIFIÉS [8]

Le trapèze de Heger distingue, sur le plan de la substance du contenu :

signifié	*sémème*	*sème*
(réunit tous les sémèmes rattachés à un monème)	(= 'signification' dans la terminologie traditionnelle)	(= concept, système de sèmes = système conceptuel)

Si le signifié ne contient qu'un sémème, le signifié et le sémème sont identiques ; si le signifié contient plusieurs sémèmes, il constitue un champ sémasiologique. Quant à la synonymie, cette situation de principe nous permet de distinguer, sur le plan de la substance du contenu, deux sortes de synonymies :

une synonymie de deux signifiés (si les deux signifiés rattachés à deux monèmes différents ne contiennent, chacun, qu'un sémème) :

Fig. 33 signifié 1 (seul sémème) du monème A

signifié 2 (seul sémème) du monème B

sont identiques

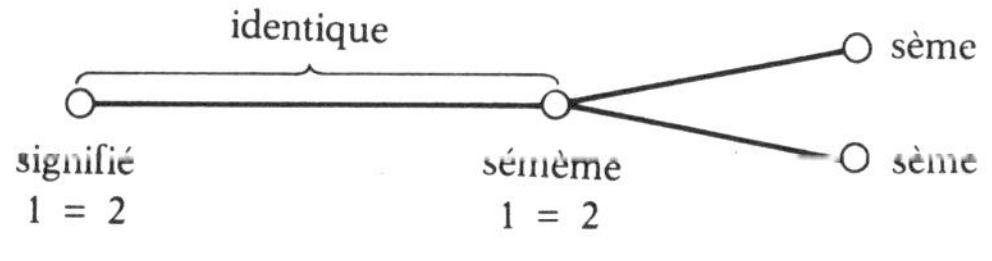

7. Klaus HEGER, *Homographie, Homonymie und Polysemie*, ZrP 79, 1963, 478 [mais v. maintenant *Monem, Wort, Satz und Text*, 1976, 61-65, 94 ss.].

8. Ce paragraphe est sorti d'une discussion avec Heger en marge du Colloque de Mayence.

une synonymie de deux sémèmes qui sont rattachés, à travers deux signifiés complexes (qui contiennent plus d'un sémème), à deux monèmes différents :

Fig. 34

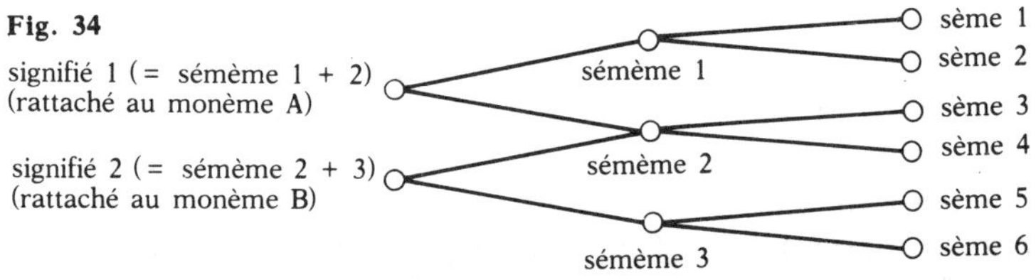

La synonymie, dans ce second cas, se produit non pas sur le plan du signifié, mais sur le plan du sémème (plus exactement sur le plan du sémème 2 qui est commun aux signifiés 1 et 2 qui sont rattachés aux monèmes A et B). Tout cela concerne la fonction symbolique du signe linguistique (v. plus loin, à propos de K. Bühler). Ces deux genres de synonymies, on peut les appeler, en allemand, **symbolbegriffliche Signifiésynonymie** et **symbolbegriffliche Sememsynonymie** ; en fr., il est difficile de traduire *symbolbegrifflich*, de sorte qu'il faut distinguer la synonymie de deux sémèmes sur le plan conceptuel-symbolique.

S'il y a idéntité de signifié et de sémème, les deux monèmes en question sont des **synonymes absolus** quant à leur fonction symbolique sur le plan de la substance du contenu. Si les deux signifiés des deux monèmes en question contiennent plusieurs sémèmes (= ont plusieurs significations), ils ne sont que **partiellement des synonymes absolus** quant à leur fonction symbolique sur le plan de la substance du contenu (= identité d'un de leurs sémèmes ou significations). Dans ce deuxième cas – c'est là la conclusion la plus importante – les deux monèmes en question qui ont un sémème (une signification) en commun se distinguent par la présence virtuelle des sémèmes (des significations) qu'ils n'ont pas en commun. Autrement dit, la présence virtuelle de deux champs sémasiologiques crée une différence entre deux monèmes (lexèmes ou morphèmes) qui ont une signification en commun [9]. Notre définition du monème comprenant tant le morphème

9. Josette Rey, à propos de : *Les haricots sont lourds* [deux significations] et *Les haricots sont indigestes* [une signification] : « L'emploi d'un mot est rarement indépendant de sa substance phonique, pour peu que l'on considère comme des homonymes les divers "sens" (ensemble des emplois correspondant à une définition) d'une unité lexicale [= champ sémasiologique]. Pour *lourd*, les homonymes (les "sens" de *lourd* polysémique) sont nombreux, et les éléments de sens "grand poids", "porter", "pénible" [cf. les *solidarités* de Coseriu] sont présents à l'esprit. Pour *indigeste*, l'homonymie des monèmes *digest-*, dans *indigeste, digestion*, appelle les éléments de sens "digérer", "passage", "assimilation" [ici interviennent la famille de mots et ses "solidarités", cf. **3.**, p. 181 s.].

Dans le discours, la substance phonique pourrait bien évoquer d'abord *tous les signifiés* que le lexème, la distinction que nous venons d'établir concerne tant la lexicologie (champ sémasiologique d'un lexème) que la morphologie et la formation des mots (champ sémasiologique d'un morphème).

La structure même du monème, c'est-à-dire la polysémie inhérente au signe linguistique, nous fournit donc un premier principe différenciateur des synonymes (synonymes absolus de sémèmes sur le plan conceptuel) :

1. Présence virtuelle du champ sémasiologique [10]

Deux monèmes (lexèmes ou morphèmes) qui ont deux ou plusieurs significations ne sont donc jamais absolument synonymes, même si l'on s'en sert dans la ou une signification qu'ils ont en commun puisque les autres significations restent virtuellement présentes.

La polysémie de deux synonymes est à la base de nombreux jeux de mots. Ainsi, j'ai entendu dire au Mexique, en 1972, du Duc de Windsor : « cambió una *corona* por una *bohemia* destapada » ("il a échangé une couronne contre une bohémienne ouverte") ; il faut savoir que *Corona* et *Bohemia* sont des marques de bière très connues ; le jeu de polysémie est complété par le double sens de *destapada* "ouverte (d'une bouteille)" et "désordonnée". [Le Duc de Windsor avait renoncé à la couronne anglaise pour épouser Mrs. Simpson, une Américaine divorcée.]

On peut distinguer le jeu de mots polysémique du jeu de mots homonymique (voir, à propos de la distinction entre polysémie et homonymie sur le plan synchronique, le chapitre II 7), et ceci à la fois sur le niveau d'un seul "mot" [« La *faim* du monde »/*fin*, Canard Enchaîné, 7 janvier 1981 ; et dans un autre contexte : « Bobby Sands fait la grève de la *fin* », Canard Enchaîné du 29-4-81, après la mort du prisonnier] ou sur le niveau d'un rang dépassant le "mot" [« Khomeine se fait de plus en plus *père-sang* »/*persan*, Canard Enchaîné, novembre 1979] ; voir aussi F. J. HAUSMANN, *Studien zu einer Linguistik des Wortspiels, Das Wortspiel im "Canard Enchaîné"*, Tübingen (Niemeyer), 1974.

Dans d'autres cas, le comique n'est pas du tout intentionnel bien que la polysémie soit indiquée par des guillemets (s'ils n'indiquent pas

virtuels, et ce ne serait que par le décodage et la référence à une situation qu'un seul signifié serait retenu. Si l'auditeur sent une différence entre *lourd* et *indigeste*, ce serait donc le souvenir des signifiés de même substance phonique [lour] qui formerait une *sorte de frange au signifié* "indigeste", sans faire partie du sémème de *lourd* "indigeste" [présence du champ sémasiologique de *lourd*]. Ce sémème d'un seul signifiant *lourd* est en effet isolé par les sémanticiens, mais l'usager de la langue n'a cure de ces délimitations » (CahLex 8, 1966, 88 s.).

10. V. mon article *Sémasiologie et onomasiologie*, RLiR 28, 1964, 249-272 (surtout 257), publié ici comme appendice (spéc. 233), et S. ULLMANN, MélDelbouille 1964, 646 s. ; E. COSERIU, *Pour une sémantique diachronique structurale*, TraLiLi II/1, 151 (problème de la "neutralisation").

simplement une différence de style) : « Le député local... a critiqué aujourd'hui la grève déclarée, il y a 48 heures, par 153 camions "*matérialistes*" (camiones "materialistas") et il ajouta que, si le gouvernement allait appliquer la loi, il pourrait supprimer la concession à ces camionneurs et aux chauffeurs de taxi qui les appuyeraient » (Excelsior [journal mexicain] du 20 mai 1972). Il s'agit, bien sûr, d'un jeu de polysémie avec *matérialiste* au sens philosophique. Même polysémie sur le panneau de signalisation qu'on dit exister au Mexique : « Prohibido a los *materialistas* estacionarse *en lo absoluto* » ("Défense absolue de stationner...") ; la polysémie de *materialista* est complétée, cette fois-ci, par celle de *en lo absoluto* "absolument" et "dans l'absolu". Un jeu de polysémie assez semblable se trouve en allemand : *Freie Bahn* (champ libre) *dem Laster* (titre dans le journal *Die Zeit* du 29 juin 1973) : *Laster* signifie à la fois "camion" et "vice".

Reste le cas des monèmes-synonymes de signifiés dont le champ sémasiologique ne contient qu'un seul membre et qui, par conséquent, pourraient être des synonymes absolus. Ceci est juste quant à leur substance de contenu symbolique (**symbole** dans le sens de Bühler, voir plus loin). Quant aux monèmes eux-mêmes, ce serait vrai s'il n'y avait pas d'autres facteurs différenciateurs. Nous en reparlerons plus loin.

(c) STRUCTURES QUI DÉPASSENT LE MONÈME

Il est nécessaire d'ajouter à la présence virtuelle du champ sémasiologique (**1.**) toute une série de facteurs qui interviennent dans la synonymie, parce que le monème ne vit pas isolé à l'intérieur du langage, mais en relation avec d'autres éléments, tant sur le plan de l'expression que sur celui du contenu (n'oublions pas que les deux plans sont toujours unis dans le signe linguistique de sorte que la présence de la forme de l'expression signifie obligatoirement la présence de la forme du contenu). Ainsi, la ressemblance formelle à un monème qui pourrait évoquer des associations désagréables, peut déterminer la préférence, dans la sélection, pour un des deux synonymes. En Argentine, par exemple, on préfère, dans le langage de la conversation, le mot *elegir* au lieu de *escoger* (= choisir), au début probablement pour éviter l'association avec *coger* (prendre, mais usuel en Argentine avec un sens obscène). De même, un hispanophone préférera ne pas employer le mot savant *putativo* (= putatif) dans certaines circonstances. Au contraire, le locuteur peut sciemment préférer le synonyme qui évoque – sur le plan de la forme de l'expression – tel autre mot ; alors il s'agit d'un jeu de mots (par exemple *votar* au lieu de *sufragar* (= voter), pour faire un jeu de mots avec *botar* "arrojar" (= jeter). – Nous constatons, par conséquent, un second facteur différenciateur [11] :

2. La **ressemblance** de l'un des synonymes avec un autre monème ou lexie sur le plan de la forme de l'expression.

Ce second facteur différenciateur sert de même à des jeux de mots. Au Mexique, par exemple, j'ai entendu l'expression *flan quinquenal* (flan de cinq ans) qui est immédiatement associée par l'auditeur à *plan quinquenal* (plan de cinq ans) et qui, de cette manière, est lui-même mis en relation, métaphoriquement, avec *flan*. Ainsi, tout le monde comprend, si l'on nomme, à l'hôtel, le dessert un *flan quinquenal*, que le service laisse à désirer. Quelquefois, ce n'est que le rire de l'auditoire qui révèle un jeu de mots involontaire :

> « Lorsque Victor Hugo fut reçu à l'Académie française, le procès de Marie Lafarge, soupçonnée d'avoir empoisonné son mari à l'arsenic, passionnait l'opinion publique.
>
> Dans le discours qu'il prononça pour répondre au récipiendaire, M. de Salvandy provoqua, sans le vouloir, un cocasse calembour.
>
> – En ce temps où *l'art scénique* a pris un développement aussi considérable..., commença-t-il.
>
> A ces mots malheureux, l'assemblée fut aussitôt secouée d'un rire communicatif irrésistible, qui stoppa l'orateur.
>
> Tandis que les auditeurs s'esclaffaient, un de ses confrères lui fit comprendre, à l'oreille, la raison de cette hilarité.
>
> Souriant et amusé à son tour, M. de Salvandy rectifia alors sa phrase :
>
> – En ce temps où *l'art théâtral*... » (Marius Nr. 1241 du 29 mars - 4 avril 1973) [12].

De même, les bons mots du genre « l'homme moderne vit plutôt dans les tavernes que dans les cavernes » ne seraient pas possibles avec des synonymes (« l'homme moderne vit plutôt dans les auberges que dans les grottes » !?).

L'appartenance de la majeure partie des monèmes à une **famille de mots** est apparentée à la ressemblance de deux synonymes sur le plan du signifiant. La délimitation diachronique ou étymologique de la famille de mots (voir par exemple le FEW) ne correspond pas forcément à la délimitation synchronique, qui est la seule qui importe ici.

---

11. Pour la morphostylistique : ULLMANN, MélDelbouille, 1964, 639 ; *Language and Style*, 1964, 111.

12. William C. Brown (Mexico) m'a conté l'anecdote suivante qui montre les conséquences d'une confusion de synonymes pour des raisons phonétiques : un groupe de jeunes filles mexicaines venait à la capitale pour se faire photographier. On leur dit de dire *rojo* "rouge" pour que la bouche resultât petite et charmante (en anglais il faut dire *cheese* pour faire semblant de sourire) ; mais une des jeunes filles, au lieu de dire *rojo*, dit *colorado* – un synonyme – en ouvrant trop sa bouche et en gâchant ainsi la photo. – Le jeu de mots peut être signalé par l'écriture : « Un VISAge pour Bruxelles » (avant les élections en Belgique, Télévision allemande du 15-12-1978).

Mais même synchroniquement, la parenté sur le plan du signifiant d'un mot avec d'autres mots de la même famille intervient dans la synonymie :

3. Appartenance de deux synonymes à deux **familles de mots** distinctes :

Cette appartenance implique une série d'associations [solidarités, v. ci-dessus, 1re partie, chap. 5, p. 65, note 21] différentes. *Lourd* peut être synonyme d'*indigeste* en français ; la présence virtuelle de *lourdeur* et de *digérer*, etc., implique des associations différentes pour chacun des synonymes (cf. ci-dessus, p. 179, note 9).

Autre facteur :

4. La **motivation** des mots composés ou dérivés.

En effet, *trottoir* et *Bürgersteig*, par exemple, sont synonymes (synonymes absolus sur le plan de la substance du contenu). Ils ne le sont pas quant à leur motivation. *Bürgersteig* est analysable pour n'importe quel sujet parlant allemand ; *trottoir* ne l'est pas. Le sujet parlant peut préférer un composé ou dérivé motivé à son synonyme non motivé (soit mot simple soit mot composé ou dérivé du point de vue diachronique) qui a perdu sa motivation par l'évolution phonétique ou par d'autres facteurs diachroniques (comme l'emprunt, par exemple) [13]. L'analyse scientifique de ces composés ou dérivés se fait (1) sur le plan de la forme de l'expression [signifiant], (2) sur le plan de la forme du contenu [signifié].

On se sert du facteur **4.** – comme des précédents – pour faire des jeux de mots. Au Mexique, par exemple, on m'a posé la question : « Connaissez-vous un synonyme de *sequía* [sécheresse] ? » La bonne réponse, c'est l'antonyme (!) *aguacero* "averse", interprété comme *agua-cero* "eau-zéro" !

Il faudrait continuer l'analyse dans le cadre de structures plus complexes qui dépassent le monème et la lexie (nous nous contentons de les énumérer sans les examiner de plus près) :

5. Phonostylistique, v. ULLMANN, MélDelbouille 1964, 637 ss., surtout 641 ss. ; *Language and Style*, 1964, 111 ; L. SÖLL, *Murmurare in der Romania – Bedeutungswandel durch Lautwandel ?* : « La motivation phonétique ne peut se faire à l'intérieur d'*un* seul mot. Un 'heureux arrangement des sonorités' (P. Delbouille, *Poésie et sonorités*, 1961, 35) se réalise seulement dans un contexte phonétique plus grand » (Festschrift [Hommage] Wartburg, 1968, II, 289, note 9).

13. V. aussi ULLMANN, MélDelbouille, 638 s.

6. La syntaxe et **le contexte** (principes de distribution ; v. par exemple ULLMANN, *Semantics*, 1962, 143, à propos de *broad/wide* ; *Language and Style*, 1964, 103 ss. ; pour *second* et *deuxième*, v. SÖLL, GRM 16, 1966, 95) [14].

Pour le français *plus* et *davantage*, Maibrit WESTRIN arrive à la conclusion suivante :

> « Il est impossible de dire avec le même sens : "Pierre travaille *davantage*" ou "Pierre travaille *plus*". Les deux adverbes ne sont pourtant pas toujours interchangeables. L'emploi de *davantage* est circonscrit par de nombreuses règles. Les restrictions portent sur le mot déterminé aussi bien que sur le complément. On voit qu'il faudrait choisir *plus* : 1. devant un complément de comparaison amené par *que*, 2. avec un complément nominal à valeur partitive amené par *de*, 3. avec un complément de quantité amené par *de*, 5. pour modifier un adjectif, 8. comme auxiliaire de la négation pour exprimer la cessation d'une action ou d'un état. *Davantage* serait à préférer si aucun complément ne suit : 4. avec *en* représentant un substantif, 6. avec *le* représentant un adjectif. Pour employer *plus* dans les cas 4. et 6., il faudrait renforcer le mot par un adverbe » [15].

7. L'intonation [16] et **le rythme** (v. ULLMANN, *Language and Style*, 1964, 103).

---

14. A propos de *second* et *deuxième*, v. aussi Jean-Claude DINGUIRARD, *Les constantes du sens*, dans Cahiers du Centre Interdisciplinaire des Sciences du Langage (Sections de linguistique générale et appliquée) [Toulouse] 1, 1979, 9-28 [« s'ils véhiculent bien une information commune, d'autres informations sont propres à chaque terme, qui interdisent la coïncidence », 9]. – V. la jolie anecdote racontée par Dornseiff (citée par SÖLL, GRM 16, 96) : « Ein Botschafter zu seinem Vorgesetzten : "Ja, die deutsche Sprache ist so schwer, immer bedeuten zwei Wörter das gleiche : *speisen* und *essen*, *springen* und *hüpfen*, *schlagen* und *hauen*, *senden* und *schicken*". Darauf der Chef : "Das stimmt nicht. Eine Volksmenge kann man *speisen*, aber nicht *essen*, eine Tasse *springt*, aber sie *hüpft* nicht, die Uhr kann *schlagen*, aber nicht *hauen*, und Sie sind ein *Gesandter*, aber kein *geschickter*". Und zu einer anwesenden Dame : "Ich kann Sie an einen *sicheren* Ort führen, aber nicht an einen *gewissen*" ». – Version traduite et expliquée : « Un ambassadeur à son supérieur : "Eh bien, la langue allemande est vraiment difficile ; il y a tant de mots qui signifient la même chose : *speisen* ("manger" et "donner à manger") et *essen* ("manger"), *springen* ("sauter" et "voler en éclats") et *hüpfen* ("sauter, sautiller"), *hauen* ("battre, frapper") et *schlagen* ("battre, frapper" et "sonner l'heure"), *senden* ("envoyer" ; le p. parf. substantivé *Gesandter* signifie "un ambassadeur") et *schicken* ("envoyer" ; le p. parf. et adj. *geschickt* signifie "habile, adroit")". Le supérieur lui répondit : "Ce n'est pas vrai. Vous avez tort. On peut donner à manger (*speisen*) à une foule, mais on ne peut pas la manger (*essen*) ; une tasse vole en éclats (*springen*), mais ne sautille pas (*hüpfen*) ; l'heure sonne (*schlagen*) mais ne frappe pas (*hauen*), et vous êtes un ambassadeur (*Gesandter*) mais non pas très habile (*geschickt*)". Et en s'adressant à une des dames présentes : "Je peux vous accompagner, Madame, à un lieu sûr (*sicher* "sûr"), mais non pas à un "certain lieu" (*gewiss* "certain" ; en langage familier "ein gewisser Ort" = "das Örtchen" = "le W.-C.") ».

Jean DUBOIS (CahLex 4, 1964, 12), distingue, en étudiant la distribution de *voie* et *chemin* en français, une *zone commune* et une *zone d'exclusion* (« on appelle termes synonymes deux unités dont les distributions se superposent presque complètement », p. 8).

15. Maibrit WESTRIN, *Etude sur la concurrence de* davantage *avec* plus *dans la période allant de 1200 à la Révolution, Comparaison avec l'usage actuel* (Etudes romanes de Lund, 21), Lund (C.W.K. Gleerup), 1973, p. 7.

16. L'intonation peut constituer un facteur symptomatique (avec valeur stylistique), ce qui

8. Niveau de style (poésie, prose, etc.) : *passing/death* (le premier est poétique et archaïque, ULLMANN, 1962, 143) ; fr. *mort/trépas/décès* ; angl. *dale/valley* ULLMANN, 1962, 147) ; fr. *col* pour *cou* chez GIDE (ULLMANN, *Choix et expressivité,* 1959, 220) ; all. *sterben/hinscheiden, Träne/Zähre, Gesicht/Antlitz/Visage.*

[**9. Principes stylistiques** de convention (principe de non-répétition du même mot ; v. ULLMANN, *Semantics,* 1962, 152) [17].]

(d) EXPÉRIENCE PRATIQUE DE LA SYNONYMIE ABSOLUE SUR LE PLAN CONCEPTUEL

Intercalons, avant de poursuivre notre analyse, une petite expérience-clé qui m'est arrivée à Montevideo en 1966. Je m'étais installé, avec mon assistant M. Höfler, dans notre petit restaurant préféré et je demandais au garçon de m'apporter un café au lait et des cacahuètes (un *capuchino chico* y unos *cacahuetes*) : le garçon se retournait et criait, en s'adressant au garçon du bar : « Un *cortado grande* y unos *maníes* ! » Il m'apporta exactement ce que je voulais. Expérience significative qui prouve par la réalisation extra-linguistique l'identité absolue des synonymes en question sur le plan conceptuel : confirmation supplémentaire de nos résultats théoriques [18]. Il n'est d'ailleurs pas

justifie son insertion dans notre liste ; mais elle peut aussi constituer un facteur symbolique (le problème de l'interrogation en fr. serait à examiner) ; des oppositions dues à l'intonation existent, en tout cas, en suédois, en norvégien et en serbocroate (note de K. Heger). – Il faut distinguer l'**intonation** du **ton** qui, dans les langues indo-européennes, ne relève pas du champ symbolique (« C'est le ton qui fait la musique ; ceci a une grande valeur (mais non absolue) dans les langues indo-européennes, dans le sens que le *ton* est disponible pour l'expression et l'appellation et est non pertinent pour la représentation », Karl BÜHLER, *Sprachtheorie,* Jena 1934, 46).

17. Un bel exemple pour illustrer le principe de non-répétition se trouve dans Jean VAUQUELIN DE LA FRESNAYE, *La Vie du Campagnard* (Satyres françaises, livre II) au XVIe siècle :

(I) Il oit dans les forests des vents le doux *murmure.*
(II) Il oit le *gazouillis* de ces mille ruisseaux.
(III) Il oit mille oisillons qui sans cesse *jargonnent.*

Murmurer occupe paradigmatiquement les positions I, II et III ; *gazouiller,* les positions II et III ; pour III, il y a, de plus, tout un inventaire (qui provient en partie de temps antérieurs). Syntagmatiquement, il n'y a donc pas d'autre distribution possible si le « poète ne veut pas se conformer à une répétition de mot », L. SÖLL, *Murmurare in der Romania – Bedeutungswandel durch Lautsymbolik ?,* dans Festschrift [Hommage] Wartburg, 1968, 2, 302 s.

Un autre exemple de non-répétition : « Le peuple, mécontent des patriciens, se retira sur le Mont-Sacré : on lui envoya des députés qui l'apaisèrent ; et comme chacun se promit secours l'un à l'autre en cas que les patriciens ne tinssent pas les paroles données, ce qui *eût* causé à tous les instants des séditions, et *auroit* troublé toutes les fonctions des magistrats, on jugea qu'il valoit mieux créer une magistrature qui pût empêcher les injustices faites à un plébéien » MONTESQUIEU, *Considérations sur les causes de la grandeur des Romains et de leur décadence,* Paris 1852, 77 (= chap. VIII, § 5).

18. Quant à la synonymie extensionnelle et la synonymie compréhensionnelle, v. plus loin le § (j), p. 197.

nécessaire d'aller si loin pour trouver des exemples de ce genre : en Allemagne, je pourrais commander *ein Helles*, le garçon le remplacerait peut-être par *ein Bier*, etc. Tous ces synonymes ont un sémème en commun, identité matériellement vérifiable. La communication est garantie. Les synonymes contiennent les mêmes traits distinctifs pertinents ; du point de vue conceptuel, ce sont des **variantes libres**.

(e) MANQUE DE SYNONYMIE SUR LE PLAN SÉMASIOLOGIQUE

D'autre part, personne ne niera le fait que *cacahuete* et *maní*, *capuchino chico* et *cortado grande* se distinguent par des éléments facilement saisissables. *Cacahuete* et *capuchino chico* sont les termes espagnols courants, compris à Madrid comme à Montevideo ; *maní* et *cortado* sont des termes régionaux. *Maní* vient du taíno de Haití ; c'est un mot typiquement américain ; *cacahuete*, de même, vient de l'Amérique (du nahua), mais il a conquis l'Espagne. *Maní*, par conséquent, a gardé un caractère américain régional et populaire à la fois. Le sujet parlant, souvent, doit choisir entre deux ou plusieurs synonymes qui sont des synonymes absolus sur le plan conceptuel ; il choisira selon sa position sociale, sa provenance régionale, sa profession, son âge, etc., et, ce qu'il ne faut pas oublier, selon ses intentions (artistiques ou autres), selon le milieu dans lequel il se trouve et selon les effets qu'il veut produire chez le ou les interlocuteurs. Il doit choisir et, par ce fait même, il prend une décision **stylistique**. Autrement dit, nous rejoignons le domaine du style [19]. La définition même du mot style implique le **choix** ; ULLMANN nous l'a dit à différentes reprises [20]. Sur le plan conceptuel symbolique, nous pouvons, ou mieux nous devons faire abstraction de tout ce qui dérive du sujet parlant ; ce qu'on retient, ce sont les traits distinctifs pertinents, tout comme la phonologie fait abstraction des variantes phonétiques. Mais dès que nous nous mettons sur le plan de la réalisation linguistique, dès que nous ratta-

19. « Stylistics is usually regarded as a special division of linguistics ; since, however, it has a point of view which is peculiar to it and distinguishes it from all other branches of linguistic study, it would perhaps be more logical to regard it as a sister science concerned not with the elements of language as such, but their expressive potential. On this reading, stylistics will have the same subdivisions as linguistics » (S. ULLMANN, *Language and Style*, 1964, 111).

20. V. par exemple S. ULLMANN, *Choix et expressivité*, Actes du IXe Congrès International de Linguistique Romane (Lisboa 1959), 2, 1961, 217-226 ; *Semantics*, 1962, 151 (« The possibility of choosing between two or more alternatives is fundamental to our modern conception of style, and synonymy affords one of the most clear-cut examples of such choice ») ; *Précis de sémantique française*, ^{2}1959, 192 (« Le mécanisme du *choix* qui est à la base de la notion du style ») ; *Language and Style*, 1964, 102 (« another key-concept of stylistics, the idea of choice » ; v. aussi p. 154). « Le style est un écart par rapport à une norme » (Valéry, v. P. GUIRAUD, *La stylistique*, Que sais-je ?, 1954, 105).

chons le système conceptuel à des monèmes d'une langue donnée, nous introduisons en même temps, et à côté du contenu conceptuel, toute la richesse stylistique, toute une gamme d'éléments supplémentaires. ULLMANN cite les deux vers de SHAKESPEARE :

> « What's in a name ? That which we call a rose
> By any other name would smell as sweet »
> (*Roméo et Juliette*, II, 2).

La rose reste une rose, tout comme le café reste un café, que je l'appelle *capuchino chico* ou *cortado grande*. Le sémème qu'ils ont en commun reste identique [21].

(f) LE MODÈLE DE KARL BÜHLER

Cette situation de base, on peut la rapprocher du système de Karl Bühler [22] :

Fig. 35

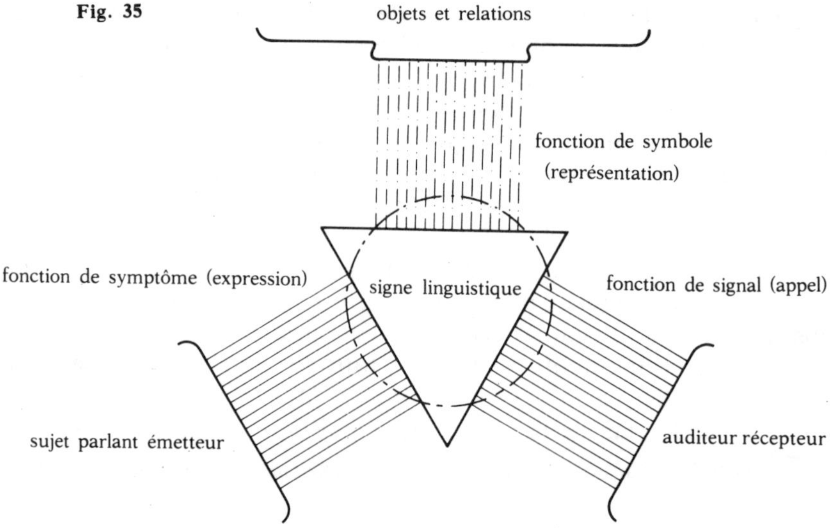

21. William C. Brown m'a raconté l'anecdote suivante qui prouve que les chiens ne suivent pas les mêmes règles :

> « Nous avons eu un chien nommé *Snubby*, mais notre petit Dick, âgé de trois ans, n'arrivait pas à prononcer ce nom et l'appelait *Flubby*. Quand nous tâchions de le corriger, il défendit sa prononciation par une logique irréfutable : "Mais il est venu quand je l'ai appelé !" ».

Le chien est donc capable d'identifier les sémèmes de *Snubby* et *Flubby* ! Mais soyons sérieux ! Les hommes, de même, peuvent identifier des sémèmes malgré un lapsus linguae si le contexte permet une correction et si le signifiant réellement prononcé n'a pas de signification propre qui provoque ou permette un malentendu. Nous n'avons pas affaire, dans ce cas, à des synonymes

« Trois éléments variables de ce modèle sont appelés à l'élever trois fois de façon différente au rang d'un signe. Les côtés du triangle du centre symbolisent ces trois éléments. Le triangle embrasse, d'une part, moins que le cercle (principe de l'opération abstractive [abstraktive Relevanz]). D'autre part, le triangle dépasse le cercle pour faire allusion au fait qu'un complément aperceptif s'ajoute toujours à tout ce qui est sensible. Les faisceaux de lignes symbolisent les fonctions sémantiques du signe linguistique (complexe). Celui-ci est *symbole* en vertu de sa coordination aux objets et relations ; il est *symptôme* (indice) en vertu de sa dépendance de l'émetteur dont il exprime l'intériorité ; il est *signal* en vertu de son appel à l'auditeur dont il dirige la conduite/le comportement extérieur ou intérieur, tout comme les autres signes de trafic » (BÜHLER, *Sprachtheorie*, 1934, p. 28).

La langue est à la fois **Darstellung** (représentation), **Ausdruck** (expression du sujet parlant) et **Appell** (on fait appel à l'interlocuteur), ce qui correspond exactement à ce que Ullmann a appelé **objective meaning, feeling-tone** et **evocative value** [23].

La *synonymie absolue* que nous avons rencontrée sur le plan conceptuel concerne uniquement la fonction symbolique (Darstellungsfunktion, Symbolfunktion), c'est-à-dire **une** des trois fonctions du signe linguistique. La différenciation des synonymes absolus se fait par le rattachement à un émetteur, à un sujet parlant ou, pour le dire autrement, par **fonction symptomatique** du signe linguistique. La synonymie absolue, indéniable sur le plan symbolique, est détruite sur le plan symptomatique ou, pour le dire d'une façon plus correcte : à la synonymie absolue provenant des valeurs symboliques s'ajoutent des éléments différenciateurs provenant du sujet parlant.

(g) LES FONCTIONS DE SYMPTÔME ET DE SIGNAL

Quels sont ces éléments qui peuvent entrer en jeu et qui proviennent du sujet parlant ? On pourrait les appeler **éléments connotatifs** ou **éléments pragmatiques** [24]. Voici, très provisoirement, un essai de classification :

---

au sens usuel du terme, mais à un néologisme qui, en réalité, est une variante phonétique du signifiant correct.

22. Karl BÜHLER, *Sprachtheorie*, Jena 1934, 28 (das Organonmodell der Sprache). Voir aussi la présentation et l'interprétation de ce modèle par K. HEGER, *La linguistique et sa place parmi les sciences*, TraLiLi X/1, 1972, 7-34, surtout p. 10 (cet article a d'abord paru en allemand sous le titre de *Zur Standortbestimmung der Sprachwissenschaft*, ZrP 87, 1971, 1-31, surtout p. 5). Le modèle est présenté de nouveau dans HEGER, *Monem, Wort, Satz und Text*, 1976, § 1.2.

23. V. ULLMANN, *Semantics*, 1962, 142 (« Very few words [nous dirons aucun !] are completely synonymous in the sense of being interchangeable in any context without the slightest alteration in objective meaning, feeling-tone or evocative value »). Quant à l'*évocation*, v. aussi ULLMANN, MélDelbouille 1964, 643 ss.

24. Sur la *dénotation* et la *connotation*, v. la bonne orientation de Georges MOUNIN, *Les problèmes théoriques de la traduction*, Paris (Gallimard) 1963, 144 ss. (« Les connotations font

FONCTION DE SYMPTÔME [25]

10. Différenciation **géographique** : fr. *soixante-dix*/en Suisse et en Belgique *septante* ; all. *Samstag* (plutôt dans le sud)/*Sonnabend* (plutôt dans le nord) ; *Reinmachefrau* (plutôt dans le nord)/*Putzfrau* (plutôt dans le sud) ; angl. (écossais) *flesher/butcher* (ULLMANN, 1962, 143).

11. Différenciation **sociale** (y compris le niveau de formation) : fr. *voiture* (bourgeois)/*bagnole* (pop. mot normal cf. CahLex 8, 1966, 89) ; *travail/boulot* ; angl. *turn down/refuse* (ULLMANN, 1962, 143) ; v. aussi Ulrich RICKEN, *Semantische Oppositionen als Ausdruck gesellschaftlicher Widersprüche*, Wissenschaftliche Zeitschrift der Universität Halle XXIV, 1975, 43-60.

12. Profession : angl. *death/decease* (ULLMANN, 1962, 143) ; all. *Fernrohr/Teleskop*, fr. *jaunisse/ictère* (méd. ; cp. I 9e) ; *époux* (langage normal)/*conjoints* (langage administratif), CahLex 8, 1966, 87 [26].

13. Confession (cath., prot., etc.) : en all. (prot.) *Papst* "le Pape"/(cath.) *Heiliger Vater* "le Saint Père" ; sur le plan phonétique, par exemple, *Jesus Christ* (cath.) *Kri*/(prot.) *Krist* ; all. *Hesekiel* [Hezékiel] (prot.)/*Ezechiel* [Ezéχiel] (cath.) ; *Zeremonie* [-í-] (plutôt prot.)/*Zeremonie* [-ṓ-] (plutôt prononciation catholique traditionnelle) [les deux derniers cas m'ont été communiqués par Heinz Müller].

14. Appartenance à un **parti politique** : all. *vor Christus* "avant J.-C."/*vor der Zeitrechnung* (terminologie des communistes qui évitent le nom de J.-C.) ; *Verteidigungsminister* (terme pour le ministre de la Défense nationale en République Fédérale d'Allemagne)/*Kriegsminister* ("ministre de la Guerre", terme des communistes de l'Allemagne

partie de la *pragmatique*, qui désigne les relations entre les signes et leurs utilisateurs », p. 154) ; la *connotation* nécessiterait cependant une étude plus détaillée. Il semble que – à côté de la *connotation pragmatique* – il existe aussi une connotation symbolique. Si je dis en allemand *ersticken* "noyer, suffoquer" au lieu de *sterben* "mourir", dans un emploi neutralisé (c'est-à-dire quand je préfère *ersticken* pour des raisons stylistiques et non à cause de sa différence symbolique), alors la différence symbolique entre les deux sémèmes se réduit à une connotation symbolique.

25. Il va sans dire que, au sens strict, les termes synonymiques doivent coexister dans le vocabulaire (actif ou passif) du même sujet parlant.

26. On peut rattacher à ce groupe, si on le comprend dans un sens large, des cas comme *ping-pong* (langue commune)/*tennis de table* (t. sportif) [dans le journal mexicain *Últimas noticias* du 24 avril 1972 parut un article intitulé « El *tenis de mesa*, un deporte ("sport") ; el *ping-pong* un pasatiempo..., un juego recreativo »], mais il faut se demander si le sémème symbolique est vraiment le même dans les deux cas.

orientale pour le même ministre) ; *Chemnitz* (allemagne occidentale)/*Karl-Marx-Stadt* (Allemagne orientale, nom de la même ville) ; fr. *planification* (terme de gauche)/*dirigisme* (terme de droite) [27].

15. Âge (langage des enfants, langage des adultes, etc.) : fr. *faire dodo/dormir* ; angl. *daddy/father* ; all. *Wauwau/Hund* ("chien").

16. Sexe : par exemple, à Puebla de Don Fadrique (Andalousie), *la riendah* "les brides" (hommes)/*las bridas* (femmes) ; *chico* "(doigt) auriculaire"/*margarite* ; *nochegüena* ("Noël")/*dia enacimjénto*, etc. (M. ALVAR, *Diferencias en el habla de hombres y mujeres*, Revista do Livro (Río de Janeiro) 12, 1958, 77-86, surtout 80) [28] ; cf. aussi Orbis 1, 10-86, 335-384 ; 2, 7-34 [29].

17. Restent le problème des **archaïsmes** [30] et des **modernismes**, des implications diachroniques dans la synchronie [31]. Il faut, en effet, admettre qu'il y a un facteur *diachronique* dans la synchronie (il ne faut

---

27. En principe, chaque groupe social, y compris la *famille*, une *association*, un *club*, etc., peut créer des facteurs symptomatiques de différenciation. Il serait facile d'allonger la liste dans cette direction. Dans la famille de W. v. Wartburg, par exemple, était employé le mot *konto* au lieu du synonyme *confiture* (W. v. WARTBURG, *Problèmes et méthodes de la linguistique*, Paris ³1969, 166).

28. De même, M. ALVAR, *Diferencias en el habla de Puebla de Don Fadrique* (Granada), Granada (Publicaciones del Atlas lingüístico de Andalucía, T. I, 3), 1957, 34 pp. (spécialement 28).

On peut ajouter l'affirmation suivante d'Antonio Alatorre (Mexique) : « Le linguiste qui s'intéresse aux phénomènes de l'espagnol du Mexique peut observer actuellement, par exemple, la fréquence croissante de désonorisation du *r* en fin de mot et son assibilation (ce qui a comme résultat, dans des mots comme *calor* et *cantar*, un son qui semble être un mélange de *r* et *s*) ; il peut constater que ce changement a commencé d'abord dans le langage des femmes – phénomène pas du tout surprenant puisque en matière de langage, comme dans d'autres domaines, les femmes sont en général plus révolutionnaires que les hommes... » (*El mexicano y su lengua*, Revista de la Universidad de Mexico 22 (num. 10, juin), 1968, p. 4). – V. aussi Hartwig KALVERKÄMPER, *Die Frauen und die Sprache* [Les femmes et la langue], Linguistische Berichte [F. Vieweg, Wiesbaden] 1979, Heft 62, 55-71.

29. Des exemples comme napol. *spusarsi* "se marier (en parlant d'une femme)"/*maritarsi* "se marier (en parlant d'un homme)" (v. aussi FEW 6, 354) ne sont pas valables parce qu'il y a différence sur le plan symbolique. De même pour *barbero/peluquero* en espagnol.

30. V., par exemple, J.-M. KLINKENBERG, *Style et archaïsme dans la Légende d'Ulenspiegel de Charles de Coster*, Bruxelles 1973, I, p. 93 ss.

31. Par exemple, angl. *passing/death* (ULLMANN, 1962, 143) ; fr. *col* pour *cou* chez Gide (ULLMANN, *Choix et expressivité*) 1959, 220 ; « archaism is an important source of stylistic effects » (ULLMANN, *Language and Style*, 1964, 167). C'est souvent un problème de générations. « Lorsqu'un vieil ami de la famille dit : *Les fillettes partagent la même couche* (énoncé observé), il ne dit rien d'autre que : *mes petites filles couchent dans le même lit*, dans une langue vieillie » (Josette REY-DEBOVE, CahLex 8, 1966, 87, note 28). C'est un bel exemple d'identité symbolique et de différence symptomatique.

pas oublier qu'il y a plusieurs générations qui vivent au même moment synchronique ; v. la note 31)[32] ;

18. le problème des **mots savants** (↔ *mots populaires*) et

19. le problème des **mots étrangers** (↔ *mots autochtones*)[33] qui, de même, semblent exercer une fonction symptomatique. Faut-il les classer sous **11.** ou **12.** ? Mais comme ils peuvent fonctionner aussi en tant qu'euphémismes (**25.**), etc., je crois qu'il vaudrait mieux les enregistrer à part. Il faut ajouter, d'ailleurs, que, dans la plupart des cas, différents facteurs symptomatiques sont combinés dans un seul et même lexème.

FONCTION DE SYMPTÔME OU DE SIGNAL (AFFECTIVITÉ)

20. Intensification : *beaucoup/une mer de*, etc. (WARTBURG, *Einführung*², 150 ; v. aussi ib. 86 [= *Problèmes et Méthodes de la Linguistique*, Paris, ³1969, 221 et 130/131])[34].

21. Humour : *tête/poire*[35], *pomme, cigare, calebasse, melon, tirelire*, etc. (J. CELLARD/A. REY, *Dictionnaire du fr. non conventionnel*, 1980, p. 891), etc. ; *jambe/gigue* et d'autres mots affectifs comme *guibole, flûte, patte, flubard, fuseau, gambille*, etc. (WARTBURG, *Problèmes et Méthodes*, ³1969, 206 ; J. CELLARD/A. REY, *Dictionnaire du fr. non conventionnel*, 1980, p. 877 ; Wilhelm GIESE, *Bemerkungen zur letzten Position volkskundlicher Überlieferungen und über den Humor im Volksleben*, dans In memoriam António Jorge Dias, vol. III, Lisboa

---

32. ULLMANN m'a proposé (à Mayence en 1966) de les réunir avec le facteur "âge" (**15.**) sous une rubrique "Facteurs temps". Je crois pourtant qu'il faut distinguer **langage des enfants – langage des adultes** d'une part, **archaïsmes/modernismes** d'autre part.

33. A propos de **18.** et **19.** : *vélocité/hastivité* (Oresme, WARTBURG, *Problèmes et méthodes de la linguistique*, ³1969, 278) ; all. *Telephon* (étranger + pop.)/*Fernsprecher* (sav. + autochtone) ; (v. SÖLL, GRM 16, 1966, 94) ; v. aussi ULLMANN, 1962, 145 s. ; 149 ; *Language and Style*, 1964, 112 s. ; sur le procès de "naturalisation" d'un mot étranger, v. Josette REY-DEBOVE, *La sémiotique de l'emprunt lexical*, TraLiLi XI/1, 1973, 109-123.

34. Et cf. surtout les travaux de Olaf DEUTSCHMANN, *Untersuchungen zum volkstümlichen Ausdruck der Mengenvorstellung im Romanischen*, dans Romanistisches Jahrbuch 4, 1951, 221 ss., à propos de l'espagnol *una barbaridad de cosas*, fr. *une foule de, (il y a) terriblement de (gosses...), (il y a) rudement de (nuages...)*, p. 246, Centre *(il y a du blé) à mort*, p. 247, etc. ; *Der Gebrauch von Bezeichnungen für "Haufen" zum Ausdruck der unbestimmten grossen Menge ("viel") und zur Steigerung ("viel, sehr") im Romanischen*, dans Homenaje a Fritz Krüger, tome II, Mendoza, 1954, 19-57 ; *Zum Adverb im Romanischen*, Tübingen (Niemeyer) 1959, 295 pp.

35. V. aussi notre article *Designaciones de la cabeza en la America española*, Anuario de Letras (Universidad de Mexico) 6, 1964, 25-56, où je parle de plus de 140 synonymes affectifs de *cabeza*.

1974, 187-196, spéc. 194 avec d'autres exemples pour des mots affectifs et humoristiques tels que *baisure* "croûte de pain" qui, en partie, sont devenus des mots normaux) ; *mourir/fermer son parapluie* (ULLMANN, *Précis*, ²1959, 190 [= *Introducción a la semántica francesa*, Madrid 1965, 259]), *âne/rossignol de l'Arcadie* (1619, *L'Espadon satyrique*, éd. FLEURET/PERCEAU, 58 ; "burl." dep. Cotgrave 1611) ; *baïonnette/cure-dent* (J. CELLARD/A. REY, *Dictionnaire du fr. non conventionnel*, 1980) ; *femme/animal porte-jupe* (REGNARD, *Le Bal*, 7, Robert) ; *va t'asseoir sur le bouchon !* "laisse-moi tranquille" (Lar 1866 ; Ds 1896, FEW 11, 396b) ; *ivresse/coup de soleil* (Delesalle 1899) ; *ivre/goudronné* (ESNAULT, *Dict. hist. des argots fr.*, 1965) ; *ivre/rond* (J. CELLARD/A. REY, *Dictionnaire du fr. non conventionnel*, 1980).

22. Ironie et parodie : v. ULLMANN, *Language and Style*, 1964, 108 ; par exemple *cacophonie/sérénade* (Robert).

23. Affectivité laudative : fr. *mince/svelte* ; *beau/chouette* ; esp. *esbelto/delgado*, etc.

24. Affectivité péjorative : *être ingrat/chier sur l'œil* ou *chier dans la main*, *mouchoir/chiffon*, *prier/jaser* (tous dans DELESALLE, *Dict. argot-fr.*, 1899) ; *importun/casse-couilles*, *emmerdeur*, etc. (J. CELLARD/A. REY, *Dictionnaire du fr. non conventionnel*, 1980, p. 876) ; angl. *thrifty/economical* ULLMANN, 1962, 143) [36].

25. Euphémisme : *crétin/benêt* ; v. par exemple les désignations de la *belette* ou les désignations du *sein de la femme*, les *jurons*, etc. (v. Mansur GUERIOS, *Tabus lingüísticos*, Rio 1956 ; São Paulo ²1979 ; ULLMANN, *Language and Style*, 1964, 89-91).

Par l'euphémisme, on fait abstraction de la fonction de symptôme ou de signal impliquée par le mot qui est remplacé par l'euphémisme.

Résumons : les facteurs que nous venons d'énumérer font entrer toute la richesse des ressources stylistiques dans le domaine de la

36. Il n'est pas facile, dans le cas concret, de distinguer entre des facteurs péjoratifs symboliques et affectifs (fonctions de symptôme et de signal) : *voiture* et *bagnole*, pour le "bourgeois", se différencient au niveau symbolique : *voiture* (mot normal) - *bagnole* "vieille voiture, voiture dont on est mécontent" (avec jugement de valeur au niveau symbolique, cf. le paragraphe ci-dessous 1). Sur un autre niveau social (populaire) *bagnole* est le mot normal sans jugement de valeur ("on achète une belle bagnole"). La même chose se produit avec *boulot* = *travail* (langue populaire) et *boulot* = "travail déplaisant ou mal fait" (langue bourgeoise). Cf. Josette REY-DEBOVE, CahLex 8, 1966, 89.

synonymie et, à travers la synonymie, dans la sémantique [37]. La conclusion qui se dégage de notre examen : il faut distinguer rigoureusement entre les différents plans ou niveaux. Deux mots peuvent être des *synonymes absolus* quant au contenu conceptuel symbolique, il ne le seront jamais quand on tient compte de la richesse des facteurs externes qui relèvent du sujet parlant et des facteurs internes qui relèvent de la structure de la langue elle-même. La synonymie existe sur le plan conceptuel (symbolique), comme synonymie de signifiés (cas exceptionnel) et surtout comme synonymie de sémèmes ; la synonymie n'existe pas sur le plan sémasiologique [38]. Nous rejoignons les conclusions de M. HEGER, résumées par M. SÖLL dans l'article déjà cité : « Une identité de signification concernant deux signifiants n'existe

37. Dans le même sens, S. ULLMANN : « For the student of style, "expressiveness" covers a wide range of linguistic features which have one thing in common : they do not directly affect the meaning of the utterance, the actual information which it conveys [= sémème-symbole]. Everything that transcends the purely referential and communicative side of language belongs to the province of expressiveness : emotive overtones, emphasis, rhythm, symmetry, euphony, and also the so-called "evocative" elements which place our style in a particular register (literary, colloquial, slangy, etc.) or associate it with a particular milieu (historical, foreign, provincial, professional, etc.) » (*Language and Style*, 1964; 101).

38. Déjà Wilhelm von Humboldt reconnut la différence entre la fonction symbolique et la fonction symptomatique quand il écrivait :

« C'est seulement en examinant de près, mais alors de façon claire et précise, qu'on trouve – joint à la valeur des mots – le caractère de la différente conception du monde qui caractérise les différents peuples. J'ai déjà dit plus haut (p. 197, 204, 205) qu'on trouve difficilement un mot qui évoque la même représentation chez différents individus, à moins qu'il ne soit employé comme *signe purement matériel de son concept* [= valeur symbolique]. On peut donc même prétendre que dans chaque mot il y a un je ne sais quoi qui ne peut être saisi par des mots, et que les mots de langues différentes, même s'ils désignent dans l'ensemble les mêmes concepts, ne sont jamais de vrais synonymes [différenciation par des facteurs de symptôme]. Une définition ne peut donc, à vrai dire, les couvrir entièrement, et souvent on ne peut que pour ainsi dire indiquer la place qu'ils occupent dans le domaine auquel ils appartiennent » [« Erst bei genauerer Erwägung, aber dann klar und deutlich, findet man den Charakter der verschiedenen **Weltauffassung** der Völker an der **Geltung** der **Wörter** haftend. Ich habe schon im Vorigen (S.197.204.205) ausgeführt, dass nicht leicht irgendein Wort, es müsste denn augenblicklich bloss als materielles Zeichen seines Begriffes gebraucht werden, von verschiedenen Individuen auf dieselbe Weise in die Vorstellung aufgenommen wird. Man kann daher geradezu behaupten, dass in jedem etwas nicht wieder mit Worten zu Unterscheidendes liegt, und dass die Wörter mehrerer Sprachen, wenn sie auch im Ganzen gleiche Begriffe bezeichnen, doch niemals wahre Synonyma sind. Eine Definition kann sie, genau und streng genommen, nicht umschliessen, und oft lässt sich nur gleichsam die Stelle andeuten, die sie in dem Gebiete, zu dem sie gehören, einnehmen. »] (*Über die Verschiedenheit des menschlichen Sprachbaues und ihren Einfluss auf die geistige Entwicklung des Menschengeschlechts*, Berlin 1836, p. 221 s.).

G. GIRAULT-DUVIVIER, *Grammaire des Grammaires*, 10 1838, 597 : « *Synonime* se dit des mots qui, se ressemblant par une *idée commune* [= valeur symbolique], sont néanmoins distingués les uns des autres par *quelque idée accessoire et particulière à chacun d'eux* [= différenciation par des valeurs de symptôme], d'où naît, presque toujours, une nécessité de choix pour les placer à propos et parler avec justesse ».

pas, mais il peut y avoir identité conceptuelle » (« Bedeutungsgleichheit für zwei Wortkörper gibt es nicht, wohl aber Begriffsgleichheit ») [39]. Autrement dit : **il n'y a pas de variation libre** dans le domaine des unités significatives (HEGER, TraLiLi III/1, 27) [40]. Dès que je relie les concepts à des monèmes, les implications stylistiques différenciatrices sont inévitables, ou pour parler avec Ullmann : « Presque tous les phénomènes qu'étudie cette science [la sémantique] ont des prolongements stylistiques » [41]. Le contenu du monème se compose nécessairement d'un sémème [sémème symbolique] (qui permet la synonymie absolue) et d'un halo de valeurs stylistiques additionnelles [facteurs de symptôme et de signal] (qui, par leur complexité, ne permettent aucune synonymie absolue). *Almost* et *nearly*, le seul exemple de synonymie absolue (même en tenant compte des valeurs stylistiques) suggéré par Collinson et cité par Ullmann (*Semantics*, 1962, 142) ne résiste pas à l'examen (v. SÖLL, GRM 16, 1966, 94) [42].

L'onomasiologie nous permet de dégager parmi tous les monèmes, groupes de monèmes, etc., c'est-à-dire parmi tous les moyens d'expression d'**une** ou de **plusieurs** langues données, ceux qui réalisent le même concept ou le même système conceptuel (saisissable par des formules, si l'on veut), c'est-à-dire ceux qui ont la même valeur communicative. Elle nous fournit donc des monèmes (etc.) qui réali-

---

39. SÖLL, *Synonymie und Bedeutungsgleichheit*, GRM 16, 1966, 91, note 10.

40. Seule exception : si l'unité significative fonctionne en tant qu'énoncé métalinguistique à propos de la *forme de l'expression* (HEGER, ib.). Si je dis : « Le mot *voler* se compose des phonèmes /v/ọ/l/ẹ/ », il est sans importance si *voler* signifie "voler par l'air" ou "dérober". Mais, justement, nous avons quitté le domaine des significations en ne retenant que la forme de l'expression. On pourrait dire parallèlement : « Le concept "se souvenir" à la position 2-3 peut se réaliser par *se souvenir* ou par *se rappeler* ; ils sont parfaitement synonymes sur le plan conceptuel ». Dans ce cas, nous ne retenons qu'une partie de la réalité linguistique ; c'est un énoncé métalinguistique. Dans la langue-objet, je ne connais qu'un seul cas que m'a indiqué M. J.A. SUÁREZ, cf. Jorge A. SUÁREZ, *A Case of Absolute Synonyms*, International Journal of American Linguistics 37, 1971, 192-195, où l'auteur donne une liste de "synonymes absolus" en Tehuelche (Argentine méridionale). Même si l'on réduit la liste par une distribution différente (le cas de deux mots pour "chien") ou par la fréquence (le cas de deux mots pour "cheval"), il reste des exemples tels que *g'ot* et *'o.on* "tête". « I do not see any reason to consider such forms... different until the lower morphemic alternation pattern is reached. They are the same sememically, lexemically, and partly morphemically ; they begin to be different only as sign patterns » (p. 195). Ces cas sont expliqués historiquement par le tabou.

41. S. ULLMANN, *Sémantique et stylistique*, Mélanges Delbouille, 1964, 636.

42. Seulement *nearly* peut être combiné avec une négation ou mis au comparatif, etc. (*not nearly, more nearly, very nearly*). Les *synonymes absolus parfaits*, défendus par O. DUCHÁČEK (Orbis 13, 35-49) n'existent pas ; je suis parfaitement d'accord avec L. SÖLL, GRM 16, 1966, 95. – J.P. RONA (†) m'a rendu attentif à *joya* et *alhaja* (tous les deux signifient "bijou") en espagnol (Montevideo) ; ils sont synonymes dans presque tous leurs emplois, mais ils se distinguent nettement sur le niveau métaphorique : *mi novia es una joya* ("ma fiancée est un bijou") a une valeur positive, *mi novia es una alhaja* a une valeur dépréciative.

sent les mêmes sèmes symboliques. L'analogie entre l'**onomasiologie** et la **phonologie** est frappante : les deux méthodes délimitent leur sujet par l'analyse des valeurs distinctives (identité des éléments trouvés). Les deux méthodes nous fournissent des traits distinctifs. La **phonétique** et la **sémasiologie** nous fournissent une infinité de nuances qui laissent une plus grande marge de **liberté** [43]. Conclusion pour ceux qui aiment la précision : les **monèmes** ou groupes de monèmes **sont des synonymes absolus quant au contenu conceptuel symbolique, ils ne le sont pas quant aux valeurs stylistiques** (qui dérivent des facteurs établis plus haut). Conclusion pour ceux qui aiment les formules brèves : **la synonymie absolue sur le plan des monèmes** (signes linguistiques) **n'existe pas** [44].

La théorie générale que nous venons d'établir implique une série de problèmes particuliers qui nous occuperont par la suite.

(h) LA SYNONYMIE ET LA TERMINOLOGIE SCIENTIFIQUE

On a souvent prétendu (avec plus ou moins de conviction) que la synonymie absolue existait dans la **terminologie scientifique** [45]. Je ne le crois pas. Il n'y a, en vérité, qu'un changement d'accent, pour ainsi dire : le contenu conceptuel – délimitable et définissable – se met au premier plan. On pourrait même dire que c'est le seul aspect qui compte pour la science. Les implications stylistiques ne manquent pas, mais elles ne nous intéressent pas, ou, en tout cas, elles nous intéres-

---

43. HEGER me fait remarquer que ces comparaisons (onomasiologie-phonologie ; sémasiologie-phonétique) – il les croit intéressantes et fructueuses – ne correspondent pas tout à fait au modèle hjelmslévien qui nous a servi de base [d'après ce modèle, le rapprochement phonétique-sémasiologie serait justifié ; mais le partenaire de la phonologie serait une sémantique "monosémistique" des monèmes-contenu ou valeurs (Weisgerber, Weinrich, Guillaume)]. Cf. aussi K. HEGER, *Temporale Deixis und Vorgangsquantität ("Aspekt" und "Aktionsart")*, dans ZrP 83, 1967, 512-582.

44. Déjà en 1694, l'Académie Française a montré que des synonymes absolus n'existent pas : « Outre la Definition ou Description de chaque mot, on y a adjousté les Synonymes, c'est à dire les mots qui sont de mesme signification ; sur quoy on croit devoir avertir que le Synonyme ne respond pas tousjours exactement à la signification du mot dont il est Synonyme, et qu'ainsi ils ne doivent pas estre employez indifferemment l'un pour l'autre » (Ac 1694 ; citation d'après Ac 1695, réimpr. 1968, Préface) ; voir aussi B. QUEMADA, *Les Dictionnaires du français moderne* (1539-1863), Paris 1967, p. 447.

45. Par exemple S. ULLMANN, *Semantics*, 1962, 141 (« The fact that scientific terms are precisely delimited and emotionally neutral enables us to find out quite definitely whether any two of them are completely interchangeable, and absolute synonymy is by no means infrequent »). Mais *semantics* et *semasiology* par exemple, employés comme synonymes, se différencient du point de vue stylistique déjà par le fait que *semasiology* est morphologiquement apparenté avec *onomasiology*. Voir aussi Ramón TRUJILLO, *El lenguaje de la técnica*, dans *Doce ensayos sobre lenguaje*, Madrid 1974, 197-211.

sent beaucoup moins. En général, elles se réduisent à une quantité négligeable. **Lautlehre** et **Phonetik**, **Formenlehre** et **Morphologie** sont des synonymes scientifiques ; mais l'un des deux synonymes est motivé dans la langue allemande, l'autre ne l'est que dans une langue morte ; l'un est de formation autochtone, l'autre est un mot étranger [46]. Ces implications stylistiques restent à l'arrière-plan, mais il suffit, par exemple, d'un mouvement puriste (refus des latinismes ou des mots étrangers, etc.) pour les activer et, souvent, les implications symptomatiques sont absolument nécessaires pour garantir la compréhension (*monème* = école de Martinet, *morphème* = école de Bloomfield). Souvent, la terminologie scientifique se trouve à mi-chemin entre le langage général et la terminologie univoque : *signification* ou *meaning*, par exemple, est un terme scientifique et univoque pour chaque chercheur qui s'en sert en le définissant ; sa polysémie ne se réalise que sur le plan de la métalangue (c'est valable aussi pour le terme *monème*, etc.). Seules les langues artificielles (Algol, etc.) contiennent des unités univoques, à l'opposé (par définition) des terminologies scientifiques qui se servent des langues naturelles.

(i) LA SYNONYMIE ET LA TRADUCTION

Notre théorie de base a des conséquences immédiates pour la **théorie de la traduction**. Nos résultats expliquent à la fois la possibilité et l'impossibilité de la traduction [47]. La traduction est possible grâce

46. Cf. L. SÖLL, *Synonymie und Bedeutungsgleichheit*, GRM 16, 1966, 94. Il faut cependant ajouter que des relations d'inclusion telles que *monème* ⊃ *morphème*, auxquelles se réfère Lothar WOLF, *Zur Diskussion über Terminologie und Semantik* (dans *Übersetzer und Dolmetscher*, éd. par Volker KNAPP, Heidelberg 1974, p. 58) n'excluent naturellement pas des définitions exactes.

47. Nous nous trouvons d'accord avec les conclusions de Georges MOUNIN, *Problèmes théoriques de la traduction*, Paris (Gallimard) 1963, 297 pp. Cf. aussi E.A. NIDA, *Toward a science of translating* : with special reference to principles and procedures involved in Bible translating, Leiden 1964, X + 331 pp. ; Ludwig SÖLL, *Zur Problematik des Übersetzens*, dans Praxis des neusprachlichen Unterrichts, 1966, 9-16. A propos de la difficulté de traduire les adverbes allemands dans une langue romane, cf. (comme exemple concret) Mario DE CARVALHO, *Periphrastische Prädikatsformen mit Modalverben im Portugiesischen als Übersetzung von Adverbien und adverbiellen Bestimmungen bei finiten Verben im Deutschen*, dans IRAL (Julius Groos Verlag, Heidelberg) 5, 1967, 53-70. « Même dans la même langue on traduit constamment » Karl LÖWITH, *Die Sprache als Vermittler von Mensch und Welt*, dans *Beiträge zu Philosophie und Wissenschaft*, Wilhelm Szilasi zum 70. Geburtstag, München (Francke) 1960, 141-160 (p. 152). « By all the accepted theories of linguistics, it should be impossible to translate from one language to another. Fortunately the ordinary translator does not know this, and he goes ahead and translates anyhow » William G. MOULTON, Romance Philology 20, 1967, 339. Voir aussi Jesús NEIRA MARTINEZ, *La traducción : possibilidades y limites*, Archivum (Oviedo) XXI, 1971, 337-357 ; Jaime TUR, *Sobre la teoría de la traducción*, Bogotá (Instituto Caro y Cuervo) 1974, 19 pp. [Sep. de Thesaurus 29, 1974 : un chapitre de son Livre *Maragall ; Goethe, Les traduccions del Faust*, Barcelona 1974].

aux sémèmes identiques des unités en question (toutefois, avec la réserve que la langue "d'arrivée" dispose de moyens d'expression correspondants aux systèmes conceptuels en question) [48]. La traduction exacte est impossible si l'on entend par traduction exacte la traduction équivalente, avec inclusion de toutes les valeurs stylistiques. Le traducteur se trouve devant la tâche difficile de trouver l'équivalent qui réalise le même sémème et qui, de plus, implique les mêmes valeurs stylistiques, ce qui n'est possible qu'approximativement (à cause de la richesse des facteurs stylistiques divers réunis dans un seul monème). Conclusion : la traduction continue à être un art qui demande une grande sensibilité *linguistique* et *stylistique* de la part du traducteur, mais c'est un art qui doit s'appuyer sur une théorie linguistique.

Mon ami Weinrich croit que le contexte peut corriger le manque de coordination qui existe entre les mots : « Les mots traduits mentent toujours, les textes traduits seulement s'ils sont mal traduits » (« Übersetzte Wörter lügen immer, übersetzte Texte nur, wenn sie schlecht übersetzt sind ») [49]. Que Weinrich le trouve fâcheux (ärgerlich), il n'y a

48. On se demande si Jakobson n'exagère pas en affirmant que les langues ne se distinguent pas par ce qu'elles *peuvent* dire, mais par ce qu'elles *doivent* dire.

49. Harald WEINRICH, *Linguistik der Lüge* [Linguistique du mensonge], 1966, 24 s. : « Ce qui existe d'abord et toujours : le **mot dans le texte**. Et s'il y a vraiment une interprétation primaire du monde à travers les mots des diverses langues, une telle interprétation est toujours dépassée par le texte. Nous ne sommes pas esclaves des mots puisque nous sommes maîtres des textes. De plus, nous devons souligner ici qu'il n'y a pas de motif de se plaindre des langues en soutenant, par exemple, que *Gemüt*, comme mot typiquement allemand, ou *esprit*, comme mot typiquement français, ou *business*, comme mot typiquement angloaméricain, se soustraient à toute traduction dans une autre langue. De tels arguments de dilettantes manquent de valeur tout en étant ennuyeux [ärgerlich]. Les mots *Feuer* (allemand), *rue* (français), *car* (anglais) ne sont pas traduisibles non plus. Aucun mot n'est traduisible. Ce que nous devons traduire, ce sont des phrases ou des textes entiers. Qu'en général, dans la traduction d'une langue à une autre, les diverses significations des mots ne correspondent pas, cela n'est nullement important. Dans un texte, ce qui compte uniquement et exclusivement, ce sont de toute façon les acceptions (Meinungen) ; et celles-ci, on peut les ajuster : il n'y a qu'à ajuster le contexte. De là, il résulte que les textes, par principe, sont traduisibles. Peut-on affirmer donc que les traductions soient des mensonges ? Il sera bon de se tenir à la règle suivante : les mots traduits mentent toujours, les textes traduits seulement s'ils sont mal traduits ». – Gert WOTJAK, *Zur Wahrung der semantischen Invarianz beim Übersetzen*, dans Beiheft VII de "Fremdsprachen", Leipzig 1973, 71-79 : « L'invariance sémantique peut être gardée, en traduisant, malgré la différence des sémèmes des différentes langues données et de leur couplage à des formatifs divergeants, parce que ces faisceaux de traits distinctifs (Merkmalbündel) consistent d'éléments universels conceptuels-noétiques (begrifflich-noetisch) qui rendent possibles aussi bien la référence au monde (Referenzbezug) et l'attitude de l'organisateur du texte, la position en face du texte communiqué et de l'effet intentionné et réalisé par celui-ci. Comme il s'agit toujours (allgemein) d'universaux sémantiques qui participent de même à la formation des sémèmes et des allosèmes de la langue-cible (Zielsprache), quoique la sélection, la disposition et le nombre en soient différents, nous sommes donc en présence des invariantes les plus petites et les plus subtiles » (p. 78).

pas d'autre conclusion possible : la traduction exacte (la traduction qui veut tenir compte de toutes les implications stylistiques) reste théoriquement impossible. La thèse de Weinrich reste valable quant à la possibilité de trouver l'équivalent exact du même sémème symbolique.

Nous sommes d'accord – sur l'essentiel – avec Mario Wandruszka :

> « Comment nos langues sont-elles faites ? Ce sont des instruments faits d'essentiel et d'accidentel. Il y a dans toutes les langues des éléments communs qu'on est convenu d'appeler les universaux de langage, et qui sont comme le dénominateur commun de notre humaine condition. En cela, toutes les langues sont *traduisibles*. Mais chacune porte également l'empreinte d'une vision du monde particulière, d'une mentalité, d'une sensibilité différentes, et en cela, elles sont *intraduisibles* [50]. Elles sont faites en grande partie de formes et de structures arbitraires accidentelles, conventionnelles, d'expédients, d'adaptations, de compensations, d'équivalences fonctionnelles, et toute cette part d'instrumentalité est traduisible. Nos langues sont à la fois traduisibles et intraduisibles, incomparables et comparables, motivées et arbitraires, essentielles et accidentelles, nécessaires et contingentes – nos langues, ces instruments si imparfaits et si admirables » (*Esquisse d'une critique comparée de quelques langues européennes*, TraLiLi V/1, 1967, 169-184, 183 s.) [51].

Le traducteur – tout comme le sujet parlant en général – peut choisir librement (du point de vue conceptuel) entre les désignations qui réalisent les mêmes concepts (position onomasiologique), mais dès qu'il choisit son monème ou ses monèmes, il se décide en même temps pour toutes les nuances stylistiques qu'ils impliquent (position sémasiologique). L'auditeur peut activer ces implications même si le sujet parlant aimerait les neutraliser. Le chercheur scientifique, au lieu de traduire, préférera souvent citer le terme étranger, ou créera, pour éviter ces implications, un terme nouveau (qui contienne un minimum d'associations et d'implications stylistiques) – solution qui augmente, d'autre part, le dédale de la terminologie scientifique.

(j) LA SYNONYMIE EXTENSIONNELLE ET LA SYNONYMIE COMPRÉHENSIONNELLE [52]

Le système conceptuel tel que nous l'avons établi pour "se souve-

50. V. aussi Ludwig SÖLL, *Traduisibilité et intraduisibilité*, dans Meta (Montréal) 16, 1971, 25-31 (= Actes du Colloque Int. de linguistique et de traduction, 30 sept.-3 oct.1970) [Les limites d'une théorie générale de la traduction « ne concernent à la vérité ni la traduisibilité ni les langues en tant que systèmes, mais le langage en tant qu'activité créatrice. Aucune formulation linguistique originale ne peut être totalement transposée... » 30].

51. Voir aussi Mario WANDRUSZKA, *Sprachen - vergleichbar und unvergleichlich*, München (Piper) 1969, 542 pp.

52. Voir en particulier W. van O. QUINE, *Word and object*, 1960. Je remercie K. HEGER de m'avoir rendu attentif à ce problème ; v. aussi son c.-r. dans ZrP 81, 1965, 513-16.

nir'', et qui ne dépend pas ''de la structure d'une langue donnée'' [53], est établi de façon *compréhensionnelle*, c'est-à-dire d'une façon non-extralinguistique. Elle s'oppose aux définitions *extensionnelles* qui impliquent, d'une façon ontologiquement pertinente, la réalité extralinguistique. C'est illustré par notre exemple *maníes/cacahuetes* et *cortado grande/capuchino chico* : ces mots sont à la fois des synonymes (conceptuels) compréhensionnels et extensionnels : forcément, puisque ce qui est synonyme par compréhension l'est aussi par extension. D'autre part, ce qui est synonyme par extension ne l'est pas toujours par compréhension. Rappelons le cas de *Mount Everest* et de *Gaurisankar* qui sont des synonymes extensionnels, et ils le sont par définition extensionnelle exclusivement pour ceux qui savent qu'il s'agit du même objet. ULLMANN a cité le mot de Pascal : « Il y a des lieux où il faut appeler Paris *Paris*, et d'autres où on l'appellera *capitale de la France* » (*Précis*, [2]1959, 196). Synonymes par extension, *Paris* et *capitale de la France* ne le sont que pour ceux qui connaissent leur identité. L'*étoile du matin* (Morgenstern) et l'*étoile du soir* (Abendstern) sont définies comme deux objets différents quand on procède par compréhension ; ils sont pourtant extensionnellement synonymes (Vénus). Les deux procédés de déterminer le système conceptuel (en partant de la langue par compréhension ou en partant de la réalité par extension) peuvent donc mener à des résultats divergents. De même, le problème de la synonymie conceptuelle se présente de façon différente selon les deux points de vue.

(k) AFFECTIVITÉ ET JUGEMENT DE VALEUR

Nous avons classé les valeurs affectives parmi les facteurs de symptôme ou de signal qui dérivent du sujet parlant. Il faut distinguer cette affectivité des **jugements de valeur** qui font part du contenu symbolique du signe linguistique (''Darstellungsfunktion'' selon Bühler) et, par conséquent, du système conceptuel [54]. La réalisation des systèmes conceptuels en question (qui contiennent des sèmes de ''valorisation'') implique des jugements de valeur inhérents aux monèmes : il n'y a qu'à penser à des mots comme *sot, heureux, mauvais, bon, impertinent, jaloux*, etc. La valeur impliquée peut être d'ordre moral, d'ordre matériel, etc. ; ce qui importe, c'est que le

53. Traduction de *aussereinzelsprachlich* en allemand, cf. K. HEGER, dans TraLiLi III[1], 19, note 27 ; v. maintenant de façon plus explicite et plus nuancée K. HEGER, *Ausserprachlichkeit – Aussereinzelsprachlichkeit – Ubereinzelsprachlichkeit*, dans Logos semantikos (Studia ling. in hon. E. Coseriu) 2, 1981, 67-76.

54. S. ULLMANN parle d'une ''note affective permanente'' (*Mélanges Delbouille* 1964, 643), mais il vaut mieux distinguer nettement l'affectivité d'une part, le jugement de valeur de l'autre.

jugement de valeur fait partie de la signification symbolique des monèmes ou groupes de monèmes en question. En revanche, l'affectivité dérivant du sujet parlant **s'ajoute** aux valeurs symboliques des monèmes [55]. Il faut faire une distinction nette entre :

sot, contenant un jugement de valeur (quant aux facultés intellectuelles) sur le plan symbolique, et
poire, au sens de "tête", qui réalise le même système conceptuel que le lexème *tête*, mais qui ajoute une valeur affective qui relève à la fois de sa polysémie (cf. **1.**) et de la personnalité du sujet parlant (cf. **21.**).

Le concept "sot" est impensable sans jugement de valeur ; le concept "tête" ne contenant pas de sème de "valorisation" peut être réalisé par le monème *tête* qui ne contient ni jugement de valeur ni affectivité. L'affectivité venant du sujet parlant peut s'ajouter au contenu symbolique dans les deux cas. Elle peut être *implicite* ou *explicite*. Si elle est implicite, l'affectivité ne se dégage que du contexte. Elle est rendue explicite en remplaçant le monème (lexie) habituel (mot normal) par un monème (lexie) qui souligne l'affectivité (*sot* est remplacé par *cornichon, cruche* ; *avaricious* est remplacé par *mingy* en anglais, v. ULLMANN, *Semantics*, 1962, 143, etc.) ou en le renforçant par des monèmes supplémentaires (*sot comme un cornichon*, etc.) ; *tête* est remplacé par *poire*, etc. Des préfixes comme *archi-* (*archisot*) peuvent renforcer un jugement de valeur, mais ajoutent en même temps un élément affectif [dans *archiphonème*, le préfixe a une autre fonction et, de plus, est un terme de la métalangue linguistique] [56].

On peut donc établir le schéma suivant :

55. « Undoubtedly, the emotive overtones of words are largely dependent on speech-contexts. We have already seen that in most cases the situation alone can tell us whether a term is used *referentially* or *affectively*, as "langage-signe", or as "langage-suggestion" (PAULHAN, Revue Philosophique, 104, 28 p. ex.). Even the most prosaic object can suddenly acquire unexpected sentimental overtones... » S. ULLMANN, *The Principles of Semantics*, Glasgow (Jackson) – Oxford (Blackwell), ²1957, 99. Cf. aussi Jürgen SCHARNHORST, *Die emotionale Komponente der Wortbedeutung und Methoden zu ihrer Bestimmung*, Actes du Xᵉ Congr. Int. des Linguistes (Bucarest 1967), t. III, 1970, 475-478 [par exemple, all. *Fahrrad* "bicyclette" (mot normal)/*Drahtesel* (littéralement) "âne en fil de fer" (affectif). L'auteur distingue six variantes d'émotivité et propose des "tests" pour sa détermination] ; E. SLAVE, *La hiérarchie des niveaux expressifs de la langue*, ib. 365-369, donne un tableau plus vaste.

56. A propos de *archi-*, par exemple L. GUILBERT et J. DUBOIS, *Formation du système préfixal intensif en fr. mod. et contemporain*, FrMod 29, 1961, 87-111, et les indications dans ZrP 83, 1967, 443, note 6 ; Henri COTTEZ, *Dictionnaire des structures du vocabulaire savant, Eléments et modèles de formation*, Paris (Robert) 1980, sub *arch(é, i)-* ; pour l'anglais, voir H. MARCHAND, *The Categories and Types of Present-day English Word-Formation*, Wiesbaden 1960, 96 ss.

Tableau 27

	jugement de valeur (plan symbolique)	affectivité (plan de symptôme et de signal)	
		implicite	explicite
sot	+	–	–
sot (+ contexte)	+	+	–
archisot	+	+	– [?]
sot comme un cornichon	+	+ (sot)	+ (comme) un cornichon
cornichon "sot"	+	–	+
tête	–	–	–
tête (+ contexte)	–	+	–
poire "tête"	–	–	+

Il ne sera pas toujours facile, sans doute, de distinguer le jugement de valeur (fonction de symbole) et l'affectivité (fonction de symptôme et de signal), mais cela n'infirme pas la nécessité théorique de la distinction.

(l) CONCLUSIONS

La synonymie absolue (identité de contenu entre deux monèmes) n'existe que sur le plan du symbole, de la *Darstellungsfunktion* (fonction de représentation), en tant que *synonymes de sémèmes* ou *synonymes de signifiés*. La synonymie de sémèmes implique une première différenciation sur le plan des monèmes : la présence virtuelle d'autres sémèmes (c'est-à-dire la présence virtuelle du champ sémasiologique, pour les lexèmes ou les morphèmes) (**1.**). Sur le plan de la forme de l'expression, une ressemblance formelle d'un troisième monème avec un des deux synonymes peut intervenir, ce qui constitue un second facteur différenciateur (**2.**). Un troisième facteur différenciateur est dû au fait que deux synonymes évoquent (ou peuvent évoquer) deux familles de mots distincts (**3.**). S'il y a une combinaison de monèmes (dérivation, composition), la synonymie de signifiés et de sémèmes se combine avec le phénomène de la *motivation* (*Gehweg* motivé, *Trottoir* non motivé en all.) sur le plan de la forme du contenu, ce qui constitue un quatrième facteur différenciateur (**4.**). Les quatre facteurs différenciateurs sont dûs à la structure du signe linguistique lui-même (polysémie = champ sémasiologique ; combinaison motivée de monèmes), à sa ressemblance phonique avec un autre signe ou à sa parenté avec la famille de mots à laquelle il appartient :

1) sur le plan de la substance du contenu (avec fonction symbolique),
2) sur le plan de la forme de l'expression,
3) sur le plan de la forme du contenu.

La différenciation continue dans le cadre des structures plus complexes dépassant le monème et la lexie, la phonostylistique, la syntagmatique, le contexte, l'intonation et le rythme, le niveau de style, les principes stylistiques de convention (facteurs **5.-9.**,mentionnés précédemment sans un examen détaillé).

A côté des facteurs différenciateurs dépendant de la structure du signe linguistique et des structures plus complexes dont nous venons de parler, il y a des facteurs tout différents qui, eux aussi, détruisent la synonymie absolue : ce deuxième groupe de facteurs est dû aux fonctions de symptôme ou de signal (**Symptom-** et **Signalfunktion** dans la terminologie de K. Bühler, v. le § f). Ces deux fonctions dépendent du sujet parlant (**Symptom-** ou **Ausdrucksfunktion**) qui s'adresse à un auditeur (**Signal-** ou **Appellfunktion**). Le sujet parlant étant intégré dans un ou plusieurs groupes sociaux (métier, confession, etc.), le signe linguistique peut refléter cette appartenance à un groupement social (**10.-19.**). De plus, le sujet parlant peut ajouter à la valeur communicative du langage (fonction symbolique) ses propres sentiments, son affectivité qui fait appel à l'interlocuteur (l'affectivité comme fonction de symptôme ou de signal, **20.-25.**).

Revenons à notre question de départ. La synonymie absolue existe-t-elle ? Notre réponse est précise : la synonymie absolue n'existe que sur le plan des sémèmes (ou sur celui des signifiés, mais seulement si le signifié ne contient qu'un seul sémème symbolique) et que l'on fasse abstraction de ses composants non-symboliques ; autrement dit : la synonymie absolue n'existe que sur le plan de l'analyse onomasiologique. Deux monèmes différents peuvent réaliser un seul et même système conceptuel (il y a donc des synonymes absolus du point de vue onomasiologique) [57]. Mais dès que je réalise un concept ou un système conceptuel en le rattachant à un signe linguistique, une série d'implications stylistiques de provenance externe (valeurs de symptôme et de signal) et de provenance interne (structure de la langue, soit sur le plan de la forme du contenu, soit sur le plan de la substance du contenu, soit sur le plan de n'importe quel autre aspect de la structure de la langue y inclus le contexte, l'intonation, le niveau stylistique) s'ajoute comme un halo au contenu conceptuel. La complexité de ce halo de

57. Charles Bailly avait déjà remarqué à la fois l'identité sur le plan conceptuel (synonymie absolue) et la différence due à des valeurs stylistiques-affectives : « Les deux adverbes *très* et *bien* sont conceptuellement identiques, il est vrai [dans *c'est très beau* et *c'est bien beau*], mais ils se distinguent fondamentalement dans leur valeur affective [Gefühlswert] » (d'après Karl Jaberg, *Sprachwissenschaftliche Forschungen und Erlebnisse*, 1965, 16).

valeurs stylistiques différencie et individualise les synonymes. Sur le plan des signes linguistiques, c'est-à-dire sur le plan sémasiologique, la synonymie absolue n'existe pas, ni dans la langue commune, ni dans la terminologie scientifique bien que, dans ce dernier cas, on mette l'accent sur la synonymie absolue dérivant du système conceptuel.

La détermination du système conceptuel peut se faire soit de façon compréhensionnelle en partant d'une base non-extralinguistique, soit de façon extensionnelle en partant d'une base extralinguistique (la réalité) ; la synonymie compréhensionnelle est à la fois une synonymie extensionnelle, mais l'inverse n'est pas toujours le cas. La traduction n'est, en réalité, qu'un problème de synonymie. Elle peut être exacte quant au contenu conceptuel, elle ne le sera jamais complètement quant au halo d'implications stylistiques qui l'entourent. La traduction, par conséquent, n'est pas une équation mathématique, mais une œuvre d'art. Le bon traducteur tâchera de trouver l'équivalent exact quant au contenu conceptuel et un maximum d'équivalences stylistiques quant au halo (dans des cas particuliers, pourtant, l'inverse peut être vrai : il y a des textes qui transmettent surtout un état d'âme, une ambiance, etc., et, dans ces cas, il peut être plus important de rendre, dans la langue-cible, ce halo atmosphérique). La langue sert toujours à la communication. Mais cette communication peut se combiner avec des valeurs affectives qui dérivent du sujet parlant. Il faut se garder de confondre l'affectivité et les jugements de valeur qui ont une fonction symbolique et font partie du système conceptuel. *Sot* contient un jugement de valeur ; *sot comme un cornichon* contient à la fois un jugement de valeur et un élément affectif.

La synonymie de deux monèmes :

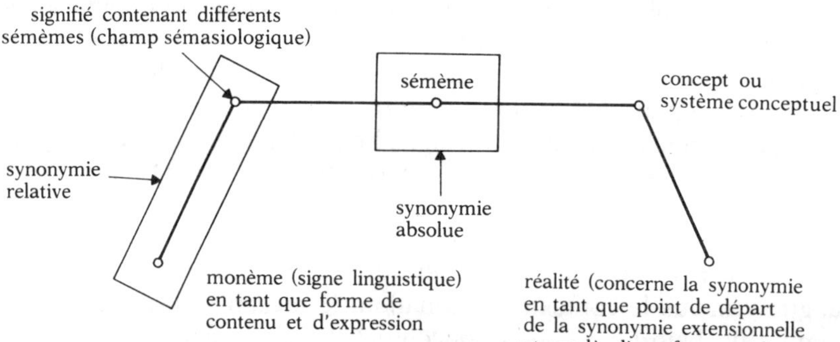

Fig. 36

Je me suis borné au problème de la synonymie avec identité de sémème. Il faudrait élargir le sujet en parlant des quasi-synonymes (v.

ULLMANN, *Précis...*, 1959, 193). En effet, il arrive que le sujet parlant préfère, pour des raisons stylistiques, un mot conceptuellement voisin, par exemple *volume* pour *tome* (qui ne sont pas synonymes sur le plan conceptuel puisqu'on peut dire *un tome en deux volumes*, v. SÖLL, GRM 16, 1966, 98) [58]. Le choix stylistique triomphe, dans ce cas, sur la diversité des sémèmes [59]. On préfère l'effet stylistique à la précision communicative. Ce prodécé (conscient sur le plan stylistique ; inconscient par confusion ou ignorance) est très important sur le plan diachronique et est une des sources du changement de signification [60].

58. Mais il faudrait étudier le problème des quasi-synonymes de plus près ; il paraît que *tome* et *volume* peuvent être des synonymes de sémèmes depuis le XVIe siècle, voir FEW 13², 22b et FEW 14, 612a. Un de mes anciens élèves, M. Lothar WOLF, a constaté dans sa thèse que la langue littéraire tend à neutraliser les sèmes distinctifs des quasi-synonymes : « La variation lexicale non-motivée met à l'évidence dans quelle mesure l'emploi littéraire profite de la possibilité de neutraliser les sèmes qui, pourtant, sont distinctifs dans le langage oral. C'est donc seulement dans le langage littéraire qu'il y a de vrais synonymes » *Sprachgeographische Untersuchungen zu den Bezeichnungen für Haustiere im Massif Central* (Beihefte zur Zeitschrift für romanische Philologie, 117), Tübingen 1968, 111. – Mais le phénomène de la **neutralisation** – qui mériterait une étude détaillée – se produit aussi et souvent dans le langage parlé : « ... deux mots qui ne sont pas synonymes en langage peuvent le devenir dans le discours. Si, étant à table avec un ami, je lui dis *passe-moi le sel* ou *passe-moi la salière*, il considérera bien ces deux messages comme identiques. Il faudrait en conclure que sel et salière sont synonymes » (Josette REY-DEBOVE, *La définition lexicographique...*, CahLex 8, 1966-I, 87 ; les pages 86-90 contiennent une série de remarques très judicieuses concernant la synonymie). La majorité des difficultés se résolvent si nous distinguons entre fonctions symboliques et symptomatiques. Dans le cas de *sel/salière* il y a neutralisation au niveau symbolique [du *message*], mais il reste des différences symptomatiques.

59. Même le langage de la réclame s'en sert pour suggérer la supériorité d'un produit : naguère, la maison Larousse distribuait le prospectus **Larousse synonyme de Dictionnaire** !

60. Sur ce point, cf. également Karl BÜHLER, *Sprachtheorie*, 66 (« les degrés de liberté de la distribution significative » [« die Freiheitsgrade der Bedeutungsverteilung »]).

6

Fonctions de symbole, de symptôme et de signal dans le trapèze

L'étude de la synonymie nous a démontré la véritable complexité du signe linguistique, la multitude des facteurs qui entrent en jeu quand nous parlons. Le trapèze de Heger se complique donc encore plus. Le trapèze comme modèle servant la méthodologie onomasiologique tenait compte de la fonction symbolique du langage ; il était précieux aussi comme modèle au service de la méthodologie sémasiologique, à condition de ne considérer que les valeurs communicatives (symboliques), la fonction représentative du langage (cf. nos schémas, p. 134 et 170). Mais si nous partons du signe linguistique dans sa totalité, en incluant les trois fonctions établies par Bühler (fonctions de symbole, de symptôme et de signal), c'est-à-dire si nous partons du signe linguistique comme signe qui communique quelque chose (fonction de symbole),qui provient d'un locuteur (fonction de symptôme ou d'expression) et qui s'adresse à quelqu'un (fonction de signal, appel à l'auditeur), nous devons compléter le trapèze en distinguant les trois fonctions (pour des raisons pratiques, nous laissons réunies les fonctions de symptôme et de signal se rapportant au locuteur et à l'auditeur). En même temps, nous devons marquer de manière précise la limite entre concepts non dépendants d'une langue donnée et concepts liés à une langue donnée (au moins quant aux sémèmes symboliques) :

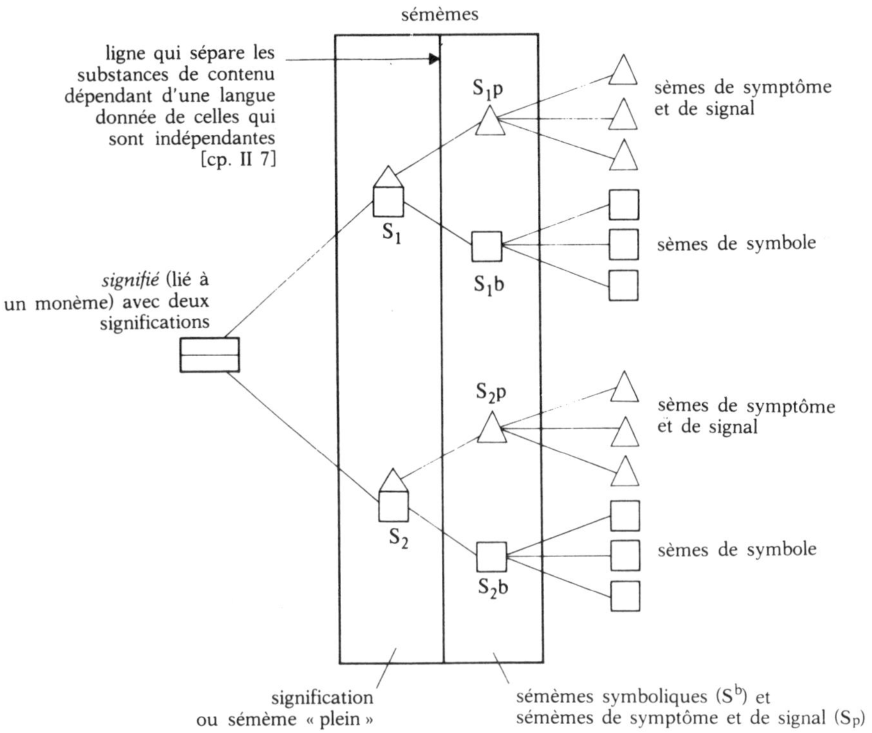

Fig. 37 Trapèze complété (vue de haut, cas hypothétique)

Ce schéma représente la structure suivante : le monème est l'union d'une forme d'expression et d'une forme de contenu. La sémantique analyse la substance du contenu au niveau du signifié qui embrasse tout ce qui, comme contenu, est lié à un monème ; dans le signifié se trouvent réunies non seulement plusieurs significations, mais aussi les trois fonctions de symbole, de symptôme et de signal. Si nous analysons le signifié, nous aboutissons à chacune des significations contenues dans un seul signifié. Ces significations sont des sémèmes que nous pouvons appeler "pleins", parce que les fonctions de symbole, de symptôme et de signal restent réunies [1] ; ici se termine – au moins en ce qui concerne le contenu symbolique – le domaine de ce qui est lié à une langue donnée. Le sémème "plein" peut être analysé comme la réunion d'un sémème symbolique et d'un sémème de symptôme/

1. Ainsi, nous parvenons à une nouvelle définition de *signification* = "sémème plein", et à une précision quant à la relation entre signification et sémème.

signal qui, à leur tour, s'analysent comme la somme des sèmes dans la partie de droite. Les sèmes symboliques (et, par conséquent, une combinaison de sèmes = système conceptuel = sémème symbolique) ne dépendent pas d'une langue donnée (Heger [il distinguera seulement à partir de 1969 entre sème et *noème*, v. chap. II 7]). Le caractère des sèmes de symptôme et de signal est plus problématique. Leur caractère indépendant d'une langue donnée semble souvent très clair (profession, niveau social, parti politique, etc., mais ce fait ne dépend-il pas de facteurs extralinguistiques ?) [2] ; dans d'autres cas, c'est beaucoup moins évident (septante = /"70"/ [= sémème symbolique] + /a/ [= sémème symptomatique, dans ce cas précis cela signifie "caractéristique de la Belgique et de la Suisse françaises"] [3]. Comme il n'y a qu'une Belgique et une Suisse françaises, il s'agit d'un cas limite (avec une définition en extension possible) ; ce qui, dans ce cas, ne dépend pas d'une situation concrète et unique, c'est le sème de "régionalité"). Nous n'allons pas discuter ici du caractère des sémèmes de symptôme et de signal. L'étude de ces facteurs commence à peine.

Dans des chapitres précédents, nous avons donné des modèles méthodologiques illustrant la *sémasiologie* et l'*onomasiologie*, les deux méthodes les plus importantes de la sémantique (chapitre I 3a ; 7 ; 10 ; II 2 ; 4). Le modèle s'est compliqué de plus en plus par suite d'une analyse de plus en plus fouillée et détaillée. A la fin de ce développement, il nous faut le compliquer encore en ajoutant les fonctions de symptôme et de signal. Par ce dernier modèle seulement nous pouvons comprendre le phénomène de la synonymie, en distinguant entre les sémèmes "pleins" (= significations qui incluent les valeurs de symp-

2. C'est le domaine de la *pragmatique*, cf. Georges MOUNIN, *Les problèmes théoriques de la traduction*, Paris 1963, 159 : « Nous admettrons ici provisoirement que les connotations, pour des raisons de méthode, soient considérées non comme une notion de sémantique, mais comme une notion de *pragmatique* (traitant des relations entre les utilisateurs des signes et les signes eux-mêmes) ». Cf. précédemment chap. II 5, note 24.

3. C'est ainsi que s'intègre cet exemple de HEGER (TraLiLi III/1, 1965, 24) dans le trapèze complété :

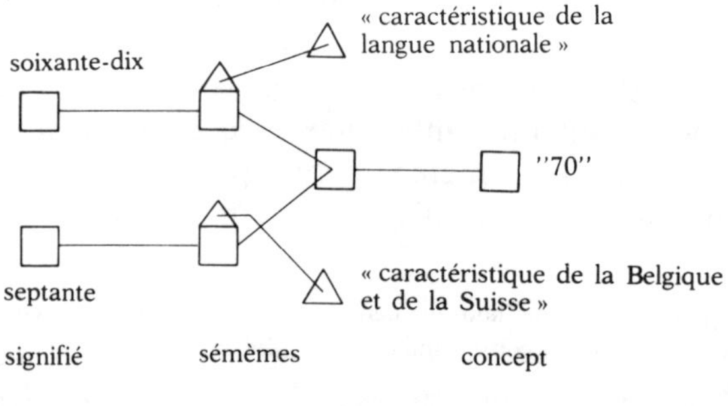

tôme et de signal) et les sémèmes symboliques non dépendant d'une langue donnée (et à cet endroit seulement il y a des synonymes absolus, mais ces sémèmes ne sont encore liés ni à des sémèmes de symptôme et de signal, ni à un signifié, c'est-à-dire à une langue donnée).

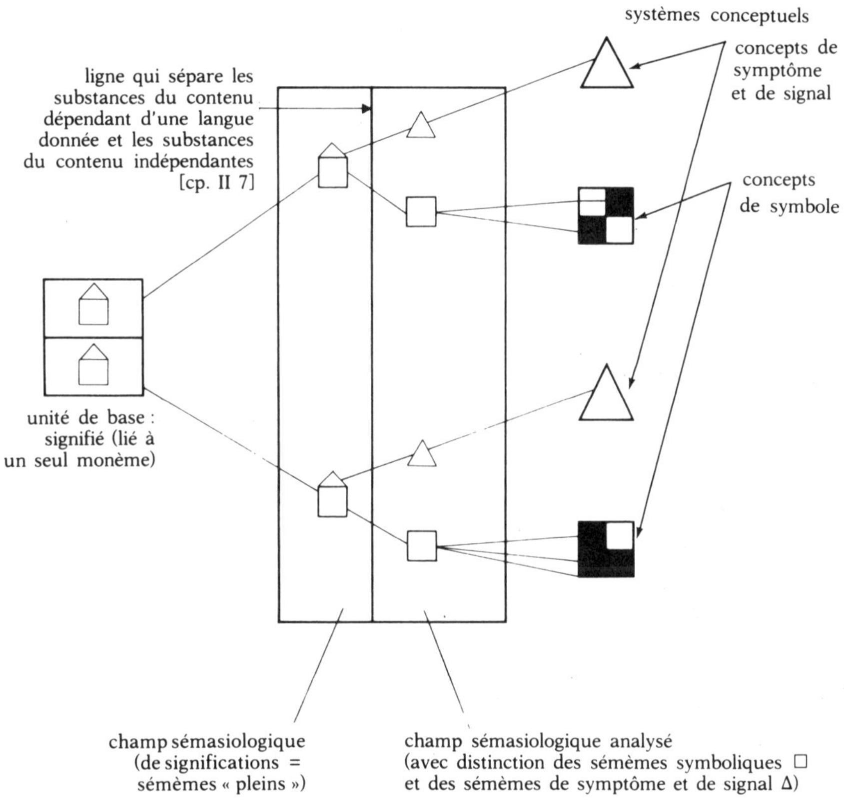

Fig. 38 Sémasiologie – Vue de haut (d'un cas hypothétique)

En arrivant à la fin de cet exposé, il m'intéresse de souligner ceci : la recherche en sémantique, qui étudie tout le côté du contenu du langage, a fait des progrès révolutionnaires dans les vingt dernières années. De nombreux chemins méthodologiques restent ouverts et pleins de promesses. La recherche des structures dans ce domaine a commencé seulement. Pour terminer, je rappelle les derniers mots que John Orr prononça au Congrès de Madrid en 1965. Il craignait que l'*esprit géométrique*, domaine des structuralistes, ne l'emportât sur l'*esprit de finesse*, domaine des traditionalistes. Nous avons essayé de démontrer que la langue, instrument de communication objective et d'expression subjective, sait très bien unir les deux aspects : l'esprit de géométrie qui garantit la compréhension mutuelle et l'esprit de finesse qui garantit la richesse stylistique. Le problème de la synonymie a montré les deux aspects.

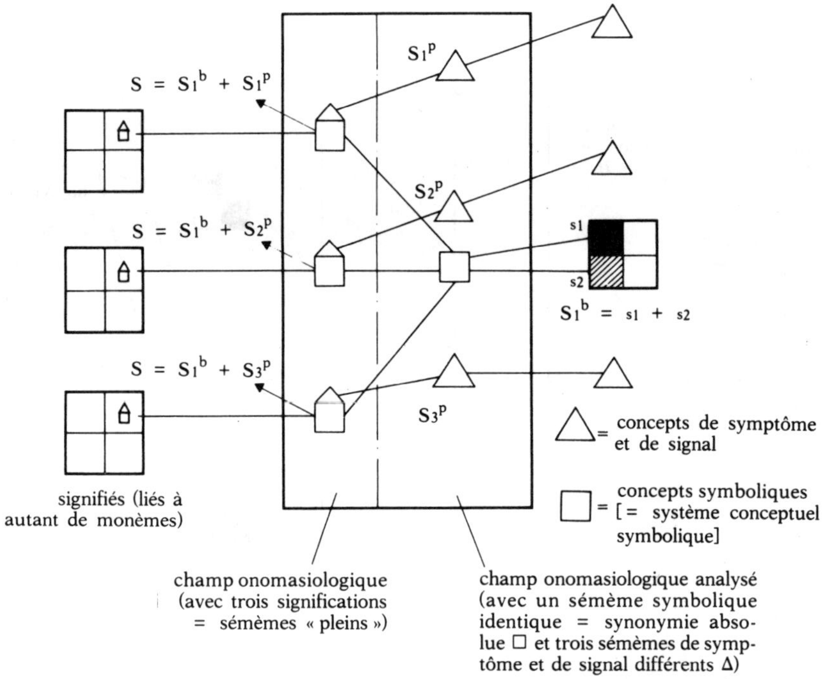

Fig. 39 Onomasiologie – Vue de haut (d'un cas hypothétique)

Espérons que les structuralistes et les traditionalistes suivront ce bel exemple de coexistence pacifique que leur offre l'objet même de leurs études.

7

La forme actuelle du trapèze

Le modèle du trapèze a atteint sa forme actuelle en 1969, dans un article de Klaus HEGER sur *La sémantique et la dichotomie de langue et parole* [1] :

Fig. 40

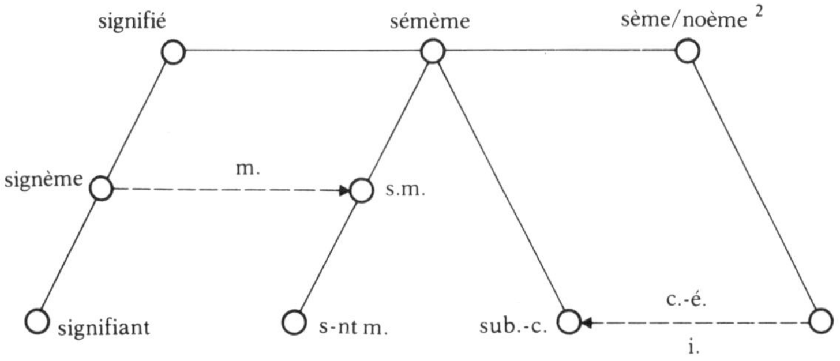

m. = monosémisation
s.m. = signème monosémisé
s-nt m. = signifiant monosémisé
c.-é. = relation de classe à éléments
i. = inclusion
sub.-c = sous-classe

---

1. Klaus HEGER, *La sémantique et la dichotomie de langue et parole. Nouvelles contributions à la discussion sur les bases théoriques de la sémasiologie et de l'onomasiologie*, TraLiLi VII/1, 1969, 47-111. La version originale allemande a paru la même année sous le titre *Die Semantik und die Dichotomie von Langue und Parole, Neue Beiträge zur theoretischen Standortbestimmung von Semasiologie und Onomasiologie*, ZrP 85, 1969, 144-215 ; une version espagnole se trouve dans Klaus HEGER, Teoría semántica. Hacia une semántica moderna II, Madrid (Alcalá) 1974, 135-209 (= TS).

2. Dans le modèle de 1969 (TraLiLi VII/1, 1969, 75) HEGER ne donne que *noème* à cet endroit, mais dans le texte (p. 68 ; 77) il distingue clairement les deux notions ; en effet, dans *Monem, Wort und Satz* (Tübingen 1971), 39, et dans *Monem, Wort, Satz und Text*, 1976, 51, il a mis à cet endroit les deux termes. Pour la première fois, il parle des termes *sème* et *noème* dans ZrP 83, 1967, 527, note 32 ; il en établit la différence définitivement dans TraLiLi VII/1, 1969, 68 ss., et *Monem, Wort und Satz*, 1971, 30 ss. (v. aussi *Monem, Wort, Satz und Text*, 1976, 43 et *TS*, 160).

En comparant ce modèle [3] avec celui de 1965 (voir ci-dessus II 2, p. 131), on constate des changements importants :

(1) *Signifiant* remplace *substance phonique* : « La "substance phonique" évoque plutôt une occurence sur le plan de la parole que l'unité de langue dont il s'agit ici, et elle implique en plus une limitation pas du tout voulue de l'expression au sens de l'expression parlée » (TraLiLi VII, 1, 1969, 67).

(2) *Signème* remplace *monème* : ce nouveau terme introduit par Heger marque une nouvelle étape importante dans la conception du trapèze : « Il est évident que le modèle doit être utilisable pour l'analyse non seulement des unités significatives minima[les] (les monèmes), mais également des unités significatives des rangs hiérarchiques supérieurs » (TraLiLi VII, 1, 1969, 67 ; TS, 158). En s'appuyant sur la "double articulation" d'André MARTINET, Heger distingue les *linguèmes significatifs* = signèmes et les *linguèmes distinctifs* = distinguèmes. Les unités minimales respectives sont le *monème* dans le cas du signème et le *phonème* dans le cas du distinguème phonique (ib.). Les signèmes, unités significatives de tous les rangs, peuvent à leur tour faire l'objet d'une distinction entre *signème-expression* (interprétable comme distinguème ou « chaîne de phonèmes ») et *signème-contenu* (ib.).

La conséquence de ce changement du trapèze est de grande portée : le modèle devient applicable à toute la hiérarchie des unités significati-

3. Růžená OSTRÁ, *Structure onomasiologique du travail en français*, Etude diachronique d'un champ conceptuel (Opera Universitatis Purkynianae Brunensis Facultas Philosophica, 191), Brno 1974, 112, adapte le trapèze en le modifiant de la façon suivante :

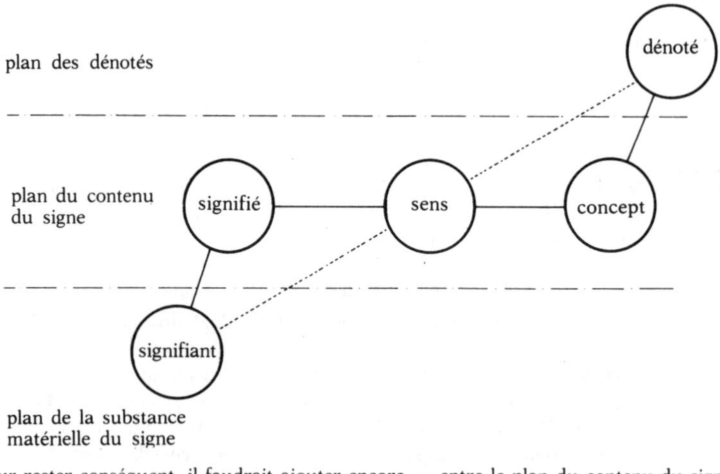

Pour rester conséquent, il faudrait ajouter encore – entre le plan du contenu du signe et le plan des dénotés – un plan de la substance du contenu du signe.

ves (du monème jusqu'à la phrase et même au-delà jusqu'au texte = *analyse ascendante* ou *analyse descendante* selon la direction de l'analyse) [4]. Cette hiérarchie des rangs, HEGER l'a établie en 1971, dans son livre fondamental *Monem, Wort und Satz* [Monème, mot et phrase] [5]. Il dépasse largement le but de notre livre et nous nous contentons d'indiquer les rangs établis par Heger :

R 1 [6] : *monème*. Le monème, unité significative minimale, peut être soit un *lexème*, soit un *grammème*. Les lexèmes se trouvent dans un paradigme ouvert, les grammèmes dans un paradigme fermé. Les deux peuvent être *libres* ou *liés* (free form, bound form), c'est-à-dire ils peuvent figurer ou non comme signèmes autonomes du rang immédiatement supérieur. Les deux peuvent posséder un sémème *exclusivement* ou *non exclusivement métalinguistique-réflexif* [7] : *cant-a-ba-n-t*, par exemple, se compose de :

cant-	:	lexème à sémème non exclusivement métalinguistique-réflexif,
-a-	:	grammème à sémème exclusivement métalinguistique-réflexif (*a* indique que cette forme verbale appartient à la classe des verbes en *-are*)
-ba- *-n-* *-t*	:	grammèmes à sémèmes non exclusivement métalinguistique-réflexifs [tous les trois ont une signification propre sur le plan de la langue-objet : *-ba-* indique le "passé imperfectif du procès", *-n-* la "pluralité dans le cas de l'actant désigné par le nominatif" et *-t* le "non-moi non-participant à l'acte de communication dans le cas de ce même actant" (TraLiLi 1969, 83 ; *Monem, Wort, Satz und Text*, 1976, 75 ss. ; TS, 178)] [8].

Les trois classements dont nous venons de parler peuvent être

4. A propos des rangs hiérarchiques et des analyses ascendante et descendante, v. Michael A. K. HALLIDAY, *Categories of the Theory of Grammar*, dans Word 17, 1961, 241-292, et *Linguistique générale et linguistique appliquée à l'enseignement des langues*, dans Etudes de Linguistique Appliquée 1, 1962, 5-42.

5. Klaus HEGER, *Monem, Wort und Satz*, Tübingen (Niemeyer) 1971 ; 2e édition corrigée et augmentée, sous le titre *Monem, Wort, Satz und Text*, Tübingen 1976.

6. R 1 = unité de rang 1.

7. Cette distinction correspond à peu près à celle que fait Joe LAROCHETTE, *La signification*, dans Linguistica Antverpiensia 1, 1967, 127-169, spécialement p. 149, entre *signe significatif* et *marque* ; v. aussi HEGER, TraLiLi 1969, 85 et 88 ; *Monem, Wort und Satz*, 1971, 51 ; *Monem, Wort, Satz und Text*, 1976, 75.

8. On peut compléter cet exemple par le cas de *pomme* dans *pomme de terre* qui représente un lexème à sémème exclusivement métalinguistique-réflexif (v. déjà TraLiLi 1969, 87).

réunis dans le schéma suivant [9] dont les six cases possibles sont marquées par les termes respectifs simplifiés et par des exemples :

Tableau 28

	libre	lié	
	à sémème non exclusivement métalinguistique-réflexif		à sémème exclusivement métalinguistique-réflexif
lexème	lexème libre *hier*	lexème lié *cant-*	lexème lié métalinguistique *pomme* (S_2)
grammème	grammème libre *moi*	grammème lié *-ba-*, *-n-*, *-t*	grammème lié métalinguistique *-a-*

R 2 : unité autosémique minimale [10]. Fr. *pomme*, par exemple, a deux sémèmes : un sémème "fruit du pommier" (S_1) non exclusivement métalinguistique-réflexif (= *autosémique*) ; un deuxième sémème (S_2), exclusivement métalinguistique-réflexif s'il fait part d'une unité d'un rang supérieur : *pomme de terre*. Le sémème S_2 est *hétérosémique*, c'est-à-dire que ses fonctions sémantiques lui sont déléguées par une unité de rang supérieur (il devient donc un élément de cette unité supérieure) (TraLiLi VII/1, 1969, 84 s. ; ZrP 83, 1967, 528-530 ; *TS*, 180) [11].

R 3 : *forme flexionnelle*, par exemple *cant-a-ba-n-t* ou *il la lui a donnée*. La forme flexionnelle est "la combinaison de l'unité autosémique minimale avec des grammèmes liés à des lexèmes". Mais, du moins sur le plan de la langue, on peut établir aussi une unité du rang

9. TraLiLi 1969, 88 (= ZrP 85, 1969, 190) ; *Monem, Wort und Satz*, 1971, 57 ; *Monem, Wort, Satz und Text*, 1976, 82 ; *TS*, 184.

10. A propos des termes autosémique et hétérosémique, v. HEGER, *Temporale Deixis und Vorgangsquantität* ("Aspekt" und "Aktionsart"), ZrP 83, 1967, 512-582, spécialement 528-530 ; la première partie de cet article est résumée en fr. dans K. HEGER, *Structures immanentes et structures conceptuelles*, dans Probleme der Semantik, Wiesbaden 1968 (ZFSL Beiheft NF 1), 17-24 (résumé en esp. dans *TS*, 107-134).

11. La distinction entre *autosémie* et *hétérosémie* permet donc de résoudre le vieux problème du "mot" (v. ci-dessus, p. 5, note 4) ; elle explique le fait que *pomme* et *pomme de terre* peuvent être considérés tous les deux et sans contradiction comme des "mots" : les deux sont autosémiques sur le rang 2, mais *pomme* [1] est autosémique et *pomme* [2] est hétérosémique, l'unité autosémique étant *pomme de terre*.

R 3 plus abstraite en la définissant comme R 3' "la combinaison de l'unité autosémique minimale avec le paradigme des grammèmes qui, dans les occurrences possibles de cette unité autosémique minimale, peuvent être liés à elle, c'est-à-dire le paradigme des formes flexionnelles qui ont la même unité autosémique minimale" = *vocable*, par exemple *chanter* avec l'ensemble de son paradigme (TraLiLi 1969, 91 ; *Monem, Wort, Satz und Text*, 1976, 85 s. ; *TS*, 187). C'est ainsi qu'on considère l'*infinitif* dans les dictionnaires comme représentant de l'ensemble du paradigme [12].

Les unités des rangs 1 à 3 constituent le domaine principal de la lexicologie [13] et de la morphologie (y inclus l'étude des préfixes et des suffixes). Quant aux rangs plus élevés (domaine de la syntaxe et même de l'analyse textuelle) qui présupposent un système noémique actantiel [14], je ne peux que renvoyer au livre de Heger (*Monem, Wort, Satz und Text*, 1976), mais j'en indique au moins l'essentiel (cp. TraLiLi 1969, 100 ss. et surtout *Monem, Wort, Satz und Text*, 1976, 330 ss.).

R 4 : forme compositionnelle
R 5 : proposition
R 6 : proposition spécifiée
R 7 : proposition spécifiée d'après la catégorie de *speech act*
R 8 : phrase
R 9 : groupe présuppositionnel
R 10 : groupe présuppositionnel spécifié et avec assertion (dont l'occurrence sur le plan de la parole est le *texte*)
R 11 : hyper-phrase du texte
etc. [15]

12. Heger propose de nommer *vocable* cette unité sur le plan de la langue tandis qu'il désigne par *mot* la même unité sur le plan de la parole, c'est-à-dire l'occurrence de la forme flexionnelle qui est en même temps une occurrence du vocable. De cette façon, *vocable* et *mot* deviennent des termes bien définis (qui ne correspondent pas entièrement à leur emploi courant). V. 1re partie, chap. 1, note 4.

13. Seuls les composés (composés de lexèmes) appartiennent à un rang supérieur.

14. Le système de HEGER est à mon avis supérieur à la grammaire des cas de FILLMORE (excellente en soi) puisqu'il montre, grâce à l'analyse noémique au niveau de la structure profonde, tous les cas théoriquement possibles ; cp. Charles J. FILLMORE, *The Case for Case*, dans Universals in Linguistic Theory, ed. E. Bach and R. Harms, New York 1968, 1-88 ; *Some Problems for Case Grammar*, dans Report of the 22nd Annual Round Table Meeting on Language Studies, ed. Richard J. O'Brien, S.J., Washington 1971, 35-56.

15. Pour les rangs supérieurs, v. aussi K. HEGER, *Signemränge und Textanalyse*, dans Elisabeth GÜLICH/Klaus HEGER/Wolfgang RAIBLE, *Linguistische Textanalyse - Überlegungen zur Gliederung von Texten*, Hamburg 1974, 1-71 ; Elisabeth GÜLICH/Wolfgang RAIBLE, *Linguistische Textmodelle* (Uni-Taschenbücher 130), München (Fink) 1977 (la théorie de Heger, 136-150).

(3) *Sème/noème* remplacent *concept*[2)] :

La description des relations qui existent entre le signifié (Si), le sémème (S) et la composante du sémème (= c, comme unité non spécifiée du côté droit supérieur du trapèze) peut être rendue plus claire par l'emploi des termes logiques de

conjonction (A + B, donc A et B, donc ni A seul, ni B seul, ni aucun des deux).
adjonction (A v B, donc ou A seul ou B seul ou les deux, donc non pas aucun des deux).
disjonction (A / B, donc ou A seul ou B seul, donc ni les deux ni aucun des deux) :

- le signifié peut être décrit en tant que combinaison disjonctive de sémèmes (Si = $S_1 / S_2 / \ldots / S_j$)
- le signifié peut être décrit en tant que combinaison adjonctive de composantes de sémèmes (Si = $c_1 \vee c_2 \vee \ldots \vee c_k$)
- le sémème peut être décrit en tant que combinaison conjonctive de composantes de sémèmes (S = $c_1 + c_2 + \ldots + c_l$).

La composante de sémème (c) peut être un *sème* ou un *noème* :

Le *sème* [terme créé par B. Pottier] se définit en tant qu'unité distinctive minimale (de la substance du contenu) par rapport au sémème qui provient de la structure d'une langue donnée, et dépend par là, lui aussi, de cette structure (TraLiLi 1969, 68 ; 111 ; *TS*, 160, et surtout *Monem, Wort, Satz und Text*, 1976, 42 et 339).

« *Noème* = unité de la substance du contenu qui ne dépend pas de la structure d'une langue donnée, concept défini par compréhension » [all. angl. *intension*, esp. *intensión* (définition compréhensionnelle)] (TraLiLi 1969, 111 ; *Monem, Wort, Satz und Text*, 1976, 338 ; *TS*, 209). Les noèmes se définissent par leurs places dans un système logique de relations qui est régi par des prémisses axiomatiques (TraLiLi III/1, 1965, 19, où il n'y a qu'à remplacer *concept* par *noème*) : « On définit les *espèces* par le *genre* et la *différence spécifique* ; on divise un *genre* de façon exhaustive en deux *espèces* en introduisant une *différence spécifique* et sa négation qui forment donc une opposition contradictoire » (ib.).

La distinction entre *sème* et *noème* permet d'éviter des malentendus. *Sème* se rapporte à une analyse concernant une langue donnée, à une analyse immanente ; *noème* se rapporte à une analyse comparative, soit de deux langues différentes, soit de deux étapes différentes d'une même langue. « Il est vrai que "indépendant de la structure d'une langue donnée" et "distinctif-minimum" ne s'excluent pas mutuellement et que, par conséquent, leur intersection n'est pas nécessairement une classe vide – il peut donc y avoir des noèmes qui sont en même temps des sèmes et inversement – mais il est abusif d'identifier le noème avec le sème » (TraLiLi 1969, 68 ; *Monem, Wort, Satz und Text*, 1976, 47).

La distinction entre *sème* et *noème* permet, par exemple, de mieux distinguer la *polysémie* et l'*homonymie* (en synchronie). Ce qui est commun à l'homonymie et à la polysémie, et que Heger appelle "disjonction sémémique", apparaît là où un signifié se présente en tant que combinaison disjonctive de deux ou plusieurs sémèmes. Cette disjonction sémémique est appelée *homonymie* là où ces sémèmes n'ont de sème commun [16], c'est-à-dire où il est vrai pour toutes les paires possibles formées par les sémèmes S_1 à S_n que $S_i \cap S_k = 0$ sème ; par contre, elle sera appelée *polysémie* là où les sémèmes d'un signifié ont du moins un sème en commun, c'est-à-dire où il est vrai pour toutes les paires possibles formées par eux que $S_i \cap S_k \geqslant 1$ sème. Ces deux définitions ne rendent cependant compte que des cas extrêmes et univoques ; à côté d'eux, il y a les cas hybrides tels que J. LAROCHETTE [17] les a illustrés par l'exemple *chou* et ses sémèmes S_1 = "(légume)", S_2 = "(pâtisserie)" et S_3 = "(personne chérie)", pour lesquels $S_1 \cap S_2 \geqslant 1$ sème (s_i = rotondité) et $S_2 \cap S_3 \geqslant 1$ sème (s_k = douceur), mais $S_1 \cap S_3 = 0$ sème. Un tel cas peut être décrit de façon univoque en constatant qu'il existe des relations polysémiques entre les sémèmes "(légume)" et "(pâtisserie)" et entre les sémèmes "(pâtisserie)" et "(personne chérie)", et qu'il existe une relation homonymique entre les sémèmes "(légume)" et "(personne chérie)". Cependant, cette description laisse en suspens la question – décisive pour la lexicographie – de savoir si le signème *chou* est à classer comme signème polysémique ou comme signème homonymique. Tant que l'on renonce à introduire une troisième catégorie à côté de la polysémie et de l'homonymie, cette question ne peut être tranchée que par une décision qui au fond est arbitraire. La décision plus adéquate aux besoins de la pratique est celle qu'a prise Larochette en classant ces cas hybrides comme des cas de polysémie dont la définition doit être généralisée en ce sens qu'elle apparaît là où chaque sémème d'un

16. Sauf dans le cas des sémèmes $S\Sigma$ qui contiennent à la fois tous les sèmes de deux ou plusieurs sémèmes normalement distincts (ce qui est le cas dans les jeux de mots, par exemple « une langue bien cuite et mal parlée »), v. TraLiLi 1969, 73 ss. ; *Monem, Wort und Satz*, 1971, 37 ss. ; *Monem, Wort, Satz und Text*, 1976, 53 ss. ; *TS*, 66 ss.

17. Joe LAROCHETTE, *La signification*, dans Linguistica Antverpiensia 1, 1967, § 7. Mais Joe LAROCHETTE, *A propos du livre de Klaus Heger « Monem, Wort und Satz »*, Linguistica Antverpiensia 6, 1972, 155-179, spécialement 167 s., rend lui-même attentif au fait qu'en réalité, il ne s'agit pas, dans le cas de l'exemple *chou*, de *sèmes* puisque ces "composantes de sémème" n'établissent aucune opposition entre par exemple un *chou* et un légume identique mais non rond ; il faudrait donc trouver un autre exemple.

signifié est lié au moins à un des autres sémèmes par un sème commun, c'est-à-dire par la relation $S_i \cap S_k \geqslant 1$ sème, et où ce genre de liaison établit un lien indirect qui unit tous les sémèmes en question. (Ce paragraphe est repris presque textuellement de TraLiLi 1969, 77 s. ; v. aussi *Monem, Wort und Satz,* 1971, 42 ss. ; *Monem, Wort, Satz und Text,* 1976, 61 ss. ; *TS,* 171 s.)

(4) *Classe* remplace *chose* ou *réalité.*

Sur le plan de la langue s'opposent du côté droit du trapèze le *sème* ou le *noème* en tant qu'unités définies par compréhension ou *compréhensionnellement* (all. *intensional,* angl. *intensionally*) (v. ci-dessus all. angl. *intension*) et la *classe de choses* ou *classe de classes de choses* en tant que "référent" non linguistique, c'est-à-dire des unités définies par extension (*extensionnellement*) [18]. Je rappelle que le concept défini par extension n'entraîne aucune implication ontologique en ce qui concerne par exemple la distinction entre dénoté "réel" et dénoté "fictif" : les licornes peuvent figurer comme classe de choses aussi bien que les chevaux (v. TraLiLi 1969, 64 ; *Monem, Wort und Satz,* 1971, 25 ; *Monem, Wort, Satz und Text,* 1976, 35).

(5) *Intégration du triangle dans le modèle du trapèze.*

Le signème avec son signifié (normalement complexe, c'est-à-dire contenant plusieurs sémèmes) est *monosémisé* (il serait plus correct de dire monosémémisé ! qui ne serait pourtant pas très beau) par le contexte (réduction de la polysémie nécessaire pour la compréhension mutuelle), c'est-à-dire le signème est monosémisé lorsqu'il s'intègre dans des unités d'un rang supérieur. Dans ce cas, le signème monosémisé ne comporte plus qu'un seul *sémème,* tandis qu'il garde le même signifiant et la même forme de l'expression (*signifiant du signème monosémisé*).

Si l'on se sert du modèle sur le premier plan métalinguistique, le côté supérieur du trapèze sera normalement – et surtout dans le cas d'une analyse sémasiologique – interprété comme une représentation du lien qui relie un signifié à n sémèmes ($n \geqslant 1$) et à p sèmes ou q noèmes ($q \geqslant p \geqslant n$). Cette manière d'interpréter le côte supérieur du trapèze permet, sur le côté droit inférieur, deux interprétations différentes : selon la première, le côté droit inférieur représente une classe virtuelle qui se compose de l'intersection de n classes qui correspon-

18. Voir maintenant à ce sujet l'excellente thèse de Hartmut KUBCZAK, *Das Verhältnis von Intension und Extension als sprachwissenschaftliches Problem,* Tübingen 1975. Sur la base de ce travail, HEGER a modifié dans la seconde édition de *Monem, Wort und Satz* le § 2.3.1.3. (p. 32 s.) de l'édition de 1971 (= *Monem, Wort, Satz und Text,* 1976, § 2.3.1.3., pp. 47-51).

dent à n sémèmes du signifié et constituerait ainsi une duplication superflue de la classe qui correspond au S_{Σ}-sémème le plus général. La seconde interprétation est beaucoup plus intéressante et correspond beaucoup mieux aux buts de nos analyses linguistiques : le côté droit inférieur n'est pas considéré comme une intersection mais comme une union des n classes correspondant aux n sémèmes. Si, dans le cas d'une monosémisation, le signifié est réduit à un de ses sémèmes (qui sont liés entre eux en combinaison disjonctive), l'union des n classes est réduite, elle aussi et automatiquement, à celle des sous-classes en question qui correspond au sémème sélectionné (*Monem, Wort, Satz und Text*, 1976, 58) [19].

Si, d'aute part, l'on se sert du modèle sur le deuxième plan métalinguistique, il sera souvent utile de parler au contraire des unités comme telles, en faisant abstraction, par exemple, de leurs quantifications possibles. Alors une autre interprétation du côté supérieur du trapèze s'impose : 1 signifié – 1 sémème – 1 sème ou noème. Dans ce cas, il faut – pour l'interprétation du côté droit inférieur – partir du fait qu'à un nombre moins grand de traits dans la définition compréhensionnelle [= all. angl. *intensional*] du sème ou du noème en face de celui du sémème, correspond obligatoirement une plus grande extension de la classe qui correspond au sème ou noème en question en face de la classe qui correspond au sémème impliqué, puisque, par principe, à une compréhension moins grande correspond un concept plus général et, par conséquent, une extension plus grande. Et puisque HEGER a défini le sémème comme une combinaison conjonctive de tels sèmes/noèmes qui, selon notre seconde interprétation, sont représentés par un seul sème/noème, la classe correspondante comprendra nécessairement une sous-classe correspondant au sémème (v. une première version dans TraLiLi 1969, 75, et la version définitive dans *Monem, Wort und Satz*, 1971, 39 ss. ; *Monem, Wort, Satz und Text*, 1976, 58 s.).

Ce modèle amplifié du trapèze est toujours rapporté au plan de la langue où il peut être utilisé pour des analyses tant paradigmatiques que syntagmatiques. Il se distingue par là du simple trapèze qui ne peut être utilisé que pour des analyses paradigmatiques. En même temps, ce modèle amplifié laisse entrevoir les réductions par lesquelles s'obtiennent les modèles destinés à être appliqués sur les deux autres plans qui nous intéressent ici :

(a) « Dans l'application sur le plan de la *parole*, la dimension

19. C'est dans ce sens que nous nous sommes servi du trapèze dans notre analyse de *se souvenir*, etc. (ci-dessus II 3). Pour distinguer cette interprétation de la seconde interprétation possible, nous l'avons caractérisée par "vue d'en haut".

paradigmatique est exclue par définition. (...). Pour la seule dimension syntagmatique, il suffit de réduire le modèle au *triangle intérieur* avec les angles marqués par le signifiant monosémisé, le sémème et la sous-classe auxquels correspondent, sur le plan de la parole, l'occurrence, la signification et le dénoté respectif. Cette réduction implique encore une autre simplification qui consiste dans le renoncement à la distinction de ce qui, sur le plan de la parole, correspond au signifiant et au signème respectivement. Une telle simplification permet d'éviter les malentendus fréquents auxquels aboutit l'application de cette distinction au plan de la parole, sans qu'elle entraîne pour cela le risque de nouvelles confusions. **Pour le domaine de la parole, le triangle classique reste donc valable sans restriction** » (TraLiLi 1969, 75 s. ; v. aussi *Monem, Wort, Satz und Text*, 1976, 59 s.).

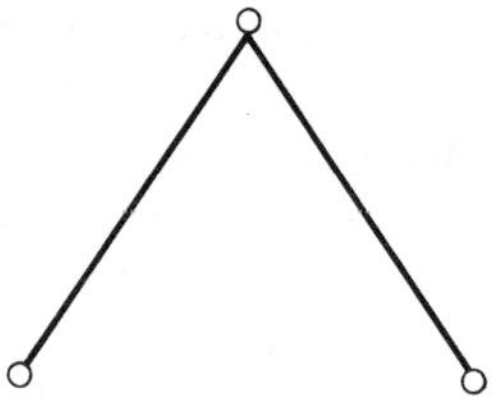

Fig. 41

Le triangle, notre point de départ, reprend donc sa valeur dans le cadre beaucoup plus ample du trapèze qui, sous sa forme actuelle, constitue une théorie qui envisage la structure de la langue dans son ensemble, en tenant compte à la fois des dimensions paradigmatique et syntagmatique et de la hiérarchie des rangs des différentes unités.

(b) Entre la *langue* et la *parole*, Heger a introduit un troisième plan, celui de la Σ-*parole* (summa-parole ou sigma-parole), en se basant sur l'opposition de *type* et *occurrence* (angl. *token*). Nous devons nous contenter ici d'y faire allusion et de renvoyer à HEGER (TraLiLi VII/1, 1969, 65 ; *Monem, Wort und Satz*, 1971, 16 s. ; *Monem, Wort, Satz und Text*, 1976, 26 s.) [20]. Sur le plan de la Σ-*parole*, il suffit d'opérer avec la forme réduite du trapèze :

20. Dans *Monem, Wort, Satz und Text*, 1976, 16 ss., HEGER en parle de façon plus détaillée en tenant compte des différents degrés d'abstraction en se basant sur H. H. LIEB, *Sprachstadium und Sprachsystem*, Stuttgart 1970 (v. le compte rendu de ce livre par HEGER dans ZrP 87, 1971, 550-560).

Fig. 42

Voir pour la justification, TraLiLi VII/1, 1969, 76 ; *Monem, Wort und Satz*, 1971, 41 ; *Monem, Wort, Satz und Text*, 1976, 60.

Le livre fondamental de Klaus HEGER, *Monem, Wort und Satz* de 1971 et sa version corrigée et augmentée de 1976 (*Monem, Wort, Satz und Text*) partent du modèle du trapèze tel qu'il a été établi en 1964 [21] et qui tenait compte uniquement du monème, de l'unité significative minimale (cp. maintenant les rangs 1 à 3). Mais ce modèle a été élargi considérablement par la suite (1969). Le remplacement du monème par n'importe quelle unité significative signifie la transformation du trapèze d'un modèle lexicologique en modèle linguistique général, ce qui implique l'établissement des définitions de toutes les unités significatives dans le cadre d'une hiérarchie des différents rangs possibles. Le trapèze, sous sa forme actuelle, est combiné avec un modèle actantiel (dont nous n'avons pas parlé parce que nous nous sommes limité aux rangs 1 à 3) et il constitue ainsi une base solide pour une sémantique de tous les rangs, dans une perspective paradigmatique aussi bien que dans une perspective syntagmatique. Il a permis à Heger de donner un modèle à base noématique aussi bien pour la lexicologie que pour la morphologie, la composition de mots, la syntaxe et même l'analyse

21. Le modèle trapézoidal de Gerold HILTY (publié d'abord dans Romanische Forschungen 75, 1963, 148 ss.) est fondamentalement différent de celui de Heger. Entre les deux modèles, il n'y a aucune relation génétique ; ils ont été établis de façon absolument indépendante (j'y insiste, parce qu'on trouve souvent des affirmations incorrectes à ce sujet, par exemple « Trapezform... Hilty... darauf aufbauend dann K. Heger... » G. WOTJAK et W. LORENZ, *Zum philosophisch-weltanschaulichen Hintergrund moderner Bedeutungskonzeptionen*, dans Zeitschrift für Phonetik, Sprachwissenschaft und Kommunikationsforschung 29, 1976, p. 562, note 5). La conception de HILTY est très différente. Il n'admet pas, par exemple, de différence fondamentale entre *sème* et *noème* (v. G. HILTY, Vox Romanica 31, 1972, 51, note 23 ; *L'état actuel de la sémantique dans le domaine roman*, XIV Congresso int. di linguistica e filologia romanza, Napoli, 15-20 avril 1974, Atti, I, 1978, 117-141, spécialement p. 128 ; il se sert uniquement du terme *sème*, et en plus, la définition du *sème* est différente de celle de Heger, de Pottier et de la mienne). V. aussi H.M. GAUGER, *Bedeutung als Semstruktur ?*, Vox Romanica 31, 1972, 24-39 ; G. HILTY, *Und dennoch : Bedeutung als Semstruktur*, ib. 40-54. La conception de Gauger est encore plus loin de la nôtre que celle de Hilty. Une discussion a eu lieu au XVIe Congrès int. de ling. et philol. rom. à Palma, en avril 1980 dans le cadre d'une Table ronde (participants : M. PFISTER, P. IMBS, G. HILTY, K. BALDINGER), v. *Actes* I, 1982, 279-322.

textuelle. Devant cette structure profonde *noématique* se dessinent les structures de surface des langues particulières [22]. Ce sont celles-ci qui forment le point de départ pour les analyses *sémasiologiques*, les analyses des structures immanentes d'une langue donnée, en prenant la direction signème → signifié → sémèmes → sèmes. Mais les résultats ainsi obtenus peuvent être comparés à d'autres structures immanentes (différentes soit du point de vue géographique, soit du point de vue chronologique) uniquement si elles deviennent comparables au moyen d'un système *noématique*, c'est-à-dire indépendant des structures immanentes des langues particulières, et qui permet leur comparaison en fonctionnant comme tertium comparationis [23]. Il rend possible l'orientation *onomasiologique* qui prend la direction système noémique → sémèmes → signifiés → signèmes et qui plonge, au niveau du sémème, dans la structure d'une langue donnée. Ainsi, les points de vue sémasiologique et onomasiologique se complètent nécessairement : les deux répondent à des questions différentes qui se complètent comme des jumeaux qui se regardent en face comme le sujet parlant et son interlocuteur. La substitution du *monème* par le *signème* dans le trapèze est la dernière conséquence du fait qu'on a reconnu que la sémasiologie et l'onomasiologie sont des méthodes applicables à tous les rangs, et que l'onomasiologie a dépassé de loin son point de départ, son origine dans le cadre de la « Wort- und Sachforschung », des « mots et des choses ».

22. Klaus HEGER vient de publier un travail important, présentant le système noémique de la deixis personnelle et les problèmes théoriques qui s'y rattachent : *Sprachvergleich und Semantik, Das Beispiel der grammatischen Kategorien "Person" und "Numerus"* (Sitzungsberichte der Heidelberger Akademie der Wissenschaften, Philos.- histor. Klasse, Jg. 1980, 10. Abh.), Heidelberg (Carl Winter) 1980, 35 p.

23. J'aimerais, avant de conclure, au moins renvoyer aussi aux travaux d'un élève de Heger et de moi-même (actuellement professeur à Klagenfurt), Henry VERNAY, *Un système logique comme cadre d'une étude comparative de deux structures*, dans La Linguistique 1 (Presses Univ.), 1967, 39-62 [I. La "deixis" des personnes, II. Le système des concepts temporels et aspectuels chez Heger] ; *Die Bedeutung der Semantik für eine Übersetzungstheorie*, dans Ruperto-Carola (Université de Heidelberg) XXe année, t. 43/44, Heidelberg 1968, 152-163 ; *Sémantique, structure conceptuelle et traduction*, dans Linguistica Antverpiensia 2, 1968, 429-457 [à propos du modèle du trapèze et du modèle de Bühler en relation avec les problèmes de la traduction] ; *Zur semantischen Struktur des Verbalknotens und des Nominalknotens*, in Sprachwissenschaft und Übersetzen, Symposium an der Universität Heidelberg 24-26 févr. 1969 (Commentationes Societas Linguisticae Europaeae, III), München (Hueber) 1970, 93-103 ; *Zur sprachlichen Realisierung lokaler Begriffskategorien*, dans Interlinguistica (Festschrift Wandruszka) 1971 (Niemeyer), 326-339 [base théorique du livre suivant] ; *Essai sur l'organisation de l'espace par divers systèmes linguistiques*, München (Fink) 1974, 214 pp. (thèse d'habilitation Heidelberg). – J'aimerais citer aussi Gerd WOTJAK, *Untersuchungen zur Struktur der Bedeutung*, Berlin (Akademie-Verlag) 1971, 343 pp. [voir spécialement p. 34 ss. et 38 ss. la discussion de la conception noématique de G.F. MEIER, *Zur Wahrung der semantischen Invarianz beim Übersetzen*, dans Beiheft VIII de *Fremdsprachen*, 1973, 71-79].

Appendice

SÉMASIOLOGIE ET ONOMASIOLOGIE EN DIACHRONIE *

* Article *Sémasiologie et onomasiologie*, paru dans Revue de linguistique romane 28, 1964, 249-272 ; avec quelques corrections et additions reprises en partie de la traduction allemande, parue en 1978 : *Semasiologie und Onomasiologie*, dans Strukturelle Bedeutungslehre, Darmstadt (Wissenschaftliche Buchgesellschaft) 1978, 372-401 (v. surtout les notes 2, 10, 11, 15, 17, 18, 20, 21, 26, 33, 37).

1

Esquisse du développement historique

Du XIXe au XXe siècle, l'évolution de la linguistique – compte tenu de bien d'autres aspects nouveaux – est caractérisée par deux tendances essentielles : l'attention s'est déplacée du *son* au *mot* (de la phonétique historique à la lexicographie historique) et, en même temps, la façon d'envisager les problèmes, d'abord isolante – unidimensionnelle – est devenue structurelle, c'est-à-dire bi- ou tridimensionnelle. Les atlas linguistiques ont grandement contribué à ce développement. Même l'atlas linguistique de Gilliéron partait encore du *son* et aboutissait, presque malgré l'auteur, à des études lexicographiques, à la fondation de la géographie linguistique. La nouvelle étymologie, proposée en 1908 par Jakob Jud du fr. *aune*, a fait sensation. L'étymologie lt. ALNUS > fr. *aune*, incontestable du point de vue phonétique, n'était plus valable, bien que la nouvelle étymologie présentât d'importantes difficultés, et cela justement du côté phonétique [1]. Ce fut le triomphe de la nouvelle école (celle de la géographie linguistique) sur l'ancienne (celle des lois phonétiques) [2]. Pendant qu'à Paris, en 1905, Gilliéron publiait ses premiers travaux de géographie linguistique, Saussure, à l'Université de Genève, donnait des cours théoriques d'une importance considérable. Au mode, jusque-là linéaire et historique, d'envisager les problèmes, il opposait une étude synchronique de la langue en tant que système d'expression, en tant que structure [3]. Nous parlons, depuis Saussure, de linguistique synchronique et de linguistique diachronique.

---

1. Voir Th. FRINGS, *Erle und Aune*, dans Etymologica (Mélanges Wartburg), Tübingen 1958, 239-259.

2. Voir depuis l'article abfrq. *ALISA "Erle", FEW 15[1], 14b (1968) et L. REMACLE, *Remarques sur l'étymologie du fr. aune*, RLiR 36, 1972, 305-310.

3. « C'est la grande originalité et la grande révolution de la linguistique saussurienne de montrer que la langue est une structure », Pierre GUIRAUD, *La sémantique*, Paris 1955, 68.

Retenons :

1. Du XIXe au XXe siècle, on a passé du *son* au *mot* comme centre de recherche – la phonétique, d'ailleurs, a continué à vivre, heureusement. Elle s'est même scindée en deux (en *phonétique* et en *phonologie*).

2. Passage à une vue structurale des phénomènes linguistiques. C'est dans ce cadre général que j'aimerais situer les rapports de la sémasiologie et de l'onomasiologie.

Les fondements et l'élaboration de ces deux méthodes, aux alentours de 1900 et peu après, reflètent le primat du *mot* sur celui du *son*. Les deux méthodes – la sémasiologie [4] et l'onomasiologie – se mettent au service de la lexicologie historique, mais sont attirées, en même temps, par la seconde tendance, celle du primat de la *structure*. La sémasiologie, il est vrai, considère le mot **isolé** dans le développement de sa signification, tandis que l'onomasiologie envisage les désignations d'un concept particulier, c'est-à-dire une **multiplicité** d'expressions formant un ensemble. L'onomasiologie implique donc, dès le début, un souci d'ordre structurel. Dornseiff le précise : « L'onomasiologie et la sémasiologie ont entre elles le même rapport qu'un dictionnaire par matières et un dictionnaire alphabétique ». Dornseiff ajoute : « Tous deux sont nécessaires... » [5], mais son introduction toute entière est une polémique contre le dictionnaire alphabétique, dans lequel « l'*enfant* est mis entre le *fromage* et le *charbon* » (das "Kind" zwischen dem "Käse" und der "Kohle"). En effet, on a commencé à lutter systématiquement contre le dictionnaire alphabétique dès les années 20, l'accusant de décomposer le système organique du vocabulaire. Des jugements tout aussi sévères ont été portés contre la sémasiologie qui s'occupe, elle aussi, du mot isolé. L'*Essai de Sémantique* de Bréal, Paris, 1899, qui a fait école, se verra qualifié par Dornseiff de "modeste compilation" (Dornseiff, ib. 17). Ceux qui l'ont « considéré comme un des monuments de la science française », poursuit Dornseiff, « ne l'ont fait que par ignorance ou par exaltation nationale » (termes repris dans l'édition remaniée de 1957).

En 1919, Vossler oppose à la sémasiologie l'onomasiologie qu'il considère comme l'un des plus grands progrès de la linguistique [6], puis, en 1927, Leo Weisgerber surenchérit : « La sémasiologie est-elle une erreur de la linguistique ? » (titre d'un article qui est tout un

4. Nous distinguons entre *sémasiologie* "science des significations" et *sémantique* "science du contenu du langage" (sens plus général englobant l'onomasiologie et la sémasiologie).

5. Franz DORNSEIFF, *Der Deutsche Wortschatz nach Sachgruppen*, 2e éd. 1940, *Introduction*, p. 25.

6. Karl VOSSLER, *Französische Philologie*, dans Wissenschaftliche Forschungsberichte I., Gotha 1919, 43, citation complète dans DORNSEIFF, ib. p. 20.

programme) [7]. Voici ce que nous y lisons : « Il est à jamais exclu de saisir le sens des expressions, le changement, la transformation et l'évolution du contenu linguistique au moyen de la sémasiologie. Bien au contraire, la sémasiologie, qui se présente comme une discipline, n'est en fait qu'un obstacle. Elle est en effet une erreur, un dernier résidu d'une conception linguistique périmée. Tout postulat scientifique lui fait défaut » (ib. 174). Ecoutons enfin Dornseiff, une fois encore, affirmer en 1934 :

> « Avec la sémasiologie, la linguistique ne dépasse pas le stade du verbalisme de l'aristotélisme médiéval. L'évolution moderne des sciences naturelles, de la Renaissance à notre époque réaliste, des idées académiques péripatéticiennes et des entéléchies aux recherches causales et génético-biologiques de la réalité libérée des postulats antérieurs – de tout cela, on n'a moins tenu compte en linguistique que dans toute autre science. En ce qui concerne la linguistique, Bacon a vécu en vain... » (ib., p. 20).

Malgré cette attaque – et bien d'autres encore – la *sémasiologie* n'est pas morte, loin de là !

L'*onomasiologie* s'est imposée plus facilement : Bruno Quadri nous a démontré son développement, preuves à l'appui, dans un excellent exposé [8]. Toujours est-il que Leo Weisgerber, dans le travail précédemment cité, s'en prenait non seulement à la sémasiologie mais aussi à l'onomasiologie, et cela en faveur d'une *science des concepts* [9]. L'onomasiologie, selon lui, tente de lier directement l'objet et le nom, omettant ainsi les contenus linguistiques, les concepts (Germanisch-Romanische Monatsschrift 15, 178). Et deux élèves de Weisgerber, Gipper et Schwarz, ont publié entre-temps les premiers fascicules d'un Manuel de l'Ecole de Weisgerber : *Bibliographisches Handbuch zur Sprachinhaltsforschung* [10]. La préface prend position tant contre la sémasiologie que contre l'onomasiologie :

> « Ce but [l'analyse des contenus du langage] n'est pourtant

7. Leo WEISGERBER, *Die Bedeutungslehre – ein Irrweg der Sprachwissenschaft ?* dans Germ.-rom. Monatsschrift (= GRM) 15, 1927, 161-183.

8. Bruno QUADRI, *Aufgaben und Methoden der onomasiologischen Forschung. Eine entwicklungsgeschichtliche Darstellung*, Bern 1952 (Romanica Helvetica, 37).

9. Voir à ce sujet QUADRI, ib. 159 ss.

10. Helmut GIPPER und Hans SCHWARZ, *Bibliographisches Handbuch zur Sprachinhaltsforschung*. Teil I. Schrifttum zur Sprachinhaltsforschung in alphabetischer Folge nach Verfassern mit Besprechungen und Inhaltshinweisen, Band I = Buchstabe A-G, Köln und Opladen (Westdeutscher·Verlag), 1962-1972, CCVII + 1902 pp. [28 fasc. jusqu'à *Sav-* en 1983].

accessible ni par le chemin ordinaire de la science des significations (sémasiologie), ni par celui des désignations (onomasiologie)... tous les deux ne sont pas capables, en réalité, de saisir le contenu du langage ».

Ils attaquent d'ailleurs assez rudement mon petit aperçu sur la sémantique de 1957 [11], tout en conseillant sa lecture à cause de ses renvois bibliographiques [12] !

Ajoutons que vers 1930, Trier établit sa théorie du *champ* [13] qui produisit de fructueux résultats, mais provoqua aussi bien des malentendus. En 1957, Wandruszka a désigné la théorie du *champ* : un "échec brillant".

Cette esquisse rapide et très sommaire des principales phases de cette évolution nous montre des positions controversées de part et d'autre ; et il nous semble que le moment est venu de réfléchir à l'essence et aux buts des méthodes sémasiologique et onomasiologique. Ce ne sont pas les considérations théoriques qui me semblent décisives, mais les faits linguistiques. C'est donc vers eux que nous allons nous tourner. Choisissons, pour point de départ, un exemple concret, utilisé par Dornseiff lui-même contre la sémasiologie. Je cite :

> « Le grec *pónos*, le latin *labor*, le moyen haut-allemand *arebeit*, par exemple, signifient tout d'abord une peine (tourment, fatigue), une douleur, plus tard un effort dirigé vers un certain but. Le sémanticien relèvera une amélioration de la signification, et conclura si possible à un progrès éthique de ce genre : Ah ! Ah ! le plaintif primitif s'est transformé en travailleur (Dornseiff renvoie à Lazarus Geiger, *Ursprung und Entwicklung der menschlichen Sprache und Vernunft*, II, Stuttgart 1872, p. 191 ss.). Celui qui tire cette conclusion affirme en même temps que les hommes bons rendent également le vocabulaire meilleur. Mais, en réalité, les hommes prononcent des mots quand ils veulent exprimer une idée, et dans cette situation, ils doivent utiliser les mots qui existent. Quand les hommes voulurent exprimer et faire comprendre pour la première fois qu'une activité consciente les

---

11. Titre de l'original allemand : *Die Semasiologie. Versuch eines Überblicks* (= Vorträge und Schriften der Deutschen Akademie der Wissenschaften zu Berlin, Heft 61), Berlin (Akademie Verlag) 1957 [traduction espagnole de Graciela García MONTAÑO DE GARDELLA, *La Semasiología. Ensayo de un cuadro de conjunto* (= Instituto de Filología Moderna, Cuaderno 1), Rosario (Universidad Nacional del Litoral, Facultad de Filosofía y Letras), 1964, 55 pp.

12. En réalité, je ne me sépare pas de l'école de WEISGERBER par autant de points fondamentaux. Je crois qu'il s'agit plutôt de malentendus.

13. Voir Bruno QUADRI, ib. 149 ss.

> fatiguait, ils eurent alors recours à l'une des désignations usuelles de la douleur. La notion "douleur avec index" (= travail) fut comprise et s'implanta. Mais cet acte créateur montre l'homme à un assez bas niveau de l'éthique du travail. Celui qui considère le changement de signification d'un mot constate une évolution dans le sens d'une éthique du travail. Celui qui considère le mode de désignation, constate que, partout, les hommes ont d'abord ressenti le travail comme une douleur » (*Der Deutsche Wortschatz nach Sachgruppen*, 2e éd., Introduction p. 19).

Dornseiff, en réalité, accuse la sémasiologie de ne pas donner des réponses à des questions que seule l'onomasiologie saurait donner. D'autre part, il faut dire qu'inversement, l'onomasiologie ne pourrait résoudre de meilleure façon les problèmes de la sémasiologie. Prenons, pour étudier les deux méthodes, l'exemple même de Dornseiff : les mots *trebalh, trebalhar* en ancien provençal (champ sémasiologique) et les dénominations du concept "travail" (champ onomasiologique).

2

Le champ des significations (champ sémasiologique)

(a) Anc. prov. *trebalh, trebalhar*

Examinons tout d'abord le champ sémasiologique des mots *trebalh* "travail", *trebalhar* "travailler" en ancien provençal. Un coup d'œil sur les deux œuvres fondamentales de Raynouard et de Levy nous suffit pour savoir que nous avons affaire à une *multiplicité* de significations ; et une étude plus poussée nous fait comprendre que ces diverses significations ne sont pas sans rapports entre elles. Elles se regroupent autour d'un *noyau de signification* : "peine, tourment". On en déduit très rapidement qu'il s'agit d'une structure sémasiologique, d'un **champ de significations**. Levy réunit, en effet, une trentaine de témoignages de *trebalh* et les classe sous 14 définitions différentes :

Les significations de l'ancien provençal *trebalh*
(ordre d'après Levy)

1) "supplice, torture". Levy ne donne qu'un seul passage, avec point d'interrogation. Jeanroy traduit correctement, à notre avis, par "souci" (nous avons donc affaire à la signification 3).

2) "tourment, misère, fatigue" : « auem establit per lo profiit dous todz e... per esquiuar grans *tribailhs* e *mortz* e *dampnadges*, que... » (Bayonne, 1275) « nous avons ordonné, pour éviter grande misère, mort et malheur (dommage), que... » Attesté très fréquemment.

3) "peine, souci, affliction, chagrin" (affaiblissement sémantique difficile à distinguer de la signification 2) : « chens auer regoart... aus *tribailhs* et *vexations* que lodit supplicant donne a le ciutat » (Bayonne, 1517) « sans tenir compte... des peines et des inconvénients que cause à la ville le solliciteur en question ». Attesté très fréquemment.

4) "douleurs de l'enfantement" : « Verges humils, aysi cum sens *trebalh* vos enfantetz » Joyas « Vierges humbles, ainsi que vous enfan-

tez sans douleurs... » De même le verbe *trebalhar* : « A femna quant *trebalha de enfan* que no pot enfantar... » (Recette pour une femme qui a des douleurs sans pouvoir enfanter, dans un traité de médecine vers 1441). Attesté aussi en ancien français.

5) *trebal de la mar* "mal de mer" : « La dona es greujada per lo *trebal de la mar* ». « La femme est atteinte du mal de mer ». Attestation unique. Levy prend aussi en considération la signification 9.

6) "effort militaire, combat" : « Recomensa la *guerra* el *trebalhs* el *chapliers* » (Toulouse, XIIIe siècle), « guerre, combat et massacre recommencent ». Attesté fréquemment.

7) "controverse juridique, procès" : « cum *contente* e *tribalh* fosse enter na R. bescomps et l'affar d'Orte de une part, et los ciutadantz et lo commun d'Ax de l'autre » (Dax, vers 1480) « s'il s'élevait dispute et controverse juridique entre... » Attesté fréquemment dans les documents juridiques.

8) "querelle, tapage, tumulte" : « avian contrast plenier li frayre de Lerins denfra lo monestier, car volian elegir lur aministrador e menavan antr'ellz e *trebayll* e *cridor* » (prov., vers 1300) « les moines de Lérins avaient grande querelle entre eux, car ils voulaient élire leur intendant et il se fit parmi eux un grand tapage (tumulte) et de hauts cris furent poussés ». Attestation unique.

9) "agitation (de la mer)" : « La mar, que esson luoc esta fera, e tal *trebalh* fa e tal *guerra*... » (Evangile du XIVe siècle). « La mer, qui est souvent déchaînée à cet endroit, est si agitée et si remuée... » (littéralement : "fait tel bruit de combat et bataille..."). Attestation unique.

10) "bruit, chant (des oiseaux)" : « non aug d'auzelhs [lo] *trebalh* » (B. de Venzac) « je n'entends pas le bruit (chant) des oiseaux ». Emploi métaphorique de la signification 6. Attestation unique.

11) "travail" : « *trebailhz* .i. labor » (Donat prov.) ; « per lo *trabal* del ostal... g. iij. » (Doc. ; « pro labore hospicii » ; ce sont les frais de cuisine et de service). La définition donnée par Levy n'exprime pas l'élément affectif.

12) "peine (que l'on se donne)" : « per lo *trebalh*, so que vos playra » « Pour la peine, ce qui vous paraît raisonnable (comme indemnisation) ». Affaiblissement de la signification 11.

13) "paiement pour une peine que l'on se donne" : « desduth lo *trebalh* del governador » (Rodez, 1392) « déduit le dédommagement pour... ».

14) "salaire (?)" : « los deutors agen terme entro a Sent-Johan, exceptat de logueys de hostaus, de *tribalh*, de cens e rendas » (Bordeaux, 1409) « les débiteurs auront un délai de paiement jusqu'à la Saint-Jean, loyers, salaires, cens et impôts exceptés ». La signification

donnée par Levy avec ? paraît se justifier par l'attestation fréquente de *salari et trebalh*. La différence entre 13 et 14 n'est que graduelle.

L'ordre des significations chez Levy demanderait, soit dit en passant, quelques rectifications.

L'établissement des champs sémasiologiques est la tâche centrale de tout lexique alphabétique et synchronique. C'est, au fond, une vérité banale qui, comme bien des vérités banales, est volontiers négligée, du moins dans ses conséquences. Depuis des années, nous rassemblons systématiquement toutes les attestations de l'ancien gascon *trebalh, trebalhar*, pour notre dictionnaire de l'ancien gascon actuellement en voie de publication. Nous avons déjà récolté plus de 1 500 attestations (fr. régional inclus) qui confirment, en somme, l'ordre de significations établi par Levy sur la base d'une trentaine d'attestations ; mais notre matériel, infiniment plus ample, nous permet en outre de distinguer les applications et les significations courantes des significations sporadiques dues en partie à un souci d'ordre stylistique. Seul le *contexte* nous permet de choisir l'une de ces 14 significations ; le contexte joue donc un rôle capital.

Le dictionnaire peut remplacer un contexte par une *définition*. Mais – et j'aimerais insister sur ce point – même le contexte ne suffit pas toujours, quand on a affaire à un texte historique, car notre sens moderne de la langue nous incline à intervenir dans notre interprétation de ces textes historiques. C'est ainsi que, dans la phrase suivante, extraite des *Etablissements de Bayonne*, 317 (1336), nous sommes portés à traduire tout simplement *tribailh* par "travail" :

« *Tout medge... prenen son salari..., segon son tribailh* ».
(« Tout médecin reçoit son salaire selon son travail »).

Il n'y a pas l'ombre d'un doute que Levy aurait rangé cette attestation sous le n° 11 "travail". En effet, elle signifie bien "travail", mais avec cet élément additionnel *x*, qui ne ressort ni du contexte ni de la définition de Levy. Et cet élément *x* nous le reconnaissons seulement si nous examinons les attestations du n° 11 "travail" dans leurs rapports avec la structure totale du champ sémasiologique de l'ancien provençal *trebalh*, et surtout dans leurs rapports avec le centre sémantique "peine, tourment". Seule la connaissance de la structure sémasiologique nous dévoile, immédiatement, un élément affectif complémentaire. Nous ne devons donc pas traduire par "travail", pris dans son sens moderne et objectif, mais par exemple par :

« Tout médecin reçoit son salaire selon sa *peine* ».

En effet, *peine*, ancien provençal *pena*, se trouve souvent combiné avec *travail* en moyen français, et la combinaison *pena et trebalh* est attestée si souvent en ancien provençal que l'on peut parler d'une tournure stéréotypée [14].

Cet exemple nous apprend deux choses : d'abord que la connaissance de la structure du champ sémasiologique est d'une grande importance pour l'interprétation de tout contexte. C'est l'unique moyen de démasquer des faux-amis, c'est-à-dire des mots qui nous sont aujourd'hui familiers et que nous accueillons avec plaisir quand nous les trouvons dans un texte historique, mais que nous interprétons mal, car ils ont, pour ainsi dire, changé d'âme au cours du temps.

Deuxièmement, cet exemple nous renvoie au problème des mots combinés dans le même contexte. J'ai préféré, intentionnellement, les attestations "combinées" pour illustrer les 14 significations distinguées par Levy. Les mots combinés avec *trebalh* ne sont pas synonymes, il est vrai – il n'y a pas de synonymes au sens strict du mot [voir ci-dessus II 5] – mais ils rattachent le mot qui nous intéresse à tel champ sémasiologique.

Prenons, par exemple, la signification n° 6 "combat, lutte" :

> Recomensa la *guerra el trebalhs el chapliers* (XIIIe siècle, Toulouse, Crois. 8386).

Trebalh est encadré par *guerra* "guerre" et *chapliers* "carnages, massacres". L'examen de cette attestation nous fait aborder un autre problème encore : la signification spécifique nous est donnée par l'emploi du mot avec la signification de "peine", de "tourment" dans une situation spécifique ; en d'autres mots, "peine, tourment" deviennent, dans les milieux guerriers, "lutte, combat" (définition n° 6). L'emploi du même mot, avec le même noyau de signification "peine, tourment", dans une tout autre situation spécifique, nous donne la signification "douleurs de l'enfantement" (définition n° 4). La signification générale, la base, se voit donc limitée ou resserrée par l'utilisation du mot dans une situation très précise. L'emploi du mot dans une situation précise conditionne une signification nouvelle, ce qui exige, dans le dictionnaire, une nouvelle définition. Cette limitation de la signification, due à l'emploi du mot dans une situation particulière, correspond au fait connu du rétrécissement de la signification lors du passage d'un mot de la langue commune à une langue de métier ou à

14. Voir notre article *Vom Affektwort zum Normalwort, Das Bedeutungsfeld von agask. trebalh "Plage ; Arbeit"*, dans Etymologica, Walther von Wartburg zum 70. Geburtstag, Max Niemeyer Verlag, Tübingen 1958, 59-93.

une terminologie spéciale. Nous saisissons ici le fonctionnement de la langue sur le vif. Si nous nous servons d'un mot dans une situation particulière (ce qui est très fréquent), ce mot acquiert par là même une nuance qui dérive de la situation. S'agit-il alors d'une nuance stylistique ou d'une nouvelle signification ? Il n'y a, en effet, pas de limite précise. Autrement dit, la différence entre une nuance stylistique et une nouvelle signification est une affaire de degré et non de principe [15].

Il y aurait encore beaucoup à dire de la structure sémantique d'un mot – on pourrait, par exemple, en déduire des résultats concernant la stylistique – mais une chose est acquise : c'est que nous avons affaire à une **structure sémasiologique**, à un champ sémasiologique. Ce n'est pas par hasard que Pierre Guiraud affirme, justement à propos de la stylistique : « Tout mot est formé d'un noyau sémantique plus ou moins dense ou plus ou moins volumineux entouré d'un halo d'associations affectives ou sociales secondaires » (*La Sémantique*, Paris 1955, 112). La signification particulière est incorporée organiquement dans le champ de signification. La structure de ce champ ne peut s'établir qu'après une étude approfondie d'un grand nombre de contextes. J'ai retenu les résultats de mon étude des significations de *trebalh* dans le schéma suivant (v. p. 233).

(b) Fr. *travail*

Si nous comparons cette coupe synchronique à une coupe correspondante en ancien français, nous constatons alors le même noyau, mais bien des différences en ce qui concerne l'emploi spécifique, c'est-à-dire les significations secondaires. Ces significations secondaires peuvent spontanément et à tout moment naître de l'emploi du mot dans une situation particulière, je le répète. Il y a cependant un secteur qui sera d'une importance décisive pour le développement futur, mais qui, en ancien français ne s'esquisse que faiblement, c'est-à-dire la signification "peine en vue d'un travail rémunéré" (devenu notre sens actuel) [16]. C'est là qu'intervient la tâche de la géographie linguistique.

15. Cp. E. Coseriu : « Ce qu'on appelle "polysémie" n'est souvent que la série des variantes déterminées par les contextes » (Actes Ier Congrès International de Linguistique appliquée, Nancy 1966, 204).

16. Déjà dans l'une des premières versions du *Psautier d'Oxford* on trouve :

« Si nostre Sire ne edifiered la maisun, en vain *travaillerent* chi edifient li » (traduit du latin : *in vanuum laboraverunt*),

mais il manque l'idée du travail (rémunéré), attestée dans les documents d'ancien provençal ; *travailler* exprime seulement "effort fait dans un but". Voir aussi, à ce sujet, Guido Keel, *Laborare und operari. Verwendungs- und Bedeutungsgeschichte zweier Verben für "arbeiten" im Lateinischen und Galloromanischen*, Thèse Lettres, Bern 1932 [paru en 1942], 87 ; « Le verbe

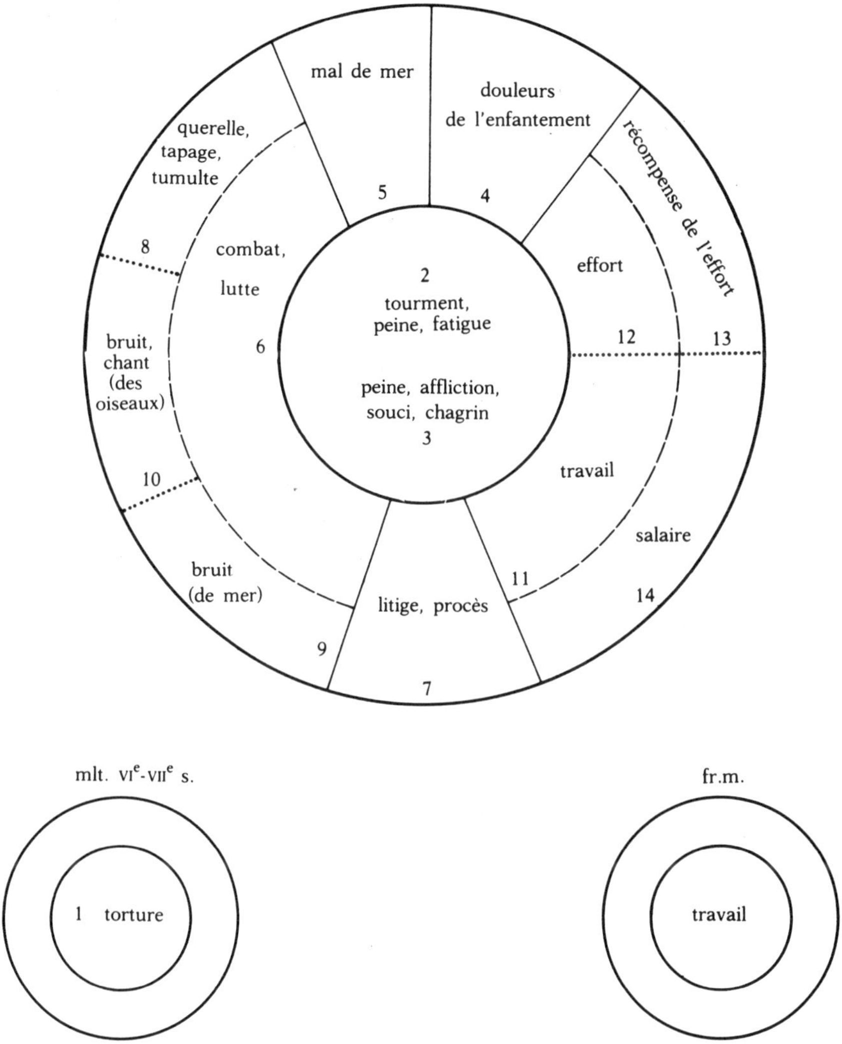

Fig. 43 **Champ sémasiologique** de l'ancien provençal *trebalh*

travailler... s'imposa dans la langue littéraire comme terme commun et général pour exprimer l'idée de "travailler" seulement plus tard, c'est-à-dire au début de l'époque classique du français moderne » (ib. p. 120). KEEL prétend, il est vrai, que la signification moderne apparaît pour la première fois dans le *Roman de la Rose*, mais un contrôle des nombreux passages nous a convaincu qu'il s'agit toujours du sens ancien de "tourmenter, faire souffrir".

Elle doit nous indiquer si, quand et dans quelles situations historiques et culturelles, cet emploi spécifique et couramment attesté dans le Midi depuis le XIIIe siècle, a atteint le Nord et s'est inséré dans la structure sémasiologique du français *travail* (ou montrer, au contraire, qu'il s'agit d'une évolution sémasiologique indépendante) [17].

Cela nous a fait quitter le côté synchronique et nous a amené à la question de l'évolution du champ sémasiologique. Une coupe à travers la structure moderne du français *travail, travailler* nous présente une image totalement changée. La signification "peine en vue d'un travail rémunéré" a passé de la périphérie du champ au centre ; *travail* a perdu son affectivité au cours de ce processus, parce qu'il ne peut plus se rapporter au centre affectif "peine, tourment". Une nouvelle structure sémasiologique se forme autour du nouveau centre "travail", tel qu'il est donné dans les dictionnaires français modernes, pour autant qu'ils suivent réellement le sentiment linguistique synchronique d'aujourd'hui, et non le sentiment linguistique historico-étymologique. Certains vestiges de l'ancien champ sémasiologique ont subsisté – comme c'est souvent le cas dans la vie très compliquée de la langue – dans certains cas stylistiques et dans certaines terminologies techniques.

D'un mot comme *muer*, on n'a plus aujourd'hui que trois vestiges (aux sens de "changer de voix", "perdre son poil, faire peau neuve" et "perdre sa ramure"). Ces vestiges n'ont plus de lien entre eux, de nos jours, parce que le centre sémantique "transformer" (latin *mutare*) a disparu et a été remplacé par *changer*. *Muer* n'a pas créé de nouveau centre. Il n'y a donc plus de structure cohérente. Ce qui nous reste, ce sont des débris isolés. *Travailler*, au contraire, a créé un nouveau centre sémantique : c'est *travailler* "arbeiten". Mais alors, qu'est-ce qu'il se passe avec les vestiges du champ sémasiologique ancien ? Ils s'orientent vers le nouveau centre [18]. Leur motivation change : il y a donc une sorte d'étymologie populaire. Ainsi trouve-t-on aujourd'hui – dans le Larousse de 1949 – des phrases comme *la fièvre le travaille* "le tourmente", ou *travailler un cheval* "le fatiguer", comme faisant

17. Entretemps, en effet, Barbara von GEMMINGEN-OBSTFELDER, *Semantische Studien zum Wortfeld "Arbeit" im Französischen* (Tübinger Beiträge zur Linguistik, 35), Tübingen 1973 (spécialement 104 ss.) a trouvé des attestations nouvelles et intéressantes pour *travail* en ancien français : vers 1150 dans les Lois de Guillaume 32 (la date XIe siècle est à corriger) et la formule *peine et travail* pour un travail rémunéré à partir du milieu du XIIIe siècle. – Voir aussi Růžena OSTRÁ, *Structure onomasiologique du travail en français, Etude diachronique d'un champ conceptuel*, Brno 1974, 127 pp. (spécialement 46 ss.).

18. J'ai appelé ce processus « changement sémantique parallèle » dans mon article *A propos de l'influence de la langue sur la pensée, Etymologie populaire et changement sémantique parallèle*, RLiR 37, 1973, 241-273 (spécialement 268 ss.).

suite à la signification "travailler". C'est indubitablement conforme au sens de la langue d'aujourd'hui qui, historiquement et linguistiquement, n'est pas déformée. Les Français actuels interpréteront *travailler un cheval* "le fatiguer" dans le sens de le faire trop travailler, l'exténuer à force de travail. En réalité, nous avons là un reste, conservé dans la terminologie technique, de l'ancien champ de radiation de "tourmenter". Dans le Larousse de 1933, cette signification est précédée – l'ordre des significations est significatif ! – par un premier sens : *travailler un cheval* "l'exercer, le manier". Historiquement, la première signification dérive de la seconde ; aujourd'hui, on fait dériver la seconde de la première. On a donc affaire à un rapport inversé. Les Français d'aujourd'hui se représenteront de même, en entendant la phrase *la fièvre le travaille*, que la fièvre "agit sur lui". Les débris du champ ancien s'orientent donc vers le nouveau centre sémasiologique et changent de motivation.

Nos considérations préalables mettent en évidence les vues essentielles de la sémasiologie ainsi que ses tâches les plus urgentes. Tout d'abord, la *sémasiologie* n'a pas un caractère linéaire individuel ; elle traite d'une *structure*, de la structure sémasiologique précisément, qui, selon les cas, peut être très compliquée ou très simple. Elle confirme entièrement la théorie qui, depuis Saussure, fait de plus en plus autorité : que l'on doit approfondir l'étude des rapports structurels de la langue. En même temps, la sémasiologie s'incorpore dans le système d'axe synchronique-diachronique de Saussure : le point de départ est toujours l'approfondissement de l'étude de la structure synchronique ou, plus précisément, *des* structures synchroniques qui diffèrent selon les époques et les lieux.

Seul l'approfondissement de la structure sémasiologique permet une interprétation sûre des textes. Rappelons : au mot de base avec sa signification centrale s'ajoute une nuance spéciale selon la situation dans laquelle on l'emploie ou, si l'on préfère, une signification plus ou moins éloignée du noyau de signification. Quand je dis que cela dépend de la *situation*, je veux dire en même temps que cela dépend du *milieu*, de la situation sociale ou du métier de celui qui s'exprime.

Notre tâche consiste à essayer de déterminer dans quelle sorte de style, dans quelle couche sociale ou dans quel métier naît une nouvelle signification, et à quels facteurs historiques et culturels elle est liée. De là nous passons donc directement du problème synchronique au problème diachronique, c'est-à-dire à la seconde tâche principale de la sémasiologie : l'étude de la modification de la structure sémasiologique – dans le cas de *travail* : le passage du champ qui a pour centre "peine, tourment" au champ dont le centre est "travail". Le développement s'accomplit d'abord dans certaines couches sociales et artisanales. Seule la méthode sémasiologique permet, sur la base d'un grand nombre de contextes, d'étudier d'une façon approfondie les généralisations de la signification spécifique, c'est-à-dire le passage de la périphérie au centre, donc la modification structurale sémasiologique [19].

On ne peut donc nullement parler de la sémasiologie comme d'une « fausse route, d'un dernier prolongement d'une conception linguistique périmée », ni dire qu'elle reste « encore liée au verbalisme aristotélicien du moyen âge », ainsi qu'ont voulu nous le faire croire Weisgerber et Dornseiff.

Mais dès que nous examinons le passage de l'ancien centre sémasiologique au nouveau centre sémasiologique ou, pour nous exprimer d'une manière plus concrète, le passage de l'ancienne signification centrale "tourmenter, peiner" à la nouvelle signification centrale "travailler", nous abordons un nouveau problème que nous n'avons pas traité jusque-là, problème qui consiste à savoir *si* et de quelle façon ce développement de la signification **a modifié ou ébranlé le système lexicologique**. Qu'a-t-on dit, autrefois, pour "travailler" et que dit-on, aujourd'hui, pour exprimer l'idée contenue dans "tourmenter, peiner" ? Ce ne sont plus les significations que nous interrogeons, mais les désignations, et nous nous dirigeons vers des considérations du même problème du point de vue *onomasiologique*.

19. Nos réflexions coïncident d'ailleurs avec celles de P. GUIRAUD ; voir sa *Sémantique*, 1955, 30 ss. Il distingue 4 types d'associations : *sens de base* (voir plus haut, notre *noyau sémasiologique*) et *sens contextuel*, sur le plan sémasiologique ; *valeur socio-contextuelle* et *valeur expressive* sur le plan stylistique. « Selon les individus et les circonstances, il se produit à l'intérieur du mot des échanges constants entre ces diverses associations. La fonction des trois associations subsidiaires est de préciser et de colorer le sens de base, mais elles peuvent, en se développant, le déformer, l'étouffer ou même se substituer complètement à lui ; ceci est le problème des glissements de sens », ib. p. 31 (voir aussi 26 ss. et 61 ss.).

3

Le champ des désignations (champ onomasiologique)

Alors qu'il est facile de reconnaître le champ sémasiologique de l'ancien provençal *trebalh, trebalhar* – du moins sa structure élémentaire (il suffit, en effet, pour s'en faire une première idée, d'ouvrir le dictionnaire de Levy) – il est très difficile d'obtenir une image claire de la structure onomasiologique. Ce qui manque, c'est un dictionnaire d'ancien provençal – de même qu'un dictionnaire d'ancien français – basé sur l'onomasiologie. En Belgique est en préparation un dictionnaire onomasiologique de l'ancien français (cf. RLiR 21, 1957, 330 ; actuellement sous forme de monographies onomasiologiques à Liège) [20], et, à Heidelberg, nous travaillons à un dictionnaire onomasiologique de l'ancien provençal [21]. Pour le moment, il faut encore lire les huit volumes de Levy et les cinq volumes de Raynouard pour se faire une idée du champ onomasiologique en ancien provençal. Eh bien, nous l'avons fait et nous avons trouvé sept ou huit désignations différentes pour "travailler" : à côté de *trebalhar*, on a également *obrar, laborar, manobrar, besonhar, brasseyar, afanar* [22].

---

20. De ce projet a paru : A. GRISAY, G. LAVIS, M. DUBOIS-STASSE, *Les dénominations de la femme dans les anciens textes littéraires français*, Gembloux (Duculot) 1969 (Introduction p. IX ss. sur l'état du projet).

21. Kurt BALDINGER, *Dictionnaire onomasiologique de l'ancien gascon* [DAG], Tübingen (Niemeyer) 1975 ss. [ont paru 5 fasc. jusqu'en 1983] ; *Dictionnaire onomasiologique de l'ancien occitan* [DAO ; ont paru 3 fasc. jusqu'en 1983] ; Supplément [DAO Suppl], Fasc. 1, Tübingen 1980 [contient des attestations qui manquent dans Raynouard et Levy].

22. Levy traduit aussi l'ancien provençal *manejar*, chez Guiraut de Bornelh, par "behandeln, bearbeiten", quoique le passage (G. de BORNELH, p. p. A. KOLSEN 1, 1910, 424) montre clairement que *manejar*, dans cet emploi isolé et figuré, n'a rien à voir avec notre champ de désignations. Aussi cette signification ne figure-t-elle plus dans le *Petit dictionnaire provençal-français* de LEVY. L'ancien provençal *vacar* "avoir du temps pour faire quelque chose, s'occuper à quelque chose" (le FEW définit "être occupé, travailler", 14, 95a) se rapproche davantage de notre champ. Et,

Les désignations du concept "travailler" en ancien provençal

1. *obrar* : « que no isquen de le biele per *hobrar* aulhor, sober peie de... » (Bayonne, 1306) : « car il ne leur est pas permis de sortir de la ville pour travailler ailleurs, sous peine de... » Référence surtout au travail manuel.

2. *laborar, laorar, laurar* : « Dreitz ditz : Qu'om *labor* et aura ricor e be » (P. Cardenal) – Raynouard traduit « Justice dit : Que l'homme travaille, et il aura puissance et bien » (voir aussi l'édition R. Lavaud, XLVI, vv. 31-32, p. 280-281). La majorité des citations se réfère au travail rural.

3. *trebalhar* : « biuer en bone uite e *tribailhar* e gadeinhar lor pan » (Bayonne, 1136) « mener une bonne vie, travailler et gagner son pain ». Avec une valeur affective.

4. *afanar* : « Lo jorn per *afanar*, la nuegz per pauzamens » (P. de Corbiac) « Le jour pour travailler, la nuit pour le repos ». Y a-t-il une valeur affective ? Raynouard traduit "fatiguer". Cf. de plus, dans Levy, *afanier* "travailleur", *gen d'afan* "travailleurs".

5. *manobrar* : « ayan a obrar e a *manobrar* tot lo jorn » (Gironde, 1336) : « qu'ils aient tout le jour pour travailler et rendre service » (en général, service féodal ou travail dans la construction).

6. *brasseyar* : « A II frays, l'un va *brasseyan* » (Béarn, XIVe siècle) : « il a deux frères, dont l'un travaille ». Au sens propre "travailler avec les bras" ; cf. « viven de lor brasse » ("ils vivent du travail de leurs bras").

7. *besonhar* : « Johan... *besonhant* a Pau » (ancien béarnais). Affectif à l'origine. En ancien provençal, il est attesté (et fréquemment) seulement à partir de 1480 ; il s'agit probablement d'un emprunt fait au moyen français.

En ce qui concerne *trebalh, trebalhar*, nous avons vu que *trebalhar* pouvait signifier en effet "travailler" déjà en ancien provençal, mais qu'en même temps il n'était pas encore le mot normal, objectif, pour "travailler", c'est-à-dire qu'il soulignait en plus la peine s'ajoutant au travail d'une façon affective. C'était une signification marginale du champ sémasiologique de *trebalhar* "tourmenter". Cette place sémasiologique détermine en même temps la place qu'occupe "travailler" dans le champ onomasiologique et, qui plus est, *cette détermination sémasiologique est la condition de la détermination onomasiologique*. Autrement dit : pour préciser les rapports réciproques des sept verbes désignant le concept de "travailler" (disons encore : pour être capable de reconnaître leur structure onomasiologique), il est nécessaire de

---

surtout, il faut inclure, dans le champ onomasiologique de "travailler", l'ancien provençal *maltrach* m. "effort, peine, travail, rémunération obtenue par un travail" (ce qui correspond parfaitement au champ sémasiologique de *trebalh*). *Maltrach* se trouve souvent dans les documents de Limoux (Languedoc). Aux attestations relevées par Levy ajoutons encore les suivantes : « Item can le sestier del froment costa de comprar .ii. sols, et hom dona azaquel o ad aquela que'l vol pastar per far pa vendal, .ii. sols per so *maltrayt* et per so guazanh » (environ 1300, *Les Manuscrits consulaires de Limoux*, 222) ; « Item can le sestier del froment costa .iij. sols, hom dona *entre gazanh e maltrayt* .ij. sols » (ib. et souvent) ; également, mais plus rare : *entre maltrayt e guasanh* ; et aussi dans les mêmes documents de Limoux, *trebalh* : « enclus lo *trebalh* de .ij. sols que hom dona » (1459, ib. 226). L'éditeur commente, à la page 221 : « Tant pour son travail (*maltrayt* = sa peine) que pour son profit ».

déterminer, pour chaque verbe, la place sémasiologique de la signification "travailler" dans la totalité de chaque champ sémasiologique. Nous ne le ferons pas ici – nous en avons expliqué le principe dans le cas de *trebalh*. Je me limite donc à caractériser sommairement la structure sémasiologique toute différente de l'ancien provençal *obrar* d'après les significations qu'en donne Levy :

Fig. 44

obrar en ancien provençal

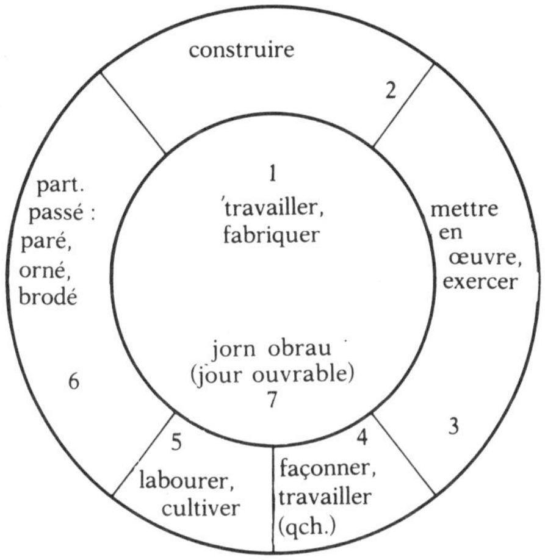

ouvrer en français moderne

eaux et forêts

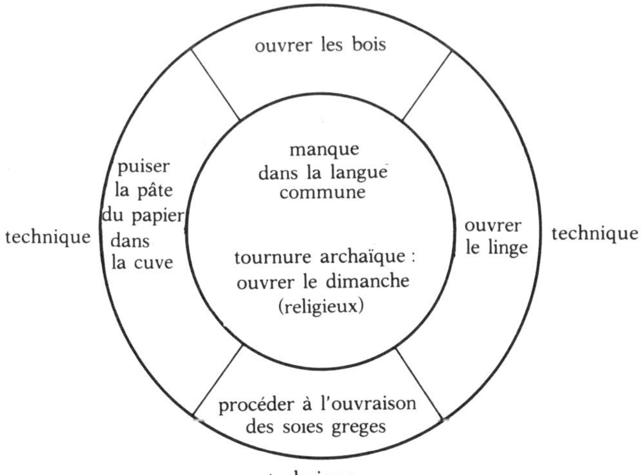

technique

Champs sémasiologiques de l'ancien provençal *obrar* et du français moderne *ouvrer*

Dans le cas présent, la signification "travailler, produire, fabriquer" se trouve au centre du champ. Depuis Pline, en effet, *operari* avait pris le sens de "travailler, œuvrer", surtout à propos des travaux manuels et du commerce, comme, par exemple, le ciselage et le tissage, voir FEW 7, 368 [23]. Les significations "orner, garnir, construire, ouvrager, etc.", qui se meuvent autour du centre, s'expliquent par l'emploi du verbe avec sa signification centrale, dans telle situation ou tel milieu. Nous disions tout à l'heure que la place sémasiologique déterminait en même temps la place onomasiologique. Dans notre cas, nous trouvons

Fig. 45

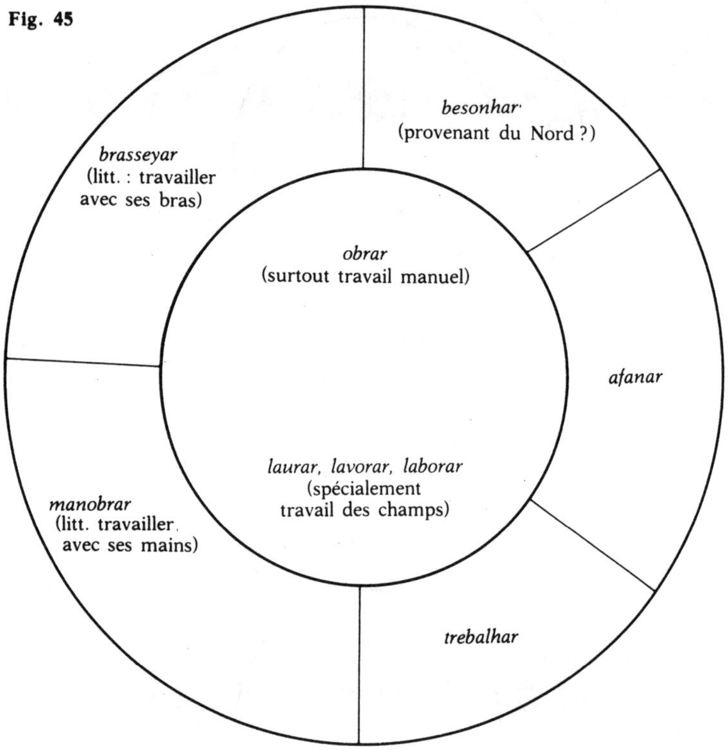

Champ onomasiologique de "travailler" en ancien provençal

23. « *Operari*, contrairement à *laborare*, possède dès le début le sens de "travailler" », KEEL, *Laborare und operari*, p. 31 (voir aussi p. 52 : « *Operari* au sens de "travailler" appartenait surtout à la sphère urbaine, c'est-à-dire à la langue de la population citadine travaillant dans l'industrie et le commerce. Il y fut utilisé par tout le monde avec le sens de "travail quotidien", puis transitivement et intransitivement, surtout pour l'"occupation artisanale", dans quelques branches spécialisées de l'industrie comme le tissage, la sculpture et la ferronnerie d'art. Même le type agricole représente un urbanisme ou un hellénisme à peine usuel chez les paysans »).

la signification "travailler" dans le centre sémasiologique ; nous retrouverons donc aussi *obrar*, avec cette signification, au centre du champ onomasiologique. Une analyse du champ onomasiologique des sept désignations de "travailler" nous permet de reconnaître une structure onomasiologique assez semblable à la structure sémasiologique que nous connaissons déjà, avec un centre et des éléments situés autour de ce centre ; seulement, cette fois-ci, ce sont des éléments lexicaux, c'est-à-dire que les éléments de base ne sont plus des significations mais des désignations.

Notre analyse nous fait découvrir, ainsi qu'on peut s'en rendre compte par le schéma de la page 240, qu'au centre il y a à la fois deux verbes : *obrar* et *laborar*. Il n'y a pas de synonymes absolus, il est vrai, et le texte nous indique, en effet, que les sphères des deux verbes se croisent à vrai dire souvent, mais que *obrar* désigne plutôt le travail des artisans, et *laborar* plutôt celui des paysans [24]. Les mots situés autour du centre peuvent être classés en deux groupes. Le premier groupe, avec *trebalhar* [25], *afanar* [26] et peut-être encore *bezonhar* [27], ajoute à la

---

24. *Laborare*, qui, en italien, est devenu le mot normal pour *travailler*, a parcouru le même chemin plus tôt, passant de la signification périphérique affective à la signification centrale objective ; voir Guido KEEL, *Laborare und operari*, p. 3 ss. : « *Laborare* est construit sur le substantif *labor* qui lui-même vient de *labi*, avec le sens original de "déplacement physique qui exige un effort" (avec glissement, chancellement). Le contenu premier de ce verbe était donc le fait de se trouver dans la situation difficile designée par *labor* ; mais il fut bientôt employé au sens plus général de "supporter l'effort, se fatiguer, être harcelé"... », p. 6. Le latin médiéval *laborare* peut avoir la signification secondaire "combattre" de même que *trebalhar* en ancien provençal (ib. p. 10). *Laborare*, au sens de "travailler" (affectif) est attesté déjà chez PLAUTE, CATON et VARRON (ib. p. 19). Le verbe désignait tout d'abord, dans les basses classes populaires, l'occupation qu'on ressentait comme une "affliction" particulière. Il va de soi que cela concernait moins les travaux de la ville, l'artisanat et l'industrie (voir *operari*), que les travaux de la campagne – tant des hommes que des bêtes – qui fatiguent le corps tout entier. On constate donc ce fait que la majorité des attestations vulgaires de *laborare* au sens de "travailler" ont un caractère rural, p. 19 (voir aussi p. 60 pour l'influence de l'Eglise). Pour les rapports entre les formes *laurar, laorar, lavorar* et la forme *laborar*, forme d'emprunt, voir KEEL, 54 ss.

25. Un parallèle exact à l'ancienne phase de développement de **trepaliare* est le slave d'Eglise *maciti* "martyriser, supplicier, torturer", roumain *a munci* "travailler (durement)" ; voir KEEL, p. 20.

26. L'origine de **afannare* est peu claire, voir Vittore PISANI, *Relitti lessicali oscoumbri nelle lingue romanze*, dans Romanica (Mélanges Rohlfs) 1958, 377 ss. « Au sens de "travailler", et désignant les travaux de la campagne, on ne le connaît ni en Italie, ni dans la Péninsule Ibérique ; mais on le trouve avec le sens de "tourment, affliction"... L'origine de **afannare* n'est pas connue pour l'instant », FEW 24, 243 (voir en dernier lieu H. STIMM, Zeitschrift für fr. Sprache und Lit. 87, 1977, 180-182 : got. *AF-HANNAN). L'ancien provençal *afanar* signifie "fatiguer, chagriner, prendre peine" (Rn), de même que "gagner quelque chose à grand peine » Lv ; *afanier* "travailleur", *gen d'afan* "travailleurs, gens qui travaillent" (à côté de *afan* "peine, chagrin", *afanamen* "fatigue, peine", *sobrafan* "grand chagrin" Rn). La signification "se fatiguer à un travail pénible" est aussi attestée dans des dialectes, FEW 24, 241. Selon KEEL, op. cit., p. 19, **afannare* est « le parallèle le

signification "travailler" un moment affectif de "peine" ; le second groupe spécifie la signification centrale dans une direction objective précise. *Brasseyar* signifie "travailler de ses bras" [28], *manobrar* [29], à l'origine, "travailler de ses mains", puis surtout "travailler à une construction" ou "être de corvée", au sens du moyen âge, malgré la signification générale de "travailler" donnée par Levy. Ce double aspect des désignations qui entourent les mots normaux du centre nous rappelle les deux schémas que von Wartburg nous a donnés, en 1937, en traitant un autre sujet : le mot normal est entouré, d'une part, « par d'autres mots normaux, qui désignent des notions secondaires du

plus précis de *laborare* pour le changement de signification de "avoir de la peine" à "travailler, faire des travaux de campagne" ».

27. Selon GAMILLSCHEG, la racine directe de l'ancien français *besogne* et de l'ancien provençal *besogna* serait le francique **bisunnja*, au sens de "soins" ; dans ce cas, l'objectivation du concept aurait amené l'emploi médiéval de "nécessité, indigence". C'est de là que – de même que pour le latin *labor* – résulta le sens de "travail pénible" et, finalement, celui de "travail" tout court. C'est sur ce substantif – de nouveau comme dans le cas du latin *laborare* tiré de *labor* – que le verbe *besognier* aurait été construit à l'époque gallo-romaine prélittéraire, avec la signification première "être dans le besoin, la misère" ou "avoir besoin de soins", KEEL, op. cit., p. 119 (selon KEEL, également, le contenu original d'un état de "nécessité, tourment, peine, misère" a évolué jusqu'au sens de "travailler", ib.). Cette opinion est critiquée par WARTBURG, FEW 17, 282, note 24. *Besonhar* et *besonha*, au sens de "travailler, travail" et autres, ne sont attestés que tardivement en ancien provençal (ils manquent chez Lv ; Rn ne cite qu'un passage de la chronique des Albigeois qui n'a pas une grande valeur linguistique ; les attestations dans nos matériaux anciens gascons ne partent que de 1483 ; MEYERDOC. p. 637, attestation de 1607). Puisque, en moyen français, *besogne, besogner* est devenu le premier concurrent sérieux de *ouvrer* (voir KEEL, 119 ss.), il faudrait se demander s'il n'y a pas eu un rayonnement venu du nord de la France (la pression de la langue écrite du français du Nord sur le Sud se fait ressentir très fortement après 1450, voir A. BRUN, *Recherches historiques sur l'introduction du français dans les provinces du Midi*, Thèse Lettres, Paris 1923, XV + 505 p.). De ce fait, *besogner* ne serait pas seulement un parallèle sémantique de *travailler*, mais aussi sa réplique linguistique-géographique : *travailler* a été objectivé dans le Sud, et est monté peut-être dans le Nord [mais voir ci-dessus la note 17], *besogner* l'a été dans le Nord et descendit dans le Sud. Dans les deux cas, de soigneuses recherches sont nécessaires. La provenance du Nord de la France est confirmée maintenant par le FEW 17, 275 ss., de même que l'origine francique.

28. On ne rencontre *brasseyar* dans ce sens qu'en abéarn., et rarement attesté, de même que *brasse* s. f. "travail des bras" (*viven de lor brasse*, XIVe siècle, LESPY-RAYMOND) ; mais, bien plus répandu, *brassier* "manœuvre, celui qui travaille de ses bras, homme de peine" (Coutumes Condom et V. et Vert., Rn ; FEW 1, 486a).

29. FEW 6, 283 ; afr. *manovrer* v. n. "travailler" BenSMaure, *menovrer* (1303, DC), mfr. *manouvrer* (Tournai 1422-1434), agasc. *manaobrá* (1411)... ; mfr. *menevre* m. "ouvrier qui travaille de ses mains" (Blois 1449)... ; fr. *manouvrier* "ouvrier qui travaille de ses mains et à la journée" (depuis 1189 ; "vieillit" Ac 1935)... ; apr. *manobrier* (Martel XIIIe siècle, RPh 8, 289), alim. *manobreir*, agasc. *manobrey, manaobrer*, abéarn. *manobrè*, etc. – En ancien gascon, par exemple : *ayan a obrar e a manobrar tot lo jorn* (au sens de "corvée") 1366, Arch. Gir. 51, 199 ; *IX jorns de manaobra* ("corvée") 1412 Gers, Arch. Gir. 29, 305 ; *foc ordenat que hom agos manahobra a la carrera deu C.* 1448, Arch. Gir. 32, 73 ; etc.

même espace sémantique » et, d'autre part, « par des synonymes burlesques ou chargés d'affectivité » [30].

Le champ onomasiologique de l'ancien français *travailler* ressemble à celui de l'ancien provençal mais, jusqu'au XIVe siècle, il lui manquait le mot *travailler* [voir pourtant ci-dessus la note 17] ; la signification "travailler" manquait également dans son champ sémantique.

En français moderne, *travailler* est au centre du champ onomasiologique "travailler" ; il correspond à la place centrale de la signification dans le champ sémasiologique de *travailler*. D'autre part, *ouvrer*, aujourd'hui, n'est plus qu'un bâtiment en ruines ; on en trouve encore des vestiges, telle, par exemple, la tournure *ouvrer le dimanche*, qui a d'ailleurs une valeur stylistique particulière, ou encore : ouvrer les bois "les préparer en forêt", qui est un terme technique des eaux et forêts. Un autre vestige ancien – *jours ouvrables* – s'est réfugié dans une autre famille de mots : pour les Français, *les jours ouvrables* sont les jours où les boutiques sont ouvertes (*ouvrir*), ce qui coïncide avec les jours de travail. Cette étymologie populaire est due au fait que le noyau sémasiologique de *ouvrer* s'est perdu. *Ouvrer* a donc perdu son centre sémantique de la langue commune (v. la figure ouvrer en français moderne ci-dessus). Seul *ouvrier* est resté au centre du champ onomasiologique, et ce fait nous amènerait à la structure morphologique, à de nouveaux problèmes, qui ne sont pas de moindre intérêt. Par ailleurs, *travailler* est entouré d'un grand nombre de mots affectifs tels que *turbiner, trimer, piocher, bûcher, boulonner, bosser*, etc. (l'argot nous en donnerait encore une vingtaine), de même que *arbeiten* en allemand (entouré de *krüppeln, schuften, schanzen, ochsen, schinden*, le suisse-allemand *chrampfe* à côté de la désignation centrale *schaffe*) [31].

Des conséquences faciles à concevoir naissent des considérations sur le développement du champ de désignations de la notion "travailler" ; le parallélisme avec la sémasiologie est frappant. L'onomasiologie étudie également une structure, c'est-à-dire les positions réciproques des différentes désignations et nous reconnaissons, comme dans le cas de la structure sémasiologique, un centre à un ou à plusieurs pôles avec un champ objectif, affectif ou mixte autour de lui, les différences objectives concernent la fonction symbolique, les différences affectives concernent les fonctions de symptôme et de signal, cf. II 5. On trouve de même des problèmes synchroniques et des problèmes diachroniques en rapport avec les deux champs.

30. W. von WARTBURG, *Betrachtungen über die Gliederung des Wortschatzes und die Gestaltung des Wörterbuchs*, ZrP 57, 1937, 297 ss.

31. Voir aussi W. von WARTBURG, *Problèmes et méthodes de la linguistique*, Paris (Presses Univ.) ^{3}1969, 206 s.

4

L'interdépendance des deux structures

Ce n'est que maintenant que nous nous sommes fait une idée des deux structures, en prenant comme exemple le mot *travailler* avec sa structure sémasiologique et la notion de "travailler" avec sa structure onomasiologique, que nous pouvons poser la question de leur interdépendance et, en même temps, de la nécessité de leur existence, de leurs possibilités et de leurs limites. Les deux structures s'entrecroisent subtilement. L'ancien provençal *trebalh*, pour nous exprimer concrètement, s'introduit, grâce à sa signification secondaire de "peine en vue d'un travail", dans le champ onomasiologique des désignations du travail. La position, dans le champ sémasiologique (caractérisée par l'élément affectif qui apparaît dans les rapports avec le centre du champ sémasiologique, donc la signification centrale de "peine, tourment"), en détermine en même temps la position dans le champ onomasiologique : il se trouve, là aussi, dans la circonférence avec une valeur affective.

Ce fait, constaté sur le plan synchronique, peut être d'une importance décisive quand on passe de la perspective synchronique à la perspective diachronique. W. von Wartburg a souvent insisté, et surtout lors de sa discussion avec Gilliéron, sur les forces créatrices qui agissent toujours dans la langue, même s'il n'y a pas de conflits homonymiques ou autres [32]. Il a insisté sur le fait que les mots affectifs ou objectifs qui accompagnent un mot normal sont toujours prêts à le remplacer si celui-ci devient victime d'un accident. Pas besoin de rappeler le cas de *gallus* et *cattus* : c'est un mot de l'entourage affectif,

32. W. von Wartburg, *Das Ineinandergreifen von deskriptiver und historischer Sprachwissenschaft*, dans Berichte über die Verhandlungen der Sächsischen Akademie der Wissenschaften zu Leipzig, Philol.-hist. Klasse 83, 1 (1931), 1-23.

biguey = *vicarius*, le bedeau du village, qui a sauvé la situation [33]. Le mot affectif, créé dès avant le conflit, est devenu mot normal au moment où l'on en avait besoin. C'est de la même manière que *chef* a été remplacé par *teste*, mot affectif, etc. Ces changements n'ont été possibles que grâce à l'interdépendance des structures sémasiologique et onomasiologique. Le champ sémasiologique de *biguey* "bedeau", grâce à sa signification secondaire et affective "coq", fait en même temps partie de la structure onomasiologique des désignations pour le coq. Dans le champ onomasiologique, *biguey* était une désignation marginale, affective à l'origine. Il a acquis la position centrale lorsqu'on a commencé à éviter *gat*, l'ancien mot normal, puisque le coq faisait mauvais ménage avec le chat. Mais revenons à nos moutons, c'est-à-dire à notre *travail*. *Trebalhar*, du XIVe au XVIIe siècles, s'est lentement déplacé vers le centre du champ onomasiologique "travailler". En même temps et parallèlement, la signification "travailler" s'est lentement déplacée vers le centre du champ sémasiologique de *travailler*. C'est que, de même, les déplacements diachroniques se produisent simultanément dans les deux structures.

Cette interdépendance de deux structures, constatée dans le cas de *travailler*, doit avoir de profondes raisons, raisons qui se dégagent de la structure même de la langue. Il s'agit des deux microstructures dont nous avons parlé dans la première partie de cet article (chap. 3a ; 7, 10) [34].

Appliqué à notre cas :

Fig. 46

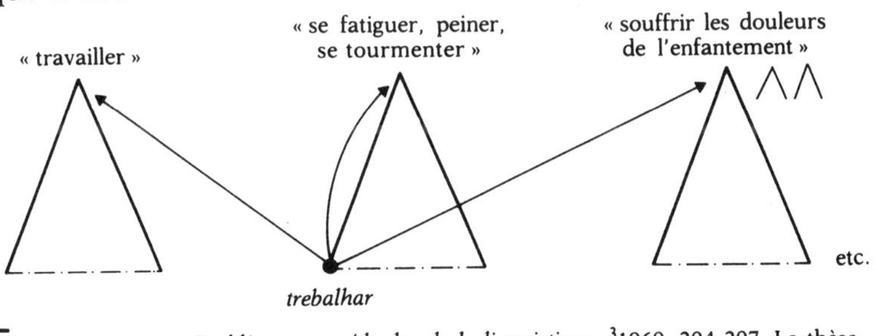

33. Cf. W. von WARTBURG, *Problèmes et méthodes de la linguistique*, ^{3}1969, 204-207. La thèse homonymique continue à être controversée, voir en dernier lieu H. POLGE, *Le mythe de l'élimination en gascon de *gat<gallu au sens de coq par gat<cattu au sens de chat*, Romania 91, 1970, 101-106 ; H.D. BORK, *Zur Bezeichnung des Hahns in der Gascogne, Antwort an Henri Polge*, dans Neue Beiträge zur rom. Etymologie, 1975, 84-103 [défend la thèse homonymique ; voir aussi F. LECOY, R 97, 1976, 140] ; J.-Cl. DINGUIRARD, *Ethnolinguistique de la Haute Vallée du Ger*, 1976, p. 8, note 3 [contre la thèse homonymique].

34. L'article publié ici en appendice fut écrit en 1957 (et publié en 1961), c'est-à-dire avant que nous ayons analysé les systèmes conceptuels. En accord avec l'exposé de la seconde partie du présent ouvrage (analyse du concept "se souvenir"), nous demanderions aujourd'hui une analyse préalable du concept "travailler" et des autres concepts en relation avec ce dernier, c'est-à-dire une analyse plus rigoureuse au niveau de la substance du contenu.

Inversement, le concept "travailler" est désigné par beaucoup de désignations :

Fig. 47

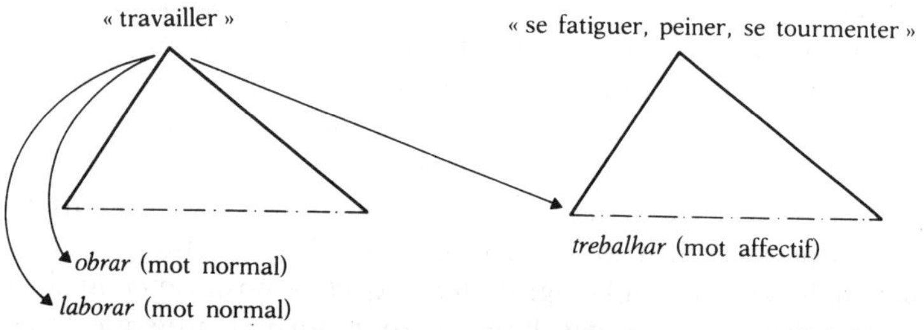

De cette façon, les deux structures, onomasiologique et sémasiologique, s'entrecroisent, comme nous l'avons constaté pour *travailler*.

La structure *onomasiologique* est basée sur la **synonymie**, la structure *sémasiologique* est basée sur la **polysémie**. L'onomasiologie envisage les problèmes sous l'angle *de celui qui parle*, qui doit choisir parmi les différents moyens d'expression. La sémasiologie envisage les problèmes sous l'angle *de celui qui écoute*, de l'interlocuteur qui doit déterminer la signification du mot qu'il entend parmi toutes les significations possibles.

Le fait, déjà constaté, que la position dans le champ sémasiologique détermine en même temps la position dans le champ onomasiologique, trouve également une explication dans notre schéma.

Fig. 48

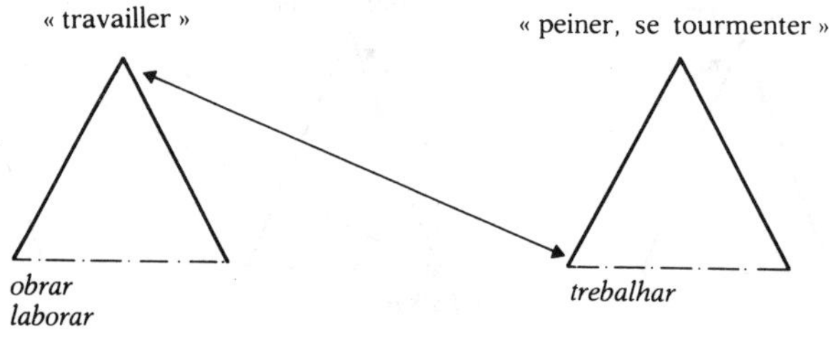

Nous voyons qu'il s'agit de la même relation, l'opposition ne consistant que dans le point de vue, c'est-à-dire dans la direction [35]. La

35. Comparez P. GUIRAUD, *La sémantique*, Paris 1955, 109 : « On peut, en étudiant les mots, partir soit de la forme signifiante (*sémasiologie*), soit de la chose signifiée (*onomasiologie*), ce qui constitue plutôt deux points de vue que deux parties autonomes de la sémantique sous ses diverses formes ». GUIRAUD, ib., insiste sur la nécessité d'une classification de la terminologie [nous l'avons fait dans le présent livre]. Sur la double signification [maintenant vieillie] du mot "sémasiologie", cf. aussi notre résumé *Die Semasiologie*, 1957, 11, note 22.

relation se fait entre deux triangles différents, c'est-à-dire qu'elle est, dans les deux cas, dans la circonférence, puisque le centre est formé par un seul et même triangle.

Résumons : Le double aspect du signe linguistique (forme de l'*expression* et forme du *contenu*) conditionne un double aspect de la méthode linguistique [36]. Chaque évolution linguistique se produit d'une part dans le cadre d'une structure sémasiologique, d'autre part dans le cadre d'une structure onomasiologique. Les deux structures évoluent continuellement. Je me permets de rappeler ici une phrase du wallonniste Feller, prononcée en 1926 : « Le problème est double : il faudrait partir du mot pour aboutir à la pensée [sémasiologie] et partir de la pensée pour aboutir aux mots [onomasiologie] ». C'est ce que nous avons tâché d'illustrer.

Je n'aimerais cependant pas terminer sans avoir insisté sur le fait que nous nous sommes occupés seulement de questions linguistiques internes. Or, la langue ne vit que par l'homme. Une enquête sémasiologique et onomasiologique n'est qu'un squelette tant qu'elle n'est pas complétée par les rapports humains, par les questions historiques, culturelles, sociologiques et économiques. Plus nous pénétrons dans la complexité de l'évolution linguistique, plus nous devenons modestes. Nous n'avons pas même abordé les aspects historiques, sociologiques et économiques, alors que c'est, au fond, à partir de ces problèmes que l'histoire de *travail* devient intéressante, puisque c'est par là que nous saisirions les rapports entre la langue et l'homme. La notion même d'étymologie, depuis Gilliéron et Saussure, s'est transformée. Comme l'a dit Gilliéron, l'ancienne conception de l'étymologie correspond à une biographie de Balzac qui ne se composerait que de deux phrases : « Balzac, assis sur les genoux de sa nourrice, portait un costume bleu à raies rouges. Il écrivit la *Comédie Humaine* ».

Je crois que c'est Wartburg qui a le mieux défini la nouvelle conception de l'étymologie [37] qui englobe les deux aspects : l'aspect sémasiologique et l'aspect onomasiologique. Tous deux devraient être placés sous sa devise et avec elle je terminerai :

36. ULLMANN distingue, sur chacun des deux plans, deux espèces d'associations (cf. les solidarités lexicales de COSERIU), *l'association par ressemblance* (GUIRAUD : similarité) et *l'association par contiguïté* « Un "chapeau" me fait penser : Ia à *casque*, à *béret*, etc..., par similarité de sens ; Ib à *tête*, à *veston*, etc..., par contiguïté de sens ; IIa à *chapelle*, *chapon*, *drapeau*, *crapaud*, par similarité de nom [forme de l'expression] ; IIb à *claque*, à *melon*, par contiguïté de nom dans des expressions du type *chapeau claque*, *chapeau melon* », GUIRAUD, *La sémantique*, 1955, 45. Ajoutons à cela le changement de la chose tandis que la désignation continue à être la même, développement extralinguistique qui a pour conséquence des changements d'ordre conceptuel et, par conséquent, aussi sémasiologiques.

37. Cf. notre article *L'étymologie hier et aujourd'hui*, dans Cahiers de l'Association Internatio-

« L'étymologie, au sens moderne, suit les mots et groupes de mots dans leurs multiples ramifications, dans tous leurs rapports avec d'autres mots, pendant tout le temps qu'ils vivent dans l'ensemble de la langue. Elle découvre, dans les mots, les traces d'une évolution millénaire de l'humanité, et elle en déduit l'histoire des incessants efforts de l'esprit humain qui transmet sans cesse à la génération suivante le chaos qui l'entoure sous forme d'un monde organisé, à l'aide du langage, pour qu'elle le conserve et le développe selon ses besoins. Connaître le lexique en liaison avec tout ce qui constitue le développement de l'humanité, le saisir comme l'expression la plus immédiate et universelle aussi bien de ce qui est le plus élevé que de ce qui est le plus humble dans ce que la vie apporte, voilà le sens de la recherche étymologique actuelle ».

nale des Etudes françaises, 11, 1959, 233-64 [réimprimé avec quelques additions dans le volume *Etymologie*, Darmstadt (Wissenschaftliche Buchgesellschaft) 1977, 213-246]; voir aussi Vittore PISANI, *Die Etymologie* (*Geschichte – Fragen – Methode*), München (Wilhelm Fink) 1975 [L'original italien parut en 1967]; Max PFISTER, *Einführung in die romanische Etymologie*, Darmstadt (Wissenschaftliche Buchgesellschaft) 1980 [et à ce sujet mon article de compte rendu : *Romanische Etymologie*, dans Sprachwissenschaft éd. par R. Schützeichel (Winter, Heidelberg) 6, 1981, 69-76].

Index

Table des matières

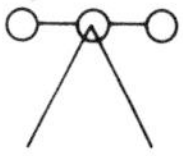

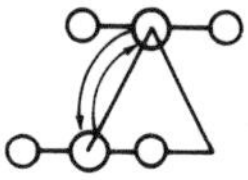

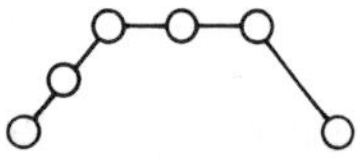

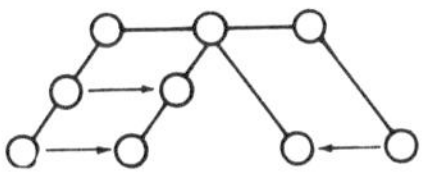

ACHEVE D'IMPRIMER SUR LES PRESSES LIENHART ET Cie A AUBENAS D'ARDECHE EN DECEMBRE 1984 DE L'IMPRIMERIE

N° 2144. *Imprimé en France*

DEPOT LEGAL : DECEMBRE 1984